2026 국가직·지방직 공무원 시험 대비

실전동형 봉투모의고사

Vol. 1

국 어

▎제1회 ~ 제12회 ▎

박문각

2026 공무원 시험 대비 봉투모의고사
국어
▌제1회 ▐

응시번호

성 명

문제책형

제1과목	국어	제2과목	영어	제3과목	한국사
제4과목		제5과목			

응시자 주의사항

1. **시험시작 전 시험문제를 열람하는 행위나 시험종료 후 답안을 작성하는 행위를 한 사람은** 「공무원임용시험령」 제51조에 의거 **부정행위자로** 처리됩니다.
2. 답안지 책형 표기는 시험시작 전 감독관의 지시에 따라 **문제책 앞면에 인쇄된 문제책형을 확인**한 후, 답안지 책형란에 해당 책형(1개)을 '●'로 **표기하여야** 합니다.
3. **답안은 문제책 표지의 과목 순서에 따라 답안지에 인쇄된 순서(제1·2·3·4·5과목)에 맞추어 표기해야** 하며, 과목 순서를 바꾸어 표기한 경우에도 **문제책 표지의 과목 순서대로 채점**되므로 유의하시기 바랍니다.
4. 시험이 시작되면 문제를 주의 깊게 읽은 후, 문항의 취지에 가장 적합한 하나의 정답만을 고르며, 문제내용에 관한 질문은 할 수 없습니다.
5. 답안지의 모든 기재 및 표기 사항은 **컴퓨터용 흑색 싸인펜을 사용**하며, 반드시 <보기>의 **올바른 표기 방식**으로 답안을 작성해야 합니다.

   <보기> 올바른 표기: ● 잘못된 표기: ⓥ ⊗ ◑ ⊙ ⑪ ◠ ③

6. **답안을 잘못 표기하였을 경우에는** 답안지를 교체하여 작성하거나 수정할 수 있으며, 표기한 답안을 수정할 때는 **응시자 본인이 가져온 수정테이프만을 사용**하여 해당 부분을 완전히 지우고 부착된 수정테이프가 떨어지지 않도록 손으로 눌러주어야 합니다. **(수정액 또는 수정스티커 등은 사용 불가)**
   ▪ 불량한 수정테이프의 사용과 불완전한 수정처리로 발생하는 **모든 문제는 응시자 본인에게 책임이 있습니다.**
7. 법령, 고시, 판례 등에 관한 문제는 **2025년 1월 31일 현재 유효한 법령, 고시, 판례 등을 기준**으로 정답을 구해야 합니다. 다만, 개별 과목 또는 문항에서 별도의 기준을 적용하도록 명시한 경우에는 그 기준을 적용하여 정답을 구해야 합니다.
8. **시험시간 관리의 책임은 응시자 본인에게 있습니다.**
   ※ 문제책은 시험종료 후 가지고 갈 수 있습니다.

정답공개 및 가산점 등록 안내

1. 정답공개: 정답가안 4.4.(토) 13:30 / 최종정답 4.13.(월) 18:00 / 사이버국가고시센터
2. 이의제기: 4.4.(토) 18:00 ~ 4.7.(화) 18:00 / 사이버국가고시센터
   ▪ 구체적인 이의제기 방법은 정답가안 공개 시 공지 예정
3. 가산점 등록기간: 4.4.(토) 13:30 ~ 4.6.(월) 21:00
4. 가산점 등록방법: 사이버국가고시센터 ➔ [원서접수 → 가산점 등록/확인]

국　어

1. <공공언어 바로 쓰기 원칙>에 따라 <공문서>의 ㉠~㉣을 수정한 것으로 적절하지 않은 것은?

―――――――― <공공언어 바로 쓰기 원칙> ――――――――
- 문장 성분의 호응 관계를 명확히 할 것.
- 불필요한 사동·피동 표현을 지양할 것.
- 지나친 명사 나열을 피하고 적절한 조사와 어미를 활용하여 문장을 구성할 것.
- 중복되는 표현을 삼갈 것.

―――――――――― <공문서> ――――――――――
식품의약품안전처

수신 각 시·도(식품안전담당과장)

제목 2025년 재난 대응 안전한국훈련 실시 안내
―――――――――――――――――――――――――
1. 귀 기관의 무궁한 발전을 기원합니다.
2. 식약처는 농산물 안전사고 위기대응 체계 점검을 위해 ㉠「2025년 재난 대응 안전한국훈련」을 실시합니다.
3. 이번 훈련은 식약처에서 병원성 미생물에 오염된 농산물 유통 사고를 가정하여 ㉡ 안전사고 주요 상황 대응 매뉴얼에 따라 진행시킵니다.
4. 특히 올해는 ㉢ 거짓 정보 확산, 사회 혼란, 유통 질서 위협 대응을 위한 토론훈련과 현장훈련을 실시합니다.
5. 식약처는 ㉣ 사전에 미리 대응하여 국민이 안심하고 소비할 수 있는 환경을 조성하겠습니다.

① ㉠: 「2025년 재난 대응 안전한국훈련」이 실시됩니다
② ㉡: 안전사고 주요 상황 대응 매뉴얼에 따라 진행합니다
③ ㉢: 거짓 정보 확산에 따른 사회 혼란과 유통 질서 위협에 대응하기 위한
④ ㉣: 사전에 대응하여

2. <개요>의 빈칸에 들어갈 내용으로 적절하지 않은 것은?

―――――――――――― <개 요> ――――――――――――
- 제목: 학교 급식 음식물 쓰레기 증가의 실태와 감축 방안
- Ⅰ. 학교 급식 음식물 쓰레기 증가의 실태
  1. 급식 학생 수 감소에도 불구하고 잔반량 지속 증가
  2. 처리 비용 증가로 교육 재정 부담 가중
  3. 영양 불균형과 자원 낭비 문제 심화
- Ⅱ. 학교 급식 음식물 쓰레기 증가의 원인
  1. 학생 기호도를 반영하지 못한 획일적 식단 구성
  2. 급식 인원 변동에 대응하지 못하는 조리량 산정 방식
  3. 개인별 식사량 차이를 고려하지 않은 일률적 배식
- Ⅲ. 학교 급식 음식물 쓰레기 감축을 위한 개선 방안
  [　　　　　　　　　　　　　　　　　　　]

① 학생 음식 기호도 조사·분석을 통한 식단 개선
② 등교 인원 예측 시스템 구축과 적정 조리량 산정
③ 잔반 발생량에 따른 학급별 벌점제 도입
④ 개인별 식사량 조절이 가능한 자율 배식 방식 도입

3. 다음 글을 읽고 추론한 내용으로 적절하지 않은 것은?

　한국어 문법에서 절이란 주어와 술어를 갖추고 있으나 단독으로 문장이 되지 못하고, 더 큰 문장의 한 요소로 포함되는 단위를 말한다. 이러한 절이 문장 안에 들어가 있을 때 이를 안긴문장, 그리고 그 절을 품고 있는 문장을 안은문장이라고 한다. 안긴문장은 안은문장 속에서 다양한 문장 성분 자리에서 기능할 수 있다. 예를 들어, "철수가 먹던 피자를 버렸다"를 보자. 여기서 '철수가 먹던'은 관형절이며, 뒤의 명사 '피자'를 꾸며 관형어 역할을 수행한다. 이 관형절은 본래 "철수가 피자를 먹었다."라는 문장에서 필요한 성분이 겹치기 때문에 일부가 생략된 형태라고 이해할 수 있다. 이처럼 관형절 안에 안은문장과 겹치는 성분이 있을 때 이를 관계 관형절이라고 한다. 반면, 안긴문장 내부에 피수식 명사와 대응되는 자리가 전혀 없는 관형절도 있는데 이를 동격 관형절이라 부른다.
　예를 들어, "철수가 범인이라는 사실이 드러났다."라는 문장에서 '철수가 범인이라는'은 '사실'을 수식하지만, 관형절 안에는 '사실'이 들어갈 자리가 존재하지 않는다. 이런 유형을 동격 관형절로 구분한다.
　이런 내용으로 미루어 볼 때에, '철수가 타는 차는 무려 외제차였다.'라는 문장은 관형절 내에 안은문장과 중복되는 성분이 [　(가)　] 므로 [　(나)　] 관형절이라고 볼 수 있다.

	(가)	(나)		(가)	(나)
①	있으	동격	②	있으	관계
③	없으	동격	④	없으	관계

4. 다음 글에서 추론한 내용으로 가장 적절한 것은?

　조선 전기의 대표적인 조세 제도는 전세·공납·군역의 3가지였다. 이 중 전세는 토지 결수에 따라 세금을 거두는 것이었고, 군역은 성인 남자에게 부과된 것으로, 군사 인원을 확보하기 위해 일정 연령의 남자는 정군으로 직접 복무하거나 대신 복무할 보인을 두어 복무하게 하는 것이었다. 공납은 그 지역의 특산물을 현물로 바치게 하는 제도였다. 이 중에서 가장 폐단이 심했던 것은 공납이었는데, 본래 규정된 특산물이 아니라 다른 물품을 바치게 하거나 필요 이상으로 과도한 양을 강제로 징수하는 경우가 많았다. 농민들은 공납의 할당량을 채우기 위해 비싼 값을 치르고 특산물을 구입해야 했으며, 이를 충족하지 못하면 형벌을 받기도 했다. 이러한 공납 제도의 폐단은 농민들의 삶을 크게 위축시켰다.
　이러한 폐단을 없애기 위해 이원익 등의 건의로 1608년 광해군 즉위년에 경기도에서 대동법이 처음 실시되었다. 대동법은 공납을 특산물 대신 일정량의 쌀로 납부하게 하고, 토지 결수를 기준으로 납부할 쌀의 양을 부과하는 방식이었다. 나라에서는 이 쌀을 활용해 필요한 물품을 구입하였으며, 이 과정에서 공인이라 불린 상인이 물자 조달을 담당하였다. 공인은 거래 과정에서 상평통보를 사용하여 화폐 유통을 확대하였다. 이는 국가 재정의 효율적 운영에도 크게 기여하였다. 대동법은 광해군 이후 전국으로 확대 시행되며 현물 공납을 대체하는 핵심 제도로 정착하였다.

① 공납은 소유한 토지에 따라, 군역은 일정 나이 이상 성인 남자에게 부과되는 조세이다.
② 대동법은 전세와 달리 보유한 토지 결수에 따라 부과되는 세금이 달라지는 제도이다.
③ 공인은 대동법으로 거둬들인 상평통보로 나라에 필요한 물자를 사들이는 역할을 하였다.
④ 공납 제도의 폐단으로 등장한 대동법은 조선의 상업활동이 활성화되는 데 기여했다.

5. 다음 글의 ㉠~㉣ 중 어색한 곳을 찾아 가장 적절하게 수정한 것은?

현대 한국 사회에서 ㉠ 기업의 규모가 경제 발전에 미치는 영향은 지대하다. 최근 연구에 따르면, 대기업의 일자리 부족이 여러 사회적 문제를 초래하고 있다. 특히 대기업 일자리의 부족은 입시 경쟁 과열, 사회적 이동성 저하, 수도권 집중 심화 등 여러 문제를 일으키는 주요 원인으로 분석되고 있다. 실제로는 대기업 일자리가 부족한 상황에서 ㉡ 중소기업에 취업하려는 수요는 약하게 나타나고 있다. 기업의 규모 확대는 고용 창출, 노동 생산성 증가, 산업 경쟁력 강화 등의 효과를 창출하기도 한다. 그러나 ㉢ 정부의 중소기업 지원 정책이 효과적으로 이루어지면 중소기업은 몸집을 키워 중견기업, 나아가 대기업으로 성장할 유인이 줄어든다. 이는 결국 양질의 대기업 일자리를 창출하기 힘든 새로운 요인이 될 수 있다. 따라서 ㉣ 정부는 기업 규모 확대를 위한 정책을 재검토해야 하며, 중소기업에 대한 지원을 점진적으로 조정해야 한다. 대기업의 일자리 부족은 청년층의 경제적 불안정성을 높이고, 이로 인해 청년층의 장기적인 경제적 안정성을 위협할 수 있음이 지난 세월을 통해 증명되어 왔다. 이러한 문제를 해결하기 위해서는 단기적인 지원에 그치지 않고, 중장기적으로 기업 규모를 확대해 나갈 수 있는 정책이 필요하다.

① ㉠ : 기업의 규모가 커질수록 경제 발전이 지체되는 현상이 관측되고 있다
② ㉡ : 중소기업에 취업하려는 수요는 꾸준히 증가하고 있다
③ ㉢ : 정부의 중소기업 지원 정책이 과도하게 이루어지면
④ ㉣ : 정부는 기업 규모 축소를 위한 정책을 제정해야 하며

6. 다음 글의 (가)~(라)를 순서대로 나열한 것은?

(가) 그만큼 이주 배경보다 부모의 사회적 지위가 이들의 미래를 좌우하는 요인으로 작용하고 있다는 것이다.

(나) 이는 부모 세대가 자신의 어려운 이주 경험을 자녀 세대의 교육 동기로 전환하거나, 가족 전체가 상향 이동을 위해 강한 결속력을 발휘하기 때문으로 해석된다. 사회적 낙인에도 불구하고 강한 상승 욕구를 지닌 경우가 이러한 결과를 만들어낼 수 있다.

(다) 많은 연구들은 이주민 자녀가 원래의 사회계층을 유지하거나 되풀이하는 경향이 강하다는 점을 보여주고 있다. 이는 원가정의 계층적 위치가 이들의 교육, 직업, 주거 등에 지속적인 영향을 미친다는 사실과 관련된다.

(라) 그런데 일부 연구에서는 이주민 자녀들이 같은 계층 출신의 원주민보다 오히려 더 나은 사회이동 성과를 보이는 현상도 관찰된다.

① (다) ― (가) ― (나) ― (라)
② (다) ― (가) ― (라) ― (나)
③ (다) ― (라) ― (가) ― (나)
④ (다) ― (라) ― (나) ― (가)

[7~8] 다음 글을 읽고 물음에 답하시오.

한문 교육은 오랜 시간 동안 중국의 문어체 전통과 맞닿아 있었다. 조선 후기까지도 한문은 교양 있는 지식인이 사용하던 정제된 문어였으며, 품사 개념 또한 중국의 '마씨문통' 등 고전 문법 체계를 ㉠ 따랐다. 그러나 개화기 이후 근대적 문법 체계가 도입되면서, 한국에서 간행된 한문법 교과서에도 변화가 나타났다. 특히 1908년부터 1921년 사이에 출간된 네 종의 한문법 교과서에서는 '부사'의 범주에 주목할 만한 변화가 있었다. 이들 교과서에서는 부사를 '동사나 형용사 앞에 놓여 그 의미를 보좌하거나 수식하는 말'로 정의하면서도, 그 분류 기준과 어휘 구성에서는 각기 다른 특징을 보였다. 『초등작문법』에서는 부사를 '보좌(輔佐)'하는 기능으로 정의하고, '분량', '추원', '단정', '의문' 등으로 세분하였다. 『한문의독자해』는 이를 계승하면서도 '정태', '의도', '시간', '원인' 등의 개념을 추가하였고, 『한문법제요』에서는 부사의 위치나 구조에 따라 단어 수, 글자 성격, 기능을 기준으로 분류하였다. 이처럼 한문법 교과서들은 부사의 정의와 분류 방식에서 차이를 보이지만, 시간이나 장소, 정도, 상태 등 현대 국어 문법의 부사 범주와 본질적으로 유사한 특징을 담고 있었다. 결국 이러한 한문 교육의 변화는 단지 내용의 변화가 아니라, 전통적 한문 교육에서 근대적 문법 체계로의 전환 과정을 보여주는 중요한 사례라 할 수 있다.

7. 윗글의 중심 내용으로 가장 적절한 것은?
① 개화기 한문법 교과서들은 부사를 다양하게 분류했으나, 그 기본 정의는 '동사나 형용사를 수식하는 말'로 일관되게 유지되었다.
② 한문 교육은 조선 후기까지 중국의 전통 문법 체계를 따랐으나, 개화기 이후 근대적 문법 관점이 도입되면서 부사 범주 등에서 변화를 보였다.
③ 1908년부터 1921년 사이에 출간된 한문법 교과서들은 부사의 분류 방식에서 차이를 보이지만, 이는 현대 국어 문법의 기초가 되었다.
④ 한문법 교과서에 나타난 부사 범주의 변화는 한문에서 국어로의 전환 과정에서 문법 용어와 개념이 어떻게 재구성되었는지 보여준다.

8. 윗글의 문맥상 ㉠의 의미와 가장 가까운 것은?
① 그는 아버지의 뜻을 따라서 법대에 진학했다.
② 아무도 어머니의 음식 솜씨를 따를 수 없다.
③ 증시가 회복됨에 따라 경제도 서서히 회복되어 간다.
④ 경찰이 범인의 뒤를 따랐다.

[9~10] 다음 글을 읽고 물음에 답하시오.

국제 무역의 확대는 세계 경제 성장을 이끌어 왔지만, 그 이면에는 소득 격차 및 노동 착취 문제가 지속적으로 제기되어 왔다. (가) 자유무역론자들은 무역의 본질을 효율성 극대화에 둔다고 본다. 각국이 비교우위에 따라 생산을 전문화하면 세계 전체의 부가 증가하고 소비자 후생이 향상된다고 주장한다. 이 관점에서 무역 장벽을 철폐하고 시장 경쟁을 자유롭게 하는 것이 가장 효율적인 정책이라 본다. 자유무역협정 체결로 상품과 서비스의 교류가 활발해지면 기술 혁신과 투자 유입이 촉진되어 장기적 성장이 가능하다는 것이다.

반면 (나) 공정무역론자들은 자유무역이 필연적으로 형평성과 윤리적 책임을 보장하지 않는다고 비판한다. 개발도상국 노동자들이 저임금과 열악한 근로환경에 노출되는 한, 자유무역이 진정한 번영을 가져오지 못한다고 본다. ㉠ 이들에 따르면 생산자에게 공정한 가격을 보장하고 환경 친화적 방식을 의무화하는 거래 체계를 구축해야 한다. 실제로 콜롬비아의 여성 커피 협동조합은 공정무역 인증을 통해 안정적 수입을 얻고 ㉡ 그들의 지역 학교와 보건시설을 운영할 수 있었다.

한편, 자유무역협정을 체결한 국가들의 경제 성장률을 분석한 연구자들은 FTA 가입국의 1인당 GDP 성장률이 비가입국보다 평균 1.5배 높았다는 점을 강조한다. 그러나 공정무역의 성과를 추적한 ㉢ 이들은 공정무역이 빈곤 감소 및 지역 사회 발전에 실질적으로 기여했다고 주장한다. ㉣ 그들은 단순한 효율성보다 분배 정의가 우선되어야 하며, 시장 개방만으로는 진정한 번영을 달성할 수 없다고 본다.

9. 윗글을 읽고 평가한 내용으로 가장 적절한 것은?
① 싱가포르가 자유무역을 하게 된 이후 미국, 중국, EU 등에 투자를 많이 받았다면, 이는 (가)의 주장을 약화한다.
② 공정무역 인증을 받은 생산자 집단의 소득이 일반 시장 거래 집단보다 30% 높게 나타났다는 분석이 제시된다면, 이는 (나)의 주장을 약화한다.
③ 멕시코에서 무역 자유화 이후 미국의 생산 기지 역할만 담당하여 현지 기업의 독자적 기술 혁신이 약화되었다면 이는 (가)의 주장을 약화한다.
④ 공정무역 제품이 가격 경쟁력 부족으로 시장 점유율을 확대하지 못했다는 조사 결과가 발표된다면, 이는 (나)의 주장을 강화한다.

10. 윗글의 ㉠~㉣ 중 문맥상 의미가 나머지와 다른 하나는?
① ㉠
② ㉡
③ ㉢
④ ㉣

[11~12] 다음 글을 읽고 물음에 답하시오.

재생에너지는 자연의 순환 과정을 이용해 반복적으로 얻을 수 있어 고갈 위험이 없는 에너지원으로, 화석연료의 의존을 줄이고 탄소 배출을 ㉠ 줄이기 위한 대안으로 주목받고 있다. 재생에너지의 이러한 친환경적 특성은 인류가 ㉡ 마주한 기후 위기와 에너지 안보 문제를 동시에 해결할 수 있는 수단으로 평가된다.

대표적인 재생에너지에는 태양광과 풍력이 있다. 태양광 에너지는 발전 시설의 설치가 쉽고, 발전 과정에서 오염물질을 배출하지 않지만, 일사량이 일정하지 않은 지역에서는 발전량이 불안정할 수 있다. 풍력 에너지 역시 바람을 이용하는 친환경적 에너지지만, 바람의 세기와 방향에 따라 효율이 달라지고, 풍력발전기로 인한 소음과 경관 훼손 문제가 발생할 수 있다. 수력 발전은 비교적 안정적인 전력 공급이 가능하나, 대규모 댐 건설로 인한 생태계 파괴, 댐 건설 지역의 주민 이주로 사회적 갈등이 생길 수 있다. 지열 에너지는 지하의 열을 이용해 안정적으로 전력을 생산하지만, 설비 설치 비용이 높은 편이고 이용 가능한 지역이 제한되어 있다는 단점이 있다.

이처럼 재생에너지는 친환경적이지만, 안정적 공급을 위해서는 기술적·지리적 제약을 극복해야 한다. 에너지 저장 기술의 발전과 지역 맞춤형 설비 구축, 국제 협력 강화가 ㉢ 함께 이뤄질 때 비로소 재생에너지는 인류의 미래를 ㉣ 받쳐 줄 현실적 대안으로 자리 잡을 수 있을 것이다.

11. 윗글을 읽고 이해한 내용으로 가장 적절한 것은?
① 재생에너지는 친환경적이고, 지역과 기후에 상관없이 일정한 전력 생산이 가능하다.
② 태양광 발전은 설치가 비교적 쉬운 편이고 풍력 발전보다 전력 생산이 안정적이다.
③ 지열 에너지는 수력 발전과 달리 전력 공급이 안정적이지만, 설비 설치 비용이 높다.
④ 풍력 에너지는 날씨에 따라 발전 효율이 달라질 수 있고, 경관이 훼손될 수 있다.

12. ㉠~㉣과 바꿔 쓸 수 있는 유사한 표현으로 적절하지 않은 것은?
① ㉠: 완화하기
② ㉡: 직면한
③ ㉢: 병합될
④ ㉣: 지탱할

13. 다음 글의 ㉠에 해당하는 사례로 적절하지 않은 것은?

> 국어의 음운 변동에서 동화(同化)는 인접한 두 음운이 서로 영향을 주고받아 비슷하게 바뀌는 현상이다. 동화는 영향을 주는 방향에 따라 순행동화와 역행동화로 구분된다. ㉠ 순행동화(順行同化)는 앞 음운이 뒤 음운에 영향을 주어 뒤 음운이 앞 음운과 비슷하게 바뀌는 현상이다. 이때 앞 음운은 그대로 유지되고, 뒤 음운만 변화한다. 주로 유음화에서 나타나는데, 예를 들어 '실내'가 [실래]로 발음되는 것은 앞의 'ㄹ'이 뒤의 'ㄴ'에 영향을 주어 'ㄴ'이 'ㄹ'로 바뀐 것이다. 역행동화(逆行同化)는 뒤 음운이 앞 음운에 영향을 주어 앞 음운이 뒤 음운과 비슷하게 바뀌는 현상이다. 이때 뒤 음운은 그대로 유지되고, 앞 음운만 변화한다. 주로 비음화에서 나타나는데, 예를 들어 '국물'이 [궁물]로 발음되는 것은 뒤의 비음 'ㅁ'이 앞의 'ㄱ'에 영향을 주어 'ㄱ'이 비음 'ㅇ'으로 바뀐 것이다. 두 현상의 핵심적인 차이점은 영향의 방향이다. 순행동화는 '앞 → 뒤'로 영향이 진행되어 뒤 음운이 변화하고, 역행동화는 '뒤 → 앞'으로 영향이 진행되어 앞 음운이 변화한다.

① '종로'를 [종노]로 발음할 때
② '갑문'을 [감문]으로 발음할 때
③ '말년'을 [말련]으로 발음할 때
④ '칼날'을 [칼랄]로 발음할 때

14. 다음 글에서 추론한 내용으로 적절하지 않은 것은?

> 단어는 그것을 이루는 구성 요소에 따라 단일어와 복합어로 나뉜다. '단일어'는 하나의 어근으로만 이루어진 단어로, '산, 하늘, 맑다' 등이 이에 해당한다. 이에 비해 '복합어'는 구성 요소의 수가 복수인데, 구성 요소가 무엇이냐에 따라 합성어와 파생어로 구분된다. 단어를 둘로 쪼개었을 때 둘 다 어근이면 합성어이고, 둘 중 하나가 파생 접사이면 파생어이다. 가령, '돌아가다'는 '돌아'와 '가다'로 쪼개지며, 이 둘은 모두 어근의 자격을 가지므로 합성어이다. 반면 '들어앉히다'는 '들어앉-'과 사동 접사 '-히-'로 쪼개어지는데 '-히-'가 파생 접사이기 때문에 파생어가 된다.
>
> 한편 어떤 단어가 단일어나 합성어, 파생어 중 어디에 속하는지를 구분할 때 조사나 어미는 고려하지 않는다. 조사나 어미가 몇 개 결합하든 단일어나 복합어의 자격에는 영향을 주지 않는다. 예를 들어 '집에서'에는 조사 '에서'가 결합되어 있지만, '집'이라는 하나의 어근만 있으므로 단일어이다. '손바느질'은 '손'과 '바느질(바느-+-질)'로 쪼개지며, '바느질'은 파생어이지만 '손'이라는 또 다른 어근과 결합했으므로 전체적으로는 합성어가 된다.

① '톱질'은 명사 '톱'에 파생 접사 '-질'이 결합한 파생어이다.
② '어른스럽다'는 명사 어근 '어른'에 파생 접사 '-스럽-'이 결합하여 형용사가 된 파생어이다.
③ '새해'는 관형사 '새'와 명사 '해'가 결합한 합성어이다.
④ '작은아버지'는 용언의 관형사형 '작은'과 명사 '아버지'가 결합한 단어이므로 파생어이다.

15. 다음 명제가 모두 참일 때, 항상 참인 것은?

> • 피아노를 치는 사람은 그림을 그리는 사람이다.
> • 요리를 하는 사람은 춤을 추지 않는 사람이다.
> • 그림을 그리는 사람은 요리를 하는 사람이다.

① 요리를 하지 않는 사람은 피아노를 치는 사람이다.
② 그림을 그리는 사람은 피아노를 치는 사람이다.
③ 춤을 추는 사람은 그림을 그리는 사람이다.
④ 피아노를 치는 사람은 춤을 추지 않는 사람이다.

16. (가)~(다)를 전제로 할 때, 빈칸에 들어갈 결론으로 적절한 것은?

> (가) 음악을 좋아하는 어떤 사람은 미술에도 관심이 있다.
> (나) 독서에 관심이 없는 모든 사람은 음악에도 관심이 없다.
> (다) 독서에 관심이 있는 모든 사람은 영화 감상에 관심이 없다.
> 따라서 [   ].

① 음악에 관심이 있고 미술에 관심이 없는 사람이 존재한다.
② 영화 감상에 관심이 있는 모든 사람은 음악에도 관심이 있다.
③ 음악에 관심이 있는 어떤 사람은 독서에 관심이 없다.
④ 미술에 관심이 있는 어떤 사람은 독서에도 관심이 있다.

17. 다음 글의 모든 문장이 참일 때, '결론'을 이끌어내기 위해 추가해야 할 '전제 3'으로 가장 적절한 것은?

> 전제 1 : 모든 작곡가는 좋은 악보를 선호한다.
> 전제 2 : 높은 음정을 선호하는 모든 사람은 느린 리듬을 선호하지 않는다.
> 전제 3 : _____
> 결론 : 좋은 악보를 선호하는 어떤 사람은 느린 리듬을 선호하지 않는다.

① 높은 음정을 선호하는 어떤 사람은 좋은 악보를 선호한다.
② 높은 음정을 선호하지 않는 모든 사람은 작곡가가 아니다.
③ 느린 리듬을 선호하는 어떤 사람은 작곡가가 아니다.
④ 모든 작곡가는 느린 리듬을 선호한다.

18. 다음 글의 논지를 강화하는 것으로 가장 적절한 것은?

　　가계부채의 총량이 커지는 현상을 단순히 위기로 간주하는 것은 문제의 본질을 오도할 수 있다. 진짜 위협은 '얼마나 빌렸는가'보다 '그 돈이 어디로 흐르고 있는가'에 달려 있다. 현재 한국의 민간 신용은 가계와 기업을 막론하고 부동산에 과도하게 집중되어 있으며, 이로 인해 금융이 생산적 부문으로 흐르지 못하고 자원의 효율성이 저하되고 있다. 은행은 담보 위주의 대출 관행에 안주하고 있으며, 기술력이나 사업성을 기준으로 대출을 집행하는 비중은 미미하다. 이런 구조에서는 혁신 기업이 성장 동력이 되기 어렵고, 금융산업 자체의 경쟁력도 약화된다. 따라서 가계부채의 해결책은 단순한 대출 억제가 아니라, 금융 자본이 혁신적이고 생산적인 방향으로 흐를 수 있도록 대출 기준과 평가 시스템을 전면적으로 전환하는 데 있어야 한다.

① 한국의 가계부채 비율이 GDP 대비 105%로 OECD 평균을 크게 상회하며 지속적인 상승세를 보이고 있다.
② 정부가 강력한 대출 규제 정책을 시행한 결과 가계부채 증가율이 둔화되고 부동산 시장이 안정화되었다.
③ 한국 은행들의 부동산 담보 대출 비중이 전체 대출의 70%를 차지하여 주요 선진국 대비 2배 이상 높은 수준을 보이고 있다.
④ 독일 은행들이 기술 평가 기반 대출 시스템을 도입한 후 중소기업 혁신 투자가 30% 증가하고 금융업 수익성도 개선되었다.

19. 다음 글에서 추론한 내용으로 가장 적절한 것은?

　　사랑을 다루는 방식에서 고전 소설과 현대 소설은 뚜렷한 차이를 보인다. 「춘향전」은 신분제 사회의 틀 속에서 이몽룡과 춘향의 사랑을 서사화한다. 두 사람의 애정은 개인적 감정의 자유로운 발현이라기보다, 신분 질서를 넘어서는 특별한 사건으로 설정된다. 따라서 이들의 결합은 단순한 남녀의 연애가 아니라, 유교적 도덕성과 사회적 의리인 정절을 지켜내는 행위로 제시된다. 결국 작품의 결말은 변 사또의 횡포에도 몽룡에 대한 정절을 지켰던 춘향이 사회적으로 인정받으며, 당시의 사회 질서가 회복되는 것으로 귀결된다. 즉, 고전 소설의 사랑은 사회 제도의 긴장 속에서 그 의미가 규정되며, '질서 회복'이라는 대전제와 긴밀히 연결되어 있다.
　　반면 김유정의 「동백꽃」은 농촌 청춘 남녀의 일상적 연애를 해학적으로 그려낸다. 「동백꽃」은 주인공인 '나'와 마름의 딸 '점순이'의 애정, 그로 인한 갈등과 화해 과정을 익살스럽게 묘사하고자 한다. 이 작품에서 두 사람의 사랑은 신분·사회적 의무의 구속에서 벗어나, 서로의 감정을 거리낌 없이 주고받는 가운데 자연스럽게 형상화된다. 따라서 이 작품의 사랑은 제도적 질서보다 평등한 인간관계에 초점을 두며, 웃음과 해학으로 청춘의 활력을 형상화하고 있다. 이처럼 고전과 현대 소설의 사랑 서사는 모두 애정을 공통 주제로 삼되, 전자는 사회적·윤리적 규범 속에서 의미가 드러나고, 후자는 개인적 감정과 평등적 관계 속에서 형상화된다는 점에서 중요한 차이를 보인다.

① 「춘향전」의 결말은 춘향과 이몽룡의 자유로운 사랑이 사회적 규범을 벗어나 완전히 새로운 질서를 수립하는 것으로 귀결된다.
② 청춘 남녀의 사랑을 「춘향전」은 개인적 감정의 자유로운 발현으로, 「동백꽃」은 유교적 질서와 사회적 의리의 수호로 제시한다.
③ 「동백꽃」은 농촌 청춘 남녀의 일상적 연애를 해학적으로 그리고, 사랑을 평등한 감정 교류와 청춘의 활력으로 형상화한다.
④ 「동백꽃」의 작가는 사회적 의무를 강조하여, 청춘 남녀의 관계를 통해 유교적 정절의 가치를 드러내고자 한다.

20. 다음 글에서 추론할 수 있는 것만을 <보기>에서 모두 고르면?

　　네트워크 효과란 같은 제품을 소비하는 사용자 수가 늘어날수록 그 제품을 소비함으로써 얻는 효용이 증가하는 현상을 말한다. 예를 들어, 팩스는 팩스를 가진 사람들 간의 문서 교환 도구이므로 사용자가 나밖에 없으면 전혀 쓸모가 없다. 반대로 사용자가 많을수록 팩스의 가치가 높아진다. 이러한 네트워크 효과는 일반적으로 사용자 수의 제곱에 비례하여 기하급수적으로 증가한다고 알려져 있다.
　　그러나 이는 이론적인 최대치를 가정한 것이다. 실제로 네트워크의 가치는 사용자 수가 아니라 사용자 간 연결의 수에 비례하여 증가한다. 사용자 수가 늘더라도 연결이 실질적으로 늘지 않으면 네트워크 효과는 기대할 수 없다. 그런데 해당 서비스의 시장 가치는 사용자 간 친구 관계 수에 비례하여 증가하는 모습을 보였다.
　　한편 사용자 수가 줄면 네트워크의 가치는 급격히 감소한다. 하나의 사용자가 떠나면 그에 딸린 연결이 전부 사라지기 때문이다. 이는 더 많은 사용자들을 떠나게 하는 악순환을 가져올 수 있다.

―――――― <보 기> ――――――
ㄱ. 사용자 수가 늘더라도 사용자 간 연결이 늘지 않으면, 네트워크의 가치는 증가하지 않을 수 있다.
ㄴ. 네트워크 효과가 발생하는 서비스라면, 사용자 수가 10배 증가할 때 네트워크의 가치는 100배 증가한다.
ㄷ. 사용자 수가 느는 것은 네트워크 효과의 가치가 증가하는 것의 필요조건이다.

① ㄱ
② ㄴ
③ ㄱ, ㄷ
④ ㄴ, ㄷ

2026 공무원 시험 대비 봉투모의고사
국어
▌ 제2회 ▌

응시번호		문제책형
성 명		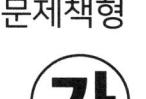

제1과목	국어	제2과목	영어	제3과목	한국사
제4과목		제5과목			

응시자 주의사항

1. **시험시작 전 시험문제를 열람하는 행위나 시험종료 후 답안을 작성하는 행위를 한 사람**은 「공무원임용시험령」 제51조에 의거 **부정행위자로 처리됩니다.**
2. **답안지 책형 표기는 시험시작 전 감독관의 지시에 따라 문제책 앞면에 인쇄된 문제책형을 확인한 후, 답안지 책형란에 해당 책형(1개)을 '●'로 표기하여야 합니다.**
3. **답안은 문제책 표지의 과목 순서에 따라 답안지에 인쇄된 순서(제1·2·3·4·5과목)에 맞추어 표기해야 하며, 과목 순서를 바꾸어 표기한 경우에도 문제책 표지의 과목 순서대로 채점**되므로 유의하시기 바랍니다.
4. 시험이 시작되면 문제를 주의 깊게 읽은 후, **문항의 취지에 가장 적합한 하나의 정답만을 고르며,** 문제내용에 관한 질문은 할 수 없습니다.
5. 답안지의 모든 기재 및 표기 사항은 **컴퓨터용 흑색 싸인펜을 사용**하며, 반드시 <보기>의 **올바른 표기 방식**으로 답안을 작성해야 합니다.

   <보기> **올바른 표기:** ●   **잘못된 표기:** ⊘ ⊗ ◑ ⊙ ⑪ ◯ ③

6. **답안을 잘못 표기하였을 경우**에는 답안지를 교체하여 작성하거나 수정할 수 있으며, 표기한 답안을 수정할 때는 **응시자 본인이 가져온 수정테이프만을 사용**하여 해당 부분을 완전히 지우고 부착된 수정테이프가 떨어지지 않도록 손으로 눌러주어야 합니다. **(수정액 또는 수정스티커 등은 사용 불가)**
   ▪ **불량한 수정테이프의 사용과 불완전한 수정처리로 발생하는 모든 문제는 응시자 본인에게 책임이 있습니다.**
7. 법령, 고시, 판례 등에 관한 문제는 **2025년 1월 31일 현재 유효한 법령, 고시, 판례 등을 기준**으로 정답을 구해야 합니다. 다만, 개별 과목 또는 문항에서 별도의 기준을 적용하도록 명시한 경우에는 그 기준을 적용하여 정답을 구해야 합니다.
8. **시험시간 관리의 책임은 응시자 본인에게 있습니다.**
   ※ 문제책은 시험종료 후 가지고 갈 수 있습니다.

정답공개 및 가산점 등록 안내

1. 정답공개: 정답가안 4.4.(토) 13:30 / 최종정답 4.13.(월) 18:00 / 사이버국가고시센터
2. 이의제기: 4.4.(토) 18:00 ~ 4.7.(화) 18:00 / 사이버국가고시센터
   ▪ 구체적인 이의제기 방법은 정답가안 공개 시 공지 예정
3. 가산점 등록기간: 4.4.(토) 13:30 ~ 4.6.(월) 21:00
4. 가산점 등록방법: 사이버국가고시센터 ➡ [원서접수 → 가산점 등록/확인]

국 어

1. <공공언어 바로 쓰기 원칙>에 따라 <공문서>의 ㉠~㉣을 수정한 것으로 적절하지 않은 것은?

─────── <공공언어 바로 쓰기 원칙> ───────
- 대등한 것끼리 접속할 때는 구조가 같은 표현을 사용할 것.
- 필요한 문장성분의 생략을 지양할 것.
- 불필요한 사동·피동 표현을 지양할 것.
- 주어와 서술어의 호응을 명확히 할 것.

─────── <공문서> ───────
교육부

수신 각 시·도교육청(평생교육담당과장)

제목 2025년 특성화 지방대학 신규 지정 안내
───────────────────────────────
1. 귀 기관의 무궁한 발전을 기원합니다.
2. 교육부는 지방대 혁신모델 7개를 신규 선정하였습니다. 선정된 대학들은 제안한 혁신모델을 실행할 수 있도록 ㉠ 재정 지원과 규제 유예를 받게 됩니다
3. 교육부는 ㉡ '특성화 연구대학'으로 육성하고, 국가중심대와 사립대학은 ㉢ 지역 산업과 연계시킨 특성화 대학 역할을 강화하게 됩니다
4. 이로써 특성화 지방대학으로 지정된 대학은 ㉣ 총 27개 모델, 39개 대학을 포함합니다.

① ㉠: 선정된 대학들은 재정 지원과 규제 유예를 지원받게 됩니다
② ㉡: 거점 대학을 '특성화 연구대학'으로 육성하고
③ ㉢: 지역 산업과 연계한
④ ㉣: 총 27개 모델, 39개 대학으로 구성됩니다

2. 다음 글의 ㉠~㉣ 중 어색한 곳을 찾아 가장 적절하게 수정한 것은?

문화의 기원과 발전을 둘러싼 논의에서 확산론과 진화론은 서로 다른 설명 방식을 제시한다. 확산론은 ㉠ 문화가 한 사회에서 다른 사회로 전달되는 전파의 산물이라고 본다. 이 관점에서는 기술, 관습, 종교 등 문화적 요소가 특정 중심지에서 발생한 뒤, 교역, 이주, 전쟁 등을 통해 주변으로 확산된다고 설명한다. 예를 들어, 고대 이집트의 건축 기술과 종교적 상징이 지중해 지역의 다른 사회에 영향을 미친 사례는 확산론의 전형적인 예로 언급된다. 확산론자들은 ㉡ 문화가 서로 연결된 네트워크 속에서 발전했다기보다는, 독립적으로 전파된 결과라고 주장한다. 이와 달리 진화론은 ㉢ 문화가 자연 선택과 유사한 방식으로 스스로 발전하는 것이라고 본다. 진화론자들은 인간 사회가 단순한 형태에서 복잡한 형태로 발전한다고 주장하며, ㉣ 모든 사회가 동일한 발전 단계를 거친다고 가정한다. 예를 들어, 사회가 보편적으로 사냥과 채집 단계에서 농업, 산업 사회로 발전하는 과정은 진화론의 대표적인 모델이다.

① ㉠: 문화는 특정 사회에서만 고유하게 발생하며, 외부와는 단절된 상태로 발전한다고
② ㉡: 문화가 독립적으로 발전했다기보다는, 서로 연결된 네트워크 속에서 전파된 결과라고
③ ㉢: 문화적 발전은 인간의 의도적 설계와 계획에 의해만 이루어진다고
④ ㉣: 일부 사회는 발전 단계를 생략하거나 뛰어넘을 수 있다

3. 다음 글의 ㉠에 해당하는 사례로 가장 적절한 것은?

한국어 활용에서 어간과 어미가 결합할 때 모음과 관련된 다양한 변화가 나타난다. ㉠ 모음탈락은 두 모음을 연이어 발음할 때의 불편함을 해소하기 위해 모음 중 하나가 완전히 사라지는 현상이다. 이에는 ㅡ탈락과 ㅏ/ㅓ탈락이 있다. ㅡ탈락은 'ㅡ'로 끝나는 어간이 모음으로 시작하는 어미를 만날 때 'ㅡ'가 사라지는 현상으로, '예쁘-+-어서'에서 '예뻐서'가 되거나 '바쁘-+-았다'에서 '바빴다'가 되는 것이 이에 해당한다. ㅏ/ㅓ탈락은 'ㅏ, ㅓ'로 끝나는 어간에 같은 모음으로 시작하는 어미가 붙을 때 한 모음이 탈락하는 현상으로, '가-+-아서'에서 '가서'가 되거나 '서-+-어도'에서 '서도'가 되는 것이 대표적이다.

반면 반모음첨가는 단모음과 단모음이 만났을 때 모음끼리의 충돌을 피하기 위해 중간에 반모음을 넣어 발음하는 현상이다. 주로 반모음 /j/가 첨가되는 경우가 많은데, '되어'를 [되여]로, '피어'를 [피여]로 발음하는 것이 이에 해당한다. 이는 표준발음법에서 허용하는 발음으로, 'ㅚ'나 'ㅣ'로 끝나는 어간 뒤에서 주로 나타난다. 두 현상은 모음의 증감이라는 측면에서 정반대의 성격을 지닌다. 탈락은 모음을 줄이고, 첨가는 음성적 요소를 늘려 발음을 용이하게 한다.

① '기다'의 '기어'를 [기여]로 발음할 때
② '아니다'의 '아니오'를 [아니요]로 발음할 때
③ '쓰다'의 '쓰-+-어서'에서 '써서'가 될 때
④ '오시다'의 '오시오'를 [오시요]로 발음할 때

4. <지침>에 따라 <개요>를 작성할 때 (가)~(라)에 들어갈 내용으로 적절하지 않은 것은?

─────── <지 침> ───────
- 서론은 보고서 작성의 배경과 필요성을 포함할 것.
- 본론은 제목에서 밝힌 내용을 2개의 장으로 구성하되, 2장의 하위 항목이 3장의 하위 항목과 서로 대응하도록 할 것.
- 결론은 기대 효과와 향후 과제를 순서대로 제시할 것.

─────── <개 요> ───────
- 제목 : AI 채용 시스템의 공정성 문제와 개선 방안
1장 서론
    1. 기업 채용 과정에서 AI 활용 증가와 새로운 과제 등장
    2.   (가)
2장 AI 채용 시스템의 공정성 문제 현황
    1. 과거 데이터 학습에 따른 편견과 차별 가능성
    2.   (나)
3장 AI 채용의 공정성 확보를 위한 개선 방안
    1. AI 알고리즘 검토 강화와 편견 해소를 위한 지속적 학습
    2.   (다)
4장 결론
    1.   (라)
    2. 구직자 권리 보호를 위한 포괄적 입법 추진

① (가): 절차적 공정성과 투명성 확보를 통한 신뢰도 제고 필요성
② (나): AI 시스템 작동 원리 불투명성과 책임 소재 불명확
③ (다): 채용 과정 설명 의무화와 인간 최종 결정권 보장
④ (라): AI 채용 비용 절감을 통한 인사 부서 축소와 예산 절약

5. 다음 글에서 추론한 내용으로 가장 적절한 것은?

> 언어는 지역이나 계층에 따라 다양한 양상으로 나타나는데, 이러한 양상 중 사회적 요인에 의해 달라지는 언어를 사회 방언이라고 한다. 대표적인 사회 방언에는 전문어, 은어, 금기어와 완곡어가 있다.
>
> 먼저 전문어는 전문 분야에서 그 일을 효율적으로 수행하기 위해 사용하는 말로, 숏, 클로즈업 등의 영화 용어나, 기각, 소장 등의 법률용어가 대표적이다. 전문어는 의미를 명확하게 전달해야 하기 때문에, 문맥에 따라 다의적으로 해석되는 경우가 드물고, 한자어나 외국어가 많다는 특징이 있다. 은어는 특정 집단에 속한 사람들이 다른 사람은 알아듣지 못하도록 자기네 구성원끼리 쓰는 말로, 심마니들이 산삼을 발견했을 때 '심봤다.'라고 하는 것이 그 예이다. 은어는 집단 내 비밀을 유지하기 위해 쓰기 때문에, 집단 바깥으로 의미가 알려지면 은어의 기능을 상실하게 된다. 전문어와 은어는 모두 특정 집단에서 통용되며, 같은 언어를 쓰는 사람들끼리는 동질감과 친밀감이 들 수 있지만, 이를 알아듣지 못하는 사람은 소외감을 느낄 수 있다.
>
> 금기어는 사회적으로 두려움이나 불쾌감을 떠올리게 하는 말들로, 배설, 죽음, 병과 관련된 단어들을 말한다. 완곡어는 이러한 금기어를 완곡하게 바꾸어 표현한 말로, 부정적이거나 불쾌하게 느껴지는 단어를 완곡어를 쓰면 듣는 이의 심리적 부담을 줄일 수 있다. 예를 들어 변소를 화장실로, 천연두를 마마와 같은 말로 대체하여 부르는 경우에 해당된다.

① 은어와 금기어는 집단 내의 효율적 의사소통을 위해 사용하는 언어이기 때문에, 외래어나 한자어가 많다.

② 전문어와 완곡어는 집단 내부의 비밀 유지를 위해 사용되며, 외부에 알려지면 기능을 상실하게 된다.

③ 완곡어는 금기어와 달리 죽음이나 병과 같은 불쾌한 주제를 직접적으로 표현하여 듣는 이에게 부담을 준다.

④ 전문어는 다의어가 드물기 때문에, 해당 분야에서 의사소통을 할 때 의미를 명확하게 전달할 수 있다.

6. 경찰은 다음과 같은 증인의 진술에 따라 용의자 A, B, C, D 중에서 범인을 찾고 있다. 다음 증인의 진술이 모두 참이라고 할 때, 용의자 A~D 중 범인이 몇 명인지 올바르게 고른 것은?

> ○ A가 범인이 아니면 D도 범인이 아니다.
> ○ B가 범인이 아니면 C는 범인이다.
> ○ B가 범인이면 A는 범인이 아니다.
> ○ C는 범인이 아니다.

① 1명
② 2명
③ 3명
④ 4명

[7~8] 다음 글을 읽고 물음에 답하시오.

> 언어는 단순한 의사소통의 도구가 아니라, 사회가 무엇을 가치 있게 여기고 어떤 집단을 주변화하는지를 보여주는 지표이다. 공공언어는 그중에서도 사회의 인식 변화를 가장 직접적으로 반영하며, 이를 통해 사회적 인식의 변화를 살펴볼 수 있다.
>
> 과거에는 질병, 사회계층, 그리고 개인의 상황을 지칭할 때 차별적이고, 낙인적인 표현이 흔히 사용되었다. 예를 들어 현재 '한센병'으로 불리는 '문둥병'은 피부가 문드러지는 병증의 외형적 특징을 바탕으로 병명을 붙여, 환자에 대한 두려움과 혐오를 드러낸 표현이었다. 이후 질병이 치료와 관리의 대상이라는 인식이 확산되면서, 질병을 발견한 의사 한센(Gerhard Hansen)의 이름을 따 '한센병'이라는 명칭이 사용되기 시작했다.
>
> 사회계층을 지칭하는 표현에서도 이러한 인식의 변화를 확인할 수 있다. 과거에는 사회적 약자를 '불우이웃'이나 '하층민'으로 ㉠부르며, 그들을 연민과 시혜의 대상으로 바라보았다. 그러나 사회적 약자가 정당한 복지를 받아야 할 시민이라는 인식이 확산되면서, '취약계층'이라는 표현이 사용되기 시작했다. 또한 개인의 상황을 나타내는 언어도 바뀌었다. 과거의 '결손가정'이나 '미혼모'와 같은 말은 개인의 결핍을 강조하며 특정 계층에 대한 편견을 드러내는 표현이었다. 그러나 이후 다양한 가족 형태를 인정하는 사회적 흐름이 확산되면서 이제는 '한부모가정', '비혼가정'과 같은 포용적 표현이 쓰이고 있다.

7. 윗글을 이해한 내용으로 적절하지 않은 것은?

① 공공언어는 사회의 가치관과 인식을 드러내는 지표이며, 그 변화를 통해 사회의 의식 수준과 방향을 알 수 있다.

② '문둥병'을 '한센병'으로 바꾼 것은 질병에 대한 낙인을 고착화하려는 사회적 인식에서 생겨났다고 볼 수 있다.

③ '불우이웃' 대신 '취약계층'이 사용되기 시작한 것은 약자를 동정의 대상이 아닌 권리의 주체로 인식하는 시각을 반영한다.

④ '결손가정' 대신 '한부모가정'이라는 표현이 쓰이게 된 것은 다양한 가족 형태를 인정하려는 사회적 흐름과 관련이 있다.

8. 윗글의 문맥상 ㉠의 의미와 가장 가까운 것은?

① 어머니가 아이를 손짓하여 부른다.

② 어두운 복도에서 누군가가 내 이름을 불러 나는 깜짝 놀랐다.

③ 사람들은 그를 불운한 천재라고 부른다.

④ 한 나라가 너무 부강해지면 전쟁을 부르게 된다.

9. 다음 글을 이해한 내용으로 가장 적절한 것은?

> 황순원의 「소나기」와 현진건의 「운수 좋은 날」은 1930년대 이후 한국 단편소설이 보여 준 서로 다른 현실 인식의 경향을 잘 드러낸다. 두 작품은 모두 인간의 삶을 사실적으로 포착하지만, 현실을 인식하는 방식과 결말의 정서에서 뚜렷한 차이를 보인다.
>
> 「소나기」는 한적한 시골 마을을 배경으로, 소년과 소녀의 짧고 순수한 사랑을 섬세하게 그린다. 두 사람은 개울가에서의 우연한 만남을 계기로 서서히 마음을 나눈다. 들길을 함께 걷고, 소나기를 피하며, 불어난 도랑을 건너면서 두 사람은 점점 가까워진다. 그러나 소녀는 병을 앓다 세상을 떠나고, 죽기 전 남긴 마지막 부탁 ─ 소년과의 추억이 담긴 옷을 그대로 입혀 달라는 말 ─ 은 두 사람의 순수한 사랑을 더욱 부각한다. 작가는 소년의 내면을 직접 드러내지 않고 열린 결말로 마무리함으로써, 여운 속에서 사랑의 아름다움과 감동을 자연스럽게 드러내고 있다.
>
> 반면 「운수 좋은 날」은 가난한 인력거꾼 김 첨지를 중심으로, 일제강점기 도시 하층민의 비참한 삶을 사실적으로 묘사한다. 비가 내리는 날 뜻밖에 손님이 많아 많은 돈을 번 그는, 병든 아내를 위해 설렁탕을 사 들고 귀가한다. 그러나 집에 도착했을 때 아내는 이미 숨을 거두었고, '운수 좋은 날'이라던 하루는 가장 불행한 날이 되고 만다. 이 비극적 반전은 개인의 노력으로는 벗어날 수 없는 사회의 모순과 빈곤의 악순환을 드러내며, 독자로 하여금 김 첨지에게 연민을 느끼는 동시에 현실의 냉혹함을 자각하게 한다.
>
> 결국 「소나기」가 자연 속 순수한 사랑의 세계를 통해 삶의 아름다움을 섬세하게 비춘다면, 「운수 좋은 날」은 도시 현실의 비극을 통해 사회적 불평등과 인간 존재의 한계를 드러낸다는 점에서 선명한 대조를 이룬다.

① 「소나기」는 소년과 소녀의 짧고 순수한 사랑을 통해 농촌의 비극적 현실을 반어적으로 드러내고 있다.
② 「운수 좋은 날」은 김 첨지에게 닥친 행운을 통해 사회적 모순과 빈곤을 극복할 가능성을 드러내고 있다.
③ 「소나기」와 「운수 좋은 날」은 모두 비극적 결말을 통해 현실의 냉혹함과 비극성을 자연스럽게 드러내고 있다.
④ 「소나기」는 열린 결말을 통해 순수한 사랑을, 「운수 좋은 날」은 결말의 반전을 통해 현실의 비참함을 드러낸다.

10. 다음 대화의 빈칸에 들어갈 말로 가장 적절한 것은?

> 갑 : 기념식은 강당이나 체육관에서 열 수 있습니다.
> 을 : [   ]
> 병 : 기념식을 체육관에서 열면, 음향 장비를 추가로 대여해야 합니다.
> 정 : 여러분의 의견대로 하자면, 기념식을 강당에서 열어야 하겠군요.

① 음향 장비를 대여해야만 합니다.
② 현재 상황에서 음향 장비를 대여할 수 없습니다.
③ 기념식을 강당에서 열면 음향 장비를 추가로 대여하지 않아야 합니다.
④ 본관 강당과 체육관 둘 다 사용하는 것은 불가능합니다.

[11~12] 다음 글을 읽고 물음에 답하시오.

> 소비는 단순히 개인의 만족을 넘어 사회적 책임과 윤리의 문제로 확장되고 있다. (가) 결과주의적 소비윤리론자들은 소비자가 윤리적 기준에 따라 구매 결정을 내릴 때 사회 전체의 복지 수준이 높아진다고 본다. ㉠ 그들은 절약소비나 호혜소비처럼 자원을 아끼고 상호 협력적인 소비가 사회적 혜택을 창출한다고 주장한다. 실제로 연구 결과, 자원을 절약하고 윤리적 기업의 제품을 소비하는 소비자는 사회적 신뢰도와 공동체 만족도가 높은 경향을 보였다.
>
> 그러나 (나) 의무론적 소비윤리론자들은 소비의 도덕성은 결과가 아니라 의도에서 비롯된다고 비판한다. ㉡ 이들은 단순히 '착한 소비'를 하는 것보다, 소비자의 내면적 동기와 책임 인식이 중요하다고 본다. 예를 들어, 환경보호를 위해 비건 제품을 구매한 사람과 사회적 인정 욕구로 같은 제품을 구매한 사람은 외형상 같아 보이지만, 도덕적 의미는 다르다는 것이다. 이에 대해 의도를 강조하는 연구자들은 결과만으로는 진정한 변화를 이끌 수 없다고 본다. 단기적 효과에 집중하면 소비자의 도덕적 성찰 없이 유행처럼 번졌다 사라지는 '착한 소비 마케팅'에 그칠 위험이 있다는 것이다.
>
> 그럼에도 ㉢ 일부 학자들은 윤리적 소비가 사회 변화를 이끌려면 행동의 효율성과 내면의 진정성이 함께 뒷받침되어야 한다고 본다. 한편 결과를 중시하는 학자들은 이러한 절충론에 반박하며, 동기가 불순하더라도 사회적 혜택이 발생한다면 그 소비는 윤리적 가치를 지닌다고 주장한다. ㉣ 이들은 개인의 내면을 측정하기 어렵기 때문에, 실제 행동의 사회적 효과로 윤리성을 판단해야 한다고 강조한다.

11. 윗글에 대해 평가한 내용으로 가장 적절한 것은?
① 윤리적 소비가 실제로 환경 개선 효과를 가져왔다는 연구 결과가 발표된다면, 이는 (가)의 주장을 강화한다.
② 사회적 인정욕구 때문에 친환경 제품을 산 소비자가 많아져 전체 탄소 배출이 크게 감소한 경우, 이는 (나)의 주장을 강화한다.
③ 윤리적 소비를 하는 사람들의 내면적 동기가 대부분 불순하다는 조사 결과가 나온다면, 이는 (가)의 주장을 약화한다.
④ 플라스틱 프리 챌린지로 단기 효과를 누리려 했으나 오히려 이것이 소비자들의 인식을 장기적으로 변화시켰다면 이는 (나)의 주장을 강화한다.

12. 윗글의 ㉠~㉣ 중 문맥상 지시 대상이 같은 것으로만 묶인 것은?
① ㉠, ㉡
② ㉠, ㉣
③ ㉡, ㉢
④ ㉡, ㉣

13. 다음 글의 (가)~(라)를 순서대로 나열한 것은?

> (가) 도시 교통의 틈새를 채우기 위한 다양한 실험이 계속되고 있다. 정해진 노선 없이 승객의 호출에 따라 운행되는 교통 서비스는, 기존 대중교통이 미처 다다르지 못했던 지역에 새로운 가능성을 제시한다.
>
> (나) 그래서 어떤 지역에서는 시간대에 따라 차량을 탄력적으로 운영하거나, 호출 기준을 조정해 보다 효율적인 시스템을 구축하고자 한다.
>
> (다) 그렇다고 이 서비스가 모든 문제를 해결주는 해법은 아니다. 차량을 지나치게 많이 투입하면 비용은 증가하고 도로는 막힌다. 새로운 방식이 자리를 잡기 위해서는 서비스의 편리함 못지않게 효율성에 대한 고려도 필요하다.
>
> (라) 이는 단순히 수요를 채우는 것이 아니라, 이용자의 만족도와 운영자의 지속 가능성을 함께 고려한 전략이다. 교통은 이동만이 아니라 생활 리듬을 설계하는 일이기 때문이다.

① (가) - (다) - (나) - (라)
② (가) - (다) - (라) - (나)
③ (가) - (라) - (나) - (다)
④ (가) - (라) - (다) - (나)

14. 다음 글에서 추론한 내용으로 적절하지 않은 것은?

> 명사 파생 접미사 '-음'이나 '-기'를 결합하면 명사로 품사가 바뀐다. 품사를 바꾸는 접미사가 붙을 경우, 이는 독립된 단어로 인정된다. 예를 들어, '얼다'에 명사 파생 접미사 '-음'을 붙인 경우, '얼음'이라는 독립된 단어가 되는 것이다. 이와 다르게, 용언이 활용하여 다른 형태를 지니게 될 경우에는 품사가 바뀌지 않는다. 예를 들어, '먹다'의 활용형 '먹음'은 명사의 형태이지만, 품사는 여전히 동사이다.
>
> 용언의 활용형은 여전히 용언의 성질을 가지고 있기 때문에, 주어나 목적어를 가질 수 있으며 부사어의 수식을 받을 수 있다. 하지만 파생 접미사가 붙어 단어가 된 경우에는 용언의 성질을 가지지 못하기 때문에 관형어의 수식을 받는다. 예를 들어, '저 달리기 선수는 세계 챔피언이다'라는 문장의 경우, '달리기'는 관형사 '저'의 수식을 받고 있다. 따라서 이는 명사 파생 접미사 '-기'를 결합한 명사임을 알 수 있다. 하지만 '빨리 달리기는 너무 즐거워'의 경우, '달리기'는 '빨리'라는 부사의 수식을 받고 있기 때문에 이는 용언에 명사형 전성 어미 '-기'를 결합한 동사임을 알 수 있다.

① '그가 매주 그 약을 꼬박꼬박 먹음은 건강해지기 위함이다'에서 '먹음'은 명사형 전성 어미 '-ㅁ(음)'을 결합한 동사이다.
② '글씨를 제대로 쓰기는 너무 어렵다'에서 '쓰기' 명사 파생 접미사 '-기'가 결합한 명사이다.
③ '학교에서 첫 받아쓰기 시험을 보았다'에서 '받아쓰기'는 명사 파생 접미사 '-기'가 결합한 명사이다.
④ '연습을 한 만큼 잘 함은 당연하다'에서 '함'은 명사형 전성 어미 '-ㅁ(음)'을 결합한 동사이다.

15. 해린이는 익명의 멘토들을 찾기 위해 방문 기록을 보던 중 다음과 같은 메모를 발견하였다. 해린이가 이 메모를 보고 "아, 서진이가 멘토였구나!"라고 믿기 위해 보충되어야 할 전제는?

> 서진이가 멘토가 아니라면, 민지도 멘토가 아니다. 민지와 지민이 중 한 사람만 멘토이다. 지민이가 멘토가 아닌 경우에만, 세희가 멘토이다.

① 세희는 멘토가 아니다.
② 민지는 멘토가 아니다.
③ 세희가 멘토이다.
④ 지민이가 멘토이다.

16. 갑 ~ 병의 주장을 분석한 내용으로 적절한 것만을 <보기>에서 모두 고르면?

> 갑 : 민주주의의 근본적인 요소는 직접적인 국민의 참여다. 정치 결정 과정에서 국민이 직접적으로 의견을 표명하고, 정책에 영향을 미칠 수 있는 장치가 많아질수록 진정한 민주주의가 실현될 수 있다. 국민투표나 직접선거와 같은 제도는 국민의 뜻을 직접적으로 반영할 수 있는 방법이며, 이를 통해 정치권이 민의를 왜곡하는 것을 막을 수 있다. 따라서 국민들에게 정치에 대한 더 많은 직접 참여의 기회가 주어져야 한다.
>
> 을 : 정치에서 중요한 것은 안정성과 전문성이다. 국민이 직접 모든 정치적 결정을 내리는 것보다는 전문가들이 정치적 결정을 내리는 것이 정부를 더 효율적으로 운영할 수 있는 방법이다. 복잡한 정책과 법안을 일반 국민이 이해하고 판단하는 것은 어려운 경우가 많으며, 전문가와 정치인들이 국민의 여론을 반영하여 결정을 내리는 것이 더 효과적이다. 국민의 직접 참여가 지나치게 많아지면 오히려 정치적 혼란과 정책의 일관성 부족을 초래할 수 있다.
>
> 병 : 정치적 의사 결정 과정에서는 국민의 참여와 전문가의 역할이 모두 중요하다. 직접 참여는 국민의 목소리를 더 많이 반영할 수 있는 장점이 있지만, 복잡한 정치적 문제의 경우에는 전문성과 경험이 더 중요한 경우가 많다. 따라서 특정 사안에서는 국민투표와 같은 직접 참여가 필요하지만, 장기적인 정책이나 법안의 입안 과정에서는 전문가들이 위주가 되어 결정하는 것이 더 효과적일 수 있다. 두 방식을 조화롭게 결합하는 것이 민주주의의 이상에 더 가깝다고 본다.

> ────── <보 기> ──────
> ㄱ. 갑의 주장과 을의 주장은 대립하지 않는다.
> ㄴ. 을의 주장과 병의 주장은 대립하지 않는다.
> ㄷ. 병의 주장과 갑의 주장은 대립하지 않는다.

① ㄱ
② ㄴ
③ ㄱ, ㄷ
④ ㄴ, ㄷ

17. 다음 글에서 추론한 내용으로 적절하지 않은 것은?

　　최근 미디어 환경이 다양해지면서 우리는 여러 매체를 통해 다양한 방식의 광고를 접하게 되었다. 대표적으로 광고는 프로그램의 앞뒤에 붙어 반복되는 직접 광고와, PPL이라고 불리는 간접 광고로 나눌 수 있다. 직접 광고는 프로그램 사이에 배치되어 시청자가 광고를 회피할 수 있지만, 간접 광고는 상대적으로 회피가 어려워 제품 노출 효과가 크다는 특징이 있다.

　　간접 광고의 방법에는 주류적 배치와 주변적 배치가 있다. 주류적 배치는 출연자가 상품을 사용하거나 대사를 통해 상품을 언급하는 방식이고, 주변적 배치는 장면의 맥락이나 화면을 통해 자연스럽게 상품을 노출하는 것이다. 일반적으로 주류적 배치의 광고 효과가 더 크며, 주변적 배치는 상품의 노출이 프로그램의 맥락과 잘 맞을 때 광고 효과가 크다. 하지만 상품이 과도하게 노출되거나 맥락에 맞지 않으면 오히려 소비자에게 거부감을 줄 수 있다.

　　우리나라는 1990년대 이전까지 협찬 제도만을 허용했는데, 이는 프로그램 제작자가 협찬 업체로부터 경비나 물품을 제공받고 프로그램 종료 후 협찬 고지를 하는 방식이었다. 협찬 제도에서는 출연자가 방송 중 상품명이나 상호를 노출하는 것은 금지된다. 이후 2010년 방송 산업 활성화를 위해 간접 광고 조항이 신설되어 프로그램 내 상품 활용이 허용되었다. 그러나 간접 광고가 확산되면 시청자의 판단이 흐려지고 프로그램의 객관성이 약화될 수 있으므로, 이에 대한 비판적 인식이 요구된다.

① 직접 광고는 시청자가 광고임을 인식하기 쉬워, 비교적 회피가 용이한 광고 형태이다.
② 주류적 배치는 출연자가 제품을 사용하거나 언급하기 때문에 광고 효과가 크다.
③ 주변적 배치가 프로그램에 맥락에 맞지 않게 활용될 경우, 광고 효과가 떨어질 수 있다.
④ 협찬 제도는 프로그램 종료 시 협찬 고지를 하고, 방송 중 상품의 상호 노출이 가능하다.

18. 다음 글의 (가), (나)에 들어갈 말을 적절하게 나열한 것은?

　　미디어 학자 마셜 맥루한은 미디어를 핫 미디어와 쿨 미디어로 구분했는데, 이는 정보의 해상도와 수용자의 참여도를 기준으로 나눈 것이다. 핫 미디어는 　(가)　 정보로 가득 차 있어 수용자가 해석이나 상상력을 동원하지 않아도 내용을 이해할 수 있다. 이 매체는 전달력이 강하지만, 수용자가 능동적으로 사유할 여지는 상대적으로 적다. 영화, 사진, 라디오 등이 대표적인 핫 미디어의 예이다.

　　반면, 쿨 미디어는 해상도가 낮아 정보가 부분적으로만 제시된다. 따라서 수용자는 맥락을 스스로 해석하고 빈 부분을 상상으로 보완하며 의미를 구성해야 한다. 다시 말해, 수용자는 제시된 단편적 정보 위에 자신의 경험과 사고를 동원해 　(나)　 (으)로써 메시지를 완성한다. 텔레비전(맥루언 시대의 저해상도 방송), 만화, 전화 통화 등이 이에 해당한다. 이러한 특징은 미디어의 내용보다 형식이 인간의 인지 방식에 더 큰 영향을 미친다는 맥루언의 주장과도 이어진다.

① (가) : 수용자의 높은 참여도를 요구하는 매체
　 (나) : 정보를 능동적으로 해석하도록 수용자의 참여도를 높게 함
② (가) : 밀도가 높고 상세하게 완성된
　 (나) : 정보를 능동적으로 해석하도록 수용자의 참여도를 높게 함
③ (가) : 수용자의 높은 참여도를 요구하는 매체
　 (나) : 미디어가 제시하지 않은 정보의 빈칸(間隙)을 채움
④ (가) : 밀도가 높고 상세하게 완성된
　 (나) : 미디어가 제시하지 않은 정보의 빈칸(間隙)을 채움

19. 다음 진술이 모두 참일 때 반드시 참인 것은?

　• 주희가 시약병 또는 증류수를 준비했다면, 주희는 pH 측정기를 준비하지 않았다.
　• 주희는 pH 측정기를 준비했거나, 삼각플라스크를 준비하지 않았다.
　• 주희는 시약병 또는 알코올램프를 준비했다.
　• 주희는 삼각플라스크를 준비했다.

① 주희는 시약병과 알코올램프를 모두 준비하였다.
② 주희는 알코올램프를 준비했다.
③ 주희는 증류수를 준비했다.
④ 주희는 pH 측정기를 준비했고, 알코올램프를 준비하지 않았다.

20. 다음 글의 ㉠을 평가한 내용으로 적절한 것만을 <보기>에서 모두 고르면?

　　스포츠 정책이 발전하는 과정에서 국가가 어떤 방식으로 국민의 스포츠 참여권을 보장해야 하는지에 대한 논쟁은 꾸준히 이어져 왔다. 산업화 이후 국가가 직접 체육시설을 공급하고 생활체육을 확대하는 방식은 국민 모두에게 동일한 수준의 서비스를 제공한다는 점에서 높은 신뢰를 얻어 왔다. 이러한 복지국가 관점은 스포츠를 보편적 복지로 간주하여 국가가 운영의 주체가 되고, 공공 인프라 확충과 지역 간 격차 해소에 적극 개입해야 한다고 본다.

　　그러나 디지털 기술 확산, 민간 스포츠 산업 성장, 전문 인력의 필요성 등이 부각되면서 모든 영역을 국가가 직접 수행하는 것이 효율적인가에 대한 의문이 제기되기 시작했다.

　　이후 등장한 ㉠ 보장국가 관점은 국민의 스포츠권 보장은 국가의 책무이지만, 구체적 서비스 제공 방식은 민간의 전문성과 자율성에 맡길 수 있다고 본다. 대신 국가는 규제와 감독을 통해 공정성, 형평성, 안전성을 확보하는 역할에 집중한다. 예를 들어 민간 스포츠클럽이 지역 생활체육을 운영하더라도, 국가가 품질 기준과 안전 기준을 설정해 관리하면 국민의 기본권 보장이 흔들리지 않는다는 것이다. 결국 ㉠은 민관 협력과 위탁 구조를 통해 스포츠 복지의 지속가능성을 확보하면서도, 국가가 최종적인 책임을 유지하는 방향을 제시한다.

──────── <보 기> ────────
ㄱ. 한 지역에서 공공 체육시설 운영을 민간에 위탁하고 국가가 품질 기준과 이용료 상한을 설정한 후, 시설 이용 만족도가 높아지고 저소득층의 접근성도 유지된 것은 ㉠을 강화한다.
ㄴ. 한 지역에서 국가가 직접 체육시설을 건립하고 운영한 후, 지역 간 시설 격차가 줄어들고 주민의 생활체육 참여율이 높아진 것은 ㉠을 강화한다.
ㄷ. 한 지역에서 민간 스포츠클럽에 생활체육 운영을 위탁했으나 국가의 감독이 미흡하여, 이용료가 급등하고 취약계층의 참여율이 크게 낮아진 것은 ㉠을 약화한다.

① ㄱ, ㄴ
② ㄱ, ㄷ
③ ㄴ, ㄷ
④ ㄱ, ㄴ, ㄷ

2026 공무원 시험 대비 봉투모의고사
국어
▌제3회 ▌

응시번호		문제책형
성 명		

제1과목	국어	제2과목	영어	제3과목	한국사
제4과목		제5과목			

응시자 주의사항

1. **시험시작 전 시험문제를 열람하는 행위나 시험종료 후 답안을 작성하는 행위를 한 사람**은 「공무원임용시험령」 제51조에 의거 **부정행위자로** 처리됩니다.
2. **답안지 책형 표기는 시험시작 전 감독관의 지시에 따라 문제책 앞면에 인쇄된 문제책형을 확인**한 후, 답안지 책형란에 해당 책형(1개)을 '●'로 표기하여야 합니다.
3. **답안은 문제책 표지의 과목 순서에 따라 답안지에 인쇄된 순서(제1·2·3·4·5과목)에 맞추어 표기**해야 하며, 과목 순서를 바꾸어 표기한 경우에도 **문제책 표지의 과목 순서대로 채점되므로** 유의하시기 바랍니다.
4. 시험이 시작되면 문제를 주의 깊게 읽은 후, **문항의 취지에 가장 적합한 하나의 정답만을 고르며,** 문제내용에 관한 질문은 할 수 없습니다.
5. 답안지의 모든 기재 및 표기 사항은 **컴퓨터용 흑색 싸인펜을 사용**하며, 반드시 <보기>의 **올바른 표기 방식**으로 답안을 작성해야 합니다.
   <보기> **올바른 표기: ●** **잘못된 표기: Ⓥ ⊗ ◑ ⊙ ◎ ◫ ◯ ③**
6. **답안을 잘못 표기하였을 경우**에는 답안지를 교체하여 작성하거나 수정할 수 있으며, 표기한 답안을 수정할 때는 응시자 본인이 가져온 **수정테이프만을 사용**하여 해당 부분을 완전히 지우고 부착된 수정테이프가 떨어지지 않도록 손으로 눌러주어야 합니다. **(수정액 또는 수정스티커 등은 사용 불가)**
   ▪불량한 수정테이프의 사용과 불완전한 수정처리로 발생하는 **모든 문제는 응시자 본인에게 책임이 있습니다.**
7. 법령, 고시, 판례 등에 관한 문제는 **2025년 1월 31일 현재 유효한 법령, 고시, 판례 등을 기준**으로 정답을 구해야 합니다. 다만, 개별 과목 또는 문항에서 별도의 기준을 적용하도록 명시한 경우에는 그 기준을 적용하여 정답을 구해야 합니다.
8. **시험시간 관리의 책임은 응시자 본인에게 있습니다.**
   ※ 문제책은 시험종료 후 가지고 갈 수 있습니다.

정답공개 및 가산점 등록 안내

1. 정답공개: 정답가안 4.4.(토) 13:30 / 최종정답 4.13.(월) 18:00 / 사이버국가고시센터
2. 이의제기: 4.4.(토) 18:00 ~ 4.7.(화) 18:00 / 사이버국가고시센터
   ▪구체적인 이의제기 방법은 정답가안 공개 시 공지 예정
3. 가산점 등록기간: 4.4.(토) 13:30 ~ 4.6.(월) 21:00
4. 가산점 등록방법: 사이버국가고시센터 ➜ [원서접수 → 가산점 등록/확인]

국　어

1. <공공언어 바로 쓰기 원칙>에 따라 <공문서>의 ㉠~㉣을 수정한 것으로 적절하지 않은 것은?

───<공공언어 바로 쓰기 원칙>───
• 불필요한 사동·피동 표현을 지양할 것.
• 쉬운 우리말로 순화하여 표현할 것.
• 중의적인 문장 사용을 삼갈 것.
• 고압적, 권위적 표현을 삼갈 것.

──────<공문서>──────
외교부

수신 각 시·도(국제협력담당과장)

제목 국민외교아카데미 국제관계 실무자 과정 참가자 모집 안내
────────────────────
1. 귀 기관의 무궁한 발전을 기원합니다.
2. 국립외교원은 금년 하반기 국민외교아카데미 국제관계 실무자 과정 참가자를 ㉠ <u>모집되고 있습니다.</u>
3. 이 과정은 국제회의와 협상, 의전, 영어연설 등의 강의로 ㉡ <u>컴포즈되어</u> 있습니다.
4. 참가자들은 ㉢ <u>다양한 배경의 동료 참가자들을 만나</u> 실제 업무에 대한 정보 습득은 물론, 소통과 협력의 기회도 가질 수 있습니다.
5. 참가를 희망하는 국제관계 분야 종사자는 ㉣ <u>홈페이지 공지에 따라 참가를 신청할 것을 명하는 바입니다.</u>

① ㉠ : 모집하고 있습니다
② ㉡ : 구성되어
③ ㉢ : 다양한 배경의 동료 참가자들과
④ ㉣ : 홈페이지 공지에 따라 참가를 신청하시기 바랍니다

2. <개요>의 빈칸에 들어갈 내용으로 적절하지 않은 것은?

──────<개 요>──────
• 제목 : 대학가 원룸 주거 환경 악화의 실태와 개선 방안
Ⅰ. 대학가 원룸 주거 환경 악화의 실태
　1. 과도한 월세 부담으로 인한 학생들의 경제적 어려움 가중
　2. 노후 시설과 열악한 주거 환경으로 인한 생활 불편 증가
　3. 안전 설비 미비와 범죄 노출로 인한 불안감 확산
Ⅱ. 대학가 원룸 주거 환경 악화의 원인
　1. 수요 대비 공급 부족으로 인한 임대료 상승 압박
　2. 건물주의 시설 개선 투자 기피와 관리 소홀
　3. 대학가 원룸에 대한 제도적 관리·감독 체계 미비
Ⅲ. 대학가 원룸 주거 환경 개선을 위한 방안
　[   ]

① 대학 기숙사 확충과 공공 임대주택 공급 확대
② 원룸 시설 기준 강화와 정기 점검을 통한 주거 환경 개선
③ 대학가 원룸 임대료 상한제 도입과 관리 감독 강화
④ 부동산 중개수수료 인하를 통한 거래 활성화

3. 다음 글에서 추론한 내용으로 적절하지 않은 것은?

인칭 대명사 중에는 가리키는 대상의 특성에 따라 '미지칭 대명사'와 '부정칭 대명사'로 구분되는 것들이 있다. '미지칭 대명사'는 어떤 범위 안에서 누군가 또는 무엇인가에 대해 이름이나 신분을 알지 못할 때 사용하는 대명사이다. 예를 들어 "이번 총회에서는 누구를 회장으로 뽑아야 할까?"에서 '누구'는 총회의 회장이라는 정해진 범위 안에서 모르는 사람을 가리키므로 미지칭 대명사이다. 미지칭 대명사는 주로 의문문에서 사용되며, 가리키는 대상이 누구인지 무엇인지를 설명하도록 요구하는 설명 의문문의 형태를 띤다.
반면 '부정칭 대명사'는 특정한 범위가 정해지지 않은 상태에서 아무나를 두루 표현할 때 사용하는 대명사이다. 예를 들어 "철수는 누구를 만나더라도 반갑게 대한다."에서 '누구'는 일정한 범위 없이 아무나를 가리키므로 부정칭 대명사이다. 부정칭 대명사는 '아무(나)'로 대체가 가능한지를 확인하면 쉽게 구분할 수 있다. '누구', '아무', '무엇', '어디' 등이 문맥에 따라 미지칭 대명사 또는 부정칭 대명사로 사용될 수 있다.

① "어제 무엇을 먹었어?"에서 '무엇'은 특정한 범위가 정해지지 않은 상태에서 사용되었으므로 부정칭 대명사이다.
② "누구든 와도 이 일은 해결하지 못한다."에서 '누구'는 '아무나'로 대체가 가능하므로 부정칭 대명사이다.
③ "아무나 나를 좋아해줬으면 좋겠어."에서 '아무'는 특정한 대상이 정해지지 않았으므로 부정칭 대명사이다.
④ "누구든 집으로 오세요."에서 '누구'는 일정한 범위 없이 아무나를 가리키므로 부정칭 대명사이다.

4. 다음 글의 ㉠~㉣ 중 어색한 곳을 찾아 가장 적절하게 수정한 것은?

현대 한국 사회에서 ㉠ <u>기업의 규모가 경제 발전에 미치는 영향은 지대하다.</u> 최근 연구에 따르면, 대기업의 일자리 부족이 여러 사회적 문제를 초래하고 있다. 특히 대기업 일자리의 부족은 입시 경쟁 과열, 사회적 이동성 저하, 수도권 집중 심화 등 여러 문제를 일으키는 주요 원인으로 분석되고 있다. 실제로는 대기업 일자리가 부족한 상황에서 ㉡ <u>중소기업에 취업하려는 수요는 약하게 나타나고 있다.</u> 기업의 규모 확대는 고용 창출, 노동 생산성 증가, 산업 경쟁력 강화 등의 효과를 창출하기도 한다. 그러나 ㉢ <u>정부의 중소기업 지원 정책이 효과적으로 이루어지면</u> 중소기업은 몸집을 키워 중견기업으로 성장할 유인이 줄어든다. 이는 결국 양질의 대기업 일자리를 창출하기 힘든 새로운 요인이 될 수 있다. 따라서 ㉣ <u>정부는 기업 규모 확대를 위한 정책을 재검토해야 하며,</u> 중소기업에 대한 지원을 점진적으로 조정해야 한다. 대기업의 일자리 부족은 청년층의 경제적 불안정성을 높이고, 이로 인해 청년층의 장기적인 경제적 안정성을 위협할 수 있음이 지난 세월을 통해 증명되어 왔다. 이러한 문제를 해결하기 위해서는 단기적인 지원에 그치지 않고, 중장기적으로 기업 규모를 확대해 나갈 수 있는 정책이 필요하다.

① ㉠ : 기업의 규모가 커질수록 경제 발전이 지체되는 현상이 관측되고 있다
② ㉡ : 중소기업에 취업하려는 수요는 꾸준히 증가하고 있다
③ ㉢ : 정부의 중소기업 지원 정책이 과도하게 이루어지면
④ ㉣ : 정부는 기업 규모 축소를 위한 정책을 제정해야 하며

5. 다음 글의 (가), (나)에 들어갈 말을 적절하게 나열한 것은?

> 인공지능(AI) 모델을 훈련시키는 방식은 크게 지도 학습과 비지도 학습으로 나눌 수 있다. 지도 학습은 개와 고양이 사진을 분류하는 모델을 만들 때, 컴퓨터에게 사진을 보여주고 이 사진이 '개'인지 '고양이'인지 미리 알려주면서 학습을 진행한다. 이를 통해 모델은 입력과 출력 사이의 규칙을 학습하고, 새로운 데이터가 주어졌을 때 그 출력값을 예측하는 것을 목표로 한다. 이러한 특성 때문에, 지도 학습은 스팸 메일 분류나 주택 가격 예측과 같은 분류와 회귀 문제에 주로 적용된다.
>
> 한편, 비지도 학습은 인간의 개입 없이 ⎸ (가) ⎸하는 것을 목표로 한다. 예를 들어, 온라인 쇼핑몰에서 고객들의 구매 기록을 분석하여 비슷한 소비 패턴을 가진 고객들을 몇 개의 그룹으로 묶어 세분화하는 작업은 비지도 학습의 대표적인 사례이다. 이처럼 비지도 학습은 데이터에 내재된 패턴을 찾아내는 데는 유리하지만, 지도 학습에 비해 ⎸ (나) ⎸경우가 많아 결과 해석에 주의가 필요하다.

① (가): 유사한 특징을 가진 데이터끼리 군집화
   (나): 정답 레이블이 있어 한정적인 답을 내는
② (가): 정답 레이블이 없는 상태에서 출력값을 예측
   (나): 정답 레이블이 없어 객관적인 검증이 어려운
③ (가): 정답 레이블이 없는 상태에서 출력값을 예측
   (나): 정답 레이블이 있어 한정적인 답을 내는
④ (가): 유사한 특징을 가진 데이터끼리 군집화
   (나): 정답 레이블이 없어 객관적인 검증이 어려운

6. 다음 글의 (가)~(마)를 순서대로 나열한 것은?

> (가) 또한 재생 에너지의 채택은 환경 보호에 크게 기여한다. 화석 연료의 사용을 줄임으로써 온실가스 배출을 감소시키고, 이는 지구 온난화의 완화에 도움을 준다.
>
> (나) 전 세계적으로 재생 에너지에 대한 관심이 증가하고 있다. 태양광, 풍력, 수력 등 다양한 형태의 재생 에너지는 청정하고 무한한 에너지 공급원을 제공한다.
>
> (다) 그러나 재생 에너지의 확산에는 여전히 몇 가지 장애물이 존재한다. 초기 설치 비용이 높고, 에너지 저장 기술의 한계로 인해 안정적인 공급이 어려울 수 있다.
>
> (라) 이러한 다양한 에너지 자원의 활용은 에너지 안보를 강화하는 데 필수적이다.
>
> (마) 이러한 문제를 극복하기 위해 정부의 지원 정책과 기술 혁신이 필요하다. 연구 개발 투자와 인프라 구축을 통해 이러한 장벽을 낮출 수 있다.

① (나) − (가) − (다) − (마) − (라)
② (나) − (가) − (라) − (다) − (마)
③ (나) − (라) − (가) − (다) − (마)
④ (나) − (라) − (다) − (가) − (마)

[7~8] 다음 글을 읽고 물음에 답하시오.

> 사람들은 어떤 위험을 더 두렵게 느끼는가? 객관적인 수치보다 주관적인 인식이 위험 평가에 더 큰 영향을 미치는 경우가 많다. 예를 들어, 통계적으로 사망률이 높은 질병보다 뉴스에 자주 등장하는 방사능 유출이나 몰래카메라 사건이 더 위험하게 인식되기도 한다. 실제 한 연구에서는 대학생 집단이 기술적 위험 요소를 토론하며 60개가 넘는 항목을 도출했는데, 이들이 가장 위험하다고 평가한 대상은 '안전불감증'이었다. 이들은 사고 매뉴얼 미비, 방사능 유출, 원자력 발전보다도 '사회 전반의 안전의식 부족'을 더 위협적으로 보았다. 또한, 기사 보도량이 많은 항목일수록 위험 수준, 두려움 정도, 인식된 지식 수준이 모두 높게 평가되었다. 이는 위험이 단순히 물리적 현실이 아니라, 언론 보도와 사회적 논의 속에서 구성된다는 점을 시사한다.
>
> 이러한 결과는 위험을 둘러싼 집단 인식이 단순한 정보 축적이 아닌 사회문화적 맥락 안에서 형성된다는 사실을 보여준다. 개인이 경험하지 않은 사건이라도 반복적 미디어 노출을 통해 구체적인 이미지와 감정으로 체화되며, 이는 실제 정책 수용이나 행동 양식에도 영향을 ㉠미칠 수 있다. 따라서 기술이나 재난 관련 정책을 수립할 때에는 과학적 근거뿐 아니라 사회 구성원의 인식과 감정 구조까지 고려하는 접근이 요구된다.

7. 윗글의 중심 내용으로 가장 적절한 것은?
① 위험에 대한 인식은 객관적 수치보다 언론 보도와 사회적 논의를 통해 형성되므로, 정책 수립 시 사회 구성원의 인식과 감정 구조를 고려해야 한다.
② 대학생들이 안전불감증을 가장 위험한 요소로 평가한 것은 미디어가 만들어낸 왜곡된 위험 인식의 대표적 사례로, 이는 정확한 정보 전달의 중요성을 보여준다.
③ 기사 보도량이 값은 위험 항목일수록 사람들이 느끼는 두려움과 위험 수준이 높아지므로, 언론은 사회적 영향력을 고려한 책임 있는 보도가 필요하다.
④ 위험에 대한 인식은 개인의 경험보다 미디어를 통한 간접 체험에 더 큰 영향을 받기 때문에, 실제 위험과 인식된 위험 사이의 격차를 줄이는 교육이 중요하다.

8. 문맥상 ㉠의 의미와 가장 가까운 것은?
① 우리 편 선수는 결승점에 못 미쳐서 넘어지고 말았다.
② 아이들의 실력에 내 성적은 못 미쳤다.
③ 한번 그쪽으로 생각이 미치자 영희의 마음은 다급해졌다.
④ 사퇴를 하라는 압력이 그에게 미쳤다.

[9~10] 다음 글을 읽고 물음에 답하시오.

　　최근 각국은 문화적 자원을 활용한 외교 전략을 강화하고 있다. 일본의 '재팬하우스' 사업은 일본 문화의 다양성과 매력을 세계에 알리는 것을 목표로 한다. (가) 문화외교 옹호론자들은 이러한 시도가 국제사회에서 상호 이해와 신뢰 형성에 기여한다고 본다. ㉠ 이들은 문화 교류는 정치적 이해관계를 넘어 시민 간의 정서적 유대와 문화적 공감대를 확대하는 역할을 한다고 주장한다. 실제로 재팬하우스가 개최한 전시나 강연 프로그램에 참여한 ㉡ 외국 관람객들은 일본 사회의 다층적 이미지를 새롭게 인식하게 되었다는 반응을 보였다.

　　반면 (나) 비판적 문화정치론자들은 문화외교가 종종 정치적 전략의 포장 수단으로 활용된다고 지적한다. 재팬하우스의 콘텐츠가 '평화적 일본', '세련된 기술 강국'과 같은 이미지 구축에 치중하며, 역사 문제나 사회 갈등 같은 민감한 주제는 의도적으로 배제한다는 것이 이러한 관점의 핵심이다. 이러한 선택적 재현은 문화적 매력을 외교적 자산으로 전환하는 과정에서, 국가 브랜드가 현실보다 이상화되는 결과를 낳을 수 있다.

　　한편, 재팬하우스가 일본의 문화산업과 관광을 활성화하고, 해외 ㉢ 청년층의 일본어 학습 수요를 높였다는 보고도 있다. 이러한 성과를 긍정적으로 평가하는 연구자들은 문화 교류가 실질적인 국가 간 이해 증진으로 이어진다고 강조한다. 그러나 문화외교가 정치적 홍보로 변질되는 것을 경계하는 ㉣ 학자들은 투명한 운영과 비판적 성찰이 필요하다고 본다.

9. 윗글을 읽고 평가한 내용으로 가장 적절한 것은?
　① 재팬하우스가 일본의 관광 수입을 증가시켰다는 보고가 발표된다면, 이는 (가)의 주장을 강화한다.
　② 재팬하우스 전시가 외국 관람객들의 일본에 대한 긍정적 인식을 높였다는 연구가 발표된다면, 이는 (가)의 주장을 약화한다.
　③ 재팬하우스가 특정 정치 이슈를 다루지 않아 외교적 마찰을 줄였다는 분석이 제시된다면, 이는 (나)의 주장을 약화한다.
　④ 재팬하우스 콘텐츠에서 역사 문제나 사회 갈등 주제가 누락되었다는 평가가 제시된다면, 이는 (나)의 주장을 강화한다.

10. 윗글의 ㉠~㉣ 중 문맥상 의미가 나머지와 다른 하나는?
　① ㉠
　② ㉡
　③ ㉢
　④ ㉣

[11~12] 다음 글을 읽고 물음에 답하시오.

　　조선 전기의 한문소설은 현실 세계의 인간적 문제를 (가) 비현실적 장치를 통해 드러내었다. 그중에서도 전기소설과 몽유록은 초현실과 현실의 긴장을 다루는 대표적인 형식이다.

　　먼저 전기소설(傳記小說)은 기이한 사건을 전한다는 뜻의 '전(傳)'에서 유래한 장르로, 현실과 이계를 동시에 포괄하는 특징을 지닌다. 작품은 현실 세계에서 일어난 사건에 ㉠ 초자연적 요소를 결합해, 인간 존재의 고독과 내면의 갈등을 섬세하게 묘사한다. 인물의 행동뿐 아니라 심리적 변화가 시간의 흐름 속에서 구체적으로 드러나며, 서사와 서정이 결합된 문체가 특징이다. 전기소설의 주인공은 외면의 영웅적 행위보다는 ㉡ 내면의 성찰과 인식의 전환을 통해 성장하는 인물로 형상화된다.

　　이에 비해 몽유록(夢遊錄)은 현실 세계의 인물이 꿈속에서 다른 세계를 체험하는 구조를 지닌다. 현실의 불만과 고뇌를 직접 표현하기 어려웠던 지식인들은 ㉢ 꿈을 서사의 장치로 삼아 현실을 비판하고 이상 세계를 제시하였다. 몽유록의 서사는 대체로 '입몽 – 몽중세계 – 각몽'의 액자식 구성을 취하며, 몽중세계에서는 인물이 신선이나 유학자들과 토론을 벌이거나 ㉣ 이상사회를 목도하는 장면이 전개된다. 꿈속 경험은 현실의 모순을 반성하게 하는 계기로 작용하며, 각몽 후에는 깨달음을 얻은 주인공이 현실로 돌아오는 구도를 이룬다. 전기소설이 초자연적 사건을 통해 인간의 내면을 탐색했다면, 몽유록은 꿈이라는 장치를 통해 현실의 부조리와 사회적 불평등을 비판하였다.

11. 윗글을 읽고 추론한 내용으로 가장 적절한 것은?
　① 전기소설의 주인공은 주로 외면의 영웅적 행위를 통해 사회적 명예와 권력을 추구하는 인물로 형상화된다.
　② 몽유록은 현실 세계의 불만과 고뇌를 직접적으로 표현하여 사회 비판의 메시지를 명확하게 전달하였다.
　③ 전기소설은 현실에 초자연적 요소를 결합하여 인간의 내면적 갈등과 성찰의 과정을 섬세하게 그려냈다.
　④ 몽유록과 전기소설은 모두 개인의 내적 성숙보다는 집단적 현실 인식의 심화에 초점을 맞추었다.

12. ㉠~㉣ 중 문맥상 (가)에 해당하는 의미로 사용되지 않은 것은?
　① ㉠
　② ㉡
　③ ㉢
　④ ㉣

13. 다음 중 ㉠에 해당하는 사례로 적절하지 않은 것은?

> 관형절은 문장 내에서 생략되는 성분이 있는지 여부에 따라 ㉠관계 관형절과 동격 관형절로 나눌 수 있다. 관계 관형절은 안은 문장의 한 문장 성분과 중복되는 체언이 생략되는 관형절로, 생략된 체언은 안은문장에서 관계 관형절의 수식을 받는 체언이 된다. 가령 '구름이 파랗다'와 '구름이 떠 있다'가 결합하며 '파란 구름이 떠 있다'라는 문장을 만들 때, 주어인 '구름이'가 중복되므로 관형절의 주어가 생략되고, 이 생략된 주어인 '구름이'는 관형절의 서술어 '파란'의 수식을 받는다. 동격 관형절은 관형절이, 그 관형절의 수식을 받는 체언의 내용을 나타내는 관형절로, 문장이 결합할 때 문장 성분이 생략되지 않는다.

① 내가 어제 본 영화가 참 재미있었다.
② 나는 그녀가 좋은 사람이라는 생각을 했다.
③ 빨간 장미가 한 송이 피었다.
④ 영수가 버스에 탄 경희에게 말을 걸었다.

14. 다음 글에서 추론한 내용으로 적절하지 않은 것은?

> 음운 변동이란 어떤 음운이 환경에 따라 다르게 발음되는 현상을 말한다. 음운 변동은 교체, 탈락, 첨가, 축약의 네 가지 유형으로 나눌 수 있다. 교체는 한 음운이 다른 음운으로 바뀌는 현상이고, 탈락은 있던 음운이 사라지는 현상이며, 첨가는 없던 음운이 새로 생기는 현상이고, 축약은 두 음운이 합쳐져 하나의 새로운 음운이 되는 현상이다.
>
> 음운 변동의 유형에 따라 음운의 개수가 달라진다. 교체는 음운이 바뀌기만 하므로 음운의 개수가 변하지 않는다. 예를 들어 '국물'이 [궁물]로 발음될 때 'ㄱ'이 'ㅇ'으로 바뀌는 비음화가 일어나지만 음운의 개수는 그대로이다. 탈락은 음운이 사라지므로 음운의 개수가 줄어든다. 예를 들어 '넋'이 [넉]으로 발음될 때 자음군 단순화로 'ㅅ'이 탈락하여 음운의 개수가 줄어든다. 첨가는 음운이 새로 생기므로 음운의 개수가 늘어난다. 예를 들어 '솜이불'이 [솜니불]로 발음될 때 'ㄴ'이 첨가되어 음운의 개수가 늘어난다. 축약은 두 음운이 하나가 되므로 음운의 개수가 줄어든다. 예를 들어 '놓다'가 [노타]로 발음될 때 'ㅎ'과 'ㄷ'이 축약되어 'ㅌ'이 되므로 음운의 개수가 줄어든다.

① '끊는'이 [끌른]으로 발음될 때 탈락과 교체가 일어난다.
② '값진'이 [갑찐]으로 발음될 때 음운의 개수가 줄어든다.
③ '밖과'가 [박꽈]로 발음될 때 축약이 일어나 음운의 개수가 줄어든다.
④ '샀일'이 [상닐]로 발음될 때 탈락, 첨가, 교체가 일어난다.

15. ㉠~㉣의 조건이 주어졌을 때, 반드시 참인 진술은?

> ㉠ 연구소에는 실험실과 관찰실, 두 개의 구역만 있다.
> ㉡ 실험복을 입은 연구원은 모두 실험실에 있거나 기록 작업에 참여하지 않는다.
> ㉢ 관찰실에 있으면서 기록 작업에 참여하는 연구원은 모두 장갑을 착용하지 않는다.
> ㉣ 수현은 연구소의 두 구역 중 한 곳에 있으며, 기록 작업에 참여한다.

① 수현은 실험복을 입지 않는다.
② 수현이 장갑을 착용한다면, 실험실에 있다.
③ 수현이 실험복을 입는다면, 실험실에 있지 않다.
④ 수현이 장갑을 착용하지 않는다면, 관찰실에 있다.

16. 다음 글에서 추론할 수 있는 것으로 가장 적절한 것은?

> 올바른 식단으로 식사를 한다고 해서 건강한 다이어트를 보장할 수 있는 것은 아니다. 가령, 어떤 사람이 체중 감량을 위해 식단을 철저하게 계획해서 영양 섭취를 한다고 하자. 그런데 이 사람은 적절한 운동을 전혀 병행하지 않고 나쁜 생활습관을 유지하면서 체중만 일부 감량하였다. 우리는 이 사람이 체중 감량을 하였다는 것은 인정할 수 있지만, 건강한 다이어트에 성공하였다고 보지는 않는다. 이는 건강한 다이어트를 위해서는 올바른 식단뿐만 아니라 적절한 운동이 병행되어야 한다는 것을 시사한다.

① 건강한 다이어트는 올바른 식단과 적절한 운동의 충분조건이다.
② 건강한 다이어트는 올바른 식단의 필요조건이다.
③ 올바른 식단은 적절한 운동의 필요조건이다.
④ 올바른 식단과 적절한 운동은 건강한 다이어트의 충분조건이다.

17. 다음 글의 밑줄 친 결론을 이끌어 내기 위해 추가해야 할 전제는?

> 이 도시 개발 프로젝트가 성공하면, 내 두 번째 계획안이 옳다. 한편, 내 첫 번째 계획안과 두 번째 계획안이 동시에 옳을 수는 없다. 두 계획안은 서로 상반된 전략을 가지기 때문이다. 그런데 만약 기존 데이터 분석이 옳았다는 것이 드러난다면, 내 첫 번째 계획안이 옳다. 따라서 기존 데이터 분석에는 오류가 있다.

① 첫 번째 계획안이 옳을 것이다.
② 두 번째 계획안이 옳지 않을 것이다.
③ 이 도시 개발 프로젝트는 성공할 것이다.
④ 기존 데이터 분석에 오류가 없다면, 두 번째 계획안도 옳지 않을 것이다.

18. 갑~병의 주장을 분석한 내용으로 적절한 것만을 <보기>에서 모두 고르면?

> 갑 : 복지 국가의 강화는 모든 국민의 삶의 질을 높이기 위해 필수적이다. 정부는 기본적인 의료, 교육, 주거와 같은 필수 서비스에 대해 충분한 재정을 투자해야 하며, 이러한 투자는 궁극적으로 국민의 사회적 안전망을 강화하는 역할을 한다. 복지 제도를 통해 사회적 불평등을 줄이고, 취약 계층에게 필요한 지원을 제공함으로써, 더 공정하고 평등한 사회를 이룰 수 있다.
> 을 : 복지의 확장은 현대 사회에서 불가피한 선택이다. 공공 서비스에 대한 투자를 늘려야 경제적 약자들이 사회에서 배제되지 않고, 안정적인 삶을 누릴 수 있다. 특히, 의료와 교육의 공공성을 강화하는 것은 사회 전반의 생산성을 높이는 데에도 기여할 수 있다. 정부가 적극적으로 복지 정책을 확대해야만, 개인이 기본적인 권리를 보장받을 수 있으며, 이는 사회 전체의 발전을 위해 중요한 역할을 한다.
> 병 : 복지 국가의 확대는 막대한 재정 지출을 필요로 하며, 이는 결국 높은 세금과 정부의 재정 부담으로 이어진다. 국민의 삶의 질을 높이기 위해서는 일자리 창출과 경제 성장을 중심으로 한 정책이 더 효과적이다. 지나친 복지 정책은 사람들이 정부에 의존하게 만들어 자립심을 떨어뜨릴 수 있으며, 결과적으로 국가 경제의 활력을 저하시킬 위험이 있다. 정부는 복지보다는 경제 활동을 활성화하는 데 초점을 맞춰야 한다.

> ───── <보 기> ─────
> ㄱ. 갑의 주장과 을의 주장은 대립하지 않는다.
> ㄴ. 을의 주장과 병의 주장은 대립하지 않는다.
> ㄷ. 병의 주장과 갑의 주장은 대립하지 않는다.

① ㄱ
② ㄴ
③ ㄱ, ㄷ
④ ㄴ, ㄷ

19. ㉠~㉣의 관계에 대한 평가로 적절한 것을 <보기>에서 있는 대로 고른 것은?

> ㉠ 어떤 직원은 내일 휴가를 간다.
> ㉡ 어떤 직원은 오늘 연장근무를 한다.
> ㉢ 오늘 연장근무를 하는 모든 직원은 내일 휴가를 간다.
> ㉣ 오늘 연장근무를 하지 않는 모든 직원은 내일 휴가를 가지 않는다.

> ───── <보 기> ─────
> 가. ㉠과 ㉣이 참이면 ㉡은 반드시 참이다.
> 나. ㉡과 ㉢이 참이면 ㉠은 반드시 참이다.
> 다. ㉢과 ㉣이 참이면 ㉠과 ㉡은 반드시 참이다.

① 가
② 가, 나
③ 나, 다
④ 가, 나, 다

20. 다음 글에서 추론할 수 있는 것만을 <보기>에서 모두 고르면?

> 온실효과란 온실가스가 지구 복사열을 흡수하여 지구를 데우는 현상이다. 태양에서 방출된 빛 에너지는 지구 표면에 도달한 후 적외선의 형태로 우주로 방출된다. 그런데 수증기, 이산화탄소, 메테인 등의 온실가스가 이 적외선을 흡수하면, 열이 우주로 빠져나가지 못하고 지구에 머물게 된다. 열이 지구에 머물게 되면 지구의 온도가 상승한다.
> 정상적인 양의 온실가스가 일으키는 온실효과는 지구의 안정적인 온도에 필수적이다. 문제는 화석 연료의 연소로 이산화탄소 같은 기체가 과다하게 방출되어 온실효과가 심해진다는 점이다. 온실효과가 심해지면 지구의 비정상적인 온난화가 발생하여 심각한 환경 문제가 야기될 수 있다. 그러나 화석 연료의 연소만이 온실가스를 증가시키는 것은 아니다. 예를 들어, 축산업에서 발생하는 메테인도 온실가스 증가의 원인이 될 수 있다. 한편 에어로졸 입자는 구름을 만드는 응결핵으로 작용하여 태양 에너지를 산란시키는데, 이는 지구 온도를 낮추는 데 기여한다. 다만 에어로졸이 일으키는 냉각 효과에 관한 정확한 수치 모델이나 세부적인 연구는 아직 충분하지 않다.

> ───── <보 기> ─────
> ㄱ. 온실가스가 없다면, 지구의 온도가 일정하게 유지될 것이다.
> ㄴ. 온실가스가 적외선을 흡수하면, 지구의 온도가 상승할 수 있다.
> ㄷ. 화석 연료의 연소는 온실가스를 증가시키기 위한 필요조건이다.

① ㄱ
② ㄴ
③ ㄱ, ㄴ
④ ㄴ, ㄷ

2026 공무원 시험 대비 봉투모의고사
국어
▮ 제4회 ▮

응시번호		문제책형
성 명		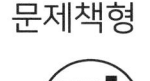 가

제1과목	국어	제2과목	영어	제3과목	한국사
제4과목		제5과목			

응시자 주의사항

1. **시험시작 전 시험문제를 열람하는 행위나 시험종료 후 답안을 작성하는 행위를 한 사람은** 「공무원임용시험령」 제51조에 의거 **부정행위자로** 처리됩니다.
2. **답안지 책형 표기는 시험시작 전 감독관의 지시에 따라 문제책 앞면에 인쇄된 문제책형을 확인한 후, 답안지 책형란에 해당 책형(1개)을 '●'로 표기**하여야 합니다.
3. **답안은 문제책 표지의 과목 순서에 따라 답안지에 인쇄된 순서(제1·2·3·4·5과목)에 맞추어 표기**해야 하며, 과목 순서를 바꾸어 표기한 경우에도 **문제책 표지의 과목 순서대로 채점**되므로 유의하시기 바랍니다.
4. 시험이 시작되면 문제를 주의 깊게 읽은 후, **문항의 취지에 가장 적합한 하나의 정답만을 고르며,** 문제내용에 관한 질문은 할 수 없습니다.
5. 답안지의 모든 기재 및 표기 사항은 **컴퓨터용 흑색 싸인펜을 사용**하며, 반드시 <보기>의 **올바른 표기 방식**으로 답안을 작성해야 합니다.

   <보기> 올바른 표기: ●   잘못된 표기: ⊘ ⊗ ◑ ⊙ ⊕ ◖ ⊖ ③

6. **답안을 잘못 표기하였을 경우에는 답안지를 교체하여 작성하거나 수정할 수 있으며,** 표기한 답안을 **수정할 때는 응시자 본인이 가져온 수정테이프만을 사용**하여 해당 부분을 완전히 지우고 부착된 수정테이프가 떨어지지 않도록 손으로 눌러주어야 합니다. (수정액 또는 수정스티커 등은 사용 불가)
   ■ 불량한 수정테이프의 사용과 불완전한 수정처리로 발생하는 모든 문제는 응시자 본인에게 책임이 있습니다.
7. 법령, 고시, 판례 등에 관한 문제는 **2025년 1월 31일 현재 유효한 법령, 고시, 판례 등을 기준**으로 정답을 구해야 합니다. 다만, 개별 과목 또는 문항에서 별도의 기준을 적용하도록 명시한 경우에는 그 기준을 적용하여 정답을 구해야 합니다.
8. **시험시간 관리의 책임은 응시자 본인에게 있습니다.**
   ※ 문제책은 시험종료 후 가지고 갈 수 있습니다.

정답공개 및 가산점 등록 안내

1. 정답공개: 정답가안 4.4.(토) 13:30 / 최종정답 4.13.(월) 18:00 / 사이버국가고시센터
2. 이의제기: 4.4.(토) 18:00 ~ 4.7.(화) 18:00 / 사이버국가고시센터
   ■ 구체적인 이의제기 방법은 정답가안 공개 시 공지 예정
3. 가산점 등록기간: 4.4.(토) 13:30 ~ 4.6.(월) 21:00
4. 가산점 등록방법: 사이버국가고시센터 ➜ [원서접수 → 가산점 등록/확인]

국　어

1. <공공언어 바로 쓰기 원칙>에 따라 수정한 것으로 적절하지 않은 것은?

----<공공언어 바로 쓰기 원칙>----
- 올바른 문장 구조 사용하기
  - ㉠ 대등하게 같은 구조로 접속할 것.
- 명료한 표현 사용하기
  - ㉡ 앞뒤 문장의 의미 관계를 고려하여 접속어를 사용할 것.
- 외래어 번역투 지양하기
  - ㉢ 우리말답지 않은 번역투 표현을 사용하지 않을 것.
- 불필요한 표현 삼가기
  - ㉣ 불필요한 이중 피동 표현을 지양할 것.

① "우리 박물관에서는 다양한 지식과 정보 제공을 위하여 박물관 대학을 운영하고 있습니다."를 ㉠에 따라 "우리 박물관에서는 다양한 지식과 정보를 제공하고자 박물관 대학을 운영하고 있습니다."로 수정한다.
② "국민의 참여가 저조하였다. 그러나 정부는 홍보를 강화하기로 하였다."를 ㉡에 따라 "국민의 참여가 저조하였다. 이에 따라 정부는 홍보를 강화하기로 하였다."로 수정한다.
③ "주의가 요구됩니다."를 ㉢에 따라 "주의해야 합니다."로 수정한다.
④ "최근 독감 의심 환자의 절반가량은 신종 플루 감염으로 보입니다."를 ㉣에 따라 "최근 독감 의심 환자의 절반가량은 신종 플루 감염으로 보여집니다."로 수정한다.

2. 다음 글에서 추론한 내용으로 적절하지 않은 것은?

　캐나다의 미디어학자 맥루언은 "미디어가 메시지다"라는 주장으로 주목받았다. 이 주장의 핵심은 미디어에 담긴 내용보다 미디어를 이루는 형식이 삶과 세계를 인식하는 데 더 큰 영향을 미친다는 것이다. 같은 사건이라 하더라도 신문으로 읽는 경우와 텔레비전으로 보는 경우 그 메시지가 달라지는 것은 이러한 주장의 적절한 사례이다.
　맥루언에게 미디어란 신문과 텔레비전을 넘어 인간이 만든 모든 인공물을 포괄한다. 그는 "바퀴는 발의 확장이며, 책은 눈의 확장이고, 옷은 피부의 확장이며, 전자 회로는 중추 신경계의 확장"이라고 주장했다. 요컨대 미디어는 정신과 육체의 확장이라는 것이다. 이러한 접근에 기초해 맥루언은 '뜨거운 미디어'와 '차가운 미디어'를 구분했다. 뜨거운 미디어는 데이터로 가득 찬 미디어로 밀도가 높아 수용자의 능동적 해석의 가능성이 적고, 차가운 미디어는 데이터가 상대적으로 적어 수용자의 능동적 해석의 가능성이 크다.
　그러나 맥루언에 대한 비판도 적지 않았다. 그의 논리는 철학적 직관에 의존한 것이지 과학적 분석에 기반을 둔 것은 아니었다. 또한 그는 미디어의 사회적 역할에 대해서는 무관심했다는 비판을 받았다.

① 맥루언의 관점에서 보면, 동일한 내용을 담고 있더라도 신문 기사와 텔레비전 뉴스는 서로 다른 메시지를 전달할 수 있다.
② 맥루언의 관점에서 보면, 미디어의 내용을 개선하는 것보다 미디어의 형식을 바꾸는 것이 인식의 변화에 더 큰 영향을 미칠 수 있다.
③ 맥루언의 관점에서 보면, 차가운 미디어는 뜨거운 미디어에 비해 데이터 밀도가 낮으므로 메시지 전달력도 약할 것이다.
④ 맥루언의 미디어 이론은 미디어의 사회적 역할에 대한 분석이 부족하다는 점에서 한계가 있다고 할 수 있다.

3. 다음 글의 ㉠에 해당하는 사례로 적절하지 않은 것은?

　국어의 음운 변동에서 음운의 수가 줄어드는 현상은, 두 음운이 결합하여 새로운 음운을 만드는 축약과 기존 음운이 완전히 사라지는 탈락으로 구분된다. ㉠자음축약은 두 개의 자음이 만나서 하나의 새로운 자음으로 줄어드는 현상이다. 이때 원래 있던 두 자음의 특성이 결합되어 제3의 자음이 만들어지며, 원래 자음들은 완전히 사라진다. 주로 'ㅎ'이 관련된 거센소리되기에서 나타나는데, 예를 들어 '좋다'가 [조타]로 발음되는 것은 'ㅎ+ㄷ'이 만나 거센소리 'ㅌ'으로 축약된 것이다. 마찬가지로 '놓고'가 [노코]로, '쌓다'가 [싸타]로 발음되는 것도 모두 'ㅎ'과 다른 자음이 결합하여 거센소리로 축약된 것이다.
　자음탈락은 음운 하나가 완전히 사라지는 현상으로, 새로운 음운이 생기지 않고 기존 음운 중 하나만 남는다. 주로 발음의 편의나 음성학적 제약으로 인해 일어나며, 예를 들어 '좋은'이 [조은]으로 발음되는 것은 'ㅎ'이 모음 앞에서 완전히 탈락한 것이다. 마찬가지로 '많이'가 [마니]로, '쌓이다'가 [싸이다]로 발음되는 것도 모두 'ㅎ'이 특정 환경에서 사라진 것이다. 두 현상의 핵심적인 차이점은 결과물의 성격이다. 자음축약은 두 자음이 합쳐서 새로운 하나의 자음을 만드는 것이고, 자음탈락은 자음 하나가 없어지는 것이라는 점에서 구별된다. 또한 자음축약은 주로 자음 환경에서, 자음탈락은 주로 모음 환경에서 일어난다는 특징이 있다.

① '넣다'를 [너타]로 발음할 때
② '앓다'를 [알타]로 발음할 때
③ '닿은'을 [다은]으로 발음할 때
④ '낳고'를 [나코]로 발음할 때

4. <지침>에 따라 <개요>를 작성할 때 ㉠~㉣에 들어갈 내용으로 적절하지 않은 것은?

----<지 침>----
- 서론은 중심 소재의 개념 정의와 문제 제기를 1개의 장으로 작성할 것.
- 본론은 제목에서 밝힌 내용을 2개의 장으로 구성하되 각 장의 하위 항목끼리 대응되도록 작성할 것.
- 결론은 기대 효과와 향후 과제를 1개의 장으로 작성할 것.

----<개 요>----
- 제목 : 청년 1인 가구의 주거 문제와 지원 방안
- Ⅰ. 서론
  1. 청년 1인 가구의 정의와 증가 현황
  2. 　　　㉠
- Ⅱ. 청년 1인 가구의 주거 문제
  1. 　　　㉡
  2. 경제적 부담으로 인한 사회적 고립 심화
- Ⅲ. 청년 1인 가구 지원 방안
  1. 보증금 대출 확대와 월세 지원 정책
  2. 　　　㉢
- Ⅳ. 결론
  1. 　　　㉣
  2. 지속가능한 청년 지원 체계 구축과 정책 연속성 확보

① ㉠ : 높은 주거비로 인한 청년 세대의 생활 위기
② ㉡ : 소득 대비 과도한 주거비 부담
③ ㉢ : 부모와의 동거 장려를 통한 1인 가구 축소
④ ㉣ : 주거 안정과 사회적 연결 회복을 통한 삶의 질 향상

5. 다음 글의 ㉠~㉣ 중 어색한 곳을 찾아 가장 적절하게 수정한 것은?

> 인간 발달을 설명하는 이론에는 단계이론과 연속이론이라는 두 가지 주요 접근 방식이 있다. 단계이론은 ㉠인간 발달이 혼란스럽고 예측하기 어려운 과정이라고 주장한다. 이 이론에 따르면, 발달 과정은 단계마다 고유한 특징과 과제가 있으며, 이를 성공적으로 해결해야 다음 단계로 넘어갈 수 있다. 단계이론은 발달 과정을 명확히 구분하고 이해하는 데 유용하지만, ㉡개인차를 충분히 반영하지 못한다는 한계가 있다. 연속이론은 ㉢발달이 점진적이고 연속적으로 이루어진다고 본다. 이 접근법은 발달을 특정한 단계로 구분하기보다는, 개인의 경험과 환경적 요인에 따라 유동적으로 진행된다고 주장한다. 연속이론에 따르면, 발달은 작은 변화들이 축적되면서 이루어지며, ㉣이는 개인의 속도와 상황에 따라 달라질 수 있다. 그러나 연속이론은 발달 과정에서의 중요한 전환점을 충분히 설명하지 못한다는 한계를 지닌다.

① ㉠: 인간 발달이 일정한 단계에 따라 순차적으로 이루어진다고
② ㉡: 개인차를 지나치게 반영하여 발달 과정을 일반화하지 못한다는
③ ㉢: 발달이 환경적 요인과 무관하게 자율적으로
④ ㉣: 이는 모든 사람에게서 동일한 속도로 관찰된다

6. 다음 글의 (가)~(다)를 순서대로 나열한 것은?

> 고전은 '창애에게 답하다'에 나오는 그 지팡이와 같다. 갑자기 길을 잃고 헤맬 때 길을 알려 준다. 지팡이가 있으면 길에서 계속 울며 서 있지 않아도 된다. 하지만 사람들은 일단 눈을 뜨고 나면 지팡이의 존재를 까맣게 잊는다. 고전은 그러한 사람에게 길을 알려 주는 든든한 지팡이다.

> (가) 그 사람에게 눈을 도로 감으라는 것은 앞을 못 보던 예전의 삶으로 돌아가라는 것이 아니다. 주체적으로 판단하고 능동적으로 대처할 수 있는 상태를 유지하라는 말이다. 강물을 건널 때 물결을 보지 않으려고 하늘을 우러르고, 밤중에 강물 소리에 현혹되지 않아야 하는 것도 같은 이유이다.

> (나) 길 가다가 문득 눈이 뜨인 그 사람은 앞으로도 계속 눈을 감고 지팡이에 의존해서 살아가야 하는 것일까? 한번 뜬 눈을 다시 감을 수는 없다. 그의 문제는 길에서 갑자기 눈을 뜨는 바람에 제집을 찾지 못하게 된 데서 생겼다. 그러니 지팡이를 짚고서라도 집을 찾는 것이 먼저다.

> (다) 이처럼 지금 당장 별 문제가 없어도 문제는 늘 다시 생겨난다. 평소 눈길조차 주지 않아도 고전은 늘 우리 곁을 지키고 있다. 삶이 문득 방향을 잃고 갈팡질팡할 때 고전의 힘은 눈먼 사람의 지팡이보다 더 큰 위력을 발휘한다. 어떤 상황에 놓이든 침착하게 대응하려면 평소에 생각의 힘을 길러야 한다.

① (나) - (가) - (다)
② (나) - (다) - (가)
③ (다) - (가) - (나)
④ (다) - (나) - (가)

[7~8] 다음 글을 읽고 물음에 답하시오.

> 조선 후기 국문소설은 사회 계층과 독서층의 확대 속에서 서로 다른 가치와 정서를 반영하며 다채로운 서사적 전통을 형성하였다. 그중 가문소설과 판소리계 소설은 각각 상층 사회의 질서 유지와 하층 민중의 현실 감각을 드러내는 대표적 유형이다.

> 먼저 가문소설은 가문의 흥망과 세대 간의 갈등, 효와 화합의 문제를 중심으로 서사가 전개된다. 주로 사대부 부녀자층이 주요 독자였으며, 세책점의 대여를 통해 널리 읽혔다. 작품 속에서는 전실 자녀의 효행으로 계모가 개과천선하거나, 가족 간의 오해가 충·효·열의 실천을 통해 해결되는 경우가 많다. 이러한 서사는 가문 내의 질서와 유교적 가치의 회복을 통해 사회 전체의 안정과 화합을 상징한다. 『창선감의록』, 『명주보월빙』, 『완월회맹연』 등이 대표적인 예로, 장편의 구성을 통해 여러 세대의 삶을 연쇄적으로 ㉠이어 가며 가문의 번영을 이상적으로 묘사하였다.

> 이에 비해 판소리계 소설은 민중의 일상과 정서를 사실적으로 반영한 서사이다. 판소리의 구연이 문자로 정착된 형태로, 구어체와 서민적 유머가 결합되어 생동감 있는 문체를 보인다. 율문과 산문이 뒤섞여 있고, 익살스러운 대화와 삽입가요가 등장하는 것이 특징이다. 『흥부전』, 『춘향전』, 『심청전』 등은 효와 정절 같은 전통적 덕목을 소재로 삼으면서도, 신분제의 모순이나 경제적 불평등 같은 현실 문제를 사실적으로 드러냈다. 특히 『흥부전』은 부의 불평등과 인간적 우애를 대조적으로 보여 주어 당시 사회의 가치 변동을 반영하였다.

7. 윗글에서 추론한 내용으로 가장 적절한 것은?
① 가문소설은 주로 하층 민중을 독자로 하여 서민들의 일상적 삶과 애환을 사실적으로 묘사한 장르였다.
② 판소리계 소설은 문어체 중심의 엄격한 문체를 유지하며 유교적 질서 회복만을 일관되게 강조하였다.
③ 판소리계 소설은 효와 정절 같은 전통적 덕목을 다루면서도 사회의 구조적 모순을 함께 드러냈다.
④ 가문소설은 가족 간의 갈등을 영원히 해결하지 못하는 비극적 결말로 일관되게 마무리되었다.

8. 밑줄 친 표현이 문맥상 ㉠의 의미와 가장 가까운 것은?
① 세손은 죄인의 아들이니 이 나라 대통을 잇게 할 수는 없다.
② 이 다리는 섬을 육지와 이어 주는 역할을 합니다.
③ 개회사에 이어 회장의 인사 말씀이 있겠습니다.
④ 표를 사기 위하여 줄을 이어 서 있는 사람들이 보였다.

[9~10] 다음 글을 읽고 물음에 답하시오.

　　조지훈의 시 <승무>는 불교적 세계관을 배경으로 하면서도, 인간의 내면에 자리한 욕망과 절제의 긴장을 섬세하게 형상화한 작품이다. 화자는 황촉불만이 비추는 고요한 공간에서 춤을 추는 여승을 바라본다. 여승의 '승무'는 단순한 의식의 동작이 아니라, 세속의 감정과 종교적 이상이 ㉠ 마주치는 순간의 떨림을 담아내는 것이다. 조지훈은 이 시에서 속세의 욕망과 그로부터 벗어나려는 구도의식이 춤이라는 신체적 행위 속에서 ㉡ 함께 존재하는 모습을 서정적으로 드러내고 있다. '얇은 사 하이얀 고깔'로 묘사된 여승의 모습에는 인간적 아름다움과 감정의 흔적이 배어 있으며, 그 아름다움은 동시에 억눌린 정념의 표현이기도 하다. 화자는 여승의 움직임 속에서 욕망을 억누르려는 결심과 그 결심이 흔들리는 순간의 떨림을 함께 ㉢ 알아차린다.

　　후반부로 갈수록 시는 속세의 흔들림을 뒤로한 채, 고요한 초월의 리듬으로 옮겨간다. 여승의 춤사위는 욕망의 흔적을 지우려는 몸짓에서, 점차 내면의 정화를 향한 수행의 동작으로 변해간다. 북소리와 발디딤의 리듬은 이제 속세의 욕망을 비워내는 의식의 울림이 된다. 화자는 그 움직임을 통해 여승이 세속의 미련을 완전히 떠나 무아의 경지로 나아가는 순간을 바라본다. 조지훈의 시 <승무>는 인간이 욕망을 억누르기보다, 그 긴장 속에서 자신을 정화하며 초월로 ㉣ 이르는 과정을 그린 시로, 절제 속의 열정이라는 조지훈 시의 미학을 가장 완전하게 구현한 작품이라 할 수 있다.

9. 윗글을 이해한 내용으로 가장 적절한 것은?
　① 여승의 춤사위는 세속의 미련을 완전히 떠난 상태에서 행해지는 것으로, 현실의 욕망을 초월한 경지를 드러낸다.
　② 춤을 추는 여승의 북소리와 발디딤을 통해 세속의 욕망을 비워내려는 자발적인 의지를 드러내고 있다.
　③ '얇은 사 하이얀 고깔'을 쓴 여승의 모습은 인간적 아름다움과 더불어, 억눌린 정념을 드러내고 있다.
　④ <승무>는 인간의 정념을 억누르고 배제하며, 철저한 자기 정화를 통해 초월의 경지에 이르는 모습을 드러낸다

10. 윗글의 ㉠~㉣과 바꿔 쓸 수 있는 유사한 표현으로 적절하지 않은 것은?
　① ㉠ : 교착(膠着)하는
　② ㉡ : 병존(竝存)하는
　③ ㉢ : 포착(捕捉)한다
　④ ㉣ : 귀결(歸結)하는

[11~12] 다음 글을 읽고 물음에 답하시오.

　　이상과 김기림은 1930년대 근대문학의 새로운 흐름을 이끈 대표 시인으로, 인간 존재의 불안과 시대의 위기를 작품 속에서 서로 다른 양상으로 드러내고 있다.

　　이상의 <오감도>는 ㉠ 근대 문명이 드리운 공포와 의식의 붕괴를 실험적 언어로 드러낸다. 시는 이성적 질서보다 불안정한 의식의 움직임에 따라 단어와 이미지가 파편적으로 흩어진다. '13인의 아해가 도로로 질주하오'라는 구절과 '무섭다고 그러오'의 반복은 공포가 개인의 내면을 넘어 집단적 불안으로 확산되는 과정을 드러낸다. 이때 시적 언어는 현실을 재현하는 수단이 아니라, 붕괴된 의식을 직접 체험하게 하는 장치로 작동한다. 이상에게 ㉡ 예술은 세계의 질서를 복원하는 도구가 아니라, 불안한 존재의 균열을 드러내는 방식이었다.

　　반면 김기림의 <바다와 나비>는 '아무도 그에게 수심을 일러 준 일이 없기에 / 흰나비는 도무지 바다가 무섭지 않다'는 구절처럼, 현실의 깊이를 알지 못한 채 ㉢ 바다로 향한 지식인의 불안한 비상을 그린다. 청무우밭인 줄 알고 내려갔다가 '공주처럼 지쳐서' 돌아온 ㉣ 나비는, 1930년대 현실을 직시하지 못한 채 행동하다가 좌절한 지식인의 모습을 상징적으로 드러낸다. 김기림은 감상적 위안을 거부하고, 언어와 구조의 실험을 통해 불안한 현실을 응시한다. 그에게 예술은 혼돈 속에서 위안을 찾는 일이 아니라, 불안을 바라보고 해부하는 지적 실험이었다. 이상이 혼돈 속에서 분열된 자아를 그렸다면, 김기림은 그 (가) 혼돈을 바라보며 스스로를 성찰하는 길을 제시한다.

11. 윗글을 읽고 추론한 내용으로 가장 적절한 것은?
　① 두 시인 모두 혼란스러운 시대 상황에서 시를 통해 위안을 찾고, 세계의 이성적 질서를 복원하려 하였다.
　② '공주처럼 지쳐서 돌아온' 나비는 1930년대 현실을 직시하지 못하는 지식인의 좌절을 상징적으로 드러낸다.
　③ 도로로 질주하는 '13인의 아해'는 혼란스러운 현실을 이성적 질서로 돌리려는 의지를 상징적으로 드러낸다.
　④ 이상은 '나비'의 이미지를 통해 존재의 균열을, 김기림은 실험적 언어를 통해 불안한 현실을 응시한다.

12. ㉠~㉣ 중 문맥상 (가)에 해당하는 의미로 사용되지 않은 것은?
　① ㉠
　② ㉡
　③ ㉢
　④ ㉣

13. 다음 글에서 추론한 내용으로 적절하지 않은 것은?

> 유토피아와 디스토피아는 인간 사회가 지향하는 이상과 그 이면을 대비적으로 보여 주는 문학적 세계관이다. '유토피아'는 16세기 토머스 모어가 소설 「유토피아」에서 처음 사용한 개념으로, 현실에는 존재하지 않는 이상 사회를 뜻한다. 그는 작품 속에서 사회적 불평등과 부패가 없는 완전한 공동체를 상상함으로써, 현실 사회의 모순을 비판하고 이상적 사회의 방향을 제시하고자 했다. 이후 '유토피아'라는 개념은 이러한 상상을 바탕으로 인간이 추구해야 할 가치와 질서를 탐색하는 문학적 장치로 확장되었다.
>
> 반면 '디스토피아'는 유토피아가 변질된 형태로, 인간이 만든 이상적 사회의 여러 장치들이 오히려 통제와 억압의 수단으로 변해 버린 세계를 말한다. 조지 오웰의 「1984」는 '빅브라더(Big Brother)'라는 절대 권력을 중심으로 모든 시민을 감시하고 통제하는 사회를 그린다. 즉, 감시·언어·사상 통제가 개인의 자유를 어떻게 억압하는지를 보여 주는 디스토피아의 전형이다. 올더스 헉슬리의 「멋진 신세계」는 과학과 기술이 인간의 감정을 조절하고, 쾌락을 통해 사회 질서를 유지하는 미래 사회를 묘사한다. 이 사회에서는 고통이 사라진 대신 인간의 개성과 자율성이 억압된다.
>
> 유토피아가 사회가 도달해야 할 이상적 현실을 보여준다면, 디스토피아는 그러한 이상이 오히려 인간의 자유를 억압할 수 있다는 점을 경고한다. 결국 두 세계관은 서로 다른 방식으로 현실을 비추어, 인간 사회가 이상을 추구하는 과정에서 어떤 위험과 가능성이 공존하는지를 성찰하게 한다.

① 유토피아는 현실의 모순을 비판하는 동시에, 이상적 사회의 방향을 제시하는 개념이다.

② 디스토피아는 유토피아의 이상적 모습이 변질될 때 일어나는 통제와 억압을 보여 준다.

③ 유토피아와 디스토피아는 모두 현실 사회를 성찰하게 하는 문학적 기능을 지닌다.

④ 디스토피아와 유토피아는 인간의 이상이 실현된 사회의 긍정적 측면을 보여 주고 있다.

4. ㉠~㉢에서 전제가 참일 때, 결론이 반드시 참인 논증을 모두 고른 것은?

> ㉠ 모든 인공지능은 빅데이터를 분석할 수 있어. 하지만 모든 동물이 빅데이터를 분석할 수 있는 것은 아니야. 따라서 모든 동물은 인공지능이 아니라는 결론을 내릴 수 있어.
>
> ㉡ 특허가 등록된 모든 기술은 법적 보호를 받을 수 있어. 그런데 법적 보호를 받지 못하는 기술 중에 유용한 기술이 있어. 따라서 특허가 등록되지 않은 유용한 기술이 존재해.
>
> ㉢ 예술 작품이라고 해서 반드시 독창성이 있는 것은 아니야. 하지만 독창성이 없는 것이 유명한 경우가 있지. 따라서 예술 작품 중 유명한 것이 반드시 존재해.

① ㉠

② ㉡

③ ㉠, ㉡

④ ㉡, ㉢

15. 다음 (가)와 (나)에 들어갈 말을 적절하게 나열한 것은?

> 미래 시제는 사건시가 발화시보다 나중에 일어난 시제를 말한다. 미래 시제는 일반적으로 동사 어간에 선어말 어미 '-겠-'이나, 관형사형 어미 '-(으)ㄹ'을 붙여 실현한다. 가령 '미아는 언젠가는 떠날 사람이다.'에서는 동사 어간 '떠나-'에 관형사형 어미 '-ㄹ'이 붙어 미래 시제를 실현하고 있고 '수경이는 대학에 가면 더 예쁘겠다.'에서는 형용사 어간 '예쁘-'에 선어말 어미 '-겠-'을 붙여 미래 시제를 실현하고 있다. 또한 시간 부사어를 사용해서도 실현하는데 '저는 내일 입대합니다.'에서 '내일'과 같은 시간 부사어가 그 예라고 할 수 있다.
>
> 이 중 미래 시제 선어말 어미 '-겠-'은 미래 시제만을 나타내는 것이 아닌 다양한 의미를 나타내는데 사용하기도 한다. '영희는 벌써 도착했겠다.'와 같이 추측의 의미를 드러내기도 하고,   (가)   와 같이 화자의 의지를 드러내는 데 사용하기도 한다. 또한 '그 정도는 나도 먹겠다.'와 같이 가능성이나 노력 등을 드러내는 데 사용하기도 한다. 또한   (나)   와 같이 화자의 의도를 완곡하게 표현할 때도 사용하기도 한다.

① (가) 그곳엔 지금 비가 많이 내리겠구나.
　(나) 이걸 어떻게 다 먹겠니?

② (가) 나는 반드시 미국에 가겠다.
　(나) 잠시 비켜 주시겠습니까?

③ (가) 이제 그만 돌아가 주시겠어요?
　(나) 내일은 절대로 지각하지 않겠습니다.

④ (가) 잘 하면 합격할 수 있겠다.
　(나) 그 사람은 대통령이 되었겠지?

16. 갑 ~ 병의 주장을 분석한 내용으로 적절한 것만을 <보기>에서 모두 고르면?

> 갑 : 역사는 진보의 과정을 통해 인류의 상태가 점점 개선되어 왔다. 과학 기술의 발전, 사회 제도의 개선, 인권의 확대 등은 역사가 앞으로 나아가고 있음을 보여 준다. 이러한 진보는 필연적이며, 인류는 궁극적으로 더 나은 사회를 이루게 될 것이다. 따라서 역사는 명확한 방향성을 가지고 있으며, 우리는 그 흐름에 맞춰 노력해야 한다.
>
> 을 : 역사는 순환적으로 반복되는 경향이 있다. 문명의 흥망성쇠는 인류 역사에서 계속 반복되어 왔으며, 한 시대의 번영은 다음 시대의 몰락으로 이어진다. 인간의 본성은 변하지 않으며, 동일한 실수와 갈등이 계속해서 재현된다. 따라서 역사는 일정한 패턴을 따라 움직이며, 진보나 발전은 일시적일 뿐이다.
>
> 병 : 역사는 무작위적으로 진행되며, 특별한 방향성이나 목적성이 없다. 사건들은 다양한 요인에 의해 발생하며, 예측할 수 없는 방식으로 전개된다. 역사의 흐름은 복잡하고 혼란스럽다. 이를 단순화하여 진보나 순환의 관점으로 이해하는 것은 오류이다. 따라서 역사는 방향성 없이 진행되며, 우리는 이를 있는 그대로 받아들여야 한다.

―――― <보 기> ――――

ㄱ. 갑의 주장과 을의 주장은 대립하지 않는다.

ㄴ. 을의 주장과 병의 주장은 대립한다.

ㄷ. 병의 주장과 갑의 주장은 대립한다.

① ㄱ　　　　　　　　　　② ㄴ

③ ㄱ, ㄷ　　　　　　　　④ ㄴ, ㄷ

17. 다음 글을 읽고 평가한 내용으로 적절한 것만을 <보기>에서 모두 고르면?

> 미디어 의제 설정 이론은 대중 매체가 사람들에게 중요한 주제를 결정해주는 역할을 한다고 주장한다. 의제 설정 이론에 따르면 언론이 어떤 이슈를 강조하고 반복적으로 보도함으로써 사람들은 그 이슈가 중요한 문제라고 인식하게 된다. 의제 설정 이론을 긍정하는 이들은 매체가 보도하는 내용과 순서에 따라 사람들이 관심을 가지는 사안이 달라지며, 이를 통해 여론을 형성하고 사회적 의제를 주도한다고 본다. 특정 사회적 문제를 집중 조명할 때 대중의 관심과 논의가 그 주제로 집중되는 것을 예로 들 수 있다. 반면 미디어 이용과 충족 이론은 대중이 능동적으로 미디어를 선택하고 소비한다고 본다. 이에 따르면 사람들은 자신의 욕구와 필요를 충족시키기 위해 매체를 선택하며 각자의 목적에 맞춰 미디어를 능동적으로 이용한다. 예를 들어, 오락을 위해 영화를 보거나 정보를 얻기 위해 뉴스를 선택하는 식이다. 이용과 충족 이론 지지자들은 대중이 미디어에 의해 일방적으로 영향을 받기보다는 각자 필요한 콘텐츠를 스스로 선택해 미디어 소비를 조절한다고 주장한다.

> ─────── <보 기> ───────
> ㄱ. 사람들의 의견이 미디어 보도와 무관하게 형성되는 경향이 뚜렷하게 나타난다면, 이는 의제 설정 이론을 강화한다.
> ㄴ. 대중이 특정 콘텐츠를 선택하여 그들의 정보 요구를 충족시키는 경향이 뚜렷하게 나타난다면, 이는 의제 설정 이론을 약화한다.
> ㄷ. 대중이 미디어의 영향 없이 특정 이슈에 대한 관심을 형성하는 경우가 많다면, 이는 미디어 이용과 충족 이론을 강화한다.

① ㄴ
② ㄱ, ㄴ
③ ㄴ, ㄷ
④ ㄱ, ㄴ, ㄷ

18. 다음 글의 밑줄 친 결론을 이끌어 내기 위해 추가해야 할 것은?

> 행사 부스를 기획하지 않고 예산안을 작성하지 않는 직원은 모두 박람회를 준비하지 않는 직원이다. 프레젠테이션 연습을 하지 않는 직원은 예산안을 작성하지 않는다. 따라서 <u>박람회를 준비하는 직원은 모두 프레젠테이션 연습을 한다.</u>

① 행사 부스를 기획하지 않는 직원은 모두 프레젠테이션 연습을 한다.
② 행사 부스를 기획하는 직원 중 프레젠테이션 연습을 하지 않는 직원은 없다.
③ 프레젠테이션 연습을 하지 않는 직원은 모두 행사 부스를 기획한다.
④ 예산안을 작성하는 직원은 모두 프레젠테이션 연습을 하지 않는다.

19. 다음은 한 과학 캠프의 활동 일정에 대한 안내 방송 중 일부를 발췌한 것이다. 이 안내가 참일 때, <보기>에서 올바르게 판단한 사람을 고르면?

> 오늘 오후에는 드론 실습을 하거나 과학 영화를 관람할 예정입니다. 만약 기초 이론 강의를 듣지 않거나 실험실 안전 교육을 듣지 않는다면, 드론 실습은 하지 않을 것입니다.
> 유익한 시간 되시기 바랍니다!

> ─────── <보 기> ───────
> 재윤 : 오늘 과학 영화를 관람하지 않는다면, 기초 이론 강의와 실험실 안전 교육을 모두 듣겠네.
> 하진 : 오늘 기초 이론 강의를 듣는다면 드론 실습을 하겠네.
> 서윤 : 오늘 안전 교육을 듣지 않는다면, 과학 영화를 관람하겠네.

① 재윤, 하진
② 재윤, 서윤
③ 하진, 서윤
④ 재윤, 하진, 서윤

20. 다음 대화를 분석한 내용으로 적절하지 않은 것은?

> 갑 : AI가 바둑에서 인간을 이긴 건 놀랍지만, 그건 진정한 지능이 아니야. AI는 데이터를 학습해서 패턴을 찾을 뿐, 자신이 바둑을 둔다는 걸 이해하지 못해. 중국어 방 논증처럼 규칙만 따를 뿐 의미를 파악하는 건 아니야. 의식이나 자각 없이는 진정한 지능이라 할 수 없어.
> 을 : 지능을 너무 신비화하는 것 같아. 인간의 뇌도 결국 뉴런의 전기신호로 작동하잖아. AI가 문제를 해결하고 창의적 결과를 만든다면 그게 지능이지. 의식의 유무는 검증할 수도 없고, 행동으로 판단해야 해. 튜링 테스트를 통과한다면 지능이 있다고 봐야지.
> 병 : 갑의 입장이 더 설득력 있어. AI는 아무리 정교해도 패턴을 학습한 알고리즘을 실행할 뿐이야. 감정을 느끼거나 자유의지로 선택하는 게 아니라 확률 계산을 하는 거지. 인간처럼 보이는 행동도 시뮬레이션일 뿐이야. 도구는 도구일 뿐, 주체가 될 수는 없어.
> 갑 : 맞아. AI가 시를 써도 그건 단어 조합의 확률을 계산한 결과야. 시인이 느끼는 영감이나 감동은 없지. 이해 없는 처리는 진정한 지능이 아니야.
> 을 : 하지만 인간의 창의성도 기존 경험의 재조합 아닐까? AI와 인간의 사고가 본질적으로 다르다고 단정할 수 없어. 복잡도의 차이일 뿐, 충분히 발전하면 의식도 생겨날 수 있다고 봐.
> 병 : 의식의 발생은 추측일 뿐이야. 현재 AI는 특정 작업에 특화된 도구고, 범용 지능과는 거리가 멀어. 인간은 맥락 이해와 상식 추론을 하는데 AI는 이런 능력이 없어.

① AI가 진정한 이해 없이 패턴만 처리한다는 점에 대해 갑과 병은 동의한다.
② 의식의 유무로 지능을 판단해야 한다는 점에 대해 갑은 동의하지만 을은 반대한다.
③ AI가 충분히 발전하면 의식을 가질 수 있다는 점에 대해 을은 가능성을 열어두지만 병은 부정한다.
④ 인간과 AI의 사고 과정이 본질적으로 같다는 점에 대해 을과 병은 동의한다.

2026 공무원 시험 대비 봉투모의고사
국어
▎제5회 ▎

응시번호		문제책형
성 명		가

제1과목	국어	제2과목	영어	제3과목	한국사
제4과목		제5과목			

응시자 주의사항

1. **시험시작 전 시험문제를 열람하는 행위나 시험종료 후 답안을 작성하는 행위를 한 사람은** 「공무원임용시험령」 제51조에 의거 **부정행위자로** 처리됩니다.
2. **답안지 책형 표기는 시험시작 전 감독관의 지시에 따라 문제책 앞면에 인쇄된 문제책형을 확인**한 후, **답안지 책형란에 해당 책형(1개)을 '●'로 표기하여야** 합니다.
3. **답안은 문제책 표지의 과목 순서에 따라 답안지에 인쇄된 순서(제1·2·3·4·5과목)에 맞추어 표기해야** 하며, 과목 순서를 바꾸어 표기한 경우에도 **문제책 표지의 과목 순서대로 채점되므로** 유의하시기 바랍니다.
4. 시험이 시작되면 문제를 주의 깊게 읽은 후, 문항의 **취지에 가장 적합한 하나의 정답만을 고르며,** 문제내용에 관한 질문은 할 수 없습니다.
5. 답안지의 모든 기재 및 표기 사항은 **컴퓨터용 흑색 싸인펜을 사용**하며, 반드시 <보기>의 **올바른 표기 방식으로** 답안을 작성해야 합니다.
   <보기> **올바른 표기: ● 잘못된 표기: Ⓥ ⊗ ◑ ⊙ ⑴ ◔ ③**
6. **답안을 잘못 표기하였을 경우에는 답안지를 교체하여 작성하거나 수정할 수 있으며,** 표기한 답안을 수정할 때는 응시자 본인이 가져온 **수정테이프만을 사용**하여 해당 부분을 완전히 지우고 부착된 수정테이프가 떨어지지 않도록 손으로 눌러주어야 합니다. (수정액 또는 수정스티커 등은 사용 불가)
   ▪ **불량한 수정테이프의 사용과 불완전한 수정처리로 발생하는 모든 문제는 응시자 본인에게 책임이 있습니다.**
7. 법령, 고시, 판례 등에 관한 문제는 **2025년 1월 31일 현재 유효한 법령, 고시, 판례 등을 기준**으로 정답을 구해야 합니다. 다만, 개별 과목 또는 문항에서 별도의 기준을 적용하도록 명시한 경우에는 그 기준을 적용하여 정답을 구해야 합니다.
8. **시험시간 관리의 책임은 응시자 본인에게 있습니다.**
   ※ 문제책은 시험종료 후 가지고 갈 수 있습니다.

**정답공개 및
가산점 등록 안내**

1. 정답공개: 정답가안 4.4.(토) 13:30 / 최종정답 4.13.(월) 18:00 / 사이버국가고시센터
2. 이의제기: 4.4.(토) 18:00 ~ 4.7.(화) 18:00 / 사이버국가고시센터
   ▪ 구체적인 이의제기 방법은 정답가안 공개 시 공지 예정
3. 가산점 등록기간: 4.4.(토) 13:30 ~ 4.6.(월) 21:00
4. 가산점 등록방법: 사이버국가고시센터 ➡ [원서접수 → 가산점 등록/확인]

국 어

1. <공공언어 바로 쓰기 원칙>에 따라 수정한 것으로 적절하지 않은 것은?

─────<공공언어 바로 쓰기 원칙>─────
- 대등한 것끼리 접속하기
  ㉠ 대등 접속 시 구조가 같은 표현을 사용할 것.
- 고압적, 권위적 표현 삼가기
  ㉡ 상투적이고 권위적인 표현을 사용하지 않을 것.
- 적절한 어휘를 사용하기
  ㉢ 문맥에 적절한 어휘를 사용할 것.
- 불필요한 표현 삼가기
  ㉣ 의미가 중복되는 표현을 삼갈 것.

① "지역 인재 유출 방지와 향토기업으로서 지역 발전에 의미를 더하는 계기가 될 것입니다."를 ㉠에 따라 "지역 인재 유출을 방지하고 향토기업으로서 지역 발전에 의미를 더하는 계기가 될 것입니다."로 수정한다.
② "지시 사항 이행 및 추진 상황 점검에 철저를 기하여 주시기 바랍니다."를 ㉡에 따라 "지시 사항 이행과 추진 상황 점검에 소홀함이 없도록 해 주시기 바랍니다."로 수정한다.
③ "군계획위원회의 안건이 여러 건 상정된 후 심의되고 있습니다."의 "상정"을 ㉢에 따라 "의결"로 수정한다.
④ "이미 예고된 일이므로 대비해야 합니다."를 ㉣에 따라 "예고된 일이므로 대비해야 합니다."로 수정한다.

2. 다음 글에서 추론한 내용으로 적절하지 않은 것은?

한국어의 품사는 단어를 의미, 기능, 형태라는 세 가지 기준에 따라 분류한 것으로, 9품사 체계를 이룬다. 의미는 단어가 나타내는 형식적 의미를 기준으로 한 것으로, 사물의 이름을 나타내는 명사, 움직임을 나타내는 동사, 상태를 나타내는 형용사 등으로 구분된다. 기능은 단어가 문장에서 어떤 역할을 하는지를 기준으로 한 것으로, 주어 기능을 하는 체언, 서술어 기능을 하는 용언, 꾸며 주는 기능을 하는 수식언 등으로 나눈다. 형태는 단어가 형태적으로 변할 수 있는지를 기준으로 한 것으로, 변할 수 있는 가변어와 변할 수 없는 불변어로 구분된다. 용언에 속하는 동사와 형용사는 모두 가변어이지만 의미적으로 구분된다. 동사는 주어의 동작이나 작용을 나타내고, 형용사는 주어의 성질이나 상태를 나타낸다. 또한 동사는 현재 시제 선어말 어미 '-는/-ㄴ'과 결합할 수 있고, 명령형 어미 '-어라'나 청유형 어미 '-자'와 결합할 수 있지만, 형용사는 이러한 어미들과 결합할 수 없다. 다만 '크다', '밝다', '있다' 등 일부 단어는 문맥에 따라 동사와 형용사로 모두 쓰일 수 있다. 예를 들어 '아이가 크다'의 '크다'는 상태를 나타내는 형용사이지만, '아이가 무럭무럭 큰다'의 '큰다'는 시간의 경과를 나타내는 과정의 의미가 있으므로 동사이다.

① 명사는 의미상 사물의 이름을 나타내고, 기능상 주어 역할을 할 수 있으며, 형태상 불변어에 속한다.
② 동사와 형용사는 모두 가변어에 속하지만, 동사는 움직임을, 형용사는 상태를 나타낸다는 점에서 의미적으로 구분된다.
③ '앞으로 사흘만 있으면 추석이다'에서 '있으면'의 '있다'는 시간의 경과를 나타내므로 동사이다.
④ '맞기 전에 가만히 있어라'에서 '있어라'의 '있다'는 상태를 의미하므로 형용사이다.

3. 다음 중 ㉠에 해당하는 사례로 적절하지 않은 것은?

다른 문장 속에 들어가서 한 성분처럼 쓰이는 홑문장을 안긴 문장이라 하고, 안은 문장 속에서 절 형태로 포함되는 문장을 ㉠ 안긴 문장이라고 한다. 안긴 문장은 하나의 문장 성분처럼 쓰이며, 그 역할과 형태에 따라 명사절, 관형절, 부사절, 서술절, 인용절로 분류할 수 있다.
명사절은 안은 문장은 명사형 전성 어미 '-(으)ㅁ, -기' 등이 붙어서 만들어지며 안은 문장에서 주어, 목적어 부사어의 역할을 하고, 관형절은 관형사형 전성 어미 '-(으)ㄴ', '-(으)ㄹ', '-는', '-던' 등이 붙어 만들어지며, 안은 문장에서 주로 관형어의 역할을 한다. 부사절은 부사형 전성 어미 '-게', '-도록' 등이 붙어 만들어지는 절이고, 인용절은 조사 '라고'나 '고'가 붙어 만들어지고, 다른 사람의 말을 인용할 때 쓰인다. 서술절은 특별한 절 표시가 없이 절 전체가 서술어의 역할을 한다.

① 민아가 갑자기 나의 손을 잡았다.
② 우리는 봄이 어서 오기를 기다렸다.
③ 내가 태어나던 2010년은 가뭄이 심했다.
④ 하영이는 마음씨가 참 착하다.

4. 다음 글에서 추론한 내용으로 가장 적절한 것은?

우리 몸의 면역 체계는 침입한 병원체에 대응하는 두 가지 주요 방식으로 나눌 수 있다. 하나는 체액성 면역이고, 다른 하나는 세포성 면역이다. 체액성 면역은 B세포가 중심이 되어 작동하는 면역 반응이다. 병원체가 인체에 들어오면 항원을 인식한 B세포가 활성화되어 형질세포로 분화하고, 이 형질세포는 특정 항원에 대응하는 항체를 대량으로 생산한다. 항체는 혈액이나 림프액과 같은 체액에 퍼져 항원을 직접 중화하거나, 다른 면역세포가 항원을 처리하도록 신호를 보낸다. 일부 항체는 병원체가 세포에 달라붙지 못하게 막고, 다른 항체는 포식세포가 쉽게 잡아먹도록 돕는다. 이로 인해 체액성 면역은 세균이나 바이러스가 세포 밖에 존재할 때 빠르게 작동하여 감염 확산을 막는 데 효과적이다. 또 일부 B세포는 기억세포로 남아 동일한 병원체가 다시 침입했을 때 신속하게 항체를 만들어 낼 수 있다.
반면 세포성 면역은 T세포가 중심이 되어 일어난다. 병원체가 세포 내부로 침입하면, 항원 제시 세포가 그 병원체의 항원을 분해하여 T세포에 전달한다. 이때 항원을 인식한 T세포가 활성화되면서 보조 T세포와 세포독성 T세포의 두 가지 유형으로 분화한다. 보조 T세포는 면역 반응을 조절하는 중심 역할을 하며, 다른 면역세포들이 효율적으로 작동하도록 돕는다. 한편 세포독성 T세포는 감염된 세포를 직접 찾아 파괴함으로써, 세포 안에서 증식하는 바이러스나 일부 세균, 그리고 비정상적으로 변형된 암세포를 제거한다.

① 체액성 면역은 T세포가, 세포성 면역은 B세포가 중심이 되어 일어나는 면역 반응이다.
② B세포가 분화되어 만들어진 형질 세포가 생산하는 항체는 항원을 직접 중화하기도 한다.
③ 세포성 면역은 항체를 만들어 T세포가 제대로 작동하게 돕는 반응이라고 할 수 있다.
④ 보조 T세포는 감염된 세포를 직접 파괴하는 방식으로 침투한 바이러스를 제거한다.

5. 다음 글의 ㉠~㉣ 중 어색한 곳을 찾아 가장 적절하게 수정한 것은?

존엄사는 말기 환자가 극심한 고통 속에서 인간다운 죽음을 맞이할 권리를 보장받는 제도이다. ㉠ 존엄사는 환자의 자율성과 선택권을 존중하는 중요한 의료 윤리 원칙으로 간주된다. 이를 통해 환자들은 불필요한 생명 유지 치료를 피하고, 자신의 마지막 순간을 의미 있게 보낼 수 있다. 그러나 존엄사에 대한 사회적, 법적 논쟁은 여전히 지속되고 있다. 존엄사에 반대하는 사람들은 존엄사가 생명의 존엄성을 훼손하며, 의료진의 윤리적 갈등을 초래할 수 있다고 주장한다. 반면, 존엄사에 찬성하는 사람들은 ㉡ 존엄사가 말기 환자의 고통을 경감시킬 수 있음을 강조한다. 그런데 법적으로 명확한 기준과 절차가 마련되지 않은 상태에서 존엄사를 시행하는 것은 위험할 수 있다. 따라서 많은 국가에서는 ㉢ 존엄사에 대한 법적 규제를 완화하고, 신속한 논의를 통해 제도를 간소화하려는 노력을 기울이고 있다. 존엄사가 사회적으로 안착하기 위해서는 ㉣ 존엄사가 단순히 죽음을 선택하는 것이 아니라, 환자의 삶을 존중하기 위한 중요한 사회적 가치라는 인식이 확산되어야 한다. 이를 위해서는 의료진, 환자, 가족 간의 원활한 소통과 합의가 필수적이다.

① ㉠: 존엄사는 환자의 사회적 지위를 존중
② ㉡: 존엄사가 말기 환자의 고통을 완전히 제거할 수 있음을
③ ㉢: 존엄사에 대한 법적 규제를 강화하고, 신중한 논의를 통해 제도를 정비하려는
④ ㉣: 존엄사가 고통을 완전히 차단하는 것만이 아니라

6. 다음 글의 (가)~(마)를 순서대로 나열한 것은?

(가) 이러한 사회적 분위기는 정신 건강 문제를 더욱 악화시키며, 개인의 삶의 질을 저하시킬 뿐만 아니라 사회 전체의 생산성에도 부정적인 영향을 미친다. 따라서 정신 건강에 대한 올바른 이해와 인식 개선이 시급하다.

(나) 이를 해결하기 위해 정부와 의료 기관은 다양한 노력을 기울이고 있다. 정신 건강 서비스에 대한 접근성을 높이기 위해 상담 센터와 지원 프로그램을 확대하고 있으며, 온라인 플랫폼을 통한 비대면 상담 서비스도 활성화되고 있다.

(다) 그러나 정신 건강 문제에 대한 낙인과 편견은 여전히 사회 곳곳에 남아 있다. 많은 사람들이 정신 질환을 개인의 약점이나 의지력의 부족으로 간주하여 적극적인 치료를 회피하게 만든다.

(라) 현대 사회에서는 스트레스, 불안, 우울증 등 정신 건강 문제가 급증하고 있다. 급격한 사회 변화와 경쟁적인 환경 속에서 많은 사람들이 정신적 압박을 느끼고 있으며, 이는 개인의 일상생활과 업무 수행에 큰 지장을 초래한다. 세계보건기구(WHO)에 따르면 전 세계 인구의 약 25%가 생애 한 번 이상 정신 질환을 경험한다고 한다. 이러한 현실은 정신 건강 관리의 중요성을 부각하고 있다.

(마) 또한, 학교와 직장에서의 정신 건강 교육을 강화하여 조기 발견과 예방에 초점을 맞추고 있다. 미디어를 통한 인식 개선 캠페인도 진행되어 정신 건강에 대한 사회적 이해를 높이고자 한다.

① (라) - (가) - (나) - (마) - (다)
② (라) - (가) - (다) - (나) - (마)
③ (라) - (다) - (가) - (나) - (마)
④ (라) - (다) - (나) - (가) - (마)

[7~8] 다음 글을 읽고 물음에 답하시오.

지적재조사사업은 토지의 실제 이용 현황과 지적도상의 경계가 불일치하는 문제를 해결하기 위해 시행된다. 그러나 기존의 조정 방식은 경계선의 이동으로 인해 필지 면적이 지나치게 변화하는 경우가 있어, 이해관계인의 갈등을 ㉠ 일어나게 할 수 있다는 점에서 한계를 지닌다. 이에 따라 최근에는 각 필지의 면적 차이를 최소화하는 수치계산 알고리즘이 제안되고 있다. 이 방식은 다수 필지에 걸쳐 면적 손실과 이득을 서로 보정하여 평균적으로 균형을 이루도록 설계되었다. 특히 기존 방식에서는 필지 간 면적 조정이 수작업으로 이루어져 시간과 인력이 많이 ㉡ 쓰였지만, 자동화된 수치 기법은 이러한 문제를 상당 부분 해소할 수 있다. 또한, 광역의 연속도면을 자동으로 작성하여 조정계산의 효율성을 높이는 시스템도 함께 ㉢ 만들어지고 있다.

이러한 기술은 토지 행정의 정확성과 수용성을 높이는 데 기여할 것으로 기대된다. 무엇보다도 각 필지 소유자의 면적 변화에 대한 민감한 반응을 고려할 때, 조정 기준의 수치화는 이해관계자 간 신뢰를 확보하는 데 중요한 역할을 한다. 면적 조정에 있어 수치적 근거를 제시함으로써 공정성과 객관성을 확보할 수 있다는 점에서 정책적 활용 가능성도 크다. 궁극적으로 이러한 기술의 발전은 지적재조사사업의 사회적 수용성과 지속 가능성을 높이는 데 ㉣ 의바지할 수 있다.

7. 윗글의 중심 내용으로 가장 적절한 것은?
① 기존 지적재조사사업의 문제점은 수작업으로 인한 비효율성과 경계선 조정에 따른 필지 면적의 과도한 변화이다.
② 토지 경계 불일치 문제를 해결하기 위한 지적재조사사업은 이해관계자 간 갈등을 초래할 수 있어 신중한 접근이 필요하다.
③ 광역의 연속도면을 자동으로 작성하는 시스템은 지적재조사사업의 효율성을 크게 향상시키는 핵심 기술이다.
④ 수치계산 알고리즘을 활용한 면적 조정 방식은 객관성과 공정성을 확보하여 지적재조사사업의 사회적 수용성을 높이는 데 기여할 수 있다.

8. 윗글의 ㉠~㉣과 바꿔 쓸 수 있는 유사한 표현으로 적절하지 않은 것은?
① ㉠: 유발(誘發)할
② ㉡: 소요(所要)되었지만
③ ㉢: 계발(啓發)되고
④ ㉣: 기여(寄與)할

[9~10] 다음 글을 읽고 물음에 답하시오.

서로 다른 문화권에서는 같은 말을 하더라도 전달되는 의미가 다르게 해석되는 경우가 많다. 맥락 중심론자들은 이러한 차이가 언어 자체보다 맥락에 의존하는 정도에서 비롯된다고 본다. ㉠ 그들은 사람들의 의사소통 방식이 문화마다 다르며, 어떤 문화는 말을 적게 해도 상대가 그 의도를 알아차리지만, 다른 문화는 뜻을 명확히 드러내야 오해가 없다고 주장한다. 이러한 문화적 차이를 인정하면 국제 협상이나 다문화 조직에서 ㉡ 그들의 불필요한 갈등을 줄이고 상호 이해를 높일 수 있다고 이들은 본다.

그러나 상황 다양성론자들은 이러한 구분이 문화의 복잡성을 단순화한 이분법이라고 비판한다. 같은 문화 안에서도 세대, 직업, 대화 상황에 따라 표현 방식이 달라질 수 있음을 지적한다. 예를 들어, 한 나라의 젊은 세대가 직접적 표현을 선호하더라도, 노년층은 ㉢ 이들과 달리 완곡한 표현을 더 많이 쓸 수 있다. 한편 맥락 의존도를 강조하는 학자들은 이러한 세대 간 차이도 결국 각 세대가 속한 문화적 맥락의 차이로 설명할 수 있다고 반박한다. ㉣ 이들은 개인차가 존재하더라도, 문화 전체의 큰 틀은 여전히 유효하다고 강조한다. 이에 대해 상황적 요인을 중시하는 연구자들은 언어 사용의 차이를 국가 단위로 일반화하는 것 자체가 위험하다고 본다. 개인적 특성과 상황적 맥락을 함께 고려해야 한다는 것이다.

실제로 최근 연구에서는 같은 문화권 내에서도 직업군에 따라 의사소통 방식이 크게 다르다는 결과가 보고되고 있다. 그럼에도 문화 간 차이의 존재 자체를 부정하는 것은 아니며, 다만 그 차이를 과도하게 일반화하지 말아야 한다고 ㉤ 이들은 주장한다.

9. 윗글을 읽고 평가한 내용으로 가장 적절한 것은?
① 문화마다 표현 방식의 차이가 뚜렷하다는 실험 결과가 발표된다면, 이는 맥락 중심론의 주장을 약화한다.
② 같은 나라 안에서도 세대 간 언어 사용 차이가 크다는 연구 결과가 제시된다면, 이는 상황 다양성론의 주장을 약화한다.
③ 서로 다른 문화권의 사람들이 비언어적 신호보다 언어적 표현을 더 중시한다는 조사 결과가 발표된다면, 이는 맥락 중심론의 주장을 강화한다.
④ 대화의 방식이 문화적 배경뿐 아니라 개인의 성향에도 영향을 받는다는 연구가 발표된다면, 이는 상황 다양성론의 주장을 강화한다.

10. 윗글의 ㉠~㉣ 중 문맥상 지시 대상이 같은 것으로만 묶인 것은?
① ㉠, ㉡
② ㉠, ㉣
③ ㉡, ㉢
④ ㉣, ㉤

[11~12] 다음 글을 읽고 물음에 답하시오.

조선 후기의 회화는 기존의 전통적 화풍에서 ㉠ 벗어나 현실 세계를 있는 그대로 담아내려는 경향을 보였다. 그 대표적인 흐름이 진경산수화와 풍속화이다. 진경산수화는 이전의 이상적·관념적 산수화와 달리 실제 조선의 산천을 사실적으로 묘사하려는 시도에서 비롯되었다. 정선은 이 화풍을 개척한 인물로, 그는 금강산과 한양 근교의 명승지를 직접 관찰하고 그 모습을 화폭에 옮겼다. 그의 「금강전도」는 웅장하면서도 세밀한 산세를 사실적으로 그려내어 조선 자연의 아름다움을 생생히 전달하였다. 이는 조선의 산수에 대한 자부심과, 조선의 자연에 대한 새로운 인식을 화폭에 그려낸 것이다.

이 시기에 새롭게 등장한 풍속화 또한 현실을 담아내려는 노력 속에서 등장하였다. 풍속화는 서민의 생활과 일상의 장면을 사실적으로 표현함으로써, 회화의 주제가 일반 백성으로까지 확장되었음을 보여주는 것이었다. 김홍도의 「씨름」이나 「서당」은 당시 농민과 아동의 삶을 해학적이면서도 따뜻하게 묘사하였고, 신윤복은 「월하정인」, 「단오풍정」 등을 통해 연애, 놀이와 같은 수도 사람들의 풍속을 섬세하게 표현하였다. 풍속화는 단순한 기록이 아니라, 사회적 관심의 폭이 확대된 미술사적 변화를 보여주는 작품이었다.

이처럼 진경산수화와 풍속화는 조선 후기 화단의 변화를 보여주는 화풍으로, 현실을 구체적으로 담아내려는 예술적 노력을 엿볼 수 있는 그림으로 볼 수 있다.

11. 윗글을 읽고 추론한 내용으로 가장 적절한 것은?
① 진경산수화는 이전의 산수화에서 담아내려 했던 이상적 자연의 모습을 세밀하게 재현하려하였다.
② 정선의 「금강전도」는 실제 경관을 사실적으로 표현하여 조선의 자연에 대한 새로운 인식을 드러내려 하였다.
③ 김홍도의 풍속화는 주로 지배층의 일상을 사실적으로 묘사하여, 당시 사람들의 풍속을 섬세하게 표현하였다.
④ 진경산수화는 일상의 장면을, 풍속화는 자연의 사실적 아름다움을 재현하는 데 주목한 그림이다.

12. 문맥상 ㉠의 의미와 가장 가까운 것은?
① 터널에서 벗어나자, 기차는 길게 기적 소리를 두 번 울렸다.
② 그는 관례에서 벗어난 보고 방식으로 상사의 지적을 받았다
③ 다른 나라의 지배로부터 벗어나기 위해서는 온 국민이 다 함께 노력해야 한다.
④ 그는 모처럼 바쁜 일과에서 벗어나 여행을 떠났다.

13. 다음 중 ㉠에 해당하는 사례로 적절하지 <u>않은</u> 것은?

> 국어의 높임법은 높이는 대상이 누구인가에 따라 높임을 실현하는 방법이 달라지는데, 듣는이, 즉 청자를 높이는 상대 높임법, 문장의 주어를 높이는 주체 높임법, 문장의 객체, 즉 목적어와 부사어를 높이는 객체 높임법의 세 가지가 있다.
> 이 중 주체높임법은 서술의 주체에 해당하는 문장의 주어를 높이는 방법으로, 서술어에 선어말 어미 '-(으)시-'가 나 주격 조사 '께서'를 사용하여 실현된다. 이때 높임의 선어말 어미 '-(으)시-'는 주체의 직접적인 행위를 높일 때도 사용하지만, ㉠ <u>높여야 할 대상의 신체 부분, 심리, 소유물과 같이 주어와 밀접한 관계가 있는 대상을 높일 때도 사용한다.</u>

① 할아버지께서는 아직 귀가 밝으십니다.
② 회장님의 말씀이 매우 타당하십니다.
③ 저는 형님께서 요즘에 고민이 많으시다고 들었습니다.
④ 철수는 어머니께서 빵을 맛있게 잡수신다고 말했다.

14. <지침>에 따라 <개요>를 작성할 때 ㉠~㉣에 들어갈 내용으로 적절하지 <u>않은</u> 것은?

> ───── <지 침> ─────
> • 서론은 보고서 작성의 배경과 필요성을 포함할 것.
> • 본론은 제목에서 밝힌 내용을 2개의 장으로 구성하되, 2장의 하위 항목이 3장의 하위 항목과 서로 대응하도록 할 것.
> • 결론은 기대 효과와 향후 과제를 순서대로 제시할 것.

> ───── <개 요> ─────
> • 제목 : 지방 소멸 위기 대응을 위한 청년 유입 유도 정책 제안
> Ⅰ. 서론 : 지방 소멸 위기의 배경 및 정책적 필요성
>   1. 지방 인구의 고령화 심화 및 청년층의 지속적인 수도권 유출 현상
>   2. [㉠   ]
> Ⅱ. 청년 유입을 저해하는 주요 원인 분석
>   1. [㉡   ]
>   2. 지방의 문화·복지 등 생활 인프라의 절대적 부족
> Ⅲ. 청년 유입 정책 강화를 위한 핵심 대응 방안
>   1. 지역 산업과 연계한 맞춤형 일자리 및 청년 임대주택 확대 공급
>   2. [㉢   ]
> Ⅳ. 결론 : 정책 강화 방안의 기대 효과와 향후 과제
>   1. [㉣   ]
>   2. 지역 맞춤형 정책 개발을 위한 데이터 기반 연구 시스템 및 평가 체계 구축

① ㉠: 지방 경제 활력 회복 및 국가 균형 발전 달성을 위한 정책 마련의 시급성 증대
② ㉡: 양질의 일자리 부족과 불안정한 주거 여건으로 인한 청년층 유출 가속화
③ ㉢: 청년층의 임대 보증금 지원을 위한 중, 장기적 예산 확보 계획 마련
④ ㉣: 청년 인구 유입을 통한 지역 경제 활력 증진 및 국가 균형 발전 기여 성과 창출

15. 다음 글의 논지를 강화하는 것으로 가장 적절한 것은?

> 인공지능(AI)의 발전은 우리 삶에 편리함을 가져다주고 있지만, 동시에 개인정보 보호에 대한 우려도 커지고 있다. 특히 AI 챗봇과의 대화에서 축적되는 정보는 사용자의 성향, 관심사, 일상, 심지어 재정 상태까지 반영할 수 있어 민감하다. 문제는 AI가 정보를 단순히 보관하는 데 그치지 않고, 다른 AI와의 협업이나 자동화된 작업에 활용함으로써 개인정보가 의도치 않게 외부로 공유될 위험이 있다는 점이다. 사용자는 AI가 어떤 정보를 수집하고 어떻게 활용하는지 알기 어려운 상황에서, 편리함을 얻기 위해 사생활을 일부 포기해야 하는 딜레마에 직면한다. 따라서 AI 기술을 안전하고 신뢰할 수 있는 방향으로 활용하려면, 단순히 개인의 선택에 맡기는 것이 아니라, 사회적 규범과 제도적 장치가 함께 마련되어야 한다. 보안 강화와 정보 사용의 투명성 확보는 AI의 잠재력을 제대로 누리기 위한 필수 조건이다.

① AI 기술 발전으로 개인 맞춤형 서비스의 정확도가 크게 향상되어 사용자들의 만족도와 이용률이 지속적으로 증가하고 있다.
② 개인정보 보호 규정을 강화한 EU에서 AI 기업들의 투명성 보고서 공개 의무화 이후 사용자 신뢰도가 40% 상승했다.
③ AI 서비스 이용자 중 70% 이상이 개인정보 수집 방식을 정확히 알지 못하며, 60%는 정보 활용 범위에 대해 우려를 표명했다.
④ 대부분의 AI 기업들이 자체적인 윤리 가이드라인을 수립하고 개인정보 보호를 위한 자율 규제를 실시하고 있다.

16. 다음 대화의 빈칸에 들어갈 말로 가장 적절한 것은?

> 갑 : 운동회는 구민 운동장이나 학교 운동장에서 열어야 합니다.
> 을 : 운동회를 [   ].
> 병 : 사용 신청을 이번 주 안에 마치지 않으려면, 운동회를 구민 운동장에서 열면 안됩니다.
> 정 : 여러분의 의견대로 하자면, 반드시 이번 주 안에 사용 신청을 완료해야 하겠군요.

① 학교 운동장에서 열어야 합니다
② 구민 운동장에서 열 수 없습니다
③ 학교 운동장에서 열면 구민 운동장에서 열어야 합니다
④ 학교 운동장에서 열면, 이번 주 안에 사용 신청을 완료해야 합니다

17. 다음 세 진술이 모두 참일 때, 샤프, 지우개, 볼펜, 화이트 중에서 구매할 품목의 종류 수는?

> • 화이트는 구매하지 않는다.
> • 샤프 또는 지우개를 구매하면 볼펜은 구매하지 않는다.
> • 볼펜을 구매하지 않으면 화이트와 지우개를 모두 구매한다.

① 1종류
② 2종류
③ 3종류
④ 4종류

18. ㉠~㉣에 대한 평가로 적절한 것을 <보기>에서 모두 고른 것은?

> ㉠ 어떤 환자는 백신을 접종받았다.
> ㉡ 백신을 접종받았는데 항체가 형성되지 않을 수는 없다.
> ㉢ 백신을 접종받지 않고 항체가 형성된 사람은 없다.
> ㉣ 어떤 환자는 항체를 형성하지 않는다.

──────── <보 기> ────────

> ㉮ ㉠과 ㉡이 참일 경우 ㉣은 참일 수 있다.
> ㉯ ㉡과 ㉣이 참일 경우 ㉠은 반드시 참이다.
> ㉰ ㉢과 ㉣이 참일 경우 ㉠은 반드시 거짓이다.

① ㉮
② ㉯
③ ㉮, ㉰
④ ㉯, ㉰

19. 다음 글에서 추론한 내용으로 적절하지 않은 것은?

> 미국의 사회학자 주보프는 인간의 경험을 원자재 삼아 상품과 서비스를 만들어내는 경제에 '감시 자본주의'라는 이름을 붙였다. 감시 자본주의 기업은 기존의 상품과 서비스를 개선하기 위해 필요한 것 이상으로 잉여적인 행동 데이터를 수집하고, 이를 이용해 소비자가 무엇을 할지 예측하는 상품을 만들어 수익을 얻는다. 이때 데이터 수집을 위한 핵심적인 활동은 감시이다.
>
> 주보프에 따르면 감시 자본주의에서 진짜 소비자는 이용자가 아닌 기업이다. 이용자는 기업에 맞춤형 광고를 제공하는 데 필요한 데이터를 만들어내는 존재로 축소된다. 이용자를 끌어모으기 위해 무료 검색 서비스나 소셜네트워크서비스 등이 유인책으로 제공되고, 개인정보와 사생활은 이러한 서비스를 얻기 위한 대가가 된다. 이용자는 맞춤형 서비스를 이용하기 위해 자발적으로 정보를 제공하는데, 이는 '동의에 의한 감시'라고 할 수 있다.
>
> 주보프는 "감시 자본주의는 인간 역사에서 비교 대상을 찾을 수 없을 정도로 지식과 권력에서의 비대칭성을 누리고 있다"고 말했다. 감시 자본주의는 우리에 대해서 거의 모든 것을 알지만, 우리는 데이터 수집과 활용이 어떻게 이루어지는지 알기 어렵다. 주보프는 이에 대해 "산업 자본주의가 자연을 훼손했듯, 감시 자본주의는 자유로운 결정을 내릴 인간 본성에 위협이 된다"고 경고했다.

① 주보프에 의하면 감시 자본주의에서 이용자는 데이터를 생산하는 존재로서 기능한다고 할 수 있다.
② 주보프에 의하면 감시 자본주의 기업이 무료 서비스를 제공하는 것은 이용자의 데이터를 수집하기 위한 것이라고 할 수 있다.
③ 주보프에 의하면 '감시 자본주의'보다 '동의에 의한 감시'가 더 인간 본성에 위협이 된다.
④ 주보프에 의하면 감시 자본주의는 인간이 자유롭게 결정을 내릴 수 있는 능력을 위협할 수 있다.

20. 다음 대화를 분석한 내용으로 적절하지 않은 것은?

> 정민 : 어제 뉴스에서 본 철학자의 사고실험이 계속 생각나. 연못에 빠진 아이를 구하러 가면 비싼 옷과 신발이 망가지지만, 그래도 구해야 한다고 대부분 사람들이 말하잖아. 그런데 그 철학자는 아프리카 굶주리는 아이들을 돕지 않는 것도 마찬가지라고 하더라고.
>
> 유진 : 맞는 말이야. 거리가 멀다고 해서 도덕적 책임이 달라지는 건 아니잖아. 우리가 한 달에 커피값으로 쓰는 돈으로 굶주리는 아이 한 명을 살릴 수 있다면, 그렇게 하지 않는 것은 눈앞의 아이를 외면하는 것과 똑같다고 봐.
>
> 재현 : 그건 너무 극단적인 생각 아닐까? 물론 도울 수 있다면 좋겠지만, 우리에게는 가족도 있고 우리 자신의 삶도 있어. 모든 사람을 다 도울 책임까지는 없다고 생각해. 눈앞의 아이와 멀리 있는 아이는 상황이 다르잖아.
>
> 하은 : 나도 재현 말에 동감해. 도덕적 의무에는 한계가 있어야 해. 우리 주변 사람들에 대한 책임과 전 세계 모든 사람에 대한 책임을 똑같이 볼 수는 없어. 거리와 관계가 도덕적 의무의 범위를 결정한다고 봐.
>
> 유진 : 하지만 그런 구분은 결국 편의주의 아닐까? 아이가 죽어가는 건 똑같은데 단지 거리 때문에 외면한다는 건 옳지 않아. 우리가 정말 필요하지 않은 사치품을 포기하면 생명을 구할 수 있는데 그렇게 하지 않는 것은 도덕적으로 잘못이야.
>
> 정민 : 유진 말도 이해되지만, 현실적으로 모든 사람이 그렇게 살 수는 없을 것 같아. 적어도 우리 주변의 어려운 사람들부터 챙기는 게 더 실현 가능한 도덕이 아닐까?

① 유진과 하은은 눈앞의 아이와 멀리 있는 아이에 대한 도덕적 책임이 동일하다고 본다.
② 유진은 거리가 도덕적 의무에 미치는 영향은 없다고 보지만 하은은 관련이 있다고 본다.
③ 유진은 사치품 포기를 통한 생명 구조가 도덕적 의무라고 보지만 재현은 그렇지 않을 것이다.
④ 재현과 하은은 모든 사람에 대한 도덕적 책임의 범위에 한계가 있다고 본다.

2026 공무원 시험 대비 봉투모의고사
국어
▌ 제6회 ▌

응시번호		문제책형
성 명		가

제1과목	국어	제2과목	영어	제3과목	한국사
제4과목		제5과목			

응시자 주의사항

1. **시험시작 전 시험문제를 열람하는 행위나 시험종료 후 답안을 작성하는 행위를 한 사람**은 「공무원임용시험령」 제51조에 의거 **부정행위자로** 처리됩니다.
2. 답안지 책형 표기는 시험시작 전 감독관의 지시에 따라 **문제책 앞면에 인쇄된 문제책형을 확인**한 후, 답안지 책형란에 해당 책형(1개)을 '●'로 표기하여야 합니다.
3. **답안은 문제책 표지의 과목 순서에 따라 답안지에 인쇄된 순서**(제1·2·3·4·5과목)에 맞추어 **표기해야 하며**, 과목 순서를 바꾸어 표기한 경우에도 **문제책 표지의 과목 순서대로 채점**되므로 유의하시기 바랍니다.
4. 시험이 시작되면 문제를 주의 깊게 읽은 후, **문항의 취지에 가장 적합한 하나의 정답만을 고르며**, 문제내용에 관한 질문은 할 수 없습니다.
5. 답안지의 모든 기재 및 표기 사항은 **컴퓨터용 흑색 싸인펜을 사용**하며, 반드시 <보기>의 **올바른 표기 방식으로 답안을 작성해야** 합니다.

   <보기> 올바른 표기: ●   잘못된 표기: Ⓥ ⊗ ◐ ⊙ ◉ ◫ ○ ③

6. 답안을 잘못 표기하였을 경우에는 답안지를 교체하여 작성하거나 수정할 수 있으며, 표기한 답안을 수정할 때는 **응시자 본인이 가져온 수정테이프만을 사용**하여 해당 부분을 완전히 지우고 부착된 수정테이프가 떨어지지 않도록 손으로 눌러주어야 합니다. **(수정액 또는 수정스티커 등은 사용 불가)**
   ▪ 불량한 수정테이프의 사용과 불완전한 수정처리로 발생하는 모든 문제는 응시자 본인에게 책임이 있습니다.
7. 법령, 고시, 판례 등에 관한 문제는 **2025년 1월 31일 현재 유효한 법령, 고시, 판례 등을 기준**으로 정답을 구해야 합니다. 다만, 개별 과목 또는 문항에서 별도의 기준을 적용하도록 명시한 경우에는 그 기준을 적용하여 정답을 구해야 합니다.
8. **시험시간 관리의 책임은 응시자 본인에게 있습니다.**
   ※ 문제책은 시험종료 후 가지고 갈 수 있습니다.

정답공개 및 가산점 등록 안내

1. 정답공개: 정답가안 4.4.(토) 13:30 / 최종정답 4.13.(월) 18:00 / 사이버국가고시센터
2. 이의제기: 4.4.(토) 18:00 ~ 4.7.(화) 18:00 / 사이버국가고시센터
   ▪ 구체적인 이의제기 방법은 정답가안 공개 시 공지 예정
3. 가산점 등록기간: 4.4.(토) 13:30 ~ 4.6.(월) 21:00
4. 가산점 등록방법: 사이버국가고시센터 ➔ [원서접수 → 가산점 등록/확인]

국 어

1. <공공언어 바로 쓰기 원칙>에 따라 <공문서>의 ㉠~㉣을 수정한 것으로 적절하지 않은 것은?

───── <공공언어 바로 쓰기 원칙> ─────
• 문맥에 적절한 어휘를 사용할 것.
• 수식 관계를 명확히 할 것.
• 대등한 것끼리 접속할 때는 구조가 같은 표현을 사용할 것.
• 외래어는 쉬운 우리말로 순화하여 표현할 것.

───── <공문서> ─────
중소벤처기업부

수신 각 시·도(중소기업담당과장)

제목 중소기업 금융지원 민관 협력 강화 안내

1. 귀 기관의 무궁한 발전을 기원합니다.
2. 중기부는 중소기업 금융지원을 위해 인터넷전문은행 3개사 관계자를 금융지원위원회 위원으로 ㉠ 위촉했습니다.
3. 이번 회의에서는 ㉡ 정책금융기관 은행 협력 강화를 위한 업무협약이 체결되었습니다.
4. 중기부는 ㉢ 정책금융 이용 편의성 제고와 우수 중소기업 간 상호 협력을 지원할 계획입니다.
5. 이를 통해 ㉣ 중소기업과 소상공인에게 금융지원 엠오유(MOU)를 체결할 예정입니다.

① ㉠ : 양도
② ㉡ : 정책금융기관과 은행 간 협력 강화를
③ ㉢ : 정책금융 이용의 편의성을 제고하고 우수 중소기업 간 상호 협력을 지원할
④ ㉣ : 중소기업과 소상공인에게 금융지원 업무협약을

2. 다음 글의 (가)~(라)를 순서대로 나열한 것은?

(가) 미국에서도 초기 산업화의 성공은 정부 개입이 결정적이었다. 미국은 '유치산업 보호'라는 아이디어의 발생지였으며, 제2차 세계 대전 이전의 100년 동안 산업 보호 장벽이 가장 견고하였던 나라였다.

(나) 신고전파 경제학은 "태초에 시장이 있었다"라고 주장하며, 국가의 개입은 시장의 결함이 심화된 이후에야 나타나야 할 인위적 대체물로 본다. 하지만 시장을 인위적 개입이 없는 자연적 현상으로 바라보는 관점은 실제 사실이 아닌 희망 사항에 기반을 둔 것이다.

(다) 태초에 시장은 없었다는 것이 진실이다. 경제 사학자들에 따르면, 시장 체제는 발생 단계부터 거의 항상 국가의 개입에 의존해 왔다. 폴라니는 '자연 발생적으로' 시장 경제가 나타난 것으로 간주되는 영국에서조차 시장의 발생에 정부가 결정적 역할을 했음을 보여 주었다.

(라) 시장 제도가 모든 것보다 우선하는지는 경제 정책 설계에 관한 중요한 문제이다. 공산주의에서 자본주의로 대대적인 개혁을 실시한 나라들이 심각한 경제 위기를 겪은 것은 '잘 작동하는' 정부 없이 '잘 작동하는' 시장 경제를 건설할 수 없음을 보여 준다.

① (가) - (나) - (다) - (라)
② (가) - (다) - (나) - (라)
③ (나) - (가) - (다) - (라)
④ (나) - (다) - (가) - (라)

3. 다음 글에서 추론한 내용으로 가장 적절한 것은?

지시 관형사 '이, 그, 저'는 화자와 청자의 위치에 따라 대상을 가리키는 방식이 다르다. '이'는 청자보다 화자에게 가까운 대상을 가리킬 때 사용하고, '그'는 화자보다 청자에게 가까운 대상을 가리킬 때 사용한다. '저'는 화자와 청자 모두에게서 멀리 있는 대상을 가리킬 때 사용한다. 예를 들어 화자가 책을 들고 있다면 '이 책'이라 하고, 청자가 책을 들고 있다면 '그 책'이라 하며, 둘 모두에게서 멀리 있는 책은 '저 책'이라 한다. 이러한 구분은 화자와 청자가 동일한 대상을 정확하게 인식하도록 돕는 중요한 역할을 한다. 또한 '이, 그'는 담화상에서 이미 언급된 대상을 다시 가리킬 때도 사용되어, 문맥 속에서 명사를 명확하게 구분할 수 있도록 돕는다.

① "영희는 철수를 사랑한다. 그 사실이 영수를 힘들게 했다"에서 "그 사실"은 담화상에서 이미 언급된 것을 다시 가리킴을 알 수 있다
② "저 사람은 못된 사람이다"는 대상이 청자보다 화자에게 멀리 있음을 알 수 있다.
③ "이 연필을 나에게 줘"를 통해 연필이 화자보다 청자에게 가까움을 알 수 있다.
④ "영수야. 그 영수증을 가져다 줘"를 통해 영수증이 청자보다 화자에게 가까움을 알 수 있다.

4. 다음 글에서 추론한 내용으로 가장 적절한 것은?

조선 후기의 국문소설은 변화하는 사회 구조 속에서 인간의 삶과 욕망을 다양한 서사 형식으로 그려냈다. 그중 우화소설과 세태소설은 모두 현실의 부조리를 비판한다는 공통점을 지니지만, 전자는 비유와 상징을 통해, 후자는 사실적 묘사를 통해 그 목적을 실현했다.

먼저 우화소설은 동물이나 사물을 의인화하여 인간 사회의 도덕적 문제를 비판하고 교훈을 전하는 서사이다. 짧은 이야기 속에 인간의 허위, 탐욕, 위선을 간접적으로 드러내며 풍자적 효과를 높인다. 『토끼전』에서는 권력을 상징하는 용왕과 약자를 상징하는 토끼의 대립을 통해 권세가의 탐욕과 지배 질서를 비판하고, 『장끼전』이나 『두껍전』은 동물의 말과 행동을 통해 인간 사회의 불합리한 관계를 해학적으로 표현한다. 이러한 우화적 서사는 복잡한 사회 문제를 직접적으로 드러내지 않으면서도 독자에게 도덕적 성찰을 유도한다는 점에서 교훈성과 풍자성을 함께 지닌다.

반면 세태소설은 인간 사회의 욕망과 모순을 사실적으로 그린 작품이다. 조선 후기 상업의 발달과 신분제의 동요로 가치관이 흔들리던 현실 속에서, 작가들은 탐욕·위선·허영 등 인간의 이기적 본성을 그대로 드러냈다. 『허생전』, 『양반전』, 『호질』 등은 지식인 사회의 위선과 양반 신분의 허무함을 비판하면서 현실의 부조리를 직접적으로 폭로한다. 이러한 세태소설은 구체적인 인물과 사건을 통해 사회의 문제를 현실적으로 재현한다는 점에서 우화소설의 상징적 비유보다 직설적 비판에 가깝다.

① 우화소설은 인간 사회의 문제를 직접적이고 사실적으로 묘사하여 독자에게 강한 현실감을 전달하였다.
② 세태소설은 동물이나 사물을 의인화하여 인간 사회의 부조리를 간접적으로 비판하는 방식을 사용하였다.
③ 우화소설과 세태소설은 모두 상징과 비유를 주요 서사 기법으로 활용하여 현실을 우회적으로 비판하였다.
④ 세태소설은 구체적 인물과 사건을 통해 사회 문제를 사실적으로 표현하는 직설적 비판의 성격을 지닌다.

5. 다음 글의 ㉠~㉣ 중 어색한 곳을 찾아 가장 적절하게 수정한 것은?

　　교육 방식에 대한 논의에서 암기학습과 발견학습은 서로 다른 접근법을 대표한다. 암기학습은 ㉠ 반복 학습을 통해 지식을 기억에 정착시키는 데 중점을 둔다. 이 접근법은 명확한 사실과 정보를 암기하도록 하여, 학습자가 시험이나 평가에서 정확한 답변을 제공할 수 있도록 돕는다. 예를 들어, 수학 공식이나 역사적 사건의 연도를 암기하는 것은 암기학습의 전형적인 사례로 꼽는다. 암기학습은 빠른 지식 습득과 정보 정리를 가능하게 하지만, ㉡ 학습자가 깊은 이해나 비판적 사고 능력을 발달시키기는 어렵다. 발견학습은 ㉢ 학습자가 문제 해결보다는 외부의 도움을 받아 지식을 습득하는 방식을 강조한다. 이 접근법은 학습자가 새로운 개념을 발견하는 과정에서 창의성과 호기심을 발달시키는 데 유용하다. 예를 들어, 과학 실험을 통해 자연 법칙을 스스로 이해하는 과정은 발견학습의 대표적인 사례이다. 발견학습은 학습자의 자율성과 문제 해결 능력을 강화하지만, ㉣ 구체적 지식 습득에 시간이 오래 걸리고, 학습 목표를 명확히 달성하기 어렵다.

① ㉠: 학습자가 정보를 자유롭게 변형하고 창의적으로 활용하는
② ㉡: 학습자의 비판적 사고를 과도하게 자극하여 학습 과정을 혼란스럽게 만든다
③ ㉢: 학습자가 스스로 정보를 탐구하고 문제를 해결하는 과정을 통해
④ ㉣: 학습 과정이 지나치게 효율적이어서 창의성을 억제한다

6. 다음 글에서 추론한 내용으로 가장 적절한 것은?

　　세계 인구 증가와 기후변화로 식량 안보가 각국의 중요한 과제가 되었다. 단순히 농업 생산량을 늘리는 것만으로는 한계가 있어, 생산부터 소비까지 전 과정을 효율적으로 관리하는 새로운 접근이 필요하다. 최근 주목받는 해결책은 인공지능을 농업에 활용하는 것이다. 인공지능은 위성 이미지와 센서 데이터를 분석해 가뭄이나 병해충 발생을 조기에 예측한다. 농부들에게는 작물 상태에 따라 비료와 물의 적정 사용량을 제안해 자원을 절약하면서도 수확량을 높인다. 이러한 기술은 수확 후 관리에도 적용된다. 저장고의 온도와 습도를 실시간으로 조절해 농산물 신선도를 유지하고, 물류 최적화를 통해 유통 손실을 최소화한다. 인공지능 기반 저장 시스템을 도입한 곳에서는 농산물 폐기율이 절반으로 감소했다는 보고도 있다.
　　하지만 이런 혁신이 실제 효과를 거두려면 넘어야 할 장벽이 있다. 첨단 기술 도입에는 높은 초기 비용이 들고, 농민들이 새로운 시스템을 익히는 데 시간이 걸린다. 특히 개발도상국의 소규모 농가는 기술 접근성이 떨어져 혜택을 받기 어렵다. 따라서 인공지능이 지속 가능한 농업의 도구가 되려면 포용적 접근이 필수적이다. 정부는 농민 교육과 보조금 지원을 확대하고, 국제기구는 기술 이전을 위한 협력 체계를 구축해야 한다. 모든 농민이 기술의 혜택을 받을 수 있는 환경을 조성할 때, 인공지능은 식량 안보의 해결책이 될 수 있다.

① 인공지능 농업 기술의 성공적 확산을 위해서는 정부의 교육 프로그램과 국제기구의 기술 이전 협력이 필요하다.
② 농산물의 폐기율을 절반으로 감소시키는 것이 인공지능을 농업에 도입하는 가장 핵심적인 목표이다.
③ 개발도상국의 소규모 농가는 선진국과 달리 정부 보조금만으로도 기술 도입의 장벽을 모두 해결할 수 있다.
④ 인공지능은 가뭄과 병해충을 예측하는 생산 단계보다 저장고 관리 같은 수확 후 단계에서 더 효과적이다.

7. 다음 글에서 추론할 수 있는 것만을 <보기>에서 모두 고르면?

　　플라톤의 이데아론에 의하면 세계는 현상의 세계와 이데아의 세계로 구분된다. 현상의 세계는 감각으로 지각되는 불완전한 세계로 이데아의 그림자에 불과하다. 반면 이데아의 세계는 이성에 의해서만 인식될 수 있는 완전하고 불변하는 세계이다. 플라톤은 이러한 이데아를 '동굴의 비유'로 설명한다. 동굴 안에 죄수들이 갇혀 있다. 이들은 오직 맞은편 동굴 벽에 있는 그림자만 볼 수 있도록 사슬에 묶여 고정된 상태이다. 평생 벽만 보고 살아온 죄수들은 자신들이 보고 있는 그림자들이 이 세상의 전부라고 믿는다. 그런데 한 죄수가 사슬에서 풀려나 동굴 밖으로 나가게 되고, 지금까지 보아온 그림자들이 모두 실물이 아니라는 것을 깨닫는다.
　　플라톤에 따르면 소크라테스는 이성을 통해 동굴에서 벗어나 이데아의 세계에 도달하고, 다시 동굴 안으로 들어와 사람들을 참된 세계로 인도하려 한 사람이다. 한편 소피스트들은 보수를 받고 실생활에 유용하게 쓰이는 지식이나 기술을 가르치는 데만 관심이 있었다. 이들이 변론술을 통하여 보여 주려 했던 것은 어떠한 주제든지 반대편 입장에서도 훌륭한 변론을 전개할 수 있다는 점이다. 플라톤은 소피스트들을 일컬어 '지식의 장사꾼'이라고 비판하였다.

<보 기>

ㄱ. 동굴 안의 죄수들이 그림자를 실재라고 믿는 것처럼, 감각에만 의존하는 사람은 참된 인식에 이르기 어렵다.
ㄴ. 감각을 통해 현상의 세계를 정확히 파악하면 이데아의 세계를 인식할 수 있다.
ㄷ. 이성이 아니라면 완전하고 불변하는 이데아의 세계를 인식할 수 없다.

① ㄱ, ㄴ　　② ㄱ, ㄷ　　③ ㄴ, ㄷ　　④ ㄱ, ㄴ, ㄷ

8. <지침>에 따라 <개요>를 작성할 때 ㉠~㉣에 들어갈 내용으로 적절하지 않은 것은?

<지 침>

• 서론은 중심 소재의 개념 정의와 문제 제기를 1개의 장으로 작성할 것.
• 본론은 제목에서 밝힌 내용을 2개의 장으로 구성하되 각 장의 하위 항목끼리 대응되도록 작성할 것.
• 결론은 기대 효과와 향후 과제를 1개의 장으로 작성할 것.

<개 요>

• 제목 : 폐배터리 재활용의 환경 문제와 미생물 활용 기술 방안
Ⅰ. 서론
　1. 폐배터리 재활용의 개념과 처리 방식 분류
　2. ［　㉠　］
Ⅱ. 폐배터리 재활용의 환경 문제
　1. ［　㉡　］
　2. 대량 처리를 위한 실용화 기술과 인프라 부족
Ⅲ. 미생물 기술 활용 방안
　1. 미생물을 통한 금속 추출로 오염물질 배출 최소화
　2. ［　㉢　］
Ⅳ. 결론
　1. ［　㉣　］
　2. 미생물 대량 확보와 반응 시간 단축을 위한 연구 과제

① ㉠: 전기차 폐배터리 급증으로 인한 환경 오염 심화
② ㉡: 화학적 처리 과정에서 발생하는 오염물질과 에너지 소비
③ ㉢: 폐배터리 매립 확대를 통한 단기적 처리 비용 절감
④ ㉣: 자원순환과 환경보호를 동시에 실현하는 지속가능한 재활용 체계 구축

[9~10] 다음 글을 읽고 물음에 답하시오.

「청산별곡」과 김수영의 「풀」은 모두 당대 현실의 고난과 삶의 비애를 배경으로 한다는 공통점을 지닌다. 그러나 두 작품은 고난을 인식하고 대응하는 화자의 태도와 공간의 상징적 의미에서 서로 다른 양상을 드러낸다.

청산별곡의 화자는 삶의 고통과 비애를 느끼며 ㉠'청산'으로 도피하고자 한다. 그러나 그곳은 '올 사람도 갈 사람도 없는' 외로운 곳으로, 고뇌를 피하고 싶지만 운명을 상징하는 '돌'에 맞아 괴로움이 지속된다. 결국 화자는 청산에서 해소하지 못한 고통을 잊기 위해 ㉡'바다'로 가보지만, 그곳에서도 고난은 계속된다. 그래서 그는 '강술', 즉 술로 현실의 고뇌를 잠시 잊고자 한다. 「청산별곡」은 이상향을 소망하지만 현실에 부딪혀 체념할 수밖에 없는 민중의 비애와 안타까움을 드러낸다.

반면 김수영의 「풀」은 ㉢'동풍'에 쓰러져 울고 있지만 바람보다 빨리 눕고 바람보다 빨리 일어나는 것을 통해 시련 속에서도 좌절하지 않고 현실에 맞서는 의지를 드러낸다. ㉣'풀'은 억압적인 시대 상황(바람) 속에서도 쓰러지지 않는 강인한 민중의 생명력을 상징하며, 화자는 그 움직임을 통해 민중의 잠재된 힘과 위대함을 통찰한다. 이 작품은 '풀'의 쓰러짐과 일어섬의 반복을 통해 고난을 직시하고 극복하려는 현실 참여적이고 투쟁적인 태도를 보여준다.

따라서 두 작품은 현실의 고통이라는 공통된 주제를 다루면서도, 절망을 대하는 자아의 태도와 고난 극복의 방식에서 극명한 대조를 이룬다.

9. 윗글에서 추론한 내용으로 가장 적절한 것은?
① '풀'은 현실에 좌절하는 운명론적 체념을, '강술'은 현실을 체념할 수밖에 없는 민중의 비애를 상징하는 시어이다.
② 「청산별곡」의 화자는 현실의 고통에서 벗어나고자 하지만 끝내 체념하고, 「풀」의 화자는 고난 속에서도 현실에 맞서려는 의지를 보인다.
③ '청산'은 현실의 고통을 완전히 극복할 수 있는 이상적 공간을, '동풍'은 민중이 처한 현실의 시련을 상징한다.
④ '풀'의 쓰러짐과 일어섬의 반복은 이상향을 소망하지만 현실에 부딪힐 수 밖에 없는 민중의 좌절을 드러낸다.

10. 윗글의 ㉠~㉣ 중 문맥상 의미가 나머지와 다른 하나는?
① ㉠
② ㉡
③ ㉢
④ ㉣

[11~12] 다음 글을 읽고 물음에 답하시오.

비극과 희극은 모두 인간의 삶을 ㉠다루지만, 고통을 인식하고 해석하는 방식에서 근본적인 차이를 보인다. 비극은 인간의 한계와 운명을 주제로 삼아, 불가피한 고통 속에서도 존엄과 의미를 찾으려는 태도를 드러낸다. 비극에 등장하는 오이디푸스나 햄릿과 같은 인물들은 비극적 상황 속에서 자신의 한계를 인식하면서도 책임을 회피하지 않고, 그 선택의 결과를 받아들이는 과정을 통해 인간의 내면을 드러낸다. 반면 희극은 인간의 결함이나 사회의 모순을 웃음으로 드러내어, 현실의 불합리를 인식하게 하고 이를 공감 속에서 극복하도록 한다.

희극은 비극과 달리 인간의 약점을 냉소적으로 비판하기보다, 그것을 유머로 풀어내 관객이 함께 웃으며 해방감을 느끼게 한다. 사회의 위선이나 권위가 희화될 때 관객은 그 웃음 속에서 잠시 긴장을 내려놓고, 현실을 새롭게 바라보게 된다. 이런 점에서 희극은 단순히 고통을 가볍게 여기려는 태도가 아니라, 웃음을 통해 현실의 고통과 부조리를 드러내고, 그 속에서 함께 공감하게 하는 예술이다.

결국 비극이 고통을 직시하며 인간의 존엄을 탐구한다면, 희극은 결함을 인정하며 웃음으로 연대의 가능성을 제시한다. 두 장르는 서로 다른 정서를 통해 인간의 복합적 면모를 보여 주며, 예술이 고통과 유희 사이에서 삶의 의미를 탐색하는 방식을 드러낸다.

11. 윗글에서 추론한 내용으로 적절하지 않은 것은?
① 비극은 인간의 한계와 운명을 주제로, 고통 속에서도 존엄과 의미를 찾으려고 한다.
② 희극은 인간의 약점과 사회의 모순을 웃음으로 표출해 현실을 새롭게 바라보게 한다.
③ 비극과 희극 모두 인간의 고통을 다루면서, 삶의 부조리를 극복하려는 의지를 보여 준다.
④ 비극의 인물들은 비극적 상황 속에서도 자신의 선택에 대한 책임을 회피하지 않는다.

12. 문맥상 ㉠의 의미와 가장 가까운 것은?
① 이 상점은 주로 전자 제품만을 다룬다.
② 회의에서 물가 안정을 당면 과제로 다루었다.
③ 국회는 국민 생활과 관련된 법률안 제정, 개정 등의 일을 다룬다
④ 기술자들은 대개 공구를 자신의 분신처럼 다루는 경향이 있다.

[13~14] 다음 글을 읽고 물음에 답하시오.

사람들은 오랫동안 과학이 지식의 축적을 통해 서서히 발전한다고 믿었다. 그러나 토머스 쿤은 과학이 일정한 시점마다 기존의 틀이 무너지고 새로운 틀로 바뀌는 과정을 거친다고 보았다. 그는 과학자들이 공유하는 이론과 연구 방식의 체계를 '패러다임'이라 했으며, 이 패러다임이 교체되는 현상을 ㉠ '과학혁명'이라 불렀다.

쿤에 따르면 과학의 발전은 일정한 순환 단계를 거친다. 먼저 ㉡ 정상과학 단계에서는 과학자들이 지배적인 패러다임, 즉 과학자 공동체가 공유하는 인식 체계 속에서 연구하며 문제를 해결한다. 대부분의 연구가 이 시기에 이루어지며, 관찰과 실험을 통해 기존 이론의 타당성을 보완하려는 시도가 계속된다. 그러나 시간이 지나면서 기존 패러다임으로 설명할 수 없는 변칙적 현상이 누적되면 과학은 위기 단계로 들어선다. 이때 기존 이론에 대한 신뢰가 흔들리고, 일부 과학자들이 새로운 설명 방식을 모색한다.

그 후 전혀 다른 관점에서 현상을 설명하는 새로운 이론이 등장하면 과학은 혁명 단계를 맞이한다. ㉢ 새로운 패러다임이 기존 체계를 대체하면서 과학의 기본 틀이 바뀌게 되는데, 이러한 전환이 바로 '과학혁명'이다. 이후 새로운 패러다임이 인식 체계로 자리잡으면 과학은 다시 정상과학 단계로 돌아간다. 예를 들어 ㉣ 뉴턴 역학은 ㉤ 고대 운동 이론을 대체하며 새로운 정상과학의 시대를 열었다. 이처럼 과학의 발전은 지식의 단순한 축적이 아니라, ㉥ 기존 인식 틀을 깨고 새로운 체계를 받아들이는 혁신적 전환의 연속이다.

13. 윗글을 이해한 내용으로 가장 적절한 것은?
① 쿤은 과학 발전의 과정을 지식이 점차 축적되는 연속적 과정으로 이해하였다.
② 정상과학 단계는 새로운 패러다임이 등장해 기존 이론을 대체하는 시기를 말한다.
③ 특수 상대성 이론이 뉴턴 역학을 반증하는 것에 성공하여 새로운 패러다임으로 정립되었다면, 이는 과학혁명을 뒷받침한다.
④ 뉴턴 역학은 고대의 운동 이론과 공존하며 서로 다른 패러다임이 유지된 사례이다.

14. 윗글의 ㉠~㉥ 중 문맥상 의미가 유사한 것끼리 묶은 것은?
① ㉠, ㉥
② ㉡, ㉤
③ ㉡, ㉥
④ ㉢, ㉣

15. 다음 글의 빈칸에 들어갈 결론으로 가장 적절한 것은?

1928년 세인트메리병원의 알렉산더 플레밍은 포도상구균을 배양하던 중 우연한 발견을 했다. 휴가를 가면서 실험대 위에 내버려 둔 세균 배지에 아래층에서 배양하던 곰팡이가 날아와 떨어진 것이다. 그 해 여름이 다른 해보다 온도가 낮아 배양기가 아닌 실온에 노출된 배지에서 세균은 많이 자라지 않았고, 특히 곰팡이가 오염된 주변에는 세균이 전혀 자라지 않았다. 플레밍은 이 현상에 흥미를 느껴 연구한 결과 푸른곰팡이에서 항생 효과를 지닌 물질을 발견하고 이를 페니실린이라 명명했다. 그러나 페니실린의 항균력은 기대에 미치지 못했고 지속시간도 짧아서 플레밍은 1929년 연구를 중단했다.

이후 1935년 옥스포드대의 플로리와 체인이 플레밍의 연구에 관심을 가지고 새로운 방법으로 재검토에 착수했다. 이들은 순수 분리한 페니실린 분말을 이용하여 1940년부터 동물실험을 수행했고, 1941년에는 임상시험을 통해 페니실린이 감염병 치료제로 유효함을 입증했다. 1943년부터 제2차 세계대전 중 부상병 치료에 널리 사용되기 시작한 페니실린은 인류를 감염병의 위험에서 구해 주는 혁신적 치료제가 되었다. 페니실린의 발견과 개발 과정은 [   ]라는 사실을 보여준다.

① 혁신적인 과학적 발견은 항상 치밀한 계획과 체계적인 연구 방법을 통해서 이루어진다
② 우연한 발견도 그 가치를 알아보고 지속적으로 발전시키는 노력이 있어야 성과로 이어진다
③ 개인 연구자의 독창적 아이디어가 집단 연구보다 혁신적 성과를 만들어내는 데 더 효과적이다
④ 전쟁과 같은 극한 상황에서 의학 기술의 급속한 발전과 실용화가 가능하다

16. (가)~(다)를 전제로 할 때 빈칸에 들어갈 결론으로 가장 적절한 것은?

(가) 교육용 인공지능 서비스가 보편화되지 않으면 사교육비가 증가한다.
(나) 교육용 인공지능 서비스가 보편화되면, 집에서도 개인 맞춤형 학습이 가능해지는 동시에 학원 의존도가 낮아진다.
(다) 학원 의존도가 낮아지지 않거나 공교육의 질이 향상되면 사교육비가 증가하지 않는다.
따라서 [   ].

① 집에서도 개인 맞춤형 학습이 가능해진다
② 학원 의존도가 낮아진다
③ 공교육의 질이 향상되지 않는다
④ 사교육비가 증가하지 않는다

17. 갑~병의 주장을 분석한 내용으로 적절한 것만을 <보기>에서 모두 고르면?

> 갑 : 공유 경제는 자원의 효율적인 활용을 통해 사회적 이익을 증대시킨다. 개인들은 자신이 소유한 자원을 공유함으로써 추가적인 수익을 얻을 수 있으며, 자원의 낭비를 줄일 수 있다. 또한 공유 경제는 사회적 연결을 강화함으로써 새로운 형태의 협력을 촉진한다. 이러한 이점을 고려할 때 공유 경제를 활성화하기 위한 제도적 지원과 인프라 구축이 필요하다.
>
> 을 : 공유 경제는 기존의 산업 구조를 파괴하고, 노동자들의 권리를 침해한다. 공유 경제 플랫폼은 노동자를 독립 계약자로 분류하여 근로자의 복지와 안전을 보장하지 않는다. 이는 전통적 일자리 감소 및 불안정한 고용 형태 확산 등의 부정적 영향을 초래한다. 소비자 보호 측면에서도 문제가 발생했을 때 책임 소재가 불분명하여 피해 보상이 어려워질 수 있다. 따라서 공유 경제에 대한 엄격한 규제와 노동자 보호 정책이 필요하다.
>
> 병 : 공유 경제는 자원의 효율적 활용과 편의성 제공이라는 장점이 있지만, 노동자 보호와 소비자 안전 측면의 단점도 존재한다. 따라서 공유 경제를 발전시키면서도 부작용을 최소화하기 위한 제도적 장치가 필요하다. 예를 들어, 플랫폼 기업의 사회적 책임을 강화하고, 노동자들의 권리를 보호하는 법적 근거를 마련해야 한다. 또한 소비자 보호를 위한 안전 기준과 분쟁 해결 절차를 확립해야 한다. 이를 통해 공유 경제의 긍정적 효과를 극대화할 수 있다.

───── <보 기> ─────
ㄱ. 갑의 주장과 을의 주장은 대립하지 않는다.
ㄴ. 을의 주장과 병의 주장은 대립하지 않는다.
ㄷ. 병의 주장과 갑의 주장은 대립하지 않는다.

① ㄱ, ㄴ
② ㄱ, ㄷ
③ ㄴ, ㄷ
④ ㄱ, ㄴ, ㄷ

18. 다음은 한 박람회의 일정에 대한 안내 방송 중 일부를 발췌한 것이다. 이 안내가 참일 때, <보기>에서 올바르게 판단한 사람을 고르면?

> 오늘 박람회에서는 로봇 시연이 진행되거나 유명 연사가 강연할 예정입니다. 만약 체험 부스가 운영되지 않거나 신제품 전시회가 열리지 않는다면, 로봇 시연도 진행되지 않을 것입니다. 즐거운 관람 되시길 바랍니다!

───── <보 기> ─────
민재 : 오늘 유명 연사가 강연하지 않는다면, 체험 부스가 운영되고 신제품 전시회가 열리겠네.
하윤 : 오늘 로봇 시연이 진행된다면, 체험 부스와 신제품 전시회 중 하나는 반드시 열리겠구나.
지후 : 체험 부스가 운영되지 않으면, 오늘 유명 연사가 강연하겠구나.

① 민재
② 민재, 지후
③ 하윤, 지후
④ 민재, 하윤, 지후

19. 다음 글의 ㉠을 강화하는 내용으로 적절한 것을 <보기>에서 모두 고르면?

> 프랑스의 철학자 ㉠ 미셸 푸코는 권력에 대한 전통적인 관점, 즉 권력이 지식이나 진실을 왜곡하고 은폐한다고 보는 시각에 반대했다. 그는 권력이란 단순히 누군가를 억압하고 통제하는 부정적인 힘이 아니라, 사회를 유지하고 작동하게 만드는 생산적인 힘이라고 주장했다. 푸코에게 권력은 지식과 분리되어 존재하지 않으며, 오히려 권력 자체가 특정한 지식을 만들어낸다는 것이라고 주장했다. 예를 들어 근대 사회에서 정신병리학이나 형사사법 체계가 발달하면서 '정신병자', '범죄자'와 같은 특정한 주체와 그들에 대한 객관적인 지식이 형성되었는데, 이러한 지식은 결국 그들을 분류하고 통제하려는 권력 관계에서 비롯된 것이라고 할 수 있다. 다시 말해, 지식이 권력에 선행하는 것이 아니라, 권력의 작동이 대상을 규정하는 지식을 함께 형성한다는 것이다. 권력과 그 권력이 생산한 지식이 권력의 효과를 증폭시키는 이 상호 순환적 관계를 형성한다고 본 것이다.

───── <보 기> ─────
ㄱ. 19세기 프랑스 정부는 빈민 통제를 위한 주거 환경 법규를 제정하였고, 이를 계기로 공중 위생학이 발전하게 되었다.
ㄴ. 한 공무원이 인허가권을 이용해 수백억 원의 뇌물을 받았으나, 감사로 적발되어 처벌받았다.
ㄷ. 아동 심리학 지식이 정상 발달 단계 기준을 만들어 문제 학생의 일탈 행동을 분류하는 데 사용되었다.

① ㄱ, ㄴ
② ㄴ, ㄷ
③ ㄱ, ㄷ
④ ㄱ, ㄴ, ㄷ

20. 다음 대화의 빈칸에 들어갈 말로 가장 적절한 것은?

> 갑 : 여름 캠프는 해양 체험이나 등산으로 진행해야 합니다.
> 을 : [   ]
> 병 : 여름 캠프를 해양 체험으로 진행하지 않거나, 보험 가입을 해야 하겠군요.
> 정 : 여러분의 의견대로 하자면, 여름 캠프는 등산으로 진행해야 하겠군요.

① 등산을 하려면 보험 가입이 필수적입니다.
② 현재 예산 때문에 보험 가입은 불가능한 상황입니다.
③ 보험 가입을 반드시 해야만 합니다.
④ 해양 체험을 진행해야 합니다.

2026 공무원 시험 대비 봉투모의고사
국어
▌ 제7회 ▌

응시번호	
성 명	

문제책형

제1과목	국어	제2과목	영어	제3과목	한국사
제4과목		제5과목			

응시자 주의사항

1. **시험시작 전 시험문제를 열람하는 행위나 시험종료 후 답안을 작성하는 행위를 한 사람은「공무원임용시험령」제51조에 의거 부정행위자로 처리됩니다.**
2. **답안지 책형 표기는 시험시작 전 감독관의 지시에 따라 문제책 앞면에 인쇄된 문제책형을 확인한 후, 답안지 책형란에 해당 책형(1개)을 '●'로 표기하여야 합니다.**
3. **답안은 문제책 표지의 과목 순서에 따라 답안지에 인쇄된 순서(제1·2·3·4·5과목)에 맞추어 표기**해야 하며, 과목 순서를 바꾸어 표기한 경우에도 **문제책 표지의 과목 순서대로 채점**되므로 유의하시기 바랍니다.
4. 시험이 시작되면 문제를 주의 깊게 읽은 후, 문항의 **취지에 가장 적합한 하나의 정답만을 고르며**, 문제내용에 관한 질문은 할 수 없습니다.
5. 답안지의 모든 기재 및 표기 사항은 **컴퓨터용 흑색 싸인펜을 사용**하며, 반드시 <보기>의 **올바른 표기 방식**으로 답안을 작성해야 합니다.
   <보기> 올바른 표기: ● 잘못된 표기: ⊗ ⊗ ◑ ⊙ ⊙ ⊕ ○ ③
6. 답안을 잘못 표기하였을 경우에는 답안지를 교체하여 작성하거나 수정할 수 있으며, 표기한 답안을 수정할 때는 **응시자 본인이 가져온 수정테이프만을 사용**하여 해당 부분을 완전히 지우고 부착된 수정테이프가 떨어지지 않도록 손으로 눌러주어야 합니다. (수정액 또는 수정스티커 등은 사용 불가)
   ■ **불량한 수정테이프의 사용과 불완전한 수정처리로 발생하는 모든 문제는 응시자 본인에게 책임이 있습니다.**
7. 법령, 고시, 판례 등에 관한 문제는 **2025년 1월 31일 현재 유효한 법령, 고시, 판례 등을 기준**으로 정답을 구해야 합니다. 다만, 개별 과목 또는 문항에서 별도의 기준을 적용하도록 명시한 경우에는 그 기준을 적용하여 정답을 구해야 합니다.
8. **시험시간 관리의 책임은 응시자 본인에게 있습니다.**
   ※ 문제책은 시험종료 후 가지고 갈 수 있습니다.

ⓘ
정답공개 및 가산점 등록 안내

1. 정답공개: 정답가안 4.4.(토) 13:30 / 최종정답 4.13.(월) 18:00 / 사이버국가고시센터
2. 이의제기: 4.4.(토) 18:00 ~ 4.7.(화) 18:00 / 사이버국가고시센터
   ■ 구체적인 이의제기 방법은 정답가안 공개 시 공지 예정
3. 가산점 등록기간: 4.4.(토) 13:30 ~ 4.6.(월) 21:00
4. 가산점 등록방법: 사이버국가고시센터 ➡ [원서접수 → 가산점 등록/확인]

박문각

국 어

1. <공공언어 바로 쓰기 원칙>에 따라 수정한 것으로 적절하지 않은 것은?

―――― <공공언어 바로 쓰기 원칙> ――――
- 쉬운 말 사용하기
  ㉠ 어려운 한자어는 쉬운 우리말로 순화하여 표현할 것.
- 문장 성분 간의 호응하기
  ㉡ 부사어에 호응하는 서술어를 적절히 사용할 것.
- 여러 뜻으로 해석되는 표현 삼가기
  ㉢ 중의적인 문장을 사용하지 않을 것.
- 불필요한 표현 삼가기
  ㉣ 의미가 중복되는 표현을 삼갈 것.

① "금번 회의에서 주요 안건을 논의할 예정입니다."를 ㉠에 따라 "이번 회의에서 주요 안건을 논의할 예정입니다."로 수정한다.

② "이번 일은 절대로 성공해야 한다."를 ㉡에 따라 "이번 일은 반드시 성공해야 한다."로 수정한다.

③ "관계자는 청년과 고령자의 주거 안정에 관하여 논의하였다."를 ㉢에 따라 "관계자는 청년과 고령자와 주거 안정에 관하여 논의하였다."로 수정한다.

④ "사업 추진을 위해 사전에 미리 준비해야 합니다."를 ㉣에 따라 "사업 추진을 위해 사전에 준비해야 합니다."로 수정한다.

2. <지침>에 따라 <개요>를 작성할 때 ㉠~㉣에 들어갈 내용으로 적절하지 않은 것은?

―――― <지 침> ――――
- 서론은 중심 소재의 개념 정의와 문제 제기를 1개의 장으로 작성할 것.
- 본론은 제목에서 밝힌 내용을 2개의 장으로 구성하되 각 장의 하위 항목끼리 대응되도록 작성할 것.
- 결론은 기대 효과와 향후 과제를 1개의 장으로 작성할 것.

―――― <개 요> ――――
- 제목 : 고령 운전자 교통사고 증가 문제와 안전 대책 방안
- Ⅰ. 서론
  1. 고령 운전자의 정의와 사고 증가 현황
  2. [㉠]
- Ⅱ. 고령 운전자 교통사고 증가 문제
  1. 신체적 기능 저하로 인한 운전 능력 감소
  2. [㉡]
- Ⅲ. 고령 운전자 안전 대책 방안
  1. [㉢]
  2. '고령 운전자 운전중지 권고'와 연계된 이동 지원
- Ⅳ. 결론
  1. [㉣]
  2. 자율주행차 도입과 성숙한 운전 문화 정착 과제

① ㉠ : 초고령사회 진입에 따른 노인 운전 안전 대책의 시급성

② ㉡ : 농촌 지역 대중교통 부족으로 인한 운전 불가피성

③ ㉢ : 인지 · 신체기능 평가 강화와 정기적 운전 적성 검사

④ ㉣ : 교통사고 발생 시 고령 운전자에 대한 형사 처벌 강화

3. 다음 글에서 추론한 내용으로 적절하지 않은 것은?

동사나 형용사의 어간이 어미와 결합하여 활용을 할 때, 어간이나 어미가 항상 일정한 모습으로 유지된다면 당연히 규칙 활용이지만, 어간이나 어미의 모습이 달라진다 해도 그 현상을 일정한 규칙으로 설명할 수 있으면 규칙 활용이다. '담그-'에 모음 어미를 결합하면 'ㅡ'가 탈락되는데 'ㅡ'는 모든 모음 어미 앞에서 탈락되므로 규칙 활용이라고 볼 수 있다.

불규칙 활용 중 먼저 어간의 변화가 불규칙한 것을 살펴보기로 하자. '묻-(問)'의 활용을 보면, '묻다, 묻지'처럼 자음으로 시작하는 어미 앞에서는 '묻-'이 유지되지만, '물어, 물으니'처럼 모음으로 시작하는 어미 앞에서는 'ㄷ'이 'ㄹ'로 교체되어 '물-'로 나타난다. 이것은 모든 어미 앞에서 'ㄷ'이 유지되는 규칙 활용을 하는 '(땅에) 묻어'와는 다른 모습이다.

다음으로 어미의 변화가 불규칙한 것을 살펴보기로 하자. '노르다'의 활용을 보면 자음으로 시작하는 어미와 결합하면 어미가 변하지 않으나, 모음으로 시작하는 어미와 결합하면 불규칙적으로 변한다. 즉 '노르-'는 어간의 끝소리가 'ㅡ'이므로 규칙 활용을 한다면 '담그-'처럼 '담가, 담가서, 담갔다' 등으로 나타나야 하는데 실제로는 '노르러, 노르러서, 노르렀다'처럼 나타나는 것이다.

마지막으로 어간과 어미가 모두 불규칙하게 변하는 예를 들기로 하자. '파랗-'은 자음으로 시작하는 어미 앞에서는 국어의 일반적인 규칙인 'ㅎ' 축약이 일어나지만 모음으로 시작하는 어미 앞에서는 '파란, 파라면'처럼 'ㅎ'이 탈락하는 어간의 불규칙 현상과 '파래서, 파랬다'처럼 어미 '-아서', '-았-'이 '-에서', '-앴-'으로 변하는 어미의 불규칙 현상을 동시에 보여 준다.

① '치르다'는 어간 '치르-'에서 'ㅡ'가 모든 모음 어미 앞에서 탈락되는 규칙 활용을 보인다.

② '푸르다'는 모음 어미 '-어' 앞에서 'ㅡ'가 탈락하고 'ㄹ'이 새롭게 들어가는 불규칙 활용을 보인다.

③ '붇다'는 모음 어미 앞에서 어간 'ㄷ'이 'ㄹ'로 교체되는 불규칙 활용을 보인다.

④ '노랗다'는 모음 어미 앞에서 어간과 어미가 모두 바뀌는 불규칙 활용을 보인다.

4. 다음 글의 밑줄 친 결론을 이끌어 내기 위해 추가해야 할 것은?

로켓을 설계하는 학생은 모두 연료 종류를 조사하거나 추진력 계산을 수행한다. 시뮬레이션을 진행하지 않는 학생은 추진력 계산을 수행하지 않는다. 따라서 <u>로켓을 설계하는 학생은 모두 시뮬레이션을 진행한다</u>.

① 연료 종류를 조사하는 학생은 모두 시뮬레이션을 진행하지 않는다.

② 연료 종류를 조사하는 학생은 모두 시뮬레이션을 진행한다.

③ 추진력 계산을 수행하지 않는 학생은 모두 시뮬레이션을 진행한다.

④ 시뮬레이션을 진행하지 않는 학생은 모두 연료 종류를 조사한다.

5. 다음 글에서 추론한 내용으로 가장 적절한 것은?

> 1970년대 한국은 산업화를 빠른 속도로 추진하면서 경제성장에서 큰 성과를 거두었다. 그러나 공장과 발전소가 늘어나고 도시가 확장되면서 공해 문제가 본격적으로 나타났다. 울산·온산·낙동강 등 여러 지역에서는 수질과 대기 오염이 심각해지고 주민들이 건강 피해를 호소하였다. 당시 처음에는 이런 문제들이 단순히 불편한 현상이나 일시적 사고 정도로 여겨졌다. 하지만 피해가 넓어지고 장기화되면서 사회는 공해를 '국가적 재난'으로 인식하기 시작했다. 각종 언론 보도와 시민단체 활동이 활발해지고 정부도 대책을 마련해야 한다는 여론이 커졌다.
>
> 특히 피해 지역 주민들이 직접 증거를 수집하고 진상 규명을 요구하는 등 시민 참여가 늘어났다. 또 정부는 산업화 속도를 늦추지 않으면서도 규제와 보상책을 마련하려 했지만, 초기에는 체계적 기준이 없어 갈등이 잦았다. 그럼에도 이러한 경험은 환경 문제를 더 이상 개인이나 지역의 문제가 아닌 사회 전체의 문제로 바라보게 만드는 계기가 되었다. 이 시기 공해 문제는 단지 환경오염이 아니라 안전, 복지, 산업정책 등 사회 전반과 연결된 문제라는 사실을 드러냈다. 오늘날 기후변화나 미세먼지 같은 환경 위기를 해결할 때에도 1970년대의 경험은 중요한 교훈을 준다. 환경 문제를 조기에 인식하고 정부·기업·시민이 함께 대응해야 피해를 줄일 수 있다는 점이 그것이다.

① 1970년대 한국의 공해 문제는 지역적 현상에서 사회 구조적 문제로 인식이 전환되었으며, 이는 현재 환경 정책에 영향을 미쳤다.

② 울산과 온산의 주민들은 정부가 마련한 체계적 보상 기준에 따라 환경 피해에 대한 충분한 배상을 받았다.

③ 1970년대 정부는 공해 문제 해결을 위해 산업화 속도를 조절하고 환경 보호를 최우선 과제로 설정했다.

④ 언론과 시민단체의 활동으로 모든 지역에서 초기부터 공해를 국가적 재난으로 인식하고 대응했다.

6. ㉠~㉣이 모두 참일 때, <보기> 중 옳은 것만을 있는 대로 고른 것은?

> ㉠ 모든 강이 깊은 것은 아니다.
> ㉡ 어떤 깊은 것에는 괴물이 산다.
> ㉢ 바다로 연결되지 않는 것은 강이 아니다.
> ㉣ 바다로 연결되는 어떤 것은 깊다.

> ─────── <보 기> ───────
> 가. 바다로 연결되는 어떤 것에는 괴물이 산다.
> 나. 어떤 강은 깊다.
> 다. 바다로 연결되는 어떤 것은 깊지 않다.

① 가
② 다
③ 가, 나
④ 나, 다

7. 다음 글의 (가)~(라)를 순서대로 나열한 것은?

> (가) 부르디외는 이러한 베버의 권력 개념을 문화적으로 연결했다. 그는 정치적 의견이 생산되는 양식에서 유권자들의 선택이 자신의 식견보다 정치인들이 내세우는 이미지에 더 영향받는 '유용효과'를 보인다고 주장했다.
>
> (나) '유용효과'는 두 가지 측면에서 중요하다. 하나는 국민들이 정치적 문외한으로 전락한다는 점이고, 다른 하나는 대표자들이 만든 의견을 자신의 것과 동일시하는 '허위의 동일시 효과'에 빠진다는 점이다. 부르디외는 이를 '정치적 물신숭배'라 불렀다.
>
> (다) 상징적 권력은 인정을 전제로 하는 권력으로, 대표자들을 통해 행사되는 폭력의 양태를 오인하는 과정이다. 대표자들의 신비는 그들의 권력도용을 은폐할 때만 가능하며, 이는 명령에 정당성을 부여하는 역할을 한다. 베버에 따르면 권력은 타인의 의지에 관계없이 자신의 의지를 타인에게 관철시킬 수 있는 힘이다.
>
> (라) 지배가 가능하려면 피지배자들의 심리적 동의가 필요하다. 이러한 권력양태에서 중요한 것은 지배자들, 즉 대표자들을 신비와 연결시키는 것이다. 부르디외는 정당한 권력의 행사를 위해 대표자의 역할을 지적했는데, 이는 피지배자들이 지배자들을 권력의 정당한 행사자로 인정할 때 성립된다.

① (나) － (가) － (다) － (라)
② (나) － (다) － (가) － (라)
③ (라) － (다) － (가) － (나)
④ (라) － (다) － (나) － (가)

8. 다음 글의 중심 내용으로 가장 적절한 것은?

> 특수교육 대상 학생에게 제공되는 개별화교육계획은 단순한 수업안이 아니라, 학생의 권리를 보장하기 위한 법적 문서로서의 성격을 지닌다. 특히 미국에서는 관련 교육법을 근거로, 각 주마다 법제화된 표준 양식을 개발하여 학교 현장에 적용하고 있다. 이 양식에는 학업성취 수준, 연간 목표, 특수교육 서비스, 평가 방법 등 학생 개개인의 학습과 삶을 종합적으로 고려한 요소들이 포함된다.
>
> 예컨대 자폐성 장애 아동을 위한 세부 항목이나 보조기기 필요 여부까지 구체적으로 기입하도록 하고 있다. 미국에서는 교사뿐 아니라 학부모와 학생 본인의 참여를 통해 계획 수립의 투명성과 실효성을 확보하고 있다. 반면 한국의 경우, 구성요소에 대한 법적 기준이 미비하고, 행정 시스템과 학교 현장의 양식이 분리되어 있어 계획의 연속성과 활용도에 한계가 있다는 지적이 나온다. 그 결과 현장 교사는 형식적인 서류 작업에 그치거나, 계획의 활용도를 높이지 못하는 경우가 많다. 이에 따라 장애학생의 권리 보장을 위한 실질적인 제도 개선 논의가 제기되고 있으며, 개별화교육계획이 선언적 의미에 머무르지 않도록 현장의 목소리를 반영한 정책 설계가 요구되고 있다.

① 개별화교육계획은 장애학생의 교육권을 보장하는 법적 문서이나, 한국의 경우 제도적 미비로 현장 활용도가 낮아 실효성 있는 개선이 필요하다.

② 미국의 개별화교육계획 제도는 법적 근거와 표준화된 양식을 통해 체계적으로 운영되는 반면, 한국은 학부모와 학생의 참여가 제한적이다.

③ 특수교육 대상 학생을 위한 개별화교육계획은 국가별로 다양한 형태로 발전해왔으며, 각 국가의 교육 철학과 법체계에 따라 그 성격이 달라진다.

④ 개별화교육계획의 효과적 실행을 위해서는 교사의 전문성 향상과 함께 행정적 지원 체계가 강화되어야 하며, 이는 장애학생의 학습권 보장에 직결된다.

9. 다음 글의 빈칸에 들어갈 결론으로 가장 적절한 것은?

> 　19세기 중반 헝가리 출신 의사 이그나스 제멜바이스는 비엔나 종합병원 산부인과에서 흥미로운 사실을 발견했다. 의대생들이 관리하는 병동에서는 산모 1000명당 98.4명이 사망했지만, 산파들이 돌보는 병동에서는 1000명당 36.2명만 사망했다. 당시에는 이 차이가 남자 의대생들이 산모를 "더 거칠게" 다루기 때문이라고 생각했다. 그러나 제멜바이스는 동료가 해부 실험 중 손이 잘려 사망하는 사건을 목격한 후 새로운 가설을 세웠다. 해부실에서 일한 의대생들이 '사체에서 나온 입자'를 분만실로 옮겨가는 것이 원인일 수 있다고 본 것이다.
>
> 　제멜바이스는 해부실에서 분만실로 가는 의사들이 염소 처리된 석회 용액으로 손을 씻도록 했다. 그 결과 이듬해 의대생 병동의 산모 사망률이 1000건당 12.7건으로 급감했다. 그러나 동료들은 그의 주장을 받아들이지 않았고, 오히려 손을 씻지 않은 의사들을 "암살자"라고 부른 그를 미친 사람 취급했다. 결국 제멜바이스는 고용 계약이 갱신되지 않았고, 1865년 정신병원에 갇혀 2주 후 감염으로 사망했다. 제멜바이스의 사례는 　　　　　　 라는 사실을 보여준다.

① 과학적 발견은 반드시 동시대 학계의 검증과 승인을 받아야만 의미를 갖는다

② 개인의 성격과 소통 방식이 과학적 발견의 성공 여부를 좌우하는 결정적 요인이다

③ 의학 발전은 항상 체계적인 연구 방법론과 대규모 임상시험을 통해서만 가능하다

④ 혁신적 아이디어도 기존 관념에 도전할 때는 강한 저항에 부딪힐 수 있다

10. 다음 글의 ㉠~㉣ 중 어색한 곳을 찾아 가장 적절하게 수정한 것은?

> 　생성형 인공지능 모델은 인터넷에 공개된 대규모 텍스트 데이터를 바탕으로 학습하여 다양한 콘텐츠를 자동으로 생성한다. 생성형 인공지능은 ㉠ 인간의 독창적인 사고와 상상력을 넘어선 창작 결과물을 생성하는 점에서 혁신적이다. 이러한 모델은 방대한 데이터를 바탕으로 패턴을 학습하며, 텍스트뿐 아니라 이미지, 음악 등 다양한 형태의 결과물을 만들 수 있다. 예를 들어, 생성형 인공지능은 사용자의 요청에 따라 혁신적인 소설의 줄거리를 만들어내거나 예술 작품에 대한 설명을 제공하기도 한다.
>
> 　그러나 이러한 모델은 무작위 데이터를 수집하여 학습하기 때문에 ㉡ 편향된 정보를 포함할 위험이 있다. 또한 생성형 인공지능은 인간의 사고를 모방하지만, ㉢ 그 결과물의 해석과 책임에 대한 논란이 여전히 존재한다. 그리고 생성형 인공지능이 생성한 텍스트의 정확성에 대해서도 문제가 발생할 여지가 있다. 최근 연구에 따르면 ㉣ 생성형 인공지능의 결과물 수준이 일정하게 유지되고 있지만, 여전히 예기치 않은 오류가 발생할 가능성은 존재한다. 생성형 인공지능은 학습 데이터에서 기인한 오류나 편향 문제를 완전히 배제할 수 없다는 점에서 이용자의 주의가 필요하다.

① ㉠: 인간의 논리적 사고 능력을 완벽히 대체하는

② ㉡: 모든 데이터를 동등하게 반영하므로 편향의 위험이 없다

③ ㉢: 그 결과물에 대한 공정성과 중립성에 대한 논란

④ ㉣: 생성형 인공지능의 예측력이 빠르게 개선되고 있지만

[11~12] 다음 글을 읽고 물음에 답하시오.

> 　사르트르 실존주의 철학의 핵심은 "실존은 본질에 앞선다"라는 명제에 압축되어 있다. 이 명제가 실존주의를 이해하는 데 열쇠가 되는 것은 그것이 사물과 대비되는 인간의 존재 양식을 표현한 것이기 때문이다. 예를 들어 의자는 실재로 존재하기에 앞서 그것을 제작한 사람의 머릿속에 본질이 먼저 존재한다. 무엇 때문에 이 의자를 만들며, 재료는 무엇으로 할 것인가와 같은 구상이 제작자의 머릿속에 먼저 ㉠ 그려진 다음 그에 따라 의자는 ㉡ 만들어진다. 이 경우 의자에 있어서는 본질이 실존에 앞선다고 말할 수 있다.
>
> 　그러나 인간의 존재 양식은 사물의 그것과 다르다. 사르트르가 보기에 인간은 사물과 달리 본질이 규정되지 않은 채 세상에 던져진 존재이다. 이는 곧 인간에게는 미리 정해진 본질이 없으며 이로부터 자유로울 수 있음을 의미한다. 인간은 이 자유로움 속에서 자신의 미래 가능성을 스스로 선택하고 본질을 ㉢ 만들어 간다. 인간은 주어진 본질에 의해 결정되는 존재가 아니라, 선택을 통해 끝없이 가능성을 만들어가는 존재라는 점에서 '실존이 본질보다 앞선다'고 할 수 있다. 사르트르에 의하면 신이 없는 세계에서 인간이 나아가야 할 유일한 길은 인간 스스로 의미를 부여하면서 만들어 갈 뿐이다. 하지만 실존적인 삶에는 근원적인 감정인 불안이 내재해 있다. 비록 실존은 자유롭지만 실존적인 삶에는 선택과 책임에 ㉣ 따르는 불안이 존재하기 때문이다.

11. 윗글에서 추론할 수 있는 것만을 <보기>에서 모두 고르면?

> ─────── <보 기> ───────
> ㄱ. 인간은 태어날 때부터 정해진 목적이나 역할이 없으므로, 자신이 어떤 존재가 될지는 스스로의 선택에 달려 있다.
> ㄴ. 자유롭게 선택할 수 있다는 것은 그 선택의 결과에 대해 스스로 책임져야 한다는 부담을 수반한다.
> ㄷ. 인간의 본질은 태어난 환경이나 사회적 조건에 의해 결정되므로, 개인의 선택만으로는 자신의 본질을 바꿀 수 없다.

① ㄱ, ㄴ

② ㄱ, ㄷ

③ ㄴ, ㄷ

④ ㄱ, ㄴ, ㄷ

12. ㉠~㉣과 바꿔 쓸 수 있는 유사한 표현으로 적절하지 않은 것은?

① ㉠: 구상(構想)된

② ㉡: 제작(製作)된다

③ ㉢: 형성(形成)해

④ ㉣: 귀속(歸屬)되는

13~14] 다음 글을 읽고 물음에 답하시오.

사람들은 정책이나 제도를 만들 때 법과 규칙이 가장 중요하다고 생각하기 쉽다. 하지만 정책이 실제로 효과를 거두려면 사람들의 행동과 마음을 이해하는 것도 필요하다. 예를 들어 아무리 좋은 제도라도 복잡하고 불편하면 시민들이 잘 사용하지 않거나 거부감을 느낄 수 있다. 최근에는 이런 문제를 해결하기 위해 심리학적 아이디어가 공공정책에 많이 도입되고 있다. 사람들이 어떤 상황에서 선택을 바꾸는지, 어떤 표현이 행동을 촉진하는지 등을 연구해 제도 설계에 반영하는 것이다. 쓰레기 줄이기, 교통 안전, 세금 신고 같은 일상적인 정책부터 건강검진 참여나 에너지 절약처럼 생활과 밀접한 정책까지 이런 방식을 활용할 수 있다.

예를 들어 서류를 내야 하는 절차를 간단히 하고, 안내 문구를 이해하기 쉽게 바꾸거나, 작은 보상이나 칭찬을 제공하는 것만으로도 참여율이 크게 높아질 수 있다. 또 '다른 사람들도 이미 참여했다'는 정보를 ㉠ 알려 주면 시민들이 자연스럽게 따라 행동하는 경향이 있다는 사실도 활용된다. 이처럼 사람들의 심리와 행동 패턴을 고려하면 법과 규제만으로는 얻기 어려운 효과를 낼 수 있다. 앞으로도 정부가 시민과 더 잘 소통하고 정책을 성공적으로 실행하기 위해서는 과학적 분석과 함께 심리학적 접근을 결합하는 노력이 중요하다.

3. 윗글을 읽고 추론한 내용으로 가장 적절한 것은?
　① 심리학적 접근을 적용한 정책은 법적 규제를 대체할 수 있으므로 앞으로 모든 공공정책에 우선적으로 도입되어야 한다.
　② 정부는 복잡한 절차와 어려운 안내 문구를 유지함으로써 정책의 전문성과 공신력을 높이는 것이 시민 참여 증진에 효과적이다.
　③ 사람들의 행동 패턴과 심리를 이해하여 정책 설계에 반영하면 시민 참여율을 높이고 정책 효과를 개선할 수 있다.
　④ 쓰레기 줄이기와 교통 안전 정책이 심리학적 접근을 활용한 공공정책 분야의 가장 핵심적인 성공 사례이다.

4. 윗글의 문맥상 ㉠의 의미와 가장 가까운 것은?
　① 전 세계에 우리 민족의 우수성을 알리다.
　② 시험에 합격했다고 부모님께 알려 드렸다.
　③ 붉게 물든 나뭇잎들이 벌써 가을이 왔음을 알리고 있다.
　④ 귀뚜라미 소리가 가을을 알린다.

15. 다음 글에서 추론한 내용으로 적절하지 않은 것은?

용언은 문장에서의 기능에 따라 본용언과 보조 용언으로 나눌 수 있다. 본용언은 문장의 주어를 주되게 서술하는 용언으로, 혼자서 쓰일 수 있으며 실질적인 단어적 의미를 나타낸다. 예를 들어 "친구가 학교에 간다"에서 '간다'는 실제로 어떤 장소로 이동한다는 단어적 의미를 가진 본용언이다. 반면 보조 용언은 본용언 뒤에 결합하여 문법적 의미를 더해 주는 용언으로, 혼자서는 사용될 수 없다. "일이 끝나 간다"에서 '간다'는 실제 이동의 의미가 아니라 일이 진행되고 있다는 문법적 의미를 더해 주므로 보조 용언이다.

보조 용언은 그 의미 기능에 따라 여러 유형으로 나뉜다. 완료를 의미하는 '-아/어 버리다'는 어떤 행동이 완료되었음을 나타내고, 진행을 의미하는 '-아/어 가다'는 어떤 행동이 진행 중임을 나타낸다. 시도를 의미하는 '-아/어 보다'는 어떤 행동을 시도한다는 의미를 나타내고, 수혜를 의미하는 '-아/어 주다'는 다른 사람을 위해 어떤 행동을 해 준다는 의미를 나타낸다. 본용언과 보조 용언은 그 사이에 '-아서/어서'나 다른 문장 성분이 들어갈 수 없다는 특징이 있다. 만약 사이에 다른 성분이 개입하면 보조 구성이 깨지고 본용언과 본용언의 결합이 된다.

① "날이 밝아 온다"에서 '온다'는 시간이 진행되고 있다는 문법적 의미를 더해 주므로 보조 용언이다.
② "과자를 먹어 버렸다"에서 '버렸다'는 행동이 완료되었다는 문법적 의미를 더해 주므로 보조 용언이다.
③ "편지를 부쳐 주었다"에서 '주었다'는 다른 사람을 위해 행동을 해 준다는 문법적 의미를 더해 주므로 보조 용언이다.
④ "밥을 먹어 보았다."에서 '보다'는 실제로 눈으로 본다는 단어적 의미를 가지므로 본용언이다.

16. 다음 글의 논지를 약화하는 것으로 가장 적절한 것은?

정치권이 국민의 지지를 얻기 위해 단기적인 성과를 내세우는 포퓰리즘적 정책을 시행할 때, 금융 시장은 예기치 못한 위기에 직면할 수 있다. 특히 저소득층 주거안정이나 청년층 투자 참여 확대와 같은 명분 아래 금융 규제를 완화하면, 시장의 건전성과 리스크 관리 원칙이 훼손된다. 2000년대 초 미국 정부는 소득·자산 심사 없이도 대출이 가능한 '닌자(NINJA) 대출'을 허용하며 내 집 마련을 장려했지만, 이는 2008년 글로벌 금융위기의 직접적인 도화선이 되었다. 마찬가지로 최근 각국이 청년층을 위한 디지털 자산 시장을 제도권에 편입하거나, 정책금융으로 부동산 자산을 부추기는 흐름 또한 위험을 키울 수 있다. 금융은 정치적 수단이 아닌, 안정성과 투명성이 중심이 되어야 하며, 규제 완화는 경제 전반의 체력을 감안한 신중한 접근이 필요하다. 단기적 인기보다 중장기적 위험에 대비하는 원칙 있는 정책만이 금융 위기를 막을 수 있다.

① 최근 여러 국가에서 청년층 지원을 명목으로 한 금융 규제 완화 정책이 확산되면서 시장 리스크가 증가하고 있다.
② 2008년 금융위기 이후 포퓰리즘적 정책에 대한 경계심이 높아지면서 대부분의 국가들이 신중한 금융 정책을 유지하고 있다.
③ 미국의 닌자 대출 사례는 정치적 명분을 앞세운 금융 규제 완화가 얼마나 위험한지를 보여주는 대표적인 교훈이다.
④ 브라질과 인도에서는 서민층 금융 접근성 확대 정책이 경제 성장률을 높이고 금융 시장의 안정성도 개선시켰다.

[17~18] 다음 글을 읽고 물음에 답하시오.

조선 후기의 소설 문화는 표기문자에 따라 서로 다른 독자층과 향유 문화를 형성했다. 한문본 소설이 지식인 계층의 전유물이었던 반면, 한글본 소설은 한문을 모르는 일반 백성들에게 널리 읽히며 독자층의 확장을 이끌었다. 특히 서양인들이 바라보았을 때 ㉠전자와 ㉡후자의 두 문자 체계가 단순한 언어의 차이가 아니라, 사회적 위계와 문화적 경계의 상징으로 작용했다는 점에서 주목할 만하다.

19세기 말 유럽의 동양학자들은 한글로 쓰인 소설을 ㉢'대중문학'이라 부르며, 한문을 읽을 수 없는 하층민이나 여성들이 향유하는 책으로 규정했다. 프랑스의 모리스 쿠랑과 영국의 애스턴은 ㉣이것을 상류층의 서가에서 찾을 수 없는, 길거리 가판대나 소상점에서 판매되는 저급한 독서물로 인식했다. 그들에게 한글은 학문적 글쓰기의 도구가 아닌 '속자(俗字), 언문(諺文)'에 불과했고, ㉤이를 사용하는 계층은 교양이 부족한 민중으로 여겨졌다. 이러한 인식은 조선의 한문 중심 문인 사회가 이미 한글 문학을 낮게 평가하던 시선과도 맞닿아 있었다.

그러나 20세기 초 한국 개신교 선교사들의 인식은 달랐다. 헐버트와 게일 같은 선교사들은 오랜 기간 조선 사회를 체험하면서, 한글로 쓰인 소설을 한국인의 정서와 사상을 담은 '국민문학'으로 보았다. 그들에게 한글은 단순한 문자체계가 아니라, 한국 민족 전체와 소통할 수 있는 언어였다. 특히 헐버트는 한글본 소설이 남성 지식인뿐 아니라 중·하류층, 여성까지 아우르는 보편적 독서물이라 보았고, 게일은 『춘향전』과 『심청전』 등을 번역하며 한글을 통해 한국인의 감정 세계를 이해하고자 했다.

17. 윗글을 읽고 추론한 내용으로 가장 적절한 것은?
① 19세기 말 유럽 동양학자들은 한글 소설을 한국의 국민문학으로 높이 평가하며 학문적 가치를 인정하였다.
② 20세기 초 개신교 선교사들은 한글을 단순한 속자로 보고 한글 소설을 저급한 독서물로만 인식하였다.
③ 헐버트는 한글본 소설이 지식인부터 중·하류층과 여성까지 아우르는 보편적 독서물이라는 점에 주목하였다.
④ 프랑스와 영국의 학자들은 한글 소설을 상류층 서가에서 쉽게 찾을 수 있는 교양서적으로 평가하였다.

18. 문맥상 ㉠~㉤ 중 지시 대상이 같은 것만으로 묶인 것은?
① ㉠, ㉤
② ㉡, ㉣
③ ㉡, ㉢, ㉣
④ ㉡, ㉢, ㉣, ㉤

19. 지혜는 주말에 할 여가 활동을 정하기 위해 ㉠~㉢과 같은 기준을 세웠다. 이를 따를 때, 반드시 참이라고 할 수 없는 것은?

㉠ 등산을 하면 캠핑을 하지 않는다.
㉡ 영화 감상을 하면 독서를 한다.
㉢ 등산과 영화 감상 중 적어도 하나의 활동은 한다.

① 캠핑을 하면 독서와 영화 감상을 모두 한다.
② 등산을 할 때 독서를 하지 않을 수도 있다.
③ 1개의 활동만 하는 경우는 없다.
④ 3개 이상의 활동을 할 수도 있다.

20. 다음 대화를 분석한 내용으로 적절하지 않은 것은?

지호 : 최근 인공지능 기술이 발전하면서 창작 분야에도 AI가 활용되고 있어. AI가 그린 그림이 미술 공모전에서 대상을 받았다는 뉴스를 봤는데, 이게 과연 예술이라고 할 수 있을까?
민서 : 당연히 예술이지. 예술의 가치는 작품 자체가 주는 감동과 미적 경험에서 나오는 거야. 관객이 아름답다고 느끼고 감동받는다면, 그게 인간이 만들었든 AI가 만들었든 예술적 가치는 동일해.
태현 : 나는 반대 의견이야. 예술은 단순히 결과물만이 아니라 창작자의 의도와 감정이 담겨야 해. AI는 프로그래밍된 알고리즘에 따라 작동할 뿐, 진정한 창의성이나 감정을 가질 수 없어. 그래서 AI 작품은 예술이 될 수 없다고 봐.
수진 : 태현이 말에도 일리가 있어. 예술 작품의 가치는 창작 과정에서 나오는 인간의 고뇌와 선택에서 비롯돼. AI는 수많은 데이터를 학습해서 패턴을 재조합할 뿐이지, 진정한 의미의 창조 행위를 하는 게 아니야.
민서 : 하지만 그런 논리라면 사진도 예술이 아니게 되는 거 아냐? 카메라는 기계적으로 현실을 복제하는 도구인데, 우리는 사진을 예술로 인정하잖아. 중요한 건 도구가 아니라 그 결과물이 가진 미적 가치야.
지호 : 민서 말도 일리가 있긴 한데, AI와 카메라는 본질적으로 다른 것 같아. 사진가는 구도와 순간을 선택하는 창의적 결정을 하지만, AI는 그런 주체적 선택을 할 수 없잖아.

① 태현은 창작자의 의도와 감정을 예술의 필요조건으로 보지만, 민서는 작품 자체의 미적 가치를 중시한다.
② 민서와 수진은 모두 AI 창작물이 진정한 예술 작품이 될 수 없다고 본다.
③ 수진과 태현은 AI가 진정한 창의성을 가질 수 없다는 점에서 의견이 일치한다.
④ 민서는 도구보다 결과물의 가치가 중요하다고 보지만, 지호는 창작 주체의 선택 능력을 중시한다.

2026 공무원 시험 대비 봉투모의고사
국어
▌ 제8회 ▌

응시번호		문제책형
성 명		

제1과목	국어	제2과목	영어	제3과목	한국사
제4과목		제5과목			

응시자 주의사항

1. **시험시작 전 시험문제를 열람하는 행위나 시험종료 후 답안을 작성하는 행위를 한 사람**은 「공무원임용시험령」 제51조에 의거 **부정행위자**로 처리됩니다.

2. **답안지 책형 표기**는 시험시작 전 감독관의 지시에 따라 **문제책 앞면에 인쇄된 문제책형을 확인**한 후, 답안지 책형란에 해당 책형(1개)을 '●'로 **표기하여야 합니다.**

3. **답안은 문제책 표지의 과목 순서에 따라 답안지에 인쇄된 순서(제1·2·3·4·5과목)에 맞추어 표기**해야 하며, 과목 순서를 바꾸어 표기한 경우에도 **문제책 표지의 과목 순서대로 채점**되므로 유의하시기 바랍니다.

4. 시험이 시작되면 문제를 주의 깊게 읽은 후, **문항의 취지에 가장 적합한 하나의 정답만을 고르며,** 문제내용에 관한 질문은 할 수 없습니다.

5. 답안지의 모든 기재 및 표기 사항은 **컴퓨터용 흑색 싸인펜을 사용**하며, 반드시 <보기>의 **올바른 표기 방식으로 답안을 작성**해야 합니다.

   <보기> 올바른 표기: ●   잘못된 표기: Ⓥ ⊗ ◑ ⊙ ⦸ ◔ ③

6. 답안을 잘못 표기하였을 경우에는 답안지를 교체하여 작성하거나 수정할 수 있으며, 표기한 답안을 수정할 때는 응시자 본인이 가져온 수정테이프만을 사용하여 해당 부분을 완전히 지우고 부착된 수정테이프가 떨어지지 않도록 손으로 눌러주어야 합니다. (수정액 또는 수정스티커 등은 사용 불가)
   ■ 불량한 수정테이프의 사용과 불완전한 수정처리로 발생하는 모든 문제는 응시자 본인에게 책임이 있습니다.

7. 법령, 고시, 판례 등에 관한 문제는 **2025년 1월 31일 현재 유효한 법령, 고시, 판례 등을 기준**으로 정답을 구해야 합니다. 다만, 개별 과목 또는 문항에서 별도의 기준을 적용하도록 명시한 경우에는 그 기준을 적용하여 정답을 구해야 합니다.

8. **시험시간 관리의 책임은 응시자 본인에게 있습니다.**
   ※ 문제책은 시험종료 후 가지고 갈 수 있습니다.

정답공개 및 가산점 등록 안내

1. 정답공개: 정답가안 4.4.(토) 13:30 / 최종정답 4.13.(월) 18:00 / 사이버국가고시센터
2. 이의제기: 4.4.(토) 18:00 ~ 4.7.(화) 18:00 / 사이버국가고시센터
   ■ 구체적인 이의제기 방법은 정답가안 공개 시 공지 예정
3. 가산점 등록기간: 4.4.(토) 13:30 ~ 4.6.(월) 21:00
4. 가산점 등록방법: 사이버국가고시센터 ➜ [원서접수 → 가산점 등록/확인]

국 어

1. <공공언어 바로 쓰기 원칙>에 따라 수정한 것으로 적절하지 않은 것은?

> ──── <공공언어 바로 쓰기 원칙> ────
> • 올바른 문장 구조 사용하기
> 　㉠ 필요한 문장 성분을 생략하지 않을 것.
> 　㉡ 대등하게 접속하도록 구조가 같은 표현을 사용할 것.
> • 외래어 번역투 지양하기
> 　㉢ 우리말답지 않은 번역투 표현을 사용하지 않을 것.
> • 문장 성분의 호응을 지키기.
> 　㉣ 주어와 서술어의 호응을 잘 지킬 것.

① "새로운 아이디어와 구체적인 실천 계획을 세운다."를 ㉠에 따라 "새로운 아이디어를 발굴하고 구체적인 실천 계획을 세운다."로 수정한다.

② "표준적인 언어생활의 확립과 일상적인 국어 생활을 향상하기 위해"를 ㉡에 따라 "표준적인 언어생활을 확립하고 일상적인 국어 생활의 향상을 위해"로 수정한다.

③ "교육의 질 향상이 요구됩니다."를 ㉢에 따라 "교육의 질을 향상해야 합니다."로 수정한다.

④ "본원은 오전 회의가 개최될 예정입니다."를 ㉣에 따라 "본원은 다음날 오전 회의를 개최할 예정입니다."로 수정한다.

2. 다음 글을 읽고 추론한 내용으로 가장 적절한 것은?

> 김춘수의 시 「꽃」은 인간과 사물의 본질적 가치를 시적 언어로 형상화 하고 있는 작품이다. 이 작품에서 '너'와 '나'를 이어주는 것은 '이름을 부르기' 즉, 명명행위이다. 이름을 부르기 전 '의미 없는 몸짓'에 지나지 않았던 '너'는 '내'가 이름을 부르는 순간 '꽃'이라는 의미 있는 존재가 된다. 존재의 본질을 인식하고 이름을 부를 때, 존재의 참모습은 드러나고 '꽃'이라는 의미 있는 존재로 나와 관계를 맺게 되는 것이다. 즉, 대상에게 붙이는 '이름'은 단순한 명칭이 아니라, 존재의 본질을 규정하고 주체와의 관계를 맺는 매개이자 인식의 수단이 되는 것이다.
> 　그러나 이 시는 단지 '나'의 인식 행위를 통한 일방적인 관계 형성에만 머무르지 않는다. 시의 후반부에서 화자는 이제 '너'도 나에게 와서 '꽃'이 되어주기를 소망하는 것을 넘어, '우리들'의 빛깔과 향기에 알맞은 누가 나의 '이름'을 불러주기를 갈망한다. 이는 타자와의 관계 속에서 주체 스스로도 타자에게 의미 있는 존재로 인식되기를 바라는 열망을 드러낸다. 「꽃」은 일방적인 존재의 의미 부여가 아닌, 타자와의 상호 관계를 통한 인식으로 완성됨을 보여주며, 언어를 통한 관계 맺음의 과정을 철학적으로 탐구한 수작이라 할 수 있다.

① '이름 부르기'는 존재를 인식하는 수단이자, 존재에게 의미를 부여하는 행위이다.

② '꽃'은 '이름 부르기'를 통해 '나'가 부여한 의미의 틀에 갇혀 왜곡된 대상이다.

③ 김춘수의 「꽃」은 일방적인 의미 부여를 통한 관계 맺음을 드러내고 있는 작품이다.

④ '몸짓'은 타자에게 의미 있는 존재로 인식되기를 바라는 소망을 드러내는 시어이다.

3. 다음 글의 밑줄 친 결론을 이끌어 내기 위해 추가해야 할 것은?

> 설계 소프트웨어를 다루지 못하는 직원은 모두 CAD 도면을 작성하지 않는다. 엔지니어링 부서에 속한 직원은 모두 3D 모델링을 하거나 CAD 도면을 작성한다. 따라서 <u>설계 소프트웨어를 다루지 못하는 직원은 모두 엔지니어링 부서에 속하지 않는다.</u>

① 설계 소프트웨어를 다루지 못하는 직원 중 3D 모델링을 하는 직원은 없다.

② 설계 소프트웨어를 다루는 직원은 모두 3D 모델링을 한다.

③ 3D 모델링을 하거나 CAD 도면을 작성하는 직원 중에 설계 소프트웨어를 다루지 못하는 직원은 없다.

④ CAD 도면을 작성하는 직원은 모두 엔지니어링 부서에 속한다.

4. <지침>에 따라 <개요>를 작성할 때 ㉠~㉣에 들어갈 내용으로 적절하지 않은 것은?

> ──── <지 침> ────
> • 서론은 보고서 작성의 배경과 필요성을 포함할 것.
> • 본론은 제목에서 밝힌 내용을 2개의 장으로 구성하되, 2장의 하위 항목이 3장의 하위 항목과 서로 대응하도록 할 것.
> • 결론은 향후 과제를 개인과 정부 측면으로 제시할 것.

> ──── <개 요> ────
> • 제목 : 도시 녹지 확충을 통한 지속 가능한 도시 환경 조성 방안
> Ⅰ. 서론
> 　1. 급속한 도시화로 인한 녹지 감소와 환경 문제 심화
> 　2. ＿＿＿＿＿＿㉠＿＿＿＿＿＿
> Ⅱ. 문제점의 원인
> 　1. ＿＿＿＿＿＿㉡＿＿＿＿＿＿
> 　2. 시민 인식 부족으로 인한 녹지 관리의 어려움
> Ⅲ. 해결 방안
> 　1. 도시 개발 단계별 녹지 확보 기준 마련 및 관련 법·제도 강화
> 　2. ＿＿＿＿＿＿㉢＿＿＿＿＿＿
> Ⅳ. 결론
> 　1. ＿＿＿＿＿＿㉣＿＿＿＿＿＿
> 　2. 지속적인 도시 녹지 관리 체계 강화 방안 마련

① ㉠ : 도시 녹지 확충의 사회적·환경적 필요성

② ㉡ : 도시 개발 시 녹지 확보 기준의 부재 및 관리 규정 미비

③ ㉢ : 시민 인식 제고를 위한 교육 및 홍보 프로그램 운영

④ ㉣ : 환경 재원 확보 및 재정 투자 확대

5. 다음 글의 ㉠~㉣ 중 어색한 곳을 찾아 가장 적절하게 수정한 것은?

> 촘스키의 변형 문법 이론에서 심층 구조와 표층 구조는 문장의 구조적 차원을 설명하는 개념이다. 심층 구조는 문장의 기본적이고 추상적인 의미를 나타내며, ㉠ 문장의 기본적이고 추상적인 의미를 분석하는 데 중점을 둔다. 이 구조는 문법 규칙이 적용되기 전의 문장을 나타내며, 다양한 문장은 같은 심층 구조를 공유할 수 있다. 예를 들어, "철수가 사과를 먹었다"와 "사과가 철수에 의해 먹혔다"라는 문장은 표층 구조는 다르지만, 같은 심층 구조를 공유한다.
> 반면에 표층 구조는 문장이 실제로 표현되는 방식으로, ㉡ 문장의 구체적인 표현 방식을 설명하는 데 중점을 둔다. 표층 구조는 문장이 발화되거나 기록될 때의 구체적인 형태를 나타낸다. 따라서 문장의 의미는 같더라도 표면적으로 다른 방식으로 표현될 수 있다. 이는 변형 규칙에 따라 심층 구조가 표층 구조로 변형되기 때문이다. ㉢ 두 구조는 문장의 생성 과정에서 서로 단절되어 있으며 이들 간의 변형 규칙을 통해 언어의 다양한 표현이 가능해진다. ㉣ 심층 구조는 문장이 공유하는 공통된 의미적 기반을 제공하며, 표층 구조는 그 의미를 구체화하는 과정에서 생성된다.

① ㉠: 문장의 표면적인 형태를 분석하는
② ㉡: 문장의 추상적인 의미를 설명하는
③ ㉢: 두 구조는 문장의 생성 과정에서 서로 연결되어 있으며
④ ㉣: 표층 구조는 문장이 공유하는 공통된 의미적 기반을 제공하며, 심층 구조는 그 의미를 구체화하는 과정에서 생성된다

6. 다음 글의 (가)~(라)를 순서대로 나열한 것은?

> (가) 그러나 이러한 기술의 보급에는 몇 가지 난관이 존재한다. 우선, 고성능의 배터리 기술이 아직 한계에 부딪혀 있다. 현재의 배터리로는 충분한 주행 거리와 충전 시간을 제공하기 어렵기 때문에 소비자들의 불만이 제기되고 있다.
> (나) 이에 대응하여 정부와 기업들은 다양한 노력을 기울이고 있다. 고효율 배터리 개발을 위한 연구가 진행되고 있으며, 빠른 충전을 가능하게 하는 기술도 개발 중이다. 또한, 전국적으로 충전소를 확충하여 소비자들의 편의성을 높이고 있다. 재생 에너지를 활용한 전력 생산으로 전기차의 친환경성을 강화하고, 배터리 재활용 시스템을 구축하여 환경 영향을 최소화하려는 움직임도 있다.
> (다) 전기자동차는 화석 연료를 사용하지 않아 친환경적인 교통 수단으로 각광받고 있다. 내연기관 자동차에 비해 이산화탄소와 대기 오염 물질의 배출이 적어 기후 변화 대응에 효과적이다. 기술의 발전으로 전기차의 성능과 안정성이 향상되면서 시장 점유율도 꾸준히 상승하고 있다. 많은 국가들이 전기차 보급을 촉진하기 위해 보조금 지원과 세제 혜택을 제공하고 있다.
> (라) 또한, 충전 인프라가 부족하여 전기차 이용에 불편함이 따른다. 더불어, 전기차 생산 과정에서의 탄소 배출과 배터리 폐기물 처리 문제도 해결해야 할 과제이다.

① (다) - (가) - (나) - (라)
② (다) - (가) - (라) - (나)
③ (다) - (나) - (가) - (라)
④ (다) - (나) - (라) - (가)

7. 다음 글을 읽고 추론한 내용으로 적절하지 않은 것은?

> 인플레이션과 디플레이션은 모두 화폐 가치의 변동에 따라 경제 전반에 영향을 미치는 현상이다. 인플레이션은 화폐의 가치가 하락하면서 물가가 전반적으로 오르는 상태를 말한다. 이는 수요가 공급보다 커지거나, 생산비 상승으로 물건값이 전반적으로 오를 때 주로 발생한다. 반면 디플레이션은 화폐 가치가 높아지고 물가가 지속적으로 떨어지는 현상으로, 경기 침체나 소비 위축이 주된 원인이다.
> 적당한 수준의 인플레이션은 소비와 투자를 자극해 경제 성장에 긍정적으로 작용한다. 그러나 이와 같은 물가 상승이 계속 이어지면, 실질 소득이 줄어들고, 생활비 부담이 커져 서민 경제가 흔들릴 수 있다. 반대로 디플레이션은 물가 하락으로 일시적 이익이 생기더라도, 기업의 수익이 줄고 투자가 위축되어 경기 침체를 불러올 수 있다. 이처럼 인플레이션과 디플레이션은 방향은 다르지만, 시장의 균형에 변화를 가져오는 현상이다.
> 인플레이션이 '돈의 가치 하락', 디플레이션이 '돈의 가치 상승'이라는 점을 고려할 때, 정부의 경제 정책은 항상 물가 안정이라는 공통된 목표를 중심에 두어야 한다.

① 인플레이션은 실질 소득의 감소로 인해 물가가 전반적으로 오르는 현상을 말한다.
② 실업자가 많이 발생해 경기가 침체되면 물가가 지속적으로 떨어질 수 있다.
③ 인플레이션과 디플레이션은 화폐가치의 방향은 상반되지만 지나칠 경우 시장의 불균형을 초래할 수 있다.
④ 인플레이션이 장기화되면 실질 소득이 감소해 생활비 부담이 늘어날 수 있다.

8. 다음 글의 빈칸에 들어갈 결론으로 가장 적절한 것은?

> 사회심리학자 애쉬는 집단 압력이 개인의 판단에 미치는 영향을 알아보기 위해 동조 실험을 실시하였다. 실험에서는 길이가 다른 선분들이 그려진 카드를 사용하여, 피험자가 기준선과 같은 길이의 선분을 찾는 간단한 과제를 제시했다. 혼자 할 때는 99% 이상의 정답률을 보이는 매우 쉬운 문제였다. 실험은 7명에서 9명의 남자 대학생을 한 자리에 모아 놓고 진행되었으며, 이 중 진짜 피험자는 1명뿐이고 나머지는 모두 실험 협력자였다. 처음 두 번의 시행에서는 모든 사람이 정답을 말했지만, 세 번째 시행부터 협력자들이 의도적으로 명백히 틀린 답을 말하기 시작했다.
> 실험 결과는 충격적이었다. 혼자라면 99% 이상 맞히는 단순한 과제에서 집단 상황에서는 오답률이 36.8%에 달했다. 123명의 피험자 중 76.4%가 적어도 한 번은 틀린 답을 했으며, 18번의 시행에서 한 번도 틀리지 않은 사람은 29명(23.6%)에 불과했다. 애쉬는 추가 실험을 통해 집단의 크기가 3명일 때 동조 효과가 최대가 되며, 정답을 갈하는 동의자가 한 명이라도 있으면 오답률이 4분의 1로 급격히 감소함을 발견했다. 연구팀은 이로부터 [   ]라는 결론을 내릴 수 있었다.

① 집단의 규모가 클수록 개인의 독립적 사고 능력이 현저히 향상되는 경향이 있다
② 복잡하고 애매한 상황에서만 사람들이 다수의 의견에 동조하려는 성향을 보인다
③ 개인의 지적 능력이 높을수록 집단 압력에 저항하는 힘이 훨씬 더 강해진다
④ 명백한 사실에 대해서도 집단 압력은 개인의 판단을 크게 왜곡시킬 수 있다

[9~10] 다음 글을 읽고 물음에 답하시오.

인공지능은 인간의 사고 방식을 모방해 스스로 학습하고 판단하는 기술이다. 과거에는 사람이 규칙을 직접 입력해야 했지만, 오늘날의 인공지능은 방대한 데이터를 분석해 스스로 규칙을 찾아내며 점점 더 정교해지고 있다. 이러한 발전을 가능하게 한 것이 바로 '기계 학습'으로, 인공지능이 데이터를 분석해 예측 모델을 만드는 과정이다.

기계 학습의 대표적 방법으로는 지도 학습, 비지도 학습, 강화 학습의 세 가지가 있다. 지도 학습은 정답이 포함된 데이터를 이용해 입력과 출력의 관계를 학습하는 방식이다. 예를 들어, 수많은 이메일을 '스팸'과 '정상'으로 구분해 학습시키면 인공지능은 새로운 이메일의 유형을 예측해 분류할 수 있다. 이 방식은 입력값과 결과가 뚜렷한 상황에 효과적이며, 높은 정확도와 안정적인 성능 덕분에 음성 인식, 이미지 분류, 의료 진단 등에서 활용된다. 비지도 학습은 정답이 없는 데이터를 스스로 분류하고 구조를 파악하는 방식이다. 방대한 데이터 속 패턴을 찾아내 새로운 관계를 발견하거나 시장의 특성을 분석하는 데 유용하다. 가령, 이는 고객의 구매 기록을 분석해 취향이 비슷한 집단을 나누거나 뉴스 기사를 주제별로 분류할 때 ㉠ 쓰인다.

강화 학습은 보상과 처벌의 원리를 적용해 시행착오를 거듭하며 최적의 행동을 찾아내는 방식이다. 어떤 행동이 보상을 가져오면 그 행동을 강화하고 손해가 발생하면 피하도록 학습한다. 이 방식은 변화에 유연하게 대응하고 스스로 학습을 이어갈 수 있어, 로봇 제어나 자율주행처럼 환경 변화에 따라 실시간 판단이 필요한 분야에 주로 활용된다.

9. 윗글에서 추론한 내용으로 가장 적절한 것은?
① 지도 학습은 정답이 없는 데이터를 활용해 입력과 출력의 관계를 스스로 찾아내는 방식이다.
② 비지도 학습은 데이터를 통해 패턴을 분석하지만, 새로운 관계를 발견하는 데에는 활용되지 않는다.
③ 인공지능의 초기 단계에서는 데이터를 분석해 규칙을 스스로 찾아내는 방식이 일반적이었다.
④ 강화 학습은 보상과 처벌을 통해 최적의 행동을 찾아내며, 환경 변화에 따라 실시간 판단이 필요한 분야에 적용된다.

10. 문맥상 ㉠의 의미와 가장 가까운 것은?
① 이 농기구는 잡곡을 터는 데 널리 쓰인 물건이다.
② 인재들이 적재적소에 쓰일 때에 나라가 발전한다.
③ 자꾸 아내에게 신경이 쓰여 회사에서도 일에 집중할 수가 없었다.
④ 나이 든 구세대가 젊은이들에게 널리 쓰이는 은어를 이해하기란 무척 어려운 일이다.

[11~12] 다음 글을 읽고 물음에 답하시오.

최근 프랑스에서는 부모가 SNS에 자녀의 사진이나 영상을 무단으로 게시하는 행위를 제한하는 법이 제정되었다. 이 법은 미성년 자녀의 사진을 게시할 때 부모 모두의 동의를 요구하며, 심각한 침해가 발생한 경우 법원이 게시물 삭제 명령과 친권 제한을 내릴 수 있도록 규정하였다. (가) 아동인격권보호론자들은 이러한 입법이 디지털 시대의 새로운 인권 감수성을 반영한다고 평가한다. ㉠ 그들은 SNS에 노출된 아동들의 사진이 사적 정보 유출, 사이버 괴롭힘, 신원 도용 등으로 이어질 수 있으며, 이는 ㉡ 그들의 인격 발달과 자율성을 침해한다고 본다.

반면 (나) 표현의 자유 존중론자들은 가정 내 의사결정에 대한 법적 개입이 사생활 보호를 빙자한 과도한 국가 개입이라고 비판한다. ㉢ 이들은 가정 내 의사결정을 법으로 규제하면, 오히려 부모의 양육권과 표현의 자유를 침해할 위험이 있다고 본다. 한편 아동인격권을 지키려는 학자들은 이에 대해 반박하며, 법적 보호는 아동들의 독립적 권리를 지키는 최소한의 안전장치라고 주장한다. ㉣ 이들은 부모의 선의라 하더라도, ㉤ 이들의 의사에 반하는 게시 행위는 명백한 권리 침해라고 본다.

이에 대해 일부 연구자들은 아동의 인권을 보호하면서 동시에 표현의 자유를 존중하는 균형적 접근을 제시한다. ㉥ 그들은 부모의 SNS 게시가 자녀의 권리를 침해할 우려가 있더라도, 자녀의 연령, 게시 목적, 노출 범위를 종합적으로 고려해야 한다고 본다. 그럼에도 강제적 규율을 비판하는 일부 학자들은 법적 규제보다 미디어 교육을 통한 부모의 인식 개선이 더 효과적이라고 주장한다.

11. 윗글에 대해 평가한 내용으로 가장 적절한 것은?
① SNS에 게시된 아동 사진이 사이버 괴롭힘으로 이어진 사례가 보고된다면, 이는 (가)의 주장을 약화한다.
② 가족 일상을 과도하게 공유하는 SNS 게시물이 아동의 정서 발달에 긍정적 영향을 주었다는 분석이 제시된다면, 이는 (가)의 주장을 강화한다.
③ 법적 규제가 부모의 양육권을 과도하게 제한했다는 사례가 보고된다면, 이는 (나)의 주장을 약화한다.
④ SNS에서의 아동에 대한 게시물의 법적 규제 이후 부모의 SNS 게시 행위 자체가 크게 감소했다는 연구 결과가 발표된다면, 이는 (나)의 주장을 강화한다.

12. 윗글의 ㉠~㉥ 중 문맥상 지시 대상이 같은 것으로만 묶인 것은?
① ㉠, ㉥
② ㉢, ㉥
③ ㉡, ㉤
④ ㉣, ㉤

[13~14] 다음 글을 읽고 물음에 답하시오.

최근 정부와 지자체는 복잡한 사회 문제를 더 빨리, 더 정확하게 해결하기 위해 새로운 도구를 찾고 있다. 그중 하나가 바로 인공지능이다. 인공지능은 방대한 자료를 짧은 시간에 분석해 정책을 만들거나 우선순위를 정하는 데 도움을 줄 수 있다. 예를 들어 교통사고가 자주 일어나는 구간을 미리 예측해 안전 시설을 강화하거나, 복지 지원이 꼭 필요한 지역을 파악해 예산을 더 효과적으로 ⊙ 나눠 줄 수 있다. 이런 방식은 과거에는 수많은 공무원이 오랜 시간을 들여야 가능했지만, 인공지능을 이용하면 훨씬 신속하고 세밀한 판단이 가능해진다.

또한 인공지능은 시민들의 의견을 ⓒ 모으는 데도 쓰일 수 있다. 온라인 설문이나 민원 자료를 분석해 사람들이 어떤 정책을 원하는지, 어떤 점에서 불편을 느끼는지 파악할 수 있기 때문이다. 이를 통해 정책 결정 과정이 더 투명해지고, 실제 생활과 ⓒ 맞닿은 정책을 만들 가능성이 높아진다. 하지만 이런 기술이 공정하게 쓰이려면 주의할 점도 있다. 데이터가 한쪽으로 ⓔ 치우쳐 있으면 결과도 왜곡될 수 있고, 중요한 결정을 사람이 아닌 기계가 내리는 것에 대한 시민들의 불안도 있다. 따라서 인공지능이 정책 의사결정에 쓰일 때는 사람의 책임과 감독이 함께 이루어져야 한다.

13. 윗글에서 추론한 내용으로 가장 적절한 것은?
① 인공지능이 교통사고 예측과 복지 예산 배분에 활용되면 공무원의 업무가 불필요해진다.
② 온라인 설문과 민원 자료를 인공지능이 분석하면 정책 결정 과정의 투명성이 높아질 수 있다.
③ 데이터 편향 문제는 인공지능 기술 발전으로 해결되어 공정한 정책 결정이 보장된다.
④ 시민들은 기계보다 사람이 정책을 결정할 때 의사결정 과정이 더 신속하다고 인식한다.

14. ⊙~ⓔ과 바꿔 쓸 수 있는 유사한 표현으로 적절하지 않은 것은?
① ⊙ : 배분(配分)할
② ⓒ : 수렴(收斂)하는
③ ⓒ : 밀접(密接)한
④ ⓔ : 편향(偏向)되어

15. ⊙~ⓔ에 대한 평가로 적절한 것을 <보기>에서 모두 고른 것은?

⊙ 어떤 직원은 사내 교육을 받는다.
ⓒ 교육 수료증을 발급받지 않는 모든 사람은 사내 교육을 받지 않는다.
ⓒ 사내 교육을 받지 않는 모든 사람은 교육 수료증을 발급받지 않는다.
ⓔ 어떤 직원은 교육 수료증을 발급받는다.

─── <보 기> ───
⑦ ⊙과 ⓒ이 참일 경우 ⓔ은 반드시 참이다.
⑭ ⊙과 ⓒ이 참일 경우 ⓔ은 반드시 참이다.
⑭ ⓒ과 ⓔ이 참일 경우 ⊙은 반드시 참이다.

① ⑦　　　　　　　　　　　② ⑭
③ ⑦, ⑭　　　　　　　　　④ ⑭, ⑭

16. 다음 글의 핵심 논지로 가장 적절한 것은?

생명체가 환경 변화에 대응하는 방식은 크게 항상성(Homeostasis)과 적응(Adaptation)이라는 두 가지 개념으로 설명된다. 항상성은 생명체의 외부 환경이 변하더라도 체온, 혈당량, 삼투압 등 내부 환경을 일정한 상태로 유지하려는 기작이다. 이는 단기적이고 능동적인 생리적 조절 과정을 통해 이루어지며, 현재의 생명을 유지하는 개체의 생존에 초점을 맞춘다. 예를 들어, 더운 환경에서 땀을 흘려 체온을 낮추는 행위는 항상성을 유지하기 위한 즉각적인 반응이다. 이러한 항상성이 깨지면 개체는 생존에 위협을 받을 수 있다.

반면 적응은 생물 개체군이 오랜 시간에 걸쳐 환경에 유리한 방향으로 형태적, 기능적, 또는 행동적 특성을 변화시켜 나가는 과정이다. 이는 유전적 변이와 자연 선택을 통해 이루어지며, 종족의 장기적인 생존과 번식에 초점을 맞춘다. 사막에 사는 선인장이 잎을 가시 형태로 바꾸어 수분 손실을 줄이는 진화적 변화는 적응의 대표적인 예이다. 적응은 개체 수준의 변화가 아니라 세대를 거치는 집단 수준의 변화를 의미한다. 결국 이 두 가지 기작은 생명 유지라는 궁극적 목표를 공유하지만 작동하는 원리가 근본적으로 다르다고 할 수 있다. 이를 통해 우리는 생명 시스템이 환경 변화에 어떻게 대응하는지 이해할 수 있다.

① 항상성과 적응은 생명체가 유전적 변이와 자연 선택을 통해 외부 환경 변화에 대응하는 가장 보편적인 생존 방식이다.
② 생명체는 내부 환경을 안정적으로 유지함과 동시에, 환경에 유리한 방향으로 진화를 통해 변화하는 환경에 대응한다.
③ 적응과 항상성은 개체의 내부 환경 조절 능력이 얼마나 발현되냐에 따라 결정되며, 현재의 생존에 초점을 맞추는 방식이다.
④ 항상성은 집단 수준의 변화를 통해, 적응은 단기적이고 능동적인 변화를 통해 환경 변화에 대응하는 방식이다.

17. 다음 글에서 추론할 수 있는 내용으로 적절하지 않은 것은?

어떤 도시공학자가 교통 체증 문제를 해결하기 위해 독창적인 아이디어를 제시했다고 하자. 그러나 이 엔지니어는 구체적인 실행 계획 단계로 넘어가지 않고 개념의 제시 수준에서 멈추었다. 그러면 과연 이 엔지니어는 교통 체증 문제를 해결했다고 할 수 있을까? 그렇지 않다. 물론 아이디어 없이는 구체적인 실행 방안이 나올 수 없다. 하지만 실질적 문제 해결을 위해서는 구체적인 실행 방안이 필수적이다.

① 아이디어 제시는 문제 해결의 필요조건이다.
② 구체적 실행 방안은 아이디어 제시의 충분조건이다.
③ 문제 해결은 아이디어 제시의 필요조건이 아니다.
④ 구체적 실행 방안은 문제 해결의 충분조건이다.

18. 다음 글의 ㉠을 약화하는 사례로 가장 적절한 것은?

> 비즈니스 환경의 변화에 둔감하게 반응하다가 결국 치명적인 결과를 맞이하는 현상을 ㉠ 삶은 개구리 증후군(Boiled Frog Syndrome)이라고 한다. 이는 19세기 말의 실험에서 유래한 개념으로, 개구리를 끓는 물에 집어넣으면 즉시 튀어나와 살 수 있지만, 미지근한 물에 넣고 온도를 서서히 높이면 수온 변화를 감지하지 못한 채 삶아진다는 우화에 빗댄 것이다. 기업이나 개인도 눈앞의 큰 위기에는 즉각 대응하지만, 서서히 진행되는 환경 변화나 위기의 징후는 대수롭지 않게 여기며 안주하다가 돌이킬 수 없는 파국을 맞게 된다. 이러한 현상은 과거의 성공 방식에 안주하려는 태도와 조직의 경직된 문화에서 비롯된다. 가령, 필름 시장을 석권했던 코닥은 세계 최초로 디지털카메라를 개발했음에도, 당장의 필름 수익이 줄어들 것을 염려해 변화의 신호를 애써 외면하다가 결국 시장에서 도태되고 말았다. 지난 성공 방식이 미래에도 통할 것이라는 낙관적 편향이 외부 환경의 미세한 변화를 소음으로 치부하게 만드는 것이다.

<보 기>

ㄱ. PC 검색 엔진을 점유하고 있는 회사가, 스마트폰이 개발되는 분위기를 보고 검색 알고리즘을 모바일 환경에 맞게 최적화하여 모바일 시장에서도 우위를 차지하게 되었다.

ㄴ. 경쟁사의 신제품 출시라는 위협에 직면하자, 유명 인플루언서 마케팅을 통해 공격적인 광고를 진행하여 단기적인 매출 목표를 초과 달성했다.

ㄷ. 폴라로이드 카메라 회사인 A사는 스마트폰 카메라의 발달에도 기존 제품을 그대로 생산하였지만, SNS에서 아날로그 감성이 유행하면서, 매출이 크게 상승하였다.

① ㄱ
② ㄴ, ㄷ
③ ㄱ, ㄷ
④ ㄱ, ㄴ, ㄷ

19. 다음 명제가 모두 참일 때, 항상 참인 것은?

> • 병이 요리를 하면 정도 요리를 한다.
> • 무가 요리를 하지 않으면 기도 요리를 하지 않는다.
> • 정이 요리를 하면 무는 요리를 하지 않는다.
> • 갑이 요리를 하지 않으면 기는 요리를 한다.
> • 갑이 요리를 하면 을은 요리를 하지 않는다.

① 병이 요리를 하면 무도 요리를 한다.
② 무가 요리를 하지 않으면 을도 요리를 하지 않는다.
③ 기가 요리를 하지 않으면 을은 요리를 한다.
④ 정이 요리를 하면 병은 요리를 하지 않는다.

20. 다음 글을 읽고 추론한 것으로 옳지 않은 것은?

> 사이시옷은 순우리말로 된 합성어나 순우리말과 한자어로 이루어진 합성어의 어근 사이에 'ㅅ'을 받치어 적는 표기 방식이다. 사이시옷을 받치어 적을 수 있으려면 사잇소리 현상이 발생해야 하는데, 사잇소리 현상이란 복합어에서 뒷말의 첫소리가 된소리로 발음되거나 뒷말의 첫소리 'ㄴ, ㅁ' 앞에서 'ㄴ' 소리가 덧나거나 뒷말의 첫소리 모음 앞에서 'ㄴㄴ' 소리가 덧나는 경우이다. 이때 모든 앞말은 모음으로 끝나야 한다.
>
> 예를 들어, '나루'라는 단어와 '배'라는 단어는 모두 순우리말이며, '나루'는 모음으로 끝난다. 그리고 '나루'와 '배'를 연결시켜 발음하면 '배'는 [빼]로 발음되기 때문에 사이시옷을 표기할 수 있는 조건이 된다. 따라서 '나룻배'라 표기한다. 마찬가지로, '제삿날(祭祀날)'이라는 단어의 어근인 '제사(祭祀)'는 한자어이며 '날'은 순우리말이다. 또한 '제사'는 모음으로 끝나고 뒷말 '날'의 첫소리 'ㄴ' 앞에서 'ㄴ' 소리가 덧나 [제산날]이라 발음하기 때문에 사이시옷 표기 조건이 성립한다. 따라서 '제삿날'이라 표기한다. '예삿일'이라는 단어의 어근인 '예사(例事)'는 한자어이며 '일'은 순우리말이다. 또한 '예삿'에서 앞이 자음으로 끝나고 뒷말이 '이, 야, 여, 요, 유'로 시작하는 단어이므로 ㄴ 첨가가 일어난 후 '예삿'의 'ㅅ'이 [ㄷ]으로 음절의 끝소리 규칙이 되고, 그 이후에 'ㄷ'이 첨가된 'ㄴ'의 영향을 받아 비음 'ㄴ'이 되어 'ㄴㄴ' 소리가 결국 덧나게 된다. 이와 달리, 한자어와 한자어의 조합으로 이루어지는 합성어에서는 사이시옷을 표기하지 않는다. 또한 뒷말이 된소리나, 거센소리로 시작하는 경우에도 사이시옷을 표기하지 않는다. 가령, '화(火)'와 '병(病)'이 결합되는 경우 뒷말의 첫소리가 된소리로 발음 나서 [화뼝]이 되지만 사이시옷이 표기되지 않는다. 또한 '위'와 '층(層)'이 결합되는 경우에 뒤의 명사가 거센소리 'ㅊ'이므로 사이시옷이 표기되지 않는다.

① 순우리말의 결합인 '선지'와 '국'이 결합되면 [선지꾹]으로 발음되므로 사이시옷을 표기할 수 있다.
② '도매'와 '금'은 한자어와 한자어의 결합이므로 [도매끔]으로 발음이 되더라도 사이시옷을 표기할 수 없다.
③ '전세'와 '집'은 [전세찝]으로 발음이 되더라도 한자어와 한자어의 결합이므로 사이시옷을 표기할 수 없다.
④ '위'와 '쪽'의 결합인 경우, 뒷말의 첫소리가 된소리이므로 순우리말 '위'가 있더라도 사이시옷을 표기할 수 없다.

2026 공무원 시험 대비 봉투모의고사
국어
▌ 제9회 ▌

 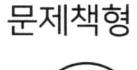

응시자 주의사항

1. **시험시작 전 시험문제를 열람하는 행위나 시험종료 후 답안을 작성하는 행위를 한 사람은**「공무원임용시험령」제51조에 의거 **부정행위자로 처리됩니다.**
2. **답안지 책형 표기는 시험시작 전 감독관의 지시에 따라 문제책 앞면에 인쇄된 문제책형을 확인**한 후, **답안지 책형란에 해당 책형(1개)을 '●'로 표기하여야 합니다.**
3. **답안은 문제책 표지의 과목 순서에 따라 답안지에 인쇄된 순서(제1·2·3·4·5과목)에 맞추어 표기해야 하며,** 과목 순서를 바꾸어 표기한 경우에도 **문제책 표지의 과목 순서대로 채점되므로** 유의하시기 바랍니다.
4. 시험이 시작되면 문제를 주의 깊게 읽은 후, 문항의 취지에 가장 적합한 하나의 정답만을 고르며, 문제내용에 관한 질문은 할 수 없습니다.
5. 답안지의 모든 기재 및 표기 사항은 **컴퓨터용 흑색 싸인펜을 사용**하며, 반드시 <보기>의 **올바른 표기 방식으로 답안을 작성해야 합니다.**
   <보기> **올바른 표기: ●** **잘못된 표기:** Ⓥ ⊗ ◑ ⊙ ⑪ ◔ ③
6. **답안을 잘못 표기하였을 경우에는 답안지를 교체하여 작성하거나 수정할 수 있으며,** 표기한 답안을 수정할 때는 응시자 본인이 가져온 수정테이프만을 사용하여 해당 부분을 완전히 지우고 부착된 수정테이프가 떨어지지 않도록 손으로 눌러주어야 합니다. (수정액 또는 수정스티커 등은 사용 불가)
   ▪불량한 수정테이프의 사용과 불완전한 수정처리로 발생하는 모든 문제는 응시자 본인에게 **책임이 있습니다.**
7. 법령, 고시, 판례 등에 관한 문제는 **2025년 1월 31일 현재 유효한 법령, 고시, 판례 등을 기준**으로 정답을 구해야 합니다. 다만, 개별 과목 또는 문항에서 별도의 기준을 적용하도록 명시한 경우에는 그 기준을 적용하여 정답을 구해야 합니다.
8. **시험시간 관리의 책임은 응시자 본인에게 있습니다.**
   ※ 문제책은 시험종료 후 가지고 갈 수 있습니다.

정답공개 및
가산점 등록 안내

1. 정답공개: 정답가안 4.4.(토) 13:30 / 최종정답 4.13.(월) 18:00 / 사이버국가고시센터
2. 이의제기: 4.4.(토) 18:00 ~ 4.7.(화) 18:00 / 사이버국가고시센터
   ▪구체적인 이의제기 방법은 정답가안 공개 시 공지 예정
3. 가산점 등록기간: 4.4.(토) 13:30 ~ 4.6.(월) 21:00
4. 가산점 등록방법: 사이버국가고시센터 ➡ [원서접수 → 가산점 등록/확인]

국 어

1. <공문서 작성 지침>에 따라 <공문서>의 ㉠~㉣을 수정한 것으로 적절하지 않은 것은?

— <공문서 작성 지침> —
- 주어와 서술어의 호응을 고려할 것.
- 필요한 문장 성분의 생략을 삼갈 것.
- 외국어 번역투를 삼갈 것.
- 대등한 것끼리 접속하도록 구조가 같은 표현을 사용할 것.

— <공문서> —
OO부
수신 전국 수산업 관련 기관 및 기업
(경유)
제목 수산부산물 창업기업 지원 및 교류 행사 안내

1. OO부는 수산부산물 재활용 산업을 촉진하고 창업기업 간의 교류를 강화하기 위해 '수산부산물, 똑똑한 창업톡톡' ㉠ 행사를 개최됩니다.
2. 이번 행사에서는 ㉡ 제품을 소개하고 아이디어를 교류하며 협력을 강화할 수 있는 기회를 제공합니다. 또한, 정부와 민간 전문가, 수산부산물 재활용 업체가 참여하는 ㉢ 간담회를 통해 수산부산물 재활용 산업의 발전 방향을 논의할 것입니다
3. 이번 행사에 참석을 원하는 사람은 ㉣ 행사 전 큐알(QR) 코드 활용과 행사 당일 사전 등록을 통해 참여할 수 있습니다.

① ㉠ : 행사를 개최합니다
② ㉡ : 수산부산물 창업기업들이 제품을 소개하고 아이디어를 교류
③ ㉢ : 간담회를 열어
④ ㉣ : 행사 전 큐알(QR) 코드를 활용하고 행사 당일 사전 등록을 통해 참여할 수 있습니다

2. <지침>에 따라 <개요>를 작성할 때 ㉠~㉣에 들어갈 내용으로 적절하지 않은 것은?

— <지 침> —
- 서론은 중심 소재의 개념 정의와 문제 제기를 1개의 장으로 작성할 것.
- 본론은 제목에서 밝힌 내용을 2개의 장으로 구성하되 각 장의 하위 항목끼리 대응되도록 작성할 것.
- 결론은 기대 효과와 향후 과제를 1개의 장으로 작성할 것.

— <개 요> —
- 제목 : 캠퍼스 탄소배출 문제와 친환경 건축 전환 방안
I. 서론
　　1. 탄소중립 캠퍼스의 개념과 교육 공간으로서의 의미
　　2. _____㉠_____
II. 캠퍼스 탄소배출 문제
　　1. 노후 건물의 에너지 과다 소비와 온실가스 배출
　　2. _____㉡_____
III. 친환경 건축 전환 방안
　　1. _____㉢_____
　　2. 투수성 포장재와 재활용 자재를 통한 물순환 체계 구축
IV. 결론
　　1. _____㉣_____
　　2. 학생 참여형 프로그램과 인증제도 활용을 통한 지속가능성 확보

① ㉠ : 학생 안전 확보를 위한 밀폐형 건축 구조의 문제점
② ㉡ : 불투수 포장으로 인한 물순환 체계 악화
③ ㉢ : 에너지의 경제성을 높이는 건축 기술 도입과 재생에너지 시스템 구축
④ ㉣ : 건강하고 쾌적한 학습 환경 조성

3. ㉠~㉣이 모두 참일 때, <보기> 중 옳은 것만을 있는 대로 고른 것은?

㉠ 어떤 탐험가는 영리하다.
㉡ 탐험가가 아닌 어떤 사람은 용감하다.
㉢ 계획적이지 않은 모든 사람은 용감하다.
㉣ 탐험가 중 계획적인 사람은 존재하지 않는다.

— <보 기> —
가. 탐험가가 아닌 어떤 사람은 계획적이지 않다.
나. 어떤 영리한 사람은 계획적이지 않다.
다. 어떤 탐험가는 용감하지 않다.

① 나
② 다
③ 가, 나
④ 가, 다

4. 다음 글에서 추론한 내용으로 가장 적절한 것은?

　도시 계획은 제한된 자원 내에서 도시의 기능적 효율성과 거주민의 삶의 질을 극대화하는 것을 목적으로 하며, 이를 실현하기 위한 대표적 개발 방식에는 집중식 개발(Concentrated Development) 방식과 분산식 개발(Decentralized Development) 방식이 있다. 집중식 개발은 도시의 핵심 기능을 특정 중심 지역에 밀집시키는 형태로 개발하는 방식을 말한다. 이 방식은 밀집된 공간 활용을 통해 토지 이용의 효율성을 높이고, 상하수도나 통신 등 기반 시설 투자 비용을 절감할 수 있어 경제성이 높다. 또한, 중심 지역 접근성이 높아져 대중교통 운영이 효율적이라는 장점도 있다. 그러나 집중식 개발은 도시 중심부에 시설이 집중되어 있어, 주택 가격 상승하고, 교통이 혼잡해질 수 있다. 또한 개발로 인한 녹지 부족으로 인한 열섬 현상 심화와 같은 환경 문제가 생길 수 있다.
　반면, 분산식 개발은 도시 기능을 여러 곳의 거점 지역으로 나누어 배치하는 방식이다. 이 방식은 도시 중심부로 집중되는 기능을 분산시켜, 중심부의 밀집과 과부하를 해소할 수 있으며, 도시 전체의 균형적인 발전을 도모할 수 있다. 또한 도시 외곽의 토지 이용도를 높여 주택 공급을 안정화하고, 거주민이 일상 시설을 가까운 곳에서 이용할 수 있도록 하여 직주 근접의 이점을 제공함으로써 삶의 질을 향상시킬 수 있다. 하지만 분산식 개발은 여러 지역에 걸쳐 도로, 상하수도 등 새로운 기반 시설을 중복 투자해야 하므로 총비용이 증가할 수 있다. 또한, 도시가 무질서하게 확산되는 스프롤(Sprawl) 현상을 초래하여 향후 도시 개발이나 정비에 어려움을 겪을 수 있다.

① 분산식 개발은 직주 근접으로 인해 삶의 질이 향상되고, 무질서한 도시 확산을 막을 수 있다.
② 집중식 개발은 개발을 중심부에 집중함으로써 경제성이 높지만 중심부 주택 가격이 상승할 수 있다.
③ 집중식 개발은 도시 기능을 분산시켜 도시 중심부의 과부하를 효과적으로 해소할 수 있는 방법이다.
④ 분산식 개발은 기반 시설 투자 비용을 절감할 수 있고, 대중교통 운영을 효율적으로 할 수 있다.

5. 다음 글의 ㉠~㉣ 중 어색한 곳을 찾아 가장 적절하게 수정한 것은?

　　현대 사회에서 인터넷과 정보 기술의 발달은 정보의 접근성을 향상시키고 공유를 촉진하였다. 이를 통해 사람들은 ㉠ <u>다양한 정보를 손쉽게 얻을 수 있게 되었으며</u>, 지식의 공유와 협업이 활발해졌다. 이러한 변화는 사회 전반에 긍정적인 영향을 미치고 있지만, 동시에 새로운 문제를 야기하기도 한다. 정보의 양이 폭발적으로 증가함에 따라 ㉡ <u>필요한 정보를 선별하고 비판적으로 분석하는 능력</u>이 더욱 중요해지고 있다. 특히, 허위 정보나 가짜 뉴스의 확산은 사회적 혼란과 갈등을 야기할 수 있으며, 이는 ㉢ <u>정보의 신뢰성을 보장하기 위한</u> 노력이 필요하다는 것을 의미한다. 이에 따라 교육 현장에서는 비판적 사고와 미디어 리터러시 교육의 중요성이 강조되고 있다. 그러나 이러한 노력에도 불구하고 많은 사람들이 여전히 인터넷에서 접하는 정보를 무비판적으로 수용하고 있으며, ㉣ <u>개인은 정보의 출처를 검증하고 비판적으로 수용해야 한다</u>는 인식이 퍼져 있다. 이러한 상황을 개선하기 위해서는 개인의 비판적 사고 능력 향상과 더불어, 정보 제공자의 책임 의식 강화가 필요하다.

① ㉠: 다양한 정보를 제한적으로 얻을 수 있게 되었으며
② ㉡: 정보를 신속하게 소비하는 능력
③ ㉢: 신뢰할 수 있는 출처에만 의존하려는
④ ㉣: 비판적인 수용보다는 정보를 그대로 받아들이는 것이 빠르고 효과적이라는

6. 다음 글의 (가)~(다)를 순서대로 나열한 것은?

　　최근 교육 분야에서는 가상 현실(VR)과 증강 현실(AR) 기술이 큰 관심을 받고 있다. 이들 기술은 현실 세계에 가상 정보를 추가하거나 완전히 가상 환경을 제공함으로써 학습자에게 새로운 경험을 선사한다.

(가) 이러한 기술의 도입은 학생들의 학습 참여도를 높이고, 이해도를 향상시키는 데 큰 도움이 된다. 예를 들어, 역사 수업에서 학생들은 가상 현실을 통해 과거의 현장을 직접 체험할 수 있으며, 과학 수업에서는 증강 현실을 활용하여 분자 구조나 천체의 움직임을 시각적으로 이해할 수 있다. 이러한 몰입형 학습은 추상적인 개념을 구체화하여 학습 효과를 극대화한다. 또한, 원격 교육에서도 실시간으로 상호작용할 수 있어 지리적 한계를 극복할 수 있다.

(나) 그러나 해결해야 할 과제도 존재한다. 우선, 고가의 장비와 소프트웨어 도입으로 인한 예산 문제가 있다. 모든 교육 기관이 최신 기술을 도입하기에는 현실적인 어려움이 있다. 또한, 교사들의 기술 숙련도 부족과 교육 콘텐츠의 질적인 문제도 해결해야 할 과제이다. 더불어, 과도한 기술 의존은 학생들의 기본 학습 능력을 약화시킬 수 있다는 우려도 제기되고 있다. 따라서 기술 도입과 함께 교사 연수와 콘텐츠 개발에 대한 투자가 필요하다.

(다) 특히 코로나19 팬데믹으로 인한 비대면 교육의 확대는 이러한 첨단 기술의 도입을 가속화하였다. 많은 교육 기관이 온라인 수업의 한계를 극복하기 위해 VR과 AR을 활용한 교육 프로그램을 개발하고 있다.

① (가) - (나) - (다)
② (가) - (다) - (나)
③ (나) - (다) - (가)
④ (다) - (가) - (나)

[7~8] 다음 글을 읽고 물음에 답하시오.

　　사람의 뇌는 나이가 들어도 어느 정도까지는 변하고 새로 배우는 것에 적응할 수 있는 능력을 가지고 있다. 이런 능력을 '뇌의 가소성'이라고 부른다. 특히 외국어를 배울 때 이 능력이 중요한데, 뇌의 특정 부위가 새로운 소리·문법·어휘를 받아들이면서 점점 더 효율적으로 작동하기 때문이다. 많은 사람들은 어린 시절을 지나면 외국어를 배우기 어렵다고 생각하지만, 뇌의 가소성 덕분에 성인도 꾸준한 연습과 환경이 주어지면 충분히 언어 능력을 향상시킬 수 있다. 새로운 언어를 배우면 기억력·집중력 같은 다른 인지 기능도 함께 발달하고, 문화 이해나 사고의 폭이 넓어지는 부수적 효과도 ㉠ <u>생긴다</u>. 또한 이런 과정을 통해 자신감이 높아지고 학습 동기 역시 강화될 수 있다.

　　새로운 언어를 배우는 과정에서 뇌는 반복과 피드백을 통해 점차 더 효과적으로 정보를 처리하는 법을 익힌다. 이런 경험은 평소 문제 해결력이나 창의적인 사고를 키우는 데도 도움을 준다. 무엇보다 다양한 언어를 접하면서 사람들은 서로 다른 문화와 가치관을 이해하고 공감하는 힘을 기를 수 있다. 이처럼 뇌의 가소성은 단순히 학문적인 개념이 아니라, 우리가 평생 학습을 이어갈 수 있는 가능성을 보여 주는 중요한 단서다. 이를 이해하면 외국어뿐만 아니라 다양한 분야에서 새로운 기술과 지식을 익히는 데 더 큰 자신감을 가질 수 있다.

7. 윗글에서 추론한 내용으로 가장 적절한 것은?
① 외국어 학습 과정에서 뇌의 특정 부위가 활성화되면 기억력은 향상되지만 집중력 발달과는 무관하다.
② 성인이 외국어를 습득하려면 어린이보다 더 많은 연습이 필요하므로 뇌의 가소성만으로는 한계가 있다.
③ 뇌의 가소성은 어린 시절 이후에도 지속되어 성인의 외국어 학습을 가능하게 한다.
④ 다양한 언어를 접하는 것이 문화 이해력 향상에 미치는 영향이 가장 핵심적인 학습 성과이다.

8. 문맥상 ㉠의 의미와 가장 가까운 것은?
① 나에게 공짜로 집 한 채가 <u>생기는</u> 행운이 찾아왔다.
② 이러다가는 우리 모두 다 죽게 <u>생겼다</u>.
③ 기차역이 시의로 옮겨지면서 역 주변에 새로운 상가가 <u>생겼다</u>.
④ 그녀의 자금 계획에 예상치 못한 지장이 <u>생기고</u> 말았다.

9. 민지는 이탈리안 레스토랑에서 파스타, 뇨끼, 스테이크, 피자 중 주문할 메뉴를 정하기 위해 ㉠~㉢과 같은 기준을 세웠다. 이를 따를 때, 반드시 참이라고 할 수 없는 것은?

㉠ 파스타를 주문하면 뇨끼는 주문하지 않는다.
㉡ 스테이크를 주문하지 않으면 피자를 주문한다.
㉢ 파스타를 주문하거나 피자를 주문하지 않는다.

① 뇨끼를 주문하면 스테이크를 주문한다.
② 피자를 주문하면 뇨끼는 주문하지 않는다.
③ 네 종류의 음식을 모두 주문하지는 않는다.
④ 적어도 두 종류의 음식은 주문한다.

[10~11] 다음 글을 읽고 물음에 답하시오.

플라스틱은 현대 산업의 핵심 소재이지만, 동시에 기후위기와 해양오염의 주요 원인으로 지적된다. 이에 따라 각국은 플라스틱 순환경제를 추진하고 있으나, 접근 방식은 크게 엇갈리고 있다. (가) 기술혁신론자들은 첨단 재활용 기술이 문제 해결의 핵심이라고 본다. ㉠ 그들은 화학적 분해, 생분해성 고분자 개발, 디지털 추적 시스템을 통해 폐플라스틱의 순환 효율을 획기적으로 높일 수 있다고 주장한다. 이러한 기술은 탄소 배출을 감축하며, 동시에 새로운 녹색산업을 창출할 수 있다는 것이다.

반면 (나) 사회전환론자들은 기술 중심 접근만으로는 순환경제가 완성되지 않는다고 본다. ㉡ 이들은 소비 패턴, 기업 구조, 정책 제도 등 사회 전반의 시스템 전환이 병행되어야 한다고 주장한다. 기술이 아무리 발달해도 일회용 소비 문화와 불투명한 자원 거래 구조가 지속되는 한, 재활용률은 근본적으로 한계가 있다는 것이다.

한편, 유럽의 일부 국가는 생산 단계에서 재활용 가능성을 의무화하고, 기업에 제품 회수 책임을 부여하는 제도를 도입하였다. ㉢ 일부 분석가들은 기술과 제도의 병행 추진이 가장 높은 성과를 냈으며, 어느 한쪽만 강조하는 것은 불완전하다고 본다. 이에 대해 기술적 효율성을 강조하는 학자들은 과도한 규제가 기업의 혁신 의지를 저해할 수 있다고 우려한다. ㉣ 이들은 기술 발전의 속도가 제도 변화보다 빠르기 때문에, 규제보다는 R&D 투자 확대가 우선되어야 한다고 주장한다. 실제로 일부 국가에서는 기술 개발 인센티브를 통해 단기간에 재활용 원료 비율을 높이는 성과를 거두었다.

10. 윗글에 대해 평가한 내용으로 가장 적절한 것은?
① 화학적 재활용 기술이 상용화되어 폐플라스틱 처리 효율이 크게 개선되었다는 연구 결과가 발표된다면, 이는 (가)의 주장을 약화한다.
② 최근 기업에서 첨단 재활용 기술에 대한 관심이 많아져 관련 분야의 투자율이 좋아지고 있다면, 이는 (가)의 주장을 강화한다.
③ 재활용률이 높은 국가일수록 생산자책임재활용제도가 강력하다는 분석이 제시된다면, 이는 (나)의 주장을 약화한다.
④ 소비자 행동 변화 없이 기술만으로도 폐기물 발생량이 크게 감소하였다는 연구가 발표된다면, 이는 (나)의 주장을 약화한다.

11. 윗글의 ㉠~㉣ 중 문맥상 입장이 같은 대상끼리만 묶인 것은?
① ㉠, ㉡
② ㉠, ㉢
③ ㉠, ㉣
④ ㉡, ㉣

[12~13] 다음 글을 읽고 물음에 답하시오.

조선 초기에는 중앙 집권 체제를 확립하고 국가 재정을 확보하기 위해, 조세와 군역의 의무를 담당할 수 있는 양인의 수를 늘리고자 하였다. 이를 위해 모든 사회 구성원을 법적으로 양반과 천민의 중간 신분인 (가) 양인과 조선 시대에, 천역에 종사하던 가장 낮은 계급의 천인으로 구분하는 양천제를 시행하였다. ㉠ 전자는 군역과 요역의 의무를 지며 관직에 진출할 권리가 있었으나, ㉡ 후자는 군역에서 배제되고 관직 진출의 길도 막혀 있었다. 드물게 ㉢ 이들은 국가에 큰 공을 세워 관직을 받는 경우가 있었지만, 이때에는 반드시 종량(從良) 절차를 거쳐 양인으로 신분을 바꾼 뒤에야 가능하였다. 또한 천인인 노비는 재산처럼 취급되어 사고 팔 수 있고 상속·양도의 대상이 되었으며, 거주지를 자유롭게 옮길 권리도 제한되었다.

그러나 실제 사회 통념 속의 신분 구분은 법적 구분과 달랐다. 사회적인 신분의 구분은 정치·경제·사회적 특권과 명예를 독점한 양반, 의관·역관 등 기술직을 담당한 중인, 농업에 종사하며 조세와 군역을 부담하던 ㉣ 평민, 그리고 노비·백정·기생 등이 속한 ㉤ 천민으로 나뉘었다. 이 가운데 양반은 사회적 특권을 누리며 다른 신분과는 격을 달리하였는데, 이를 반상제라 하였다. 여기서 '반(班)'은 양반만을, ㉥ '상(常)'은 평민에서 천민까지를 지칭한다. 이러한 반상제적 구분은 양반의 지배적 지위를 굳히려는 사회적 인식에서 비롯된 것이었다. 따라서 조선의 신분 체계는 법적 규범인 양천제와 사회적 인식에 바탕한 반상제가 함께 작용하여 성립된 복합적 구조로 이해할 수 있다.

12. 윗글을 읽고 추론한 내용으로 가장 적절한 것은?
① 천인은 거주 이전의 자유가 없었고, 군역과 요역의 의무가 있었다.
② 양인이 많아질수록 조세 수입이 늘어나 재정이 튼튼해질 수 있다.
③ 국가에 공을 세운 노비는 종량 절차 없이도 관직을 받을 수 있었다.
④ 기술직을 담당한 중인은 반상제에서는 '상(常)'에 포함되었다.

13. 문맥상 (가)의 범주에 포함되는 것으로만 묶은 것은?
① ㉠, ㉣
② ㉠, ㉥
③ ㉡, ㉢
④ ㉡, ㉢, ㉤

14. 다음 중 ㉠에 해당하는 사례로 적절하지 않은 것은?

> 　음운 변동이 일어나는 원인은 크게 두 가지로 나눌 수 있다. 첫째는 ㉠ 경제성의 원리로, 발음을 좀 더 쉽게 하려는 목적에서 음운 변동이 일어나는 것이다. 음절의 끝소리 규칙, 동화, 축약, 탈락 등이 이에 해당한다. 예를 들어 '신라'가 [실라]로 발음되는 유음화는 'ㄴ'과 'ㄹ'을 따로 발음하는 것보다 'ㄹ'로 동화시켜 발음하는 것이 더 편하기 때문에 일어난다.
>
> 　반면 표현 효과의 원리는 발음에 힘이 더 들더라도 의미를 강조하거나 명확하게 전달하려는 목적에서 음운 변동이 일어나는 것이다. 된소리되기와 사잇소리의 된소리 현상이 이에 해당한다. 예를 들어 '등불'이 [등뿔]로 발음되는 사잇소리 현상은 에너지 소모가 많지만 단어의 경계를 강조하는 효과가 있다.

① '진리'가 [질리]로 발음될 때
② '봄비'가 [봄삐]로 발음될 때
③ '굳히다'가 [구치다]로 발음될 때
④ '맏누이'가 [만누이]로 발음될 때

15. 다음 글의 빈칸에 들어갈 결론으로 가장 적절한 것은?

> 　1938년 하버드 의대 성인발달 연구팀은 당시 만 19세였던 하버드 학부생 268명과 보스턴시 빈민가 지역의 10대 후반 456명을 모집하여 총 724명의 삶을 84년간 추적 관찰하는 대규모 연구를 시작했다. 연구팀은 이들의 건강 상태, 재산 규모, 가족 및 친구 관계, 종교, 정치 성향 등을 정기적으로 조사했다. 의료 기록과 재산 목록 등 객관적 자료를 수집하고 수백 건의 심층 면접을 실시했으며, 이후 이들의 자녀 1300여 명도 연구 대상에 포함시켰다. 연구 결과 의지할 사람이 있는 경우 심장병, 고혈압, 당뇨 등 만성질환 발병률이 낮고 기억력과 면역체계도 우수했다. 반면 사회적으로 고립된 중년층은 스트레스 호르몬과 염증 수치가 높고 뇌 기능도 떨어지는 것으로 나타났다.
>
> 　흥미롭게도 경제적 안정은 일정 수준까지만 행복에 기여했다. 연수입이 7만 5000달러를 넘으면 그 이후로는 소득과 행복이 비례하지 않았다. 또한 친구의 수보다는 믿고 의지할 만한 관계의 질이 더 중요했으며, 제2차 세계대전을 겪은 참가자들도 정신적 충격으로부터 회복할 수 있었던 이유로 편지를 써준 친구와 동료들을 꼽았다. 이 방대한 연구를 통해 ＿＿＿＿＿＿＿＿＿＿ 라는 사실이 밝혀졌다.

① 경제적 성공과 사회적 지위가 인생의 만족도를 결정하는 가장 핵심적인 요소이다
② 질 높은 인간관계가 재산이나 명예보다 건강하고 행복한 삶에 더 중요한 역할을 한다
③ 개인의 성격과 유전적 요인이 건강과 행복에 미치는 영향이 환경보다 훨씬 크다
④ 청년기의 학습 능력과 인지적 성취가 노년기의 삶의 질을 좌우하는 결정적 변수이다

16. 다음 글의 논지를 약화하는 것으로 가장 적절한 것은?

> 　인공지능(AI) 시대의 경쟁력은 단순히 기술력에 있지 않다. 오히려 AI가 사회 속에서 실질적으로 활용될 수 있도록 만드는 'AI 거버넌스'가 관건이다. AI 거버넌스란 데이터를 활용할 수 있는 사회적 규칙과 절차, 권한 구조를 의미한다. 아무리 성능 좋은 컴퓨팅 자원과 우수한 AI 인재를 확보하더라도, 의료·법률·산업 등의 핵심 데이터가 폐쇄되어 있다면 AI는 제대로 학습할 수 없다. 예를 들어, 전 국민 건강 데이터를 보유한 한국의 의료시스템도 각 병원이 개인정보를 이유로 데이터를 비공개하면 의료용 AI는 개발될 수 없다. 미국과 중국은 일찍이 데이터 개방과 사회적 합의 기반의 거버넌스를 마련하여 AI 실용화를 앞당겼다. AI는 기술이 아니라 사회적 활용의 문제이며, 기득권 저항과 기존 구조의 장벽을 넘는 새로운 데이터 활용 체계를 갖출 때 비로소 진정한 국가 경쟁력이 확보된다.

① 한국의 의료 데이터 분산으로 인해 세계 최고 수준의 AI 기술력을 보유한 기업들도 의료용 AI 개발에 어려움을 겪고 있다.
② 전 세계 AI 관련 특허 출원 건수가 지난 5년간 300% 증가하며 기술 혁신이 가속화되고 있다.
③ 미국과 중국의 AI 실용화 성공이 데이터 거버넌스보다는 기술을 위한 막대한 투자와 인재 확보에 기인한다는 분석이 제기되고 있다.
④ 일본에서는 개인정보보호법 강화로 인해 AI 개발에 필요한 데이터 접근이 제한되어 관련 산업 발전이 정체되고 있다.

17. 다음 글에서 추론할 수 있는 올바른 사동 표현으로 가장 적절한 것은?

> 　국어에서 사동 표현은 주체가 남에게 어떠한 행위를 하도록 시키는 것이다. 사동 표현은 다양한 방법을 통해 실현될 수 있는데, 크게는 어근에 사동 접미사를 연결하여 사동사를 만드는 방법인 파생적 사동과 보조 용언 '-게 하다'를 붙여서 만드는 통사적 사동이 있다.
>
> 　파생적 사동의 경우, 주동사의 어근에 '-이-, -히-, -리-, -기-, -우-, -구-, -추-' 따위의 사동 접미사를 연결하여 사동사를 만드는 방법과 체언에 '-시키다'의 사동 접미사를 연결하여 만드는 방법이 있다. 그중 '-시키다'의 경우, 사동 문장이 아님에도 광범위하게 사용되는 경우가 있어서 주의를 요한다. 예를 들어, '월매는 춘향과 몽룡을 결혼시켰다'의 경우 주체인 '월매'가 '춘향과 몽룡'이 '결혼'이라는 행위를 하도록 만든 것이므로 사동 접미사 '-시키다'를 사용하는 것이 자연스럽다. 하지만, '내가 너에게 친구를 소개시켜 줄게'의 경우, 주체인 '나'가 '소개'라는 행위를 하도록 만든 것이 아니므로 '-시키다'를 사용할 수 없다. 이러한 경우에는 '-하다'를 붙여 어색한 문장을 해소해야 한다. 따라서 '내가 너에게 친구를 소개해 줄게'가 자연스러운 문장이다.

① 검찰에서 살인 사건의 범인을 드디어 구속시켰다.
② 정부에서 불법 마약 거래 행위를 금지시켰다.
③ 선배들이 후배들을 운동장으로 집합시켰다.
④ 영호가 정부에 세금을 내기 위해 은행에 돈을 입금시켰다.

18. 다음 글의 중심 내용으로 가장 적절한 것은?

　　사람들은 어떤 위험을 더 두렵게 느끼는가? 객관적인 수치보다 주관적인 인식이 위험 평가에 더 큰 영향을 미치는 경우가 많다. 예를 들어, 통계적으로 사망률이 높은 질병보다 뉴스에 자주 등장하는 방사능 유출이나 몰래카메라 사건이 더 위험하게 인식되기도 한다. 실제 한 연구에서는 대학생 집단이 기술적 위험 요소를 토론하며 60개가 넘는 항목을 도출했는데, 이들이 가장 위험하다고 평가한 대상은 '안전불감증'이었다. 이들은 사고 매뉴얼 미비, 방사능 유출, 원자력 발전보다도 '사회 전반의 안전의식 부족'을 더 위협적으로 보았다. 또한, 기사 보도량이 많은 항목일수록 위험 수준, 두려움 정도, 인식된 지식 수준이 모두 높게 평가되었다. 이는 위험이 단순히 물리적 현실이 아니라, 언론 보도와 사회적 논의 속에서 구성된다는 점을 시사한다.

　　이러한 결과는 위험을 둘러싼 집단 인식이 단순한 정보 축적이 아닌 사회문화적 맥락 안에서 형성된다는 사실을 보여준다. 개인이 경험하지 않은 사건이라도 반복적 미디어 노출을 통해 구체적인 이미지와 감정으로 체화되며, 이는 실제 정책 수용이나 행동 양식에도 영향을 미칠 수 있다. 따라서 기술이나 재난 관련 정책을 수립할 때에는 과학적 근거뿐 아니라 사회 구성원의 인식과 감정 구조까지 고려하는 접근이 요구된다.

① 대학생들이 안전불감증을 가장 위험한 요소로 평가한 것은 미디어가 만들어낸 왜곡된 위험 인식의 대표적 사례로, 이는 정확한 정보 전달의 중요성을 보여준다.
② 위험에 대한 인식은 객관적 수치보다 언론 보도와 사회적 논의를 통해 형성되므로, 정책 수립 시 사회 구성원의 인식과 감정 구조를 고려해야 한다.
③ 기사 보도량이 많은 위험 항목일수록 사람들이 느끼는 두려움과 위험 수준이 높아지므로, 언론은 사회적 영향력을 고려한 책임 있는 보도가 필요하다.
④ 위험에 대한 인식은 개인의 경험보다 미디어를 통한 간접 체험에 더 큰 영향을 받기 때문에, 실제 위험과 인식된 위험 사이의 격차를 줄이는 교육이 중요하다.

19. 다음 세 진술이 모두 참일 때, 민지, 민희, 민율, 민수 중에서 휴가를 가게 될 총 인원은?

- 민지는 가지 않는다.
- 민희가 가면 민율도 간다.
- 민율 또는 민수가 가면 민지도 간다.

① 0명
② 1명
③ 2명
④ 3명

20. 다음 대화를 분석한 내용으로 적절하지 않은 것은?

현주 : 최근 기후변화 대응을 위해 탄소세를 도입해야 한다는 주장이 나오고 있어. 기업들이 배출하는 탄소량에 따라 세금을 부과하는 건데, 이게 과연 공정한 정책일까?
정우 : 당연히 공정하지. 환경 오염을 일으킨 주체가 그 비용을 부담하는 건 당연한 일이야. 탄소를 많이 배출하는 기업일수록 더 많은 세금을 내야 하고, 그 돈으로 환경 복구와 친환경 기술 개발에 투자해야 해.
서영 : 나는 다르게 생각해. 탄소세는 결국 소비자 가격 인상으로 이어질 거야. 기업들이 세금 부담을 제품 가격에 전가하면, 서민들의 생활비 부담만 늘어나게 돼. 부자들은 감당할 수 있지만 가난한 사람들에게는 큰 타격이야.
민준 : 서영이 말이 맞아. 탄소세는 역진적 성격을 가진 정책이야. 소득 대비 에너지 비용 지출 비중이 높은 저소득층이 더 큰 피해를 보게 돼. 환경은 중요하지만 사회적 형평성도 고려해야 한다고 봐.
정우 : 하지만 기후변화로 인한 피해는 더 심각해. 당장의 경제적 부담보다 미래 세대의 생존권이 더 중요하지 않을까? 탄소세 수입을 저소득층 지원에 활용하면 형평성 문제도 해결할 수 있어.
현주 : 두 입장 다 일리가 있네. 다만 나는 민준이 의견처럼 정책의 부작용을 최소화할 방법을 먼저 마련해야 한다고 생각해. 저소득층 보호 장치 없이 탄소세만 도입하면 불평등이 심화될 거야.
서영 : 맞아. 환경 보호도 중요하지만, 그 과정에서 취약계층이 희생되어서는 안 돼. 모든 계층이 감당할 수 있는 수준의 정책이어야 진정한 지속가능성을 달성할 수 있다고 봐.

① 민준과 서영은 탄소세가 저소득층에게 더 큰 부담이 된다는 점에 대해 의견이 일치한다.
② 서영은 탄소세가 소비자 가격 인상으로 이어질 것을 우려하지만, 정우는 미래 세대의 생존권을 더 중시한다.
③ 정우와 민준은 모두 탄소세가 저소득층에게 미치는 부정적 영향을 우려한다.
④ 현주는 저소득층 보호 장치가 필요하다는 민준의 입장에 동의한다.

2026 공무원 시험 대비 봉투모의고사
국어
▌ 제10회 ▐

응시번호	
성 명	

문제책형

제1과목	국어	제2과목	영어	제3과목	한국사
제4과목		제5과목			

응시자 주의사항

1. **시험시작 전 시험문제를 열람하는 행위나 시험종료 후 답안을 작성하는 행위를 한 사람**은 「공무원임용시험령」 제51조에 의거 **부정행위자**로 처리됩니다.

2. **답안지 책형 표기**는 시험시작 전 감독관의 지시에 따라 **문제책 앞면에 인쇄된 문제책형을 확인**한 후, 답안지 책형란에 해당 **책형(1개)**을 '●'로 **표기**하여야 합니다.

3. **답안은 문제책 표지의 과목 순서에 따라 답안지에 인쇄된 순서(제1·2·3·4·5과목)에 맞추어 표기**해야 하며, 과목 순서를 바꾸어 표기한 경우에도 **문제책 표지의 과목 순서대로 채점되므로** 유의하시기 바랍니다.

4. 시험이 시작되면 문제를 주의 깊게 읽은 후, **문항의 취지에 가장 적합한 하나의 정답만을 고르며**, 문제내용에 관한 질문은 할 수 없습니다.

5. 답안지의 모든 기재 및 표기 사항은 **컴퓨터용 흑색 싸인펜을 사용**하며, 반드시 <보기>의 **올바른 표기 방식**으로 답안을 작성해야 합니다.

   <보기> 올바른 표기: ●   잘못된 표기: ⊗ ⊗ ◑ ⊙ ⦸ ⊖ ③

6. 답안을 잘못 표기하였을 경우에는 답안지를 교체하여 작성하거나 수정할 수 있으며, 표기한 답안을 수정할 때는 **응시자 본인이 가져온 수정테이프만을 사용**하여 해당 부분을 완전히 지우고 부착된 수정테이프가 떨어지지 않도록 손으로 눌러주어야 합니다. (수정액 또는 수정스티커 등은 사용 불가)
   ▪ **불량한 수정테이프의 사용과 불완전한 수정처리로 발생하는 모든 문제는 응시자 본인에게 책임이 있습니다.**

7. 법령, 고시, 판례 등에 관한 문제는 **2025년 1월 31일 현재 유효한 법령, 고시, 판례 등을 기준**으로 정답을 구해야 합니다. 다만, 개별 과목 또는 문항에서 별도의 기준을 적용하도록 명시한 경우에는 그 기준을 적용하여 정답을 구해야 합니다.

8. **시험시간 관리의 책임은 응시자 본인에게 있습니다.**
   ※ 문제책은 시험종료 후 가지고 갈 수 있습니다.

정답공개 및 가산점 등록 안내

1. 정답공개: 정답가안 4.4.(토) 13:30 / 최종정답 4.13.(월) 18:00 / 사이버국가고시센터
2. 이의제기: 4.4.(토) 18:00 ~ 4.7.(화) 18:00 / 사이버국가고시센터
   ▪ 구체적인 이의제기 방법은 정답가안 공개 시 공지 예정
3. 가산점 등록기간: 4.4.(토) 13:30 ~ 4.6.(월) 21:00
4. 가산점 등록방법: 사이버국가고시센터 ➜ [원서접수 → 가산점 등록/확인]

국 어

1. <공공언어 바로 쓰기 원칙>에 따라 수정한 것으로 적절하지 않은 것은?

> ─── <공공언어 바로 쓰기 원칙> ───
> • 문장 성분 간의 호응하기
>   ㉠ 주어와 서술어가 호응하도록 할 것.
> • 명료한 수식어구 사용하기
>   ㉡ 수식어와 피수식어의 관계를 분명하게 표현할 것.
> • 올바른 문장 구조 사용하기
>   ㉢ 대등한 것끼리 나열될 때에는 구조가 같은 표현을 사용할 것.
> • 올바른 조사 사용하기
>   ㉣ 문맥에 맞는 올바른 조사를 사용할 것.

① "이번 총선에서 국회의원 300명을 선출되었다."를 ㉠에 따라 "이번 총선에서 국회의원 300명이 선출되었다."로 수정한다.
② "담당자는 안전 교육을 하면서 서류를 제출하는 시민을 지도하였다."를 ㉡에 따라 "담당자는 안전 교육을 하면서, 서류를 제출하는 시민을 지도하였다."로 수정한다.
③ "업무 효율성 제고와 통계 서비스를 개선시킬 수 있는 방안도 같이 모색하겠다고 밝혔다."를 ㉢에 따라 "업무 효율성을 제고하고 통계 서비스를 개선할 수 있는 방안도 같이 모색하겠다고 밝혔다."로 수정한다.
④ "학생으로서 본분을 다해야 한다."를 ㉣에 따라 "학생으로써 본분을 다해야 한다."로 수정한다.

2. (가)~(다)를 전제로 할 때 빈칸에 들어갈 결론으로 가장 적절한 것은?

> (가) 새로운 농업 기술이 도입되거나, 이상 기후 현상이 지속되지 않는다.
> (나) 농촌 인력 수요가 감소하지 않거나 작물 생산성이 높아지지 않으면 새로운 농업 기술이 도입되지 않는다.
> (다) 농촌 인력 수요가 감소하지 않거나 식량 가격이 불안정해지면 이상 기후 현상이 지속된다.
> 따라서 [   ]

① 농촌 인력 수요가 감소하지 않는다.
② 농촌 인력 수요가 감소한다.
③ 식량 가격이 불안정해지지 않는다.
④ 작물 생산성이 높아진다.

3. 다음 중 ㉠에 해당하는 사례로 적절하지 않은 것은?

> 문장에서 서술어의 주체인 주어를 높이는 높임 방법을 주체높임법 이라고 한다. 주체 높임법은 선어말 어미 '-(으)시-'와 주격조사 '께서'를 통해 실현되고, '주무시다, 돌아가시다.'의 특수 어휘를 통해 실현되기도 한다. 주체 높임 중 하나인 간접 높임은, 높임의 대상이 되는 인물과 밀접한 관계가 있는 사물, 신체 부분, 의견 등을 높임으로써 높임의 대상이 되는 인물을 간접적으로 높이는 방법이다. 간접 높임은 어말 어미 '-(으)시-'를 통해 실현되며 '계시다, 편찮으시다'와 같은 특수 어휘를 사용하지 않는다. 하지만 이러한 ㉠ 주체 높임을 지나치게 사용할 경우에는 문제가 될 수 있는데, 간접 높임을 지나치게 사용하거나, 높여야 할 대상을 제대로 높이지 않거나, 또는 높이지 말아야 할 대상을 높이는 경우가 그 예이다.

① 주례 선생님의 말씀이 계시겠습니다.
② 손님, 주문하신 커피 나오셨습니다.
③ 문의사항이 있으시면 언제든 연락 주세요.
④ 철수의 할머니는 귀가 편찮으셨다.

4. <지침>에 따라 <개요>를 작성할 때 ㉠~㉣에 들어갈 내용으로 적절하지 않은 것은?

> ─── <지 침> ───
> • 서론은 보고서 작성의 배경과 필요성을 포함할 것.
> • 본론은 제목에서 밝힌 내용을 2개의 장으로 구성하되, 2장의 하위 항목이 3장의 하위 항목과 서로 대응하도록 할 것.
> • 결론은 제목과 관련된 향후 과제를 제시할 것.

> ─── <개 요> ───
> • 제목 : 공공시설 노후화 문제 대응 방안 보고서
> Ⅰ. 서론 : 노후 공공 시설 정비의 배경 및 필요성
>   1. 노후 시설물 붕괴 등 최근 주요 안전 사고 사례 및 국민 불안 가중
>   2. [㉠   ]
> Ⅱ. 공공시설 노후화의 주요 발생 원인
>   1. [㉡   ]
>   2. 전담 인력 부족과 점검·유지관리 체계 부실
> Ⅲ. 공공 시설 노후화의 해결 방안
>   1. 재원 조달 다각화 및 장기적 예산 관리 체계 구축
>   2. [㉢   ]
> Ⅳ. 결론 : 노후 공공시설 대응 방안의 향후 과제
>   1. [㉣   ]
>   2. 지속적인 시설물 유지 관리를 위한 법규 정비 및 전문 인력 양성 추진

① ㉠ : 노후 공공시설의 안전 확보를 위한 체계적 대응의 시급성 제기
② ㉡ : 노후 시설물 정보 시스템으로 보안 문제 발생
③ ㉢ : 전담 인력 확충 및 첨단 장비를 활용한 정밀 진단 체계 구축
④ ㉣ : 노후 시설물에 대한 실태 조사 및 안전 기준 강화 방안 마련

5. 다음 글의 ㉠~㉣ 중 어색한 곳을 찾아 가장 적절하게 수정한 것은?

> 문화유산은 한 사회의 정체성과 가치를 담고 있는 소중한 자산이다. 현대 사회의 급속한 도시화와 산업화는 ㉠ 문화유산 보존에 부정적인 영향을 미쳤다는 평가를 받고 있다. 실제로 도시 개발 과정에서 많은 문화유산이 파괴되거나 훼손되었다. 이를 막기 위해 국제사회는 다양한 보존 정책과 협약을 도입했으며, 유네스코의 세계유산 등재 제도는 문화유산 보호를 위한 중요한 기제로 자리 잡고 있다. 한편, 문화유산을 단순히 보존하는 것을 넘어, ㉡ 현대 사회에서의 활용 가능성에 대한 논의도 활발히 이루어지고 있다. 예를 들어, 역사적 유적지와 전통 마을은 관광 자원으로 활용되며 지역 경제에 긍정적인 영향을 미치고 있다. 그러나 무분별한 상업화는 문화유산의 본래 가치를 훼손할 위험이 있다. 따라서 문화유산 활용은 ㉢ 그 가치를 존중하고 보존하려는 노력이 병행되어야 한다는 주장이 제기되고 있다. 결론적으로, 문화유산은 현대적 관점에서 경제적 자원으로 간주되어야 하며, ㉣ 현대적 용도로 재창조하는 것이 필요하다. 하지만 문화유산의 본래 의미와 역사적 맥락을 보존하는 것이 우선되어야 한다는 점은 간과되어서는 안 된다. 이를 위해 각국 정부와 지역 사회의 협력이 필수적이다.

① ㉠ : 문화유산 보존에 긍정적인 영향을 미쳤다
② ㉡ : 현대 사회에서의 활용을 최소화함으로써 보존 효과를 극대화해야 한다는 논의
③ ㉢ : 경제적 이익으로 환원하려는 노력이 중요하다
④ ㉣ : 사회적 가치를 극대화하는 것이 중요하다

6. 다음 글을 참고하여 (가)~(마)를 순서대로 배열한 것으로 가장 적절한 것은?

> 　　로마와 파리는 이탈리아와 프랑스를 대표하는 예술 도시로 두 도시의 판테온은 두 도시의 빼놓을 수 없는 자랑거리이다.
> (가) 결국 판테온은 건축가인 수플레의 의도와 달리 1791년 프랑스의 위인들을 모신 국립묘지로 개장하게 된다.
> (나) 한편, 루이 15세에게 생 주느비에브 성당 건설을 명받은 수플레는 로마 유학의 경험으로 로마의 판테온을 본뜬 건축물을 설계했지만 1780년에 사망하였다.
> (다) 이후 프랑스 혁명 정부는 수플레의 설계를 반영하면서도 건물의 용도를 성당에서 국립묘지로 바꾸어 판테온을 완공하였다.
> (라) 로마의 판테온은 집정관 아그리파가 건설하였으나 현재 남아 있는 건물은 하드리아누스 황제가 재건한 것이다.
> (마) 하드리아누스 황제는 아그리파를 존중하는 의미로 판테온의 지붕에 조각된 '아그리파가 지었다'라는 라틴어 명문을 철거하지 않고 그대로 남겨 놓았다.

① (나) − (다) − (라) − (가) − (마)
② (나) − (다) − (마) − (라) − (가)
③ (라) − (마) − (나) − (다) − (가)
④ (라) − (마) − (다) − (나) − (가)

7. 다음 글에서 추론한 내용으로 적절하지 않은 것은?

> 　　5세대 이동통신(5G)은 이전 세대인 4G에 비해 데이터 전송 속도가 크게 향상되고, 지연 시간도 줄어들었다. 5G는 더 넓은 주파수 대역과 밀집된 소형 기지국을 활용해 대용량 데이터를 실시간으로 처리한다. 이를 통해 초고화질 영상 전송이나 자율주행, 사물인터넷(IoT)과 같은 새로운 서비스가 가능해졌다.
> 　　5G 기술의 핵심은 주파수 활용 방식과 네트워크 구조의 차이에 있다. 4G는 낮은 주파수 대역을 사용해 넓은 지역에서도 안정적인 서비스가 가능한 방식이다. 반면에 5G는 고주파 대역을 이용하여 더 많은 데이터를 빠르게 주고 받을 수 있다. 다만 고주파는 직진성이 강해 장애물에 신호가 차단되기 쉬우므로, 이를 보완하기 위해 기지국을 촘촘히 설치해야 하는 한계가 있다. 또한 5G는 '네트워크 슬라이싱' 기술을 도입해, 하나의 물리적 네트워크를 여러 가상 네트워크로 나누어 다양한 서비스 요구에 맞게 운용할 수 있다.
> 　　결국 5G는 속도 향상뿐 아니라 네트워크 효율성, 연결 안정성, 서비스 맞춤성 등에서 4G와 본질적인 차이를 보인다. 이러한 변화는 단순히 통신 기술의 발전을 넘어, 산업 전반의 디지털 전환을 가속화하는 기반이 되고 있다.

① 5G는 직진성이 강한 주파수의 특성 때문에 4G보다 더 많은 기지국이 필요하다.
② 5G는 대용량 데이터를 빠르게 전송하지만, 장애물이 있으면 전송 속도가 느려질 수 있다.
③ 5G는 '네트워크 슬라이싱'을 통해 다양한 환경에 맞춘 유연한 네트워크 구성이 가능하다.
④ 5G는 4G보다 낮은 주파수 대역을 사용하여 넓은 지역을 안정적으로 연결할 수 있다.

8. 다음 글의 빈칸에 들어갈 결론으로 가장 적절한 것은?

> 　　과학자들은 식물이 어떻게 뿌리를 땅속으로 내리고 줄기를 하늘로 뻗는지를 오랫동안 연구해 왔다. 이는 식물이 중력의 방향을 감지하고 그에 맞춰 성장 방향을 조절하는 능력, 즉 '굴중성(屈重性)' 때문인데, 이 현상이 어떻게 일어나는지 밝히기 위한 실험들이 진행되었다. 초기 실험에서 식물의 뿌리와 줄기를 각각 아래와 위로 향하게 한 뒤 일정 시간이 지나면 방향을 바꾸어 관찰했다. 그 결과 뿌리는 항상 중력이 작용하는 아래쪽으로, 줄기는 중력 반대 방향인 위쪽으로 굽어 자랐다. 이는 식물이 중력의 방향을 정확히 인식하고 반응한다는 사실을 보여주었다.
> 　　이어 연구진은 식물의 성장 조절 물질인 옥신(Auxin)에 주목했다. 식물의 뿌리나 줄기 끝에서 만들어지는 옥신은 중력 방향에 따라 식물체 내에서 불균등하게 분포하는 특성이 있다. 예를 들어, 식물이 옆으로 누워 있을 때 중력은 옥신이 아래쪽으로 더 많이 모이도록 한다. 그런데 [＿＿＿＿＿＿＿＿＿＿] 작용을 한다. 줄기의 경우 옥신이 많이 모인 아래쪽 세포가 더 길게 자라 식물 전체가 위로 굽고, 뿌리의 경우 옥신이 많이 모인 아래쪽 세포가 덜 자라 식물 전체가 아래로 굽는 원리이다. 이 실험은 결국 식물이 (을/를) 통해 스스로 성장 방향을 조절함을 보여준다.

① 옥신은 줄기 세포의 신장(길이 생장)과 뿌리 세포의 신장을 촉진하는 일관된
② 옥신은 줄기 세포의 신장(길이 생장)과 뿌리 세포의 신장을 억제하는 일관된
③ 옥신은 줄기 세포의 신장(길이 생장)을 억제하지만, 뿌리 세포의 신장은 오히려 촉진하는 상반된
④ 옥신은 줄기 세포의 신장(길이 생장)을 촉진하지만, 뿌리 세포의 신장은 오히려 억제하는 상반된

9. 다음 글의 밑줄 친 결론을 이끌어 내기 위해 추가해야 할 전제는?

> 　　만약 내 첫 번째 기술 설계가 옳지 않다면, 이 신기술이 상용화될 수 없다. 하지만 내 첫 번째 설계와 두 번째 설계가 동시에 옳을 수는 없다. 두 설계는 상반된 기술적 접근 방식을 취하고 있기 때문이다. 그런데 만약 내 두 번째 기술 설계가 옳지 않다면, 기존 연구 보고서에는 오류가 없다는 것이 밝혀질 것이다. 따라서 이 신기술은 상용화될 수 없을 것이다.

① 만약 이 신기술이 상용화된다면, 내 첫 번째 기술 설계가 옳다.
② 기존 연구 보고서에는 오류가 없다.
③ 첫 번째 기술 설계가 옳다.
④ 두 번째 기술 설계가 옳다.

10. 다음 글에서 추론한 내용으로 가장 적절한 것은?

> 이청준의 『병신과 머저리』는 전쟁을 체험한 세대인 '형'과 전후 세대인 '나'의 이야기를 통해 정체성을 잃고 방황하는 1960년대 지식인을 형상화한 소설이다. 의사인 형은 6·25전쟁 중 동료를 죽이고 탈출한 기억을 간직한 채, 한 소녀의 수술 실패 이후 죄의식에서 벗어나지 못하고 병원 문을 닫은 채 소설을 쓰기 시작한다. 반면 동생 '나'는 약혼자 혜인을 진심으로 사랑하지만 우물쭈물하다 이별하고, 끝없는 무기력과 패배감 속에서 살아간다.
>
> 이 두 사람은 모두 정신적 아픔을 지니지만, 그 근원은 다르다. 형은 자신의 상처가 전쟁의 비극에서 비롯됨을 분명히 인식하고, 글쓰기를 통해 이를 극복하려 한다. 그러나 동생은 아픔의 원인을 알지 못한 채 막연한 무력감 속에 머문다. 제목인 '병신과 머저리'는 이러한 형과 동생의 관계를 상징한다. 자신의 상처의 근원을 알고 직시하는 형이 '병신'이라면, 고통의 근원을 깨닫지 못한 채 살아가는 동생은 '머저리'이다.
>
> 동생은 형의 소설을 읽으며 형의 고통을 이해하고 자신의 상처의 근원을 성찰하게 된다. 두 형제의 아픔은 1960년대 한국 지식인이 겪어야 했던 정체성의 혼란과 무력감을 보여 주며, 작가는 두 형제를 통해 개인의 실존적 고통과 시대의 상처를 동시에 응시하게 한다.

① 1960년대 지식인의 내면적 방황을 전쟁을 겪은 세대와 전후 세대를 상징하는 인물들을 통해 드러내고 있다.

② 고통의 근원을 알지 못하는 형을 '병신'으로, 상처의 근원을 바로 알고 직시하는 동생을 '머저리'로 상징하고 있다.

③ 소설의 제목인 '병신과 머저리'는 신체적 불구와 정신적 결함을 희화화하며 시대를 풍자하는 의미로 사용되고 있다.

④ 형이 쓰는 소설은 형에게는 상처의 근원을 인식하는 계기가, 동생에게는 자신의 상처를 성찰하는 계기가 된다.

11. 갑~병의 주장을 분석한 내용으로 적절한 것만을 <보기>에서 모두 고르면?

> 갑 : 과학 이론은 자연 세계에 대한 객관적 진리를 밝혀내는 도구이다. 과학적 이론들은 실제로 존재하는 현상과 구조를 설명하며, 우리의 관찰을 통해 그 정확성을 검증할 수 있다. 따라서 과학은 자연의 실재를 이해하는 데 필수적이며, 과학 이론은 참된 진리를 반영한다. 이러한 관점에서 과학적 지식은 누적되고 점진적으로 발전하며, 세계에 대한 우리의 이해를 심화시킨다.
>
> 을 : 과학 이론은 관찰 가능한 현상을 예측하고 설명하기 위한 유용한 도구일 뿐이다. 이론의 목적은 정확한 예측을 제공하는 것이며, 그것이 실제로 자연의 실재를 반영하는지는 중요하지 않다. 따라서 과학 이론은 현상을 다루는 수단이며, 그 이면의 실재에 대한 주장 없이도 기능할 수 있다. 우리는 이론의 유용성에 집중해야 하며, 그것이 진리를 반영하는지는 알 수 없다.
>
> 병 : 과학적 지식은 사회적, 문화적 맥락에서 구성되는 것이다. 과학 이론은 객관적 진리를 발견하는 것이 아니라, 사회적 합의와 담론을 통해 형성된다. 따라서 과학은 절대적인 진리를 제공하지 않으며, 다양한 관점과 이해를 반영한다. 과학 이론은 시대와 문화에 따라 변화하며, 사회적 영향력에 의해 결정된다. 그러므로 과학 지식은 사회적 구성물로 이해되어야 한다.

<보 기>
ㄱ. 갑의 주장과 을의 주장은 대립한다.
ㄴ. 을의 주장과 병의 주장은 대립한다.
ㄷ. 병의 주장과 갑의 주장은 대립하지 않는다.

① ㄱ   ② ㄴ
③ ㄷ   ④ ㄱ, ㄴ

[12~13] 다음 글을 읽고 물음에 답하시오.

> 유럽 각국은 지역 간 불균형과 행정 비효율을 해소하기 위해 지역 개편 정책을 추진해 왔다. 프랑스는 2015년 기존의 22개 지역을 13개의 거대 광역권으로 통합하며, 행정 구조의 효율화를 시도하였다. 정부는 이를 통해 행정 비용을 줄이고, 국가 경쟁력과 유럽연합(EU) 내 정책 영향력을 높일 수 있다고 주장했다. (가) 경제 효율 중심 지역개편론자들은 ㉠ 지역 통합이 자원 배분과 행정 운영의 효율성을 높인다고 본다. 인구와 산업이 분산된 소규모 행정 체계는 중복 투자를 유발하지만, 광역화는 정책의 일관성과 투자 집중을 가능하게 한다고 주장한다.
>
> 반면 (나) 지역균형발전론자들은 ㉡ 지역 통합이 규모 확대에만 집중하면 오히려 지역 간 불균형이 심화될 수 있다고 비판한다. 행정 단위가 커질수록 농촌이나 낙후 지역의 대표성이 약화되고, 지역 정체성이 훼손될 수 있다고 지적한다.
>
> 한편 효율성을 중시하는 학자들은 이에 반박하며, ㉢ 지역 통합을 통한 행정 비용 절감과 정책 일관성 확보가 국가 경쟁력 강화의 전제 조건이라고 주장한다. 이들은 지역 정체성 문제는 장기 과제로 두되, 우선 행정 효율화를 통해 재정 건전성을 확보하는 것이 급선무라고 강조한다. 이에 대해 지역 자치를 중시하는 연구자들은 행정 효율만으로는 지역 주민의 실질적 삶의 질을 보장할 수 없다고 본다. 실제로 일부 광역권에서는 지역 통합 이후 주민의 소속감이 낮아지고, 도시 중심의 예산 편중이 심화되었다는 연구 결과가 보고되고 있다. 그럼에도 ㉣ 지역 통합은 행정 효율과 지역 자치의 균형을 고려할 때 의미가 있으며, 다층적 협력체계가 병행되어야 한다는 절충적 견해도 제기되고 있다.

12. 윗글에 대해 평가한 내용으로 가장 적절한 것은?

① 거대 광역권이 EU 사업 참여에서 경쟁력을 높였다는 분석이 비판받는다면, 이는 (가)의 주장을 약화한다.

② 소규모 지역들을 통합하면 문화·역사적 연속성을 보존할 수 없다는 연구결과가 제시된다면, (가)의 주장을 약화한다.

③ 지역 통합 이후 행정 비용이 감소했다는 연구 결과가 발표된다면 이는 (나)의 주장을 강화한다.

④ 지역 자치를 존중해주자 지역 주민들의 삶의 질이 향상되었다는 연구가 발표된다면, 이는 (나)의 주장을 약화한다.

13. 윗글의 ㉠~㉣ 문맥상 의미가 다른 하나는?

① ㉠
② ㉡
③ ㉢
④ ㉣

[14~15] 다음 글을 읽고 물음에 답하시오.

　　인터넷과 스마트폰이 ㉠ 널리 퍼지면서 누구나 쉽게 글을 쓰고 공유할 수 있게 되었다. 이 덕분에 정보가 더 빨리, 더 넓게 ㉡ 퍼지지만, 사실이 아닌 내용이나 의도적으로 왜곡된 정보도 함께 퍼지고 있다. 특히 인공지능(AI) 기술이 발전하면서 사람처럼 자연스럽게 글을 쓰는 프로그램이 등장해, 진짜 뉴스와 가짜 뉴스를 구별하기가 더 어려워지고 있다. 예를 들어 어떤 프로그램은 믿을 만한 기사에서 핵심 내용을 뽑아 요약할 수 있지만, 같은 기술을 이용해 숫자를 바꾸거나 출처를 바꾸는 식으로 교묘하게 사실과 다른 요약문을 만들 수도 있다. 이렇게 만들어진 글은 겉보기에 자연스러워서, 일반 독자는 물론 기존의 사실 확인 시스템조차도 쉽게 ㉢ 속을 수 있다.

　　이런 상황에서 연구자들은 "가짜정보를 막으려면 먼저 가짜정보를 잘 모아야 한다"는 점에 주목한다. 실제로 사람이 일일이 확인해서 가짜뉴스를 분류하는 일은 매우 힘들고 시간이 오래 걸린다. 그래서 일부 연구팀은 AI를 역으로 활용해, 여러 기사에서 '사실과 다른' 요약문을 자동으로 ㉣ 만들어 데이터셋을 구축하는 실험을 하고 있다. 이렇게 하면 다양한 형태의 가짜정보를 미리 모아두고, 이를 바탕으로 진짜와 가짜를 가려내는 AI를 훈련시킬 수 있다. 결국 중요한 것은 AI가 만든 결과를 무조건 믿거나 두려워하기보다, 그 안에 숨어 있는 위험과 가능성을 함께 이해하고, 더 나은 대책을 마련하는 것이다.

14. 윗글에서 추론한 내용으로 가장 적절한 것은?
　① AI가 작성한 가짜 요약문은 기존의 모든 사실 확인 시스템을 완전히 무력화시킨다.
　② 연구자들은 AI를 활용해 의도적으로 거짓 정보를 생성하여 탐지 시스템 개발에 활용하고 있다.
　③ 인터넷과 스마트폰의 보급은 가짜 뉴스 확산보다 정확한 정보 전달에 더 기여했다.
　④ 사람이 직접 가짜뉴스를 분류하는 방식이 AI를 활용하는 것보다 효율적이다.

15. ㉠~㉣과 바꿔 쓸 수 있는 유사한 표현으로 적절하지 않은 것은?
　① ㉠ : 보편화(普遍化)되면서
　② ㉡ : 확산(擴散)되지만
　③ ㉢ : 혼동(混同)될
　④ ㉣ : 작성(作成)하여

[16~17] 다음 글을 읽고 물음에 답하시오.

　　송강 정철의 <사미인곡>과 <속미인곡>은 모두 임을 향한 그리움과 충정을 노래한 연군가사이다. 그러나 두 작품은 주제를 공유하면서도 표현 방식과 감정의 깊이에서 뚜렷한 차이를 보인다.

　　먼저 <사미인곡>은 여성 화자의 외적 세계를 세밀하게 묘사하는 데 초점을 둔다. 화자는 매화를 꺾어 임에게 보내고, 오색실로 옷을 지으며, 누각에 올라 달빛을 바라본다. 이러한 장면은 여성의 우아한 자태와 사대부적 품격을 드러내는 동시에, 님을 향한 사랑을 조심스레 표출한다. 작품의 결말에서 화자는 "범나비 되어 님께 가리라"는 소망을 드러내며, 사랑을 죽음을 넘어선 능동적 의지로 승화시킨다.

　　이에 비해 <속미인곡>은 외적 장식 대신 화자의 내면 감정에 집중한다. 이 작품의 화자는 외모나 환경보다 자신의 심리적 동요와 슬픔을 직접적으로 드러낸다. 꿈속에서 님을 만나고, 허무를 ㉠ 느끼는 서사는 인간적 고뇌와 정서적 진실성을 강조한다. 결말에서는 "낙월이 되어 창문을 비추겠다", "굳은 비가 되어 님의 옷을 적시겠다"는 표현을 통해, 사랑을 더 소극적이고 내면화된 형태로 제시한다.

　　결국 <사미인곡>이 이상화된 여성상을 통해 사랑의 '형식미'를 추구했다면, <속미인곡>은 감정의 '진정성'으로 나아간다. 송강은 두 작품을 통해 외면적 미에서 내면적 진실로, 이상화된 사랑에서 현실적 정조로 이행하는 감정의 성숙을 보여 주었다.

16. 윗글을 읽고 추론한 내용으로 가장 적절한 것은?
　① <사미인곡>의 화자는 내면의 심리적 동요와 슬픔을 직접적으로 드러내며 감정의 진정성을 추구하는 데 중점을 두었다.
　② <속미인곡>에서 범나비는 자유로운 생명력을 상징하고, 낙월과 굳은 비는 소멸되어 가는 절제된 감정을 상징한다.
　③ <사미인곡>은 여성 화자의 외적 세계를 세밀하게 묘사함으로써 우아한 자태와 사대부적 품격을 형상화하였다.
　④ <속미인곡>의 화자는 매화를 꺾어 임에게 보내고 오색실로 옷을 지으며 누각에서 달빛을 바라보는 모습을 보인다.

17. 문맥상 ㉠의 의미와 가장 가까운 것은?
　① 철수는 일종의 배신감 같은 것을 느꼈다.
　② 나는 마른풀 더미에서 나는 향긋한 냄새를 코끝에 느꼈다.
　③ 우리는 외국어를 공부하면서 오히려 국어의 중요성을 새삼 느끼게 되었다.
　④ 나는 그의 얼굴을 보는 순간 일이 잘못되었다는 것을 바로 느낄 수 있었다.

18. 다음 글의 ㉠을 강화하는 것만을 <보기>에서 모두 고르면?

인간이 어떤 대상을 평가하거나 판단할 때, 처음에 제시된 정보에 크게 의존하여 나중의 판단이 이 초기 정보의 영향을 받는 현상이 있다. 이 초기 정보는 마치 배의 닻(Anchor)과 같아서, 최종적인 판단을 이 초기 정보 주변에 묶어두는 역할을 한다. 이러한 현상을 ㉠ 앵커링 효과(Anchoring Effect)라고 불린다. 이 효과는 인간의 비합리성을 보여주는 대표적인 인지적 편향 중 하나이다. 예를 들어, 어떤 중고차 판매자가 터무니없이 높은 가격을 처음 제시하면, 구매자는 그 가격을 기준으로 할인율이나 최종 가격을 논의하게 된다. 이 초기 가격이 구매자의 최종 지불 의사를 무의식적으로 높이는 닻 역할을 수행하는 것이다. 앵커링 효과는 가격 협상, 법적 판결, 투자 결정 등 다양한 상황에서 합리적인 판단을 방해하는 요소로 강력하게 작용한다. 설령 이 초기 정보가 논리적으로 전혀 관련이 없거나 임의의 숫자라 할지라도, 최종 판단에 영향을 미치게 되는 경우도 종종 볼 수 있다.

─── <보 기> ───

ㄱ. 집을 사려는 고객에게 시세보다 높은 집을 먼저 보여주고 그 뒤에 약간 저렴한 가격의 집을 보여 주자, 고객은 뒤에 본 집을 바로 계약하였다.
ㄴ. 법정에서 배심원들에게 임의의 숫자를 제시하자, 그 숫자가 피고인의 형량 결정에 영향을 주었다.
ㄷ. 온라인 쇼핑몰에서 소비자가 상품을 구매할 때, 다른 구매자들이 남긴 최신 후기와 평점 순위를 보고 상품을 선택하였다.

① ㄱ
② ㄱ, ㄴ
③ ㄴ, ㄷ
④ ㄱ, ㄴ, ㄷ

19. 백반집을 운영하는 민수는 다음 조건에 따라 김치찌개, 된장찌개, 불고기, 삼겹살, 비빔밥 중에서 최소 3개 이상의 메뉴를 판매하려고 한다. ㉠~㉤의 진술이 참이라고 할 때, 민수가 반드시 판매하게 될 메뉴를 고르면?

㉠ 김치찌개와 된장찌개를 둘 다 판매하지는 않는다.
㉡ 불고기를 판매하면 삼겹살을 판매하지 않는다.
㉢ 불고기를 판매하지 않으면 비빔밥을 판매한다.
㉣ 삼겹살을 판매하지 않으면 김치찌개를 판매한다.
㉤ 비빔밥을 판매하면 된장찌개를 판매한다.

① 된장찌개, 삼겹살
② 김치찌개, 불고기
③ 된장찌개, 삼겹살, 비빔밥
④ 된장찌개, 불고기, 비빔밥

20. 다음 글에서 추론한 내용으로 적절하지 않은 것은?

동사와 형용사는 모두 용언에 속하지만 여러 기준으로 구분할 수 있다. 첫째, 의미상 동사는 주어의 동작이나 작용을 나타내고, 형용사는 주어의 성질이나 상태를 나타낸다. 둘째, 현재 시제 선어말 어미 '-는/-ㄴ'이 결합할 수 있으면 동사이고, 결합할 수 없으면 형용사이다. 셋째, 현재를 나타내는 관형사형 전성 어미 '-는'이 결합할 수 있으면 동사이고, 결합할 수 없으면 형용사이다. 다만, '있다, 없다'의 경우에는 '-는'이 결합되더라도 의미 자체가 성질이나 상태의 의미가 강하다면 형용사로 봐야 한다. 넷째, 명령형 어미 '-어라'나 청유형 어미 '-자'와 결합할 수 있으면 동사이고, 결합할 수 없으면 형용사이다. 다섯째, 의도를 뜻하는 '-려'나 목적을 뜻하는 '-러'와 함께 쓰일 수 있으면 동사이고, 그렇지 못하면 형용사이다.

예를 들어 '일어나다'는 '일어난다'로 활용되므로 동사이고, '아름답다'는 '아름답는다'로 활용할 수 없으므로 형용사이다. '보다'는 '보는 사람'처럼 '-는'이 결합하지만, '달다'는 '달는 과일'로 활용할 수 없고 '단 과일'로 활용되므로 각각 동사, 형용사이다. '일어나다'는 '일어나라', '일어나자'로 활용되지만, '착하다'는 '착해라', '착하자'로 활용할 수 없으므로 각각 동사, 형용사이다. 그런데 '크다', '밝다', '있다' 등 일부 단어는 결합되는 어미나 의미에 따라 동사와 형용사로 모두 쓰일 수 있으므로 주의해야 한다.

① '밝다'는 '드디어 날이 밝는다'로 활용되므로 현재 시제 선어말 어미 '-는'이 결합할 수 있는 동사이다.
② '행복하다'는 '행복하여라'로 활용될 수 없으므로 형용사이다.
③ '없다'는 '없는 집안에서 성공했다.'로 활용되므로 현재 시제 선어말 어미 '-는'이 결합할 수 있는 동사이다.
④ '충만하다'는 '충만하러 갔다'처럼 목적을 나타내는 '-러'와 결합할 수 없으므로 형용사이다.

2026 공무원 시험 대비 봉투모의고사
국어
▌제11회▐

 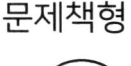 

응시자 주의사항

1. **시험시작 전 시험문제를 열람하는 행위나 시험종료 후 답안을 작성하는 행위를 한 사람**은 「공무원임용시험령」 제51조에 의거 **부정행위자**로 처리됩니다.

2. 답안지 책형 표기는 시험시작 전 감독관의 지시에 따라 문제책 앞면에 인쇄된 문제책형을 확인한 후, **답안지 책형란에 해당 책형(1개)을 '●'로 표기**하여야 합니다.

3. 답안은 문제책 표지의 과목 순서에 따라 답안지에 인쇄된 순서(제1·2·3·4·5과목)에 맞추어 표기해야 하며, 과목 순서를 바꾸어 표기한 경우에도 **문제책 표지의 과목 순서대로 채점**되므로 유의하시기 바랍니다.

4. 시험이 시작되면 문제를 주의 깊게 읽은 후, 문항의 취지에 가장 적합한 하나의 정답만을 고르며, 문제내용에 관한 질문은 할 수 없습니다.

5. 답안지의 모든 기재 및 표기 사항은 **컴퓨터용 흑색 싸인펜을 사용**하며, 반드시 <보기>의 **올바른 표기** 방식으로 답안을 작성해야 합니다.

    <보기> 올바른 표기: ●   잘못된 표기: ⓥ ⊗ ◑ ◉ ⊙ ⑪ ○ ③

6. 답안을 잘못 표기하였을 경우에는 **답안지를 교체하여 작성하거나 수정할 수 있으며**, 표기한 답안을 수정할 때는 **응시자 본인이 가져온 수정테이프만을 사용**하여 해당 부분을 완전히 지우고 부착된 수정테이프가 떨어지지 않도록 손으로 눌러주어야 합니다. (수정액 또는 수정스티커 등은 사용 불가)
    ■ 불량한 수정테이프의 사용과 불완전한 수정처리로 발생하는 모든 문제는 응시자 본인에게 책임이 있습니다.

7. 법령, 고시, 판례 등에 관한 문제는 **2025년 1월 31일 현재 유효한 법령, 고시, 판례 등을 기준**으로 정답을 구해야 합니다. 다만, 개별 과목 또는 문항에서 별도의 기준을 적용하도록 명시한 경우에는 그 기준을 적용하여 정답을 구해야 합니다.

8. **시험시간 관리의 책임은 응시자 본인에게 있습니다.**
    ※ 문제책은 시험종료 후 가지고 갈 수 있습니다.

정답공개 및 가산점 등록 안내

1. 정답공개: 정답가안 4.4.(토) 13:30 / 최종정답 4.13.(월) 18:00 / 사이버국가고시센터
2. 이의제기: 4.4.(토) 18:00 ~ 4.7.(화) 18:00 / 사이버국가고시센터
    ■ 구체적인 이의제기 방법은 정답가안 공개 시 공지 예정
3. 가산점 등록기간: 4.4.(토) 13:30 ~ 4.6.(월) 21:00
4. 가산점 등록방법: 사이버국가고시센터 ➜ [원서접수 → 가산점 등록/확인]

국 어

1. <공공언어 바로 쓰기 원칙>에 따라 <공문서>의 ㉠ ~ ㉣을 수정한 것으로 적절하지 않은 것은?

───── <공공언어 바로 쓰기 원칙> ─────
- 문장 성분 간 호응 관계를 명확히 할 것.
- 올바른 조사를 사용할 것.
- 중의적인 문장을 피할 것.
- 중복되는 표현을 삼갈 것.

───────── <공문서> ─────────
국토교통부

수신　　각 시·도(교통담당과장)

제목　　수소전기동차 실증 노선 확정 안내

───────────────────────────

1. 귀 기관의 무궁한 발전을 기원합니다.
2. 국토교통부는 수소전기동차 실증 R&D 사업의 ㉠ 실증 노선을 경원선과 교외선 구간으로 확정합니다.
3. 이번 사업은 수소열차 조기 상용화를 목표로 ㉡ 기존 운영 노선으로 충전·정비 등 인프라를 구축합니다.
4. 실증 노선에는 최고속도 150km/h 성능을 갖춘 ㉢ 신규 개발 수소전기동차와 정비 차량이 투입됩니다.
5. 국토교통부는 ㉣ 매 1년마다 관련 제도 개선과 기술개발 투자를 확대하겠습니다. 정적 공급을 안정화하는 체계를 구축하겠습니다.

① ㉠: 실증 노선이 경원선과 교외선 구간으로 확정되었습니다
② ㉡: 기존 운영 노선에
③ ㉢: 신규 개발된 수소전기동차와, 정비 차량이
④ ㉣: 1년마다

2. <지침>에 따라 <개요>를 작성할 때 ㉠~㉣에 들어갈 내용으로 적절하지 않은 것은?

───────── <지 침> ─────────
- 서론은 중심 소재의 개념 정의와 문제 제기를 1개의 장으로 작성할 것.
- 본론은 제목에서 밝힌 내용을 2개의 장으로 구성하되 각 장의 하위 항목끼리 대응되도록 작성할 것.
- 결론은 기대 효과와 향후 과제를 1개의 장으로 작성할 것.

───────── <개 요> ─────────
- 제목 : 폐의약품 처리 실태와 수거체계 개선 방안
Ⅰ. 서론
　　1. 폐의약품의 정의와 생활계 유해폐기물 지정 배경
　　2. ┌─────────㉠─────────┐
Ⅱ. 폐의약품 처리 실태의 문제점
　　1. ┌─────────㉡─────────┐
　　2. 약국의 수거 업무 부담과 지자체 회수 지연
Ⅲ. 폐의약품 수거체계 개선 방안
　　1. 시민 인식 개선을 위한 홍보 강화
　　2. ┌─────────㉢─────────┐
Ⅳ. 결론
　　1. ┌─────────㉣─────────┐
　　2. 고령화 시대 의약품 사용 증가에 따른 장기적 대응 과제

① ㉠: 폐의약품의 종량제 봉투 배출로 인한 토양·수질 오염 심각성
② ㉡: 시민들의 폐의약품 분리 배출 인식 부족
③ ㉢: 폐의약품 재활용을 통한 신약 개발 지원
④ ㉣: 폐의약품으로 인한 환경오염 방지와 안전한 의약품 폐기 문화 정착

3. 다음 글에서 추론한 내용으로 적절하지 않은 것은?

　　국어의 높임법이란 말하는 이가 듣는 이나 다른 대상을 높이거나 낮추는 정도를 언어적으로 구별하여 표현하는 체계를 말한다. 국어의 높임법은 높이는 대상이 누구인가에 따라 높임을 실현하는 방법이 달라진다. 먼저 주체높임법은 문장에서 서술어의 주체인 주어가 지시하는 대상을 높이는 표현 방법이다. 객체 높임법은 문장의 객체인 부사어나 목적어를 높이는 방법이다. 상대 높임법은 대화의 상대방, 즉 청자를 높이는 표현 방법으로, 화자와 청자 사이의 관계에 따라 다양한 양상으로 실현된다.

　　가령 주체 높임법은 선어말 어미 '-(으)시-'와 주격 조사 '께서'를 통해 실현되고, '계시다, 잡수시다, 돌아가시다' 등의 특수 어휘를 통해 실현되기도 한다. 또한 주로 '드리다, 모시다, 여쭈다(여쭙다), 뵙다'의 특수 어휘를 통해 실현거나, 부사격 조사 '께'를 통해 객체 높임법이 실현된다. 상대 높임법은 주로 종결어미를 통해 실현되는데 높임의 정도에 따라 다시 여섯 단계로 구분할 수 있다. 상대 높임법은 듣는 이에게 예의를 갖춰 심리적 거리감을 느낄 수 있는 격식체와, 격식을 덜 차려서 친근감을 표현하는 비격식체로 다시 나눌 수 있는데, '하십시오체, 하오체, 하게체, 해라체'는 격식체, '해요체, 해체'는 비격식체이다. 여기에서 '밥을 먹었습니다, 밥을 먹었소, 밥을 먹어요'는 상대 높임이 사용된 것이며 '밥을 먹게, 밥을 먹어라, 밥을 먹어'는 상대를 높이지 않았음을 알 수 있다. 이러한 높임 표현은 한 문장에서 복합적으로 실현되기도 한다.

① '영희가 집에 왔습니다.'는 격식체를 사용해서 상대방에게 예의를 갖추고 있다.
② '회장님께서 가신 후 가보겠습니다.'는 주체 높임과 상대 높임이 사용되었다.
③ '할아버지, 어머니께서 선생님께 성적을 여쭈고 오셨습니다.'는 주체, 객체, 상대 높임이 모두 사용되었다.
④ '할머니께서 댁에 가시고 네가 왔다'에는 주체, 객체 높임은 사용되었으나 상대 높임은 사용되지 않았다.

4. 다음 밑줄 친 부분 중 ㉠의 사례가 포함되어 있지 않은 것은?

　　합성어는 둘 이상의 어근이 결합하여 만들어진 단어로, 그 결합 방식에 따라 통사적 합성어와 비통사적 합성어로 나눌 수 있다. '통사적 합성어'는 결합 방식이 우리말의 일반적인 단어 배열법과 일치하는 합성어를 말한다. 예를 들어 '논밭'의 경우에는 '명사+명사'끼리, '곧잘'의 경우에는 '부사+부사'끼리, '새해'는 '관형사+명사'의 구성이고, '그만두자'는 '부사+용언'의 구성, '힘들다'는 '힘이 들다'에서 주격 조사 '이'가 생략된 '주어+서술어'의 구성, '작은언니'는 '용언의 관형사형+명사', '돌아가다'는 '용언의 연결형+용언' 구성으로 모두 일반적인 문장 구성 방식과 같다.

　　반면 ㉠'비통사적 합성어'는 결합 방식이 우리말의 일반적인 단어 배열법에서 벗어난 합성어를 말한다. '덮밥'은 '덮은 밥'이라고 해야 하는데 관형사형 어미 '-은'이 생략된 '어간+명사'의 구성이고, '굶주리다'는 '굶고 주리다'라고 해야 하는데 연결 어미 '-고'가 생략된 '어간+어간'의 구성으로, 일반적인 단어 배열 방식에서 어긋난다. 또한 '척척박사'는 부사 '척척'이 '박사'를 수식하는 구성으로 이는 '새해'처럼 관형사 '새'가 명사 '해'를 수식해야 하는 일반적인 구성에 어긋난다.

① 접칼을 가져 갔다.
② 어린이를 데려 왔다.
③ 합격의지가 굳세었다.
④ 볼록거울로 내 얼굴을 봤다.

5. 다음 글의 중심 내용으로 가장 적절한 것은?

> 에너지를 아끼는 일은 더 이상 가정이나 개인만의 과제가 아니다. 도시 전체가 하나의 시스템처럼 작동하는 스마트 시티에서는, 건물마다 언제 얼마나 전기를 쓰는지를 파악하고, 가장 알맞은 시간에 전기를 나누어 쓰는 것이 매우 중요해졌다. 예를 들어, 사무실이 가장 붐비는 낮 시간과 사람들이 집에 머무는 밤 시간에는 전력 수요가 달라지기 때문에, 이를 미리 예측하고 조절하는 시스템이 필요하다. 실제로 충북 진천의 한 '제로 에너지 타운'에서는 다양한 건물들의 전기 사용 패턴을 분석해, 전기가 가장 비싸거나 수요가 몰리는 시간을 피해 효율적으로 분배하는 실험이 이루어졌다. 이렇게 하면 불필요한 에너지 낭비를 줄일 수 있을 뿐 아니라, 전기요금도 아낄 수 있다.
>
> 더 나아가, 날씨나 태양광 발전량처럼 상황에 따라 변하는 조건에 맞춰 자동으로 조절되도록 인공지능 기술이 함께 쓰이기도 한다. 이처럼 스마트 시티의 에너지 관리는 단순한 절약이 아니라, 데이터를 기반으로 한 똑똑한 판단의 연속이며, 미래 도시가 환경을 지키면서도 편리하게 살아가는 방법이기도 하다. 특히 주민들이 직접 에너지 사용 현황을 확인하고 조절에 참여할 수 있는 시스템이 도입되면, 도시 전체의 에너지 효율은 더욱 높아질 수 있다.

① 개별 가정과 건물의 에너지 절약 노력이 도시 전체의 에너지 효율성을 결정하는 핵심 요소가 되고 있다.
② 진천의 제로 에너지 타운은 전력 수요 예측과 효율적 분배를 통해 에너지 낭비를 줄이는 성공적 모델을 제시하고 있다.
③ 스마트 시티에서는 데이터 기반의 지능적 에너지 관리 시스템을 통해 도시 차원의 효율적 에너지 운용이 가능해지고 있다.
④ 인공지능 기술과 시민 참여가 결합된 에너지 관리 방식이 지속 가능한 미래 도시의 핵심 경쟁력으로 부상하고 있다.

6. 다음 글의 ㉠~㉣ 중 어색한 곳을 찾아 가장 적절하게 수정한 것은?

> 존엄사는 말기 환자가 극심한 고통 속에서 인간다운 죽음을 맞이할 권리를 보장받는 제도이다. ㉠ 존엄사는 환자의 자율성과 선택권을 존중하는 중요한 의료 윤리 원칙으로 간주된다. 이를 통해 환자들은 불필요한 생명 유지 치료를 피하고, 자신의 마지막 순간을 의미 있게 보낼 수 있다. 그러나 존엄사에 대한 사회적, 법적 논쟁은 여전히 지속되고 있다. 존엄사에 반대하는 사람들은 존엄사가 생명의 존엄성을 훼손하며, 의료진의 윤리적 갈등을 초래할 수 있다고 주장한다. 반면, 존엄사에 찬성하는 사람들은 ㉡ 존엄사가 말기 환자의 고통을 경감시킬 수 있음을 강조한다. 그런데 법적으로 명확한 기준과 절차가 마련되지 않은 상태에서 존엄사를 시행하는 것은 위험할 수 있다. 따라서 많은 국가에서는 ㉢ 존엄사에 대한 법적 규제를 완화하고, 신속한 논의를 통해 제도를 간소화하려는 노력을 기울이고 있다. 존엄사가 사회적으로 안착하기 위해서는 ㉣ 존엄사가 단순히 죽음을 선택하는 것이 아니라, 환자의 삶을 존중하기 위한 중요한 사회적 가치라는 인식이 확산되어야 한다. 이를 위해서는 의료진, 환자, 가족 간의 원활한 소통과 합의가 필수적이다.

① ㉠: 존엄사는 환자의 사회적 지위를
② ㉡: 존엄사가 말기 환자의 고통을 완전히 제거할 수 있음을
③ ㉢: 존엄사에 대한 법적 규제를 강화하고, 신중한 논의를 통해 제도를 정비하려는
④ ㉣: 존엄사가 고통을 완전히 차단하는 것만이 아니라

7. 다음 대화의 빈칸에 들어갈 말로 가장 적절한 것은?

> 갑: 이번 박람회는 국내관이나 국제관에서 열 수 있습니다.
> 을: 국내관에서 박람회를 열지 않으면 추가 예산을 받을 수 없습니다.
> 병: [＿＿＿＿＿＿＿＿＿＿＿＿＿＿＿＿＿＿＿＿＿]
> 정: 여러분의 의견대로 하자면, 박람회를 국제관에서 열 수도, 그렇지 않을 수도 있겠군요.

① 박람회를 국내관에서 열 수 없습니다.
② 현재 상황을 고려할 때, 추가 예산을 받는 것이 불가능합니다.
③ 박람회를 국제관에서 연다면 추가 예산을 받을 수 있습니다.
④ 현재 상황을 고려할 때, 추가 예산을 받는 것이 가능합니다.

8. 다음 대화를 분석한 내용으로 적절하지 않은 것은?

> 갑: 과학은 객관적 진리를 탐구하는 활동이야. 엄격한 과학적 방법론을 따르면 연구자의 주관이나 사회적 맥락과 무관하게 보편적 진리에 도달할 수 있어. 물이 100도에서 끓는다는 사실은 어느 나라에서든 동일하잖아. 이게 바로 과학의 객관성을 보여주는 증거야.
> 을: 나는 반대야. 과학도 결국 사회적 산물이지. 연구 주제 선정부터 결과 해석까지 모든 과정이 사회적 영향을 받아. 냉전 시대에 군사 연구가 집중된 것처럼 말이야. 천동설이 지동설로 바뀐 것처럼 한때 진리로 여겨진 이론들이 뒤집혔잖아. 과학 지식도 시대의 패러다임에 따라 변할 수 있어.
> 병: 두 입장 모두 일리가 있어. 과학적 방법론은 분명 객관성을 추구하는 도구야. 실험의 재현 가능성이나 동료 평가는 주관적 오류를 걸러내지. 하지만 과학 활동의 맥락이 연구에 영향을 미치는 것도 사실이야. 새로운 증거가 나타나면 기존 이론을 수정하는 게 과학의 강점이라고 봐.
> 갑: 사회적 영향을 받는 건 과학의 응용 방향일 뿐, 과학적 사실 자체는 객관적이야. 뉴턴의 운동법칙은 시대와 문화를 초월한 진리잖아.
> 을: 하지만 과학자도 인간이기에 시대의 편견에서 완전히 자유로울 수 없어. 과학이 완전히 객관적이라면 패러다임 전환이 일어날 리 없지.
> 병: 그런 변화는 오히려 과학이 자기 수정 능력을 가진다는 증거야. 사회적 요인이 작용하기도 하지만, 궁극적으로는 경험적 증거가 이론의 타당성을 결정한다고 봐.

① 과학이 완전히 객관적이라는 점에 대해 갑은 동의하지만 을과 병은 동의하지 않는다.
② 사회적 맥락이 과학 연구에 영향을 미친다는 점에 대해 을은 동의하지만 갑은 동의하지 않는다.
③ 과학적 지식이 시대에 따라 변할 수 있다는 점에 대해 을과 병은 동의한다.
④ 과학적 방법론이 객관성을 추구하는 도구라는 점에 대해 갑과 을은 동의하지 않지만 병은 동의한다.

[9~10] 다음 글을 읽고 물음에 답하시오.

　　네덜란드의 문화사학자 요한 하위징아는 인간을 '놀이하는 존재', 즉 '호모 루덴스(Homo Ludens)'로 규정하였다. 그는 인간의 문화가 이성적 사고나 노동의 결과라기보다 놀이의 본능에서 비롯되었다고 보았다. 전통적 인간관에서는 문화는 인간의 이성이나 노동으로 인한 결과라고 보았지만, 하위징아는 ㉠ 놀이야말로 인간 문화의 근원이자 문명을 이끄는 힘이라고 강조하였다. 그는 놀이를 통해 인간이 질서와 규칙을 만들고, 경쟁과 협동을 배우며, 이러한 과정을 통해 문명의 기초를 형성한다고 보았다.

　　하위징아는 놀이가 단순한 오락이나 여가 활동이 아니라, 자발적이면서도 일정한 규칙을 따르는 문화적 행위라고 설명했다. 놀이는 강제성도 실용적 목적도 없으며, '이익을 위한 행위'가 아닌 '자유를 위한 행위'라는 점에서 그 가치가 있다. 또한 그는 ㉡ 놀이가 사회의 규칙과 질서를 모방하고, 그 과정에서 새로운 규범과 의미를 창출한다고 보았다. 즉, 놀이의 규칙적 구조 속에서 인간은 현실을 초월한 새로운 세계를 구성한다는 것이다.

　　그러나 현대 사회에서 ㉢ 놀이는 점차 경제적 이익과 경쟁의 논리에 종속되고 있다. 스포츠 산업이나 게임 문화는 놀이가 지닌 자발성과 자유를 약화시키며, 이윤과 성과 중심의 활동으로 바뀌어 가고 있다. 이러한 변화는 놀이가 지닌 본래의 창조성과 인간적 유대를 약화시킬 수 있다. 하위징아의 사상은 우리에게 ㉣ 놀이가 단순한 여가가 아니라, 인간 문화를 가능하게 하는 창조적 힘임을 성찰하게 한다.

9. 윗글에서 추론한 내용으로 가장 적절한 것은?
　① 전통적 관점에서는 놀이를 인간이 여가 시간을 즐기기 위한 활동으로 보았다.
　② 하위징아는 놀이를 통해 인간이 새로운 세계를 구성하고 창조한다고 보았다.
　③ 하위징아는 놀이는 강제성도, 실용적 목적도 없는 이익을 위한 행위라고 보았다.
　④ 현대의 놀이는 자발성과 자유를 바탕으로 한 이익과 경쟁의 논리에 종속되고 있다.

10. 윗글의 ㉠~㉣ 중 문맥상 의미가 나머지와 다른 하나는?
　① ㉠
　② ㉡
　③ ㉢
　④ ㉣

[11~12] 다음 글을 읽고 물음에 답하시오.

　　조선 후기 국문소설은 사회적 변화와 독서층의 확대 속에서 다양한 서사 유형으로 발전하였다. 그중 영웅소설과 애정소설은 각각 '권력과 질서의 회복'과 '감정과 인간성의 회복'을 주제로 하여 상반된 현실 인식을 보여준다.

　　먼저 영웅소설은 비범한 능력을 지닌 주인공이 시련을 극복하고 입신양명에 이르는 과정을 ㉠ 그린다. 주인공은 귀한 혈통에서 태어나 어려서부터 남다른 재능을 보이며, 가족이나 국가의 위기를 구하는 존재로 등장한다. 이러한 영웅적 서사는 혼란한 시대 속에서 사회 질서의 회복과 통치 이념의 정당화를 상징한다. 영웅소설의 영웅은 초월적 능력을 지닌 인물인 동시에 유교적 가치, 즉 충·효·의리를 실천하는 도덕적 주체로 그려진다.

　　이에 비해 애정소설은 인간의 내면적 욕구와 감정의 진실에 초점을 맞춘다. 남녀 주인공이 서로 사랑하지만 신분, 가문, 사회적 규범 등 외적 장애로 인해 결합이 좌절되는 과정을 중심으로 서사가 전개된다. 작품은 단순한 연애담이 아니라 당시 사회의 불평등 구조와 개인의 자유를 문제 삼는 현실 비판의 기능을 지녔다. 남녀의 사랑은 도덕적 규율을 넘어 인간적 진정성과 감정의 자율성을 드러내는 장치로 활용되었으며, 결말에서는 주로 시련을 극복한 사랑의 성취나 화해를 통해 조화로운 세계관을 회복한다.

11. 윗글에서 추론한 내용으로 가장 적절한 것은?
　① 영웅소설의 주인공은 평범한 출신으로 태어나 오직 개인의 노력과 의지만으로 입신양명을 이루는 인물로 그려진다.
　② 애정소설은 남녀의 사랑 이야기를 통해 당시 사회의 불평등 구조와 개인의 자유 문제를 비판적으로 다루었다.
　③ 영웅소설은 유교적 가치를 부정하고 개인의 초월적 능력을 절대적 기준으로 찬양하는 서사이다.
　④ 애정소설의 결말은 비극적이며 남녀 주인공의 사랑이 외적 장애로 인해 좌절되는 것으로만 끝을 맺는다.

12. 문맥상 ㉠의 의미와 가장 가까운 것은?
　① 활짝 펼친 깃털 부채가 원을 그리며 빙글빙글 돌아간다.
　② 이순신 장군의 일대기를 그린 영화가 개봉했다.
　③ 김 감독은 지난날의 영광을 머릿속에 그리면서 씁쓸하게 웃었다.
　④ 그는 유명 화가가 그린 그림을 모은다.

[13~14] 다음 글을 읽고 물음에 답하시오.

러시아의 우크라이나 침공을 어떻게 이해할 것인가를 두고 국제 정치학계에서는 러시아가 과거 소련이었던 시절과 함께 어떤 동기를 가지고 있는 것인지에 대해 서로 다른 견해가 대립하고 있다. (가) 지정학적 지속성론자들은 러시아의 침공을 단절된 사건으로 보지 않는다. ㉠ 그들은 러시아의 침공과 과거 소련의 아프가니스탄 전쟁과 비교할 때, 두 전쟁 모두 세력권 확보라는 공통된 전략 목표에서 비롯되었다고 본다. 이들은 소련과 러시아는 모두 주변 지역을 자국 세력권으로 편입하려는 공격적 현실주의 논리에 따라 행동하였으며, ㉡ 그들의 전쟁 명분은 다르지만 본질적 동기는 동일하다고 주장한다.

그러나 (나) 구조적 단절론자들은 이러한 비교가 과도한 일반화라고 비판한다. 소련의 아프가니스탄 전쟁이 냉전기 양극 체제의 산물이었다면, 러시아의 우크라이나 전쟁은 탈냉전기 과도기적 질서에서 발생한 것이다. 또한 러시아의 침공은 단순한 세력권 확장이라기보다 규칙 기반 질서를 둘러싼 가치 대립의 성격이 강하다고 주장한다. 한편 전략적 지속성에 주목하는 학자들은 이에 반박하며, 체제 구조의 변화에도 불구하고 러시아의 팽창주의적 속성은 본질적으로 지속되고 있다고 강조한다. ㉢ 이들은 형식적 명분이 달라졌을 뿐, 세력권 확보라는 핵심 동기는 변하지 않았다고 본다. 이에 대해 체제 변화를 중시하는 연구자들은 과거와 현재의 환경을 구분하지 않으면 각 전쟁의 특수성을 왜곡하게 된다고 본다. 실제로 우크라이나 전쟁은 NATO 확장이라는 탈냉전기 특유의 안보 딜레마와 직접 연관되어 있다. 그럼에도 ㉣ 일부 학자들은 두 전쟁 사이의 지속성을 완전히 부정할 수 없으며, 지정학적 동기와 체제적 변화를 함께 고려해야 한다고 주장한다.

13. 윗글에 대해 평가한 내용으로 가장 적절한 것은?
① 냉전 종식 이후 러시아의 외교 정책이 세력권 확보를 목표로 했던 소련의 정책과 근본적으로 달라졌다는 연구 결과가 발표된다면, 이는 (가)의 주장을 약화한다.
② 소련 시기와 현재 러시아의 군사 전략 목표가 본질적으로 동일하다는 분석이 제시된다면, 이는 (가)의 주장을 약화한다.
③ 우크라이나 전쟁이 NATO 확장과 무관하게 러시아의 세력권 확보 의도에서 비롯되었다는 증거가 발견된다면, 이는 (나)의 주장을 강화한다.
④ 러시아가 우크라이나 침공을 시작한 후, 국제 유가가 급등하고 세계 증시가 큰 폭으로 하락했다는 분석이 제시된다면, 이는 (나)의 주장을 약화한다.

14. 윗글의 ㉠~㉣ 중 문맥상 지시 대상이 같은 것으로만 묶인 것은?
① ㉠, ㉡
② ㉠, ㉢
③ ㉡, ㉣
④ ㉢, ㉣

15. 다음 글에서 추론한 내용으로 적절하지 않은 것은?

된소리되기는 예사소리 'ㄱ, ㄷ, ㅂ, ㅅ, ㅈ'이 앞에 오는 소리의 영향을 받아 된소리 'ㄲ, ㄸ, ㅃ, ㅆ, ㅉ'으로 바뀌어 발음되는 현상이다. 된소리되기는 발생 환경에 따라 여러 유형으로 나눌 수 있다. 첫째, 받침 'ㄱ, ㄷ, ㅂ' 뒤에 연결되는 'ㄱ, ㄷ, ㅂ, ㅅ, ㅈ'은 된소리로 발음된다. 둘째, 어간 받침 'ㄴ, ㅁ' 뒤에 결합되는 어미의 첫소리 'ㄱ, ㄷ, ㅅ, ㅈ'은 된소리로 발음된다. 셋째, 한자어에서 'ㄹ' 받침 뒤에 연결되는 'ㄷ, ㅅ, ㅈ'은 된소리로 발음된다. 넷째, 관형사형 어미 '-(으)ㄹ' 뒤에 연결되는 'ㄱ, ㄷ, ㅂ, ㅅ, ㅈ'은 된소리로 발음된다.

예를 들어 '국밥'은 [국빱]으로, '닫고'는 [닫꼬]로 발음된다. '신고'는 [신꼬]로, '삼고'는 [삼꼬]로 발음된다. '갈등'은 [갈뜽]으로, '발전'은 [발쩐]으로 발음된다. '할 것'은 [할껏]으로, '갈 곳'은 [갈꼳]으로 발음된다. 이처럼 된소리되기는 음운의 개수 변화 없이 예사소리가 된소리로 교체되는 현상이다.

① '일시'가 [일씨]로 발음되는 것은 한자어에서 'ㄹ' 받침 뒤에서 된소리되기가 일어난 것이다.
② '안고'가 [안ː꼬]로 발음되는 것은 어간 받침 'ㄴ' 뒤에서 된소리되기가 일어난 것이다.
③ '먹고'가 [먹꼬]로 발음되는 것은 받침 'ㄱ' 뒤에서 된소리되기가 일어난 것이다.
④ '길바닥'이 [길빠닥]로 발음되는 것은 한자어에서 'ㄹ' 받침 뒤에서 된소리되기가 일어난 것이다.

16. 다음 빈칸에 들어갈 말로 가장 적절한 것은?

대회에서 승리한 모든 선수는 국가대표로 선발되었고, 국가대표로 선발된 모든 선수는 국제 대회에 출전했다. 그런데 공식 경기에서 승리한 모든 선수가 인터뷰에 응한 것은 아니다. 따라서 _____

① 국가대표로 선발된 어떤 선수는 인터뷰에 응하지 않았다.
② 국제 대회에 출전한 어떤 선수는 인터뷰에 응했다.
③ 국제 대회에 출전하지 않은 어떤 선수는 인터뷰에 응하지 않았다.
④ 국제 대회에 출전하지 않은 어떤 선수는 대회에서 승리하였다.

17. 다음 글의 (가)~(마)를 순서대로 나열한 것은?

> (가) 예를 들어, 예술 작품이나 음악의 창작에는 인간만의 독특한 감성이 필요하다. 또한, 복잡한 윤리적 판단이나 도덕적 결정은 기계가 처리하기 어렵다. 따라서 인간과 기계의 역할을 조화롭게 분담하는 것이 중요하다.
>
> (나) 최근 인공지능과 로봇 공학의 발전으로 자동화가 빠르게 진행되고 있다. 많은 산업 분야에서 기계가 인간의 노동을 대체하고 있다.
>
> (다) 이에 따라 인간의 역할은 변화하고 있다. 단순한 작업은 기계에 맡기고, 인간은 보다 창의적이고 복잡한 문제 해결에 집중할 수 있게 되었다.
>
> (라) 이는 생산성 향상과 비용 절감에 기여하고 있다. 특히 반복적이고 위험한 작업에서 로봇의 활용은 작업자의 안전을 높이고 효율성을 극대화한다.
>
> (마) 교육 분야에서도 이러한 변화에 맞추어 미래 인재 양성을 위한 새로운 커리큘럼이 도입되고 있다. 문제 해결 능력, 비판적 사고, 협업 능력 등이 중요시되고 있으며, 이는 인간만이 발휘할 수 있는 고유한 능력이다. 하지만 기술의 발전이 인간의 감정과 창의성을 완전히 대체할 수는 없다.

① (나) - (다) - (가) - (라) - (마)
② (나) - (다) - (라) - (가) - (마)
③ (나) - (라) - (다) - (마) - (가)
④ (나) - (라) - (마) - (다) - (가)

18. 다음 글의 논지를 약화하는 것으로 가장 적절한 것은?

> 한국 반도체 산업은 세계 시장에서 경쟁 우위를 점해왔지만, 이제는 인력 부족이라는 구조적 한계에 직면하고 있다. 서울의 한 공업고등학교는 마이스터고 전성기 시절 2500명에 달하던 학생 수가 80명 수준으로 줄었고, 내년부터 '반도체고등학교'로 전환하며 신입생 64명을 선발할 계획이다. 하지만 현실은 녹록지 않다. 교사 자격 기준에 맞는 반도체 인력 확보는 어려울 뿐 아니라, 실습 장비조차 예산 부족으로 마련하기 어렵다. 반면, TSMC를 중심으로 한 대만은 국가와 산업계가 유기적으로 협력해 고교부터 대학, 연구기관까지 반도체 인재를 체계적으로 양성하고 있다. 대만은 매년 만여 명의 반도체 전문 인력을 배출하는 데 비해, 한국은 정부 계획조차 예산 부족으로 중단된 상태다. 이처럼 체계적이고 집중적인 인재 양성 전략 없이, 한국 반도체 산업은 '글로벌 하청업체'로 전락할 위험에 놓여 있다.

① 국내 반도체 전문 고등학교의 지원자 수가 급감하여 대부분의 학교가 정원 미달 상태에 놓여 있다.
② 한국의 반도체 기업들이 인력 부족으로 인해 생산성 저하와 글로벌 경쟁력 약화를 경험하고 있다.
③ 삼성과 SK하이닉스가 독자적인 인재 양성 프로그램을 통해 매년 수천 명의 고급 반도체 전문가를 성공적으로 배출하고 있다.
④ 대만의 TSMC가 체계적인 산학협력을 바탕으로 반도체 인재 양성에서 한국을 크게 앞서고 있는 것으로 평가되고 있다.

19. 다음 진술에 따라 3종류 이상의 어종으로 모듬회를 구성하려고 할 때, 광어, 우럭, 볼락, 감성돔, 돔돔 중 모듬회 구성에 포함될 어종을 모두 고르면?

> • 우럭을 포함하지 않으면 돔돔을 포함하지 않는다.
> • 감성돔을 포함하면 광어를 포함하지 않는다.
> • 우럭을 포함하거나 볼락을 포함하지 않으면 광어를 포함한다.
> • 감성돔과 돔돔 중 적어도 하나는 포함한다. 단, 두 어종을 모두 포함할 수는 없다.
> • 우럭을 포함하지 않거나 볼락을 포함하지 않는다.

① 광어, 우럭, 돔돔
② 광어, 볼락, 감성돔
③ 광어, 우럭, 볼락, 감성돔
④ 광어, 우럭, 볼락, 돔돔

20. 다음 글에서 추론한 내용으로 가장 적절한 것은?

> 효율적 시장 가설에 따르면 주식시장에서 현재 시점에 알려진 모든 정보는 주가에 즉각 반영된다. 이 가설은 투자자가 공개된 모든 정보를 바탕으로 합리적인 투자 결정을 내린다는 것을 전제한다. 만약 이 가설이 옳다면, 주가가 내재 가치 이상으로 고평가되는 거품 현상은 존재할 수 없다. 또한 주가의 움직임은 예측할 수 없으므로 시장 평균보다 높은 초과 수익을 올리는 것도 불가능하다. 그런데 다음 사례들을 살펴보자.
>
> • 2000년 닷컴버블 당시 기업 가치와 무관하게 주가가 급등했다가 폭락했다.
> • 2008년 금융위기 때 주택 가격과 금융자산이 급격히 붕괴했다.
> • 2021년 게임스탑 주가가 단기간에 수십 배 급등했다가 폭락했다.
>
> 효율적 시장 가설에 따르면, 위 사례들처럼 자산 가격이 내재 가치에서 크게 벗어나는 현상은 일어나지 않아야 한다. 그러나 현실에서 이러한 거품과 붕괴는 반복적으로 발생해 왔다. 행동경제학자 실러는 이러한 현상에 주목하며 효율적 시장 가설을 반박한다. 그에 따르면 투자자는 때로 공포에, 때로 탐욕에 휩싸여 비합리적으로 행동하며, 이러한 심리적 쏠림이 자산 가격의 과대평가와 과소평가를 유발한다.

① 실러에 따르면 투자자의 심리적 요인을 통제하면 시장은 항상 효율적으로 작동한다.
② 효율적 시장 가설에 따르면 닷컴버블은 투자자들이 정보를 충분히 반영한 결과이다.
③ 실러에 따르면 자산 가격이 내재 가치에서 벗어나는 것은 정보 부족 때문이다.
④ 효율적 시장 가설에 따르면 투자자가 합리적으로 행동할 경우 자산 가격의 거품은 발생하지 않는다.

2026 공무원 시험 대비 봉투모의고사
국어
▌ 제12회 ▌

응시번호

성 명

문제책형

제1과목	국어	제2과목	영어	제3과목	한국사
제4과목		제5과목			

응시자 주의사항

1. **시험시작 전 시험문제를 열람하는 행위나 시험종료 후 답안을 작성하는 행위를 한 사람은** 「공무원임용시험령」 제51조에 의거 **부정행위자로** 처리됩니다.
2. **답안지 책형 표기는 시험시작 전 감독관의 지시에 따라 문제책 앞면에 인쇄된 문제책형을 확인**한 후, 답안지 책형란에 해당 책형(1개)을 '●'로 표기하여야 합니다.
3. **답안은 문제책 표지의 과목 순서에 따라 답안지에 인쇄된 순서(제1·2·3·4·5과목)에 맞추어 표기**해야 하며, 과목 순서를 바꾸어 표기한 경우에도 **문제책 표지의 과목 순서대로 채점**되므로 유의하시기 바랍니다.
4. 시험이 시작되면 문제를 주의 깊게 읽은 후, **문항의 취지에 가장 적합한 하나의 정답만을 고르며,** 문제내용에 관한 질문은 할 수 없습니다.
5. 답안지의 모든 기재 및 표기 사항은 **컴퓨터용 흑색 싸인펜을 사용**하며, 반드시 <보기>의 **올바른 표기 방식으로** 답안을 작성해야 합니다.

<보기> 올바른 표기: ● 잘못된 표기: Ⓥ ⊗ ◑ ⊙ ⑪ ◠ ③

6. **답안을 잘못 표기하였을 경우에는 답안지를 교체하여 작성하거나 수정할 수 있으며,** 표기한 답안을 수정할 때는 응시자 본인이 가져온 수정테이프만을 사용하여 해당 부분을 완전히 지우고 부착된 수정테이프가 떨어지지 않도록 손으로 눌러주어야 합니다. (수정액 또는 수정스티커 등은 사용 불가)
   ▪ 불량한 수정테이프의 사용과 불완전한 수정처리로 발생하는 모든 문제는 응시자 본인에게 책임이 있습니다.
7. 법령, 고시, 판례 등에 관한 문제는 **2025년 1월 31일 현재 유효한 법령, 고시, 판례 등을 기준**으로 정답을 구해야 합니다. 다만, 개별 과목 또는 문항에서 별도의 기준을 적용하도록 명시한 경우에는 그 기준을 적용하여 정답을 구해야 합니다.
8. **시험시간 관리의 책임은 응시자 본인에게 있습니다.**
   ※ 문제책은 시험종료 후 가지고 갈 수 있습니다.

정답공개 및 가산점 등록 안내

1. 정답공개: 정답가안 4.4.(토) 13:30 / 최종정답 4.13.(월) 18:00 / 사이버국가고시센터
2. 이의제기: 4.4.(토) 18:00 ~ 4.7.(화) 18:00 / 사이버국가고시센터
   ▪ 구체적인 이의제기 방법은 정답가안 공개 시 공지 예정
3. 가산점 등록기간: 4.4.(토) 13:30 ~ 4.6.(월) 21:00
4. 가산점 등록방법: 사이버국가고시센터 ➔ [원서접수 → 가산점 등록/확인]

국 어

1. <공공언어 바로 쓰기 원칙>에 따라 수정한 것으로 적절하지 않은 것은?

> ───── <공공언어 바로 쓰기 원칙> ─────
> • 올바른 문장 구조 사용하기
>   ㉠ 필요한 문장 성분을 생략하지 않을 것.
> • 문맥에 맞는 어휘 사용하기
>   ㉡ 의미에 맞는 정확한 단어를 사용할 것.
> • 불필요한 표현 삼가기
>   ㉢ 의미가 중복되는 표현을 삼갈 것.
> • 명확한 문장을 사용하기
>   ㉣ 수식 관계를 명확히 할 것.

① "○○청은 정책의 투명성과 책임성을 제고하기 위해 7년째 시행 중이다."를 ㉠에 따라 "○○청은 정책의 투명성과 책임성을 제고하고자 7년째 이 제도를 시행하고 있다."로 수정한다.

② "우리 원은 귀 기관으로부터 미술품을 대여하고자 합니다."를 ㉡에 따라 "우리 원은 귀 기관으로부터 미술품을 대여받고자 합니다."로 수정한다.

③ "자리에 착석하시기 바랍니다."를 ㉢에 따라 "자리에 앉으시기 바랍니다."로 수정한다.

④ "담당자의 문화 예술 전문 역량을 강화하고자 다양한 교육과정을 기획·운영하고 있습니다."를 ㉣에 따라 "담당자를 위한 문화 예술 전문 역량 강화를 위해 다양한 교육과정을 기획·운영하고 있습니다."로 수정한다.

2. 다음 글에서 추론한 내용으로 가장 적절한 것은?

> 임진왜란과 병자호란을 겪은 조선은 전쟁의 영향으로 국가 재정이 악화되고, 중앙의 감찰이 느슨해지면서 지방 행정의 부패와 통제력이 약화되었다. 이로 인해 여러 사회적 문제가 나타났는데, 그 중 대표적인 것이 삼정의 문란이다. 삼정은 국가 재정을 확보하기 위한 조세 제도인 전정과 군정, 그리고 농민 구휼을 위한 제도인 환곡을 이르는 말이다.
> 전정은 농민이 소유한 토지를 기준으로 세금을 매기던 제도로, 실제 경작 면적에 따라 백성에게 세금을 공정하게 부과하기 위한 것이었다. 그러나 지방 관리들이 토지 대장을 조작하거나 이미 세금을 낸 토지에 다시 세를 부과하는 등 부정이 빈번했다. 군정은 군역 의무를 대신해 1년에 면포 두 필을 내던 제도로, 농민이 직접 군역에 동원되는 부담을 줄이려는 취지였다.
> 그러나 군역을 면제받던 양반의 수가 조선 후기에 크게 늘어나면서, 그 부담이 서민에게 가중되었고, 관리들은 죽은 사람의 명의로 군포를 거두는 '백골징포'나 한 사람에게 여러 차례 세금을 부과하는 '황구첨정'을 일삼아 백성의 삶을 더욱 피폐하게 만들었다. 환곡은 흉년 때 곡식을 빌려주고 다음 해에 갚게 하던 구휼 제도였으나, 관리들이 사적 이익을 위해 부당한 이자를 붙이거나 빌리지 않은 곡식까지 갚게 하면서 고리대 제도로 변질되었다. 이로 인해, 빚을 갚지 못한 농민들은 토지를 잃고 유랑민으로 전락하였다.

① 삼정의 문란으로 인해 지방 행정의 부패와 통제력이 약화되었다.

② 토지에 부과한 세금인 전정의 대표적인 폐단은 '백골징포'와 '황구첨정'이다.

③ 군역 의무를 대신하기 위해 납부하는 군포의 양은 양반과 서민이 동일하였다.

④ 구휼 제도인 환곡은 관리들이 사적 이익을 위해 이용하면서 고리대로 변질되었다.

3. 다음 중 밑줄 친 ㉠에 해당하는 사례로 가장 적절한 것은?

> 주어가 지시하는 대상이 스스로 동작이나 행동을 행하는 것으로 표현하는 방식을 주동 표현이라고하고, 반대로 주어가 지시하는 대상이 스스로 하지 않고 다른 대상에게 동작이나 행동을 하도록 만드는 표현 방법을 사동표현이라고 한다. 사동 표현을 만드는 방법으로는 주동사에 사동접미사 '-이-, -히-, -리-, -기-, -우-, -구-, -추-'를 붙여 실현하는 파생적 사동, 주동사 어간에 보조 용언 '-게 하다'가 붙어 실현되는 통사적 사동이 있다.
> 그러나 파생적 사동문과 통사적 사동문은 의미 차이가 있는데 일반적으로, 사동사에 의한 사동문은 사동주, 즉 주어가 어떤 행동을 직접적으로 한 것과, 간접적 행위를 한 것 2가지로 해석된다. 예를 들어 '엄마가 딸에게 옷을 입혔다'라는 문장은 엄마가 아이에게 옷을 직접적으로 입히는 행위와 딸로 하여금 옷을 입게 지시하는 간접적인 행위로 해석 될 수 있다. 반면에 통사적 사동문은 사동주가 어떤 행동을 간접적으로 하게 한 것으로 해석되는 것이 일반적이다.
> 예를 들어 '누나가 동생에게 밥을 먹게 하다.'는 누나가 동생으로 하여금 밥을 먹으라고 지시하는 간접적 의미만을 가진다. 하지만, 경우에 따라서는 ㉠ 파생적 사동문이 한 가지 의미로만 해석되는 경우도 있다. '팔이 다친 아이에게 어머니가 밥을 먹였다.'는 파생적 사동문이지만, 아이에게 밥을 어머니가 직접 떠 먹였다는 직접적인 의미로만 해석된다.

① 은지가 인형에 예쁜 옷을 입혔다.

② 수지가 철수에게 연필을 잡혔다.

③ 엄마가 동생을 침대에 눕혔다.

④ 영희가 수미에게 신발을 신겼다.

4. <지침>에 따라 <개요>를 작성할 때 ㉠~㉣에 들어갈 내용으로 적절하지 않은 것은?

> ───── <지 침> ─────
> • 서론은 보고서 작성의 배경과 필요성을 포함할 것.
> • 본론은 제목에서 밝힌 내용을 2개의 장으로 구성하되, 2장의 하위 항목이 3장의 하위 항목과 서로 대응하도록 할 것.
> • 결론은 기대 효과와 향후 과제를 순서대로 제시할 것.

> ───── <개 요> ─────
> • 제목 : 도시 빗물 관리 체계 개선을 통한 침수 피해 예방 방안
> Ⅰ. 서론
>   1. 집중호우 증가로 인한 도시 침수 피해의 빈발
>   2. ㉠
> Ⅱ. 문제점의 원인
>   1. 도시 배수시설의 노후화와 용량 부족
>   2. ㉡
> Ⅲ. 해결 방안
>   1. ㉢
>   2. AI와 빅데이터를 활용한 실시간 침수 예측 및 경보 체계 구축
> Ⅳ. 결론
>   1. ㉣
>   2. 지속적인 예산 지원 및 예측 시스템 유지·보수를 통한 관리 체계 안정화

① ㉠ : 도시 녹지 공간 부족으로 인한 열섬 현상 심화 문제 제기

② ㉡ : 기후 변화로 인한 돌발적 집중호우에 대한 실시간 대응 체계 미비

③ ㉢ : 노후 배수시설 교체 및 보수와 관리 시스템 현대화 추진

④ ㉣ : 도시 침수 피해 경감과 기반 시설 안정화를 통한 시민 안전 확보 가능

5. 다음 글의 ㉠~㉣ 중 어색한 곳을 찾아 가장 적절하게 수정한 것은?

> 과거 예술은 전적으로 인간의 창의력과 감정에 의존하는 영역으로 간주되었으나, 인공지능 기술이 이를 보완하거나 대체할 수 있다는 논의가 본격화되고 있다. 딥러닝 알고리즘을 기반으로 한 AI 모델들은 그림을 그리거나 음악을 작곡하며, 문학 작품의 초안을 작성하기도 한다. 이러한 기술은 ㉠예술적 표현을 인간의 한계를 넘어선 영역으로 확장한다는 점에서 긍정적으로 평가받고 있다. 그러나 인공지능이 창작의 주체로서 자리 잡을 수 있는지에 대해서는 논란이 있다. 많은 예술가와 철학자들은 ㉡AI의 창작이 단순히 데이터를 학습하여 패턴을 모방하는 데 불과하며, 인간의 감정과 맥락을 담아내는 데는 한계가 있다고 지적한다. 예를 들어, AI가 생성한 그림은 기술적으로 정교할 수 있지만, 인간의 경험에서 우러나온 독창적 감정은 결여되어 있다는 것이다.
> 한편, ㉢AI가 독립적으로 예술 작품을 창작하는 방식이 새로운 패러다임으로 떠오르고 있다. 이러한 협업은 인간의 창의력과 AI의 기술적 정교함을 결합하여 독특하고 혁신적인 결과물을 만들어낼 가능성을 시사한다. 인공지능이 창작 과정에서 독립적인 주체로 인정받는 것은 시간 문제라는 관점도 있지만, ㉣인간의 창의성을 대체하기보다는 보완하는 역할에 머물러야 한다는 시각이 여전히 우세하다. 앞으로 AI와 예술의 관계는 기술 발전과 함께 더욱 복잡하고 다층적인 양상을 띨 것으로 보인다.

① ㉠: 예술적 표현을 인간의 한계를 제한하는 요소로 축소한다는 점에서 부정적으로
② ㉡: AI의 창작이 데이터를 학습하여 인간의 독창성을 넘어선다고 평가한다
③ ㉢: AI와 인간이 협력하여 예술 작품을 창조하는 방식
④ ㉣: AI가 인간의 창의성과는 무관하게 독자적인 예술의 길을 만들어야 한다는 주장이 설득력을 얻고 있다

6. (가)~(라)를 맥락에 따라 가장 자연스럽게 배열한 것은?

> 교통 이용 내역과 같은 기록은 개인의 데이터이며, 그 개인은 '정보 주체'이다. 이 데이터가 대량으로 집적되고 처리되면 그것이 빅 데이터가 되고, 이것의 정보 처리자인 기업 등이 '빅 데이터 보유자'이다.
> (가) 소유권의 주체를 빅 데이터 보유자로 보는 견해와 정보 주체로 보는 견해가 나누어진다. 전자는 빅 데이터의 생성 및 유통이 쉬워져 데이터 관련 산업이 활성될 수 있음을 긍정한다.
> (나) 산업 분야의 빅 데이터는 특정한 목적으로 활용될 수 있다는 점에서 경제적 가치를 지닌다. 그런데 빅 데이터의 소유권이 누구에게 기속되어야 할 것인지에 대한 논의가 있다.
> (다) 하지만 후자는 정보 생산 주체가 개인임에도 빅 데이터 보유자에게 부가 집중되는 것은 부당하다고 주장한다. 이들은 정보 주체에게도 대가가 주어져야 한다고 본다.
> (라) 이러한 논의는 데이터에 접근하기 위한 방안으로서의 데이터 이동권에 대한 논의로 발전하였다. 우리나라는 데이터에 대해 소유권이 아니라 이동권을 법으로 명문화함으로써 정보 주체의 개인정보 자기 결정권을 강화하였다.

① (가) - (나) - (다) - (라)
② (가) - (다) - (나) - (라)
③ (나) - (가) - (다) - (라)
④ (나) - (라) - (가) - (다)

[7~8] 다음 글을 읽고 물음에 답하시오.

> '죄수의 딜레마(Prisoner's Dilemma)'는 협력을 통해 서로 이익이 되는 상황을 선택하지 못하고, 오히려 불리한 결과를 택하게 되는 문제를 보여주는 대표적 사례다. 다음과 같은 사례를 가정해 보자. 두 명의 용의자가 체포되어 서로 다른 취조실에 격리된 상태이다. 경찰은 자백을 받기 위해 조건을 제시한다. 만약 두 사람이 모두 침묵하면 각각 1년만 복역하고 풀려날 수 있다. 그러나 한쪽이 자백하고 다른 쪽이 침묵하면, 자백한 쪽은 석방되지만 침묵한 쪽은 10년 형을 선고받는다. 그리고 두 사람 모두 자백하면 각각 5년 형을 받게 된다.
> 이때 두 사람이 끝까지 침묵하면 둘 다 1년만 복역하기 때문에 이것이 서로에게 가장 바람직한 결과이다. 그러나 상대가 자백해 버리면 자신만 무거운 형을 받을 수 있다는 두려움, 그리고 자신이 먼저 자백하면 더 가벼운 처벌을 받을 수 있다는 계산이 작용한다. 결국 이런 불안과 의심 때문에 두 사람은 모두 자백을 선택하고, 그 결과 둘 다 5년의 형을 ㉠받게 된다. 죄수의 딜레마는 이처럼 협력하면 모두 이익을 얻을 수 있음에도 불구하고 서로를 믿지 못해서 오히려 불리한 결과를 선택하게 되는 상황을 잘 보여준다.
> 이 사례는 사람들이 협력을 통해 모두에게 이로운 결과를 하는 선택을 하는 것이 얼마나 어려운 것인지를 설명해 준다. 서로를 믿지 못하고 자신에게 유리한 조건만을 선택할 경우 최선의 결과는 발생하지 않는다는 것을 보여 주는 것이다.

7. 윗글을 읽고 추론한 내용으로 가장 적절한 것은?
① 게임이론은 개인이 자신의 이익을 고려한 행동이 사회 전체적으로도 최선의 결과가 보장됨을 보여준다.
② 두 사람 중 한쪽만 자백하는 경우는, 양쪽 모두가 끝까지 침묵하는 경우보다 형량의 총합이 크다.
③ 두 사람이 자백을 선택하는 것은 서로에 대한 불신 때문이며, 이때 받은 형량의 총합이 가장 작다.
④ 죄수의 딜레마는 협력보다는 경쟁을 통해 더 이익이 되는 결과를 얻을 수 있음을 보여주는 사례이다.

8. 윗글의 문맥상 ㉠의 의미와 가장 가까운 것은?
① 그는 좌회전 신호를 받고 천천히 차의 속도를 높였다.
② 날아오는 공을 한 손으로 받다.
③ 그녀는 밝은 옷이 잘 받는다.
④ 선생님에게서 가르침을 받았다.

9. 다음 진술이 모두 참일 때, 반드시 참인 것은?

> • 정이 영화를 보면 병도 영화를 본다.
> • 갑이 영화를 보면 을은 영화를 보지 않는다.
> • 병 또는 정이 영화를 보면 을도 영화를 본다.

① 병이 영화를 보면 갑도 영화를 본다.
② 을이 영화를 보지 않을 때 병은 영화를 본다.
③ 갑이 영화를 보면 을, 병, 정 모두 영화를 보지 않는다.
④ 갑이 영화를 보지 않으면 을은 영화를 본다.

[10~11] 다음 글을 읽고 물음에 답하시오.

> 고대 수사학에서 언어의 작동 방식은 비유법, 특히 은유(Metaphor)와 환유(Metonymy)로 ㉠ 구분(區分)된다. 은유는 두 대상 간의 유사성(similarity)을 근거로 하여 하나의 대상을 다른 대상에 ㉡ 비유(比喩)하여 표현하는 방식이다. 예컨대, '내 마음은 호수요'라는 표현처럼, 마음과 호수 사이의 비물질적 유사성을 ㉢ 포착(捕捉)하여 두 영역을 직접 포개어 의미를 확장하거나 압축한다. 은유는 이처럼 세계를 '이것은 저것이다'라는 등가 관계로 묶어 동일성을 강조하는 기능을 수행한다.
> 반면 환유는 두 대상 간의 인접성(contiguity) 또는 연관성을 근거로 하여 한 대상을 다른 대상이 대신하게 하는 수사법이다. 이는 두 대상이 물리적/논리적으로 근접하게 연결되어 있기 때문에 대리 표현이 가능해진다. 예컨대 '백악관이 발표했다'에서 '백악관'이 그 건물 내부에 있는 '미국 정부'를 대신하거나, '빵만으로는 살 수 없다'에서 '빵'이 식량 전체를 대체하는 경우이다. 환유는 전체를 부분으로, 원인을 결과로 대체함으로써 의미를 전달하며, 세계를 부분과 전체의 관계로 ㉣ 재편(再編)한다. 이처럼 은유와 환유는 언어가 의미를 확장하고 대상을 재현하는 두 축으로서, 언어를 통해 세계의 모습을 인식하는 방법으로 볼 수 있다.

10. 윗글의 핵심 논지로 가장 적절한 것은?
① 환유는 등가 관계로 묶인 대상의 유사성을, 은유는 대상의 연결 관계를 통해 의미를 확장하는 방식이다.
② 은유를 통해 세계를 부분과 전체의 관계로 재편하여, 언어의 의미를 확장하고 대상을 재현할 수 있다.
③ 고대 수사학에서 은유는 진실을 은폐하는 도구로, 환유는 논리적 추론을 강화하는 방식으로 사용되었다.
④ 은유와 환유는 동일성과, 인접성을 바탕으로 의미를 확장하고 대상을 재현하여 세계를 인식할 수 있게 한다.

11. 윗글의 ㉠~㉣과 바꿔 쓸 수 있는 유사한 표현으로 적절하지 않은 것은?
① ㉠: 나뉜다
② ㉡: 빗대어
③ ㉢: 어루만져
④ ㉣: 다시 만든다

[12~13] 다음 글을 읽고 물음에 답하시오.

> 일반적으로 역사학의 본질은 "역사를 객관적 사실로 볼 것인가, 아니면 주관적 해석으로 볼 것인가"라는 질문으로 요약된다. 그래서 (가) 근대 역사학 논의에서는 역사학을 과학으로 보며 "있는 그대로"의 사실 서술에 초점을 맞추는 실증주의 사학이 주장되었다. 실증주의 사학은 증거에 근거한 엄밀한 사료비판을 중시하며, 역사가는 주관적 판단을 배제하고 객관적 사실을 확보해야 한다고 보았다. 역사를 보편적 법칙이 아니라 개별 사건의 고유성을 파악하는 학문으로 이해하며, 경험적 사실주의와 엄밀한 자료 검증으로 객관성 확보를 시도한다. 실증주의 사학은 역사 서술이 사실 자체에 충실해야 한다는 고전적 역사관이다.
> 그러나 ㉠ 역사철학 연구가 점차 발전하면서, 실증주의 사학자와 달리 역사 인식의 본질을 해석하는 데 있어 주관성을 인정하는 (나) 해석주의 사학 입장이 힘을 얻었다. 해석주의 사학자들은 역사의 본질을 규정하는 데 있어 종래의 '객관적 사실 확보'라는 전제를 부정하지는 않되, 과거인의 사고와 의도 해석이 역사 인식에 결정적 역할을 한다고 주장했다. 즉 객관적 사실을 완전히 배제하지 않고, ㉡ 전자를 인정하면서도 ㉢ 후자를 핵심 과제로 위치시키는 것으로 역사 인식의 구조를 구성한 것이다. 이에 따라 역사 연구의 초점을 지칭할 때에는 ㉣ '사실 확정'과 ㉤ '의미 해석'으로 구별하게 되었다. 역사 인식의 범주에 따라서 전자는 '경험적 실증론', 후자는 '해석학적 이해론'이라고도 칭할 수 있다. 하지만 이런 ㉥ 절충안을 취하더라도 사실과 해석의 비중을 평가하는 데에는 논자마다 차이가 있다.

12. (가)와 (나)의 주장에 대해 평가한 내용으로 가장 적절한 것은?
① 엄밀한 사료 검증을 통해 역사적 사건의 객관적 진실이 밝혀진 사례가 축적되면 (가)의 주장은 약화될 것이다.
② 역사가의 해석 없이 사료만으로는 역사적 사건의 의미를 파악할 수 없다는 연구 결과가 발표되면 (가)의 주장은 강화될 것이다.
③ 동일한 역사적 사건에 대해 시대와 사회에 따라 상이한 해석이 제시되었다는 사례가 확인되면 (나)의 주장은 약화될 것이다.
④ 역사 연구에서 과거 행위자의 의도를 재구성하는 과정이 역사적 이해에 필수적이라는 것이 입증되면 (나)의 주장은 강화될 것이다.

13. 윗글의 ㉠~㉥ 중 지시하는 바가 같은 것끼리 짝 지은 것은?
① ㉠, ㉥
② ㉢, ㉤
③ ㉡, ㉣, ㉥
④ ㉢, ㉤, ㉥

14. 다음 글에서 추론한 내용으로 가장 적절한 것은?

> 　우리 사회에서 혼자 사는 사람이 점점 늘어나고 있다. 예전에는 가족 단위가 보통이었지만, 이제는 전체 가구 중 3분의 1 이상이 1인 가구다. 나이도 다양해 젊은 층부터 고령층까지 혼자 사는 경우가 많다. 이들은 단독주택이나 작은 아파트, 오피스텔 등 다양한 공간에서 생활하고 있으며, 소득·소비 패턴도 가족 단위와 다르게 나타난다.
>
> 　혼자 사는 삶에는 어려움도 있다. 예를 들어 균형 잡힌 식사를 하기 어렵거나, 아프거나 위급할 때 대처하기 힘들다는 응답이 많다. 주말이나 명절처럼 가족 중심의 문화가 강한 시기에는 외로움과 사회적 고립감을 더 크게 느끼는 경우도 있다. 주거비·공과금·보험료 등 생활비를 혼자 부담해야 해서 경제적 부담이 더 크다는 점도 지적된다.
>
> 　이런 변화는 주거·건강·복지 등 여러 정책이 개인의 삶을 더 잘 지원하도록 바뀌어야 함을 보여준다. 지역사회가 혼자 사는 사람을 위한 커뮤니티나 돌봄 체계를 마련하면 사회적 고립을 줄이는 데 도움이 될 수 있다. 또 기업과 지자체가 1인 가구를 위한 맞춤형 서비스와 안전망을 함께 구축하면 생활의 질을 더 높일 수 있다. 앞으로 1인 가구가 더욱 늘어날 것으로 예상되는 만큼, 사회 전반의 인식과 제도가 개인의 다양성을 존중하는 방향으로 발전할 필요가 있다.

① 혼자 사는 사람들이 주거비와 생활비를 단독으로 부담하는 것은 가족 단위 가구보다 경제적 부담이 클 것이다.
② 1인 가구의 증가로 인해 주말과 명절에 가족 중심 문화가 약화되어 사회적 고립감이 전반적으로 감소했다.
③ 지역사회의 커뮤니티와 돌봄 체계 구축만으로 1인 가구의 모든 생활 문제를 해결할 수 있다.
④ 1인 가구는 오피스텔보다 단독주택이나 아파트에 거주하는 것이 균형 잡힌 식사 문제 해결에 더 효과적이다.

15. 다음 글에서 추론한 내용으로 적절하지 않은 것은?

> 　국어에서 용언에 결합하여 조어 기능을 하는 접미사 중 동사나 형용사에 결합하여 사동의 의미를 더하거나 타동사에 결합하여 피동의 의미를 더하는 접미사가 있다. 예를 들어 '먹이다'의 경우, 어근 '먹-'에 사동의 의미를 나타내는 접미사 '-이-'가 결합하여 주어가 '먹게 하다'라는 사동의 의미를 가지는 동사를 만들어낸다. '안기다'의 경우, 어근 '안-'에 피동의 의미를 나타내는 접미사 '-기-'가 결합하여 주어가 '안김을 당한다'는 의미를 가지는 동사를 만들어낸다. 그런데 사동 접미사와 피동 접미사는 '-이-, -히-, -리-, -기-'라는 접미사의 형태가 동일하므로 이 둘을 꼭 구별해야 한다. '철수가 아이에게 책을 읽혔다'와 '책이 많은 학생들에게 읽혔다'는 각각 사동과 피동을 의미하는 문장이다. 여기에서 '책을'이라는 목적어가 있는 문장은 사동사가 있는 문장이지만 목적어가 없는 문장은 피동사가 있는 문장이라고 볼 수 있다. 한편 피동사 중에는 목적어를 가질 수 있는 특별한 경우가 있다. 예를 들어 '철수가 영호에게 돈을 빼앗겼다'에서 '돈을'이라는 목적어가 있지만 '빼앗겼다'에는 피동의 의미가 들어있다.

① '엄마가 아이에게 옷을 입혔다'는 어근 '입-'에 사동 접미사 '-히-'가 결합하여 사동사가 된 것이다.
② '도둑이 경찰에게 손을 잡혔다'는 어근 '잡-'에 사동 접미사 '-히-'가 결합하여 사동사가 된 것이다.
③ '사람들이 길을 좁혔다'는 어근 '좁-'에 사동 접미사 '-히-'가 결합하여 사동사가 된 것이다.
④ '짐이 잔뜩 손에 들려 있었다'는 어근 '들-'에 피동 접미사 '-리-'가 결합하여 피동사가 된 것이다.

16. ㉠~㉢에서 전제가 참일 때, 결론이 반드시 참인 논증을 모두 고른 것은?

> ㉠ 모든 사진작가는 색채 감각이 뛰어나. 그런데 몇몇 화가들은 색채 감각이 뛰어나. 그렇다면 화가 중에는 사진작가가 있어.
> ㉡ 기반 시설이 없는 지역은 어떤 곳이라도 안전하지 않아. 그런데 홍수 위험이 있는 지역은 어떤 곳도 기반 시설이 없어. 그러므로 안전한 지역은 모두 홍수 위험이 없는 지역일 거야.
> ㉢ 모든 셰프는 새로운 레시피를 만들어낼 수 있어. 그러나 새로운 레시피를 창출할 수 없는 사람이라면 창의력이 없어. 따라서 셰프라면 반드시 창의력이 있을 거야.

① ㉠
② ㉡
③ ㉠, ㉡
④ ㉡, ㉢

17. 다음 글에서 추론한 내용으로 가장 적절한 것은?

> 　심리학자 트버스키와 카너먼에 따르면, 사람들은 의사결정을 내릴 때 머릿속에 쉽게 떠오르는 정보에 의존하는 경향이 있다. 이를 가용성 휴리스틱이라고 한다. 가용성 휴리스틱으로 인해 사람들은 쉽게 떠올릴 수 있는 사건일수록 실제보다 발생 확률이 높다고 판단한다. 예를 들어, 비행기 사고와 자동차 사고 중 어느 것이 더 위험한지 판단할 떠 다음과 같은 과정을 거친다.
>
> 　㉠ 비행기 사고의 실제 발생 확률 → ㉡ 비행기 사고에 대한 뉴스 노출 빈도 → 비행기가 더 위험하다는 판단
>
> 　실제로 자동차 사고로 인한 사망률은 비행기 사고보다 훨씬 높다. 그러나 비행기 사고는 대형 참사로 이어지는 경우가 많아 언론에서 집중적으로 보도된다. 만약 ㉡에만 초점을 맞춘다면, 비행기가 자동차보다 훨씬 위험한 교통수단이라고 판단하게 된다. 그러나 ㉠까지 고려한다면 자동차가 통계적으로 더 위험하다는 올바른 판단을 내릴 수 있다. 하지만 문제는 ㉡은 직접 경험 가능하지만, ㉠은 직접 경험할 수 없다는 것이다. 통계 자료를 찾아 분석해야만 파악할 수 있다. 가용성 휴리스틱에 빠지면 ㉠을 무시하고 ㉡만으로 판단하게 되어, 실제 위험과 동떨어진 잘못된 의사결정을 내릴 수 있다.

① 가용성 휴리스틱에 따르면 직접 경험할 수 없는 정보를 고려하지 못하면 정확한 판단을 내릴 수 없다.
② 언론에 자주 보도되는 사건일수록 실제 발생 확률이 높다.
③ 가용성 휴리스틱에 따르면 직접 경험할 수 없는 정보까지 고려해야 더 정확한 판단을 내릴 수 있다.
④ 비행기 사고가 자동차 사고보다 언론에 자주 보도되는 것은 실제 발생 확률이 높기 때문이다.

18. 다음 글의 ㉠을 약화하는 것만을 <보기>에서 모두 고르면?

인류가 불을 이용해 식재료를 익혀 먹기 시작하면서 다양한 조리 도구가 발달하였는데, 그중 토기는 음식 조리 방식을 근본적으로 변화시킨 중요한 기술로 평가된다. 오랫동안 학계에서는 토기가 단단한 식재료를 더 오래, 고르게 익히기 위한 필요에서 발명되었다는 '조리 효율성 가설'이 널리 받아들여져 왔다. 표면적 열 전달에 의존하는 석기 조리는 충분한 가열이 어려웠지만, 토기는 내부에서 물을 끓이거나 장시간 끓임 조리를 가능하게 하여 영양 섭취 효율을 크게 높였기 때문이다. 그러나 최근 일부 고고학자들은 이 견해에 의문을 제기하며 새로운 ㉠주장을 내놓았다. 일본 조몬 유적을 비롯한 초기 토기 출토지에서 물고기·갑각류와 같은 기름진 식재료의 잔류물이 발견되었는데, 이는 토기가 단순한 조리 효율 향상을 넘어 고지방 식품의 안전한 가공과 저장을 위해 먼저 사용되었을 가능성을 시사한다는 것이다. 특히 잉여 수산물을 끓여 기름을 추출하고 비축하는 기술은 척박한 시기의 생존 확률을 비약적으로 높였을 것이다.

─── <보 기> ───

ㄱ. 중국 저장성 톈뤄산 유적의 초기 토기를 분석한 결과, 전분·도토리, 조 등 저지방 식물성 식재료의 전분 흔적이 주로 확인되었다.

ㄴ. 신석기 비냐 유적에서 기름진 식재료 잔류물이 확인된 토기의 다수가 바닥이 얇고 장시간 저장에 부적합한 형태로 제작되었음이 확인되었다.

ㄷ. 아무르 강 유역의 신석기 초기 토기에서 어류·수생 포유류 지방의 지질 잔류물이 다량 검출되었다.

① ㄴ
② ㄱ, ㄴ
③ ㄴ, ㄷ
④ ㄱ, ㄴ, ㄷ

19. 다음 글의 빈칸에 들어갈 결론으로 가장 적절한 것은?

중세 유럽의 흑사병은 14세기 중엽 대륙을 휩쓴 거대한 재앙이었다. 이 질병은 당시 유럽 인구의 3분의 1에서 절반에 가까운 사람들의 목숨을 앗아갔다. 이처럼 엄청난 인명 피해는 사회 전반에 걸쳐 급격한 변화를 가져왔다. 먼저 농업과 상업 활동에 필수적인 노동력이 극심하게 부족해졌다. 살아남은 농민들은 부족해진 노동력 덕분에 더 많은 임금과 더 나은 노동환경을 요구할 수 있었고, 영주들로서는 이를 받아들일 수밖에 없었다. 부족해진 노동력을 확보하고 농민의 이탈을 막기 위해 영주들은 결국 농노 해방을 단행하거나 지대를 현물 대신 화폐로 받기 시작했다. 이는 봉건 사회의 근간이던 장원 경제 체제를 직접적으로 약화시키는 결과를 낳았다. 질병에 대한 공포와 기존 질서에 대한 회의감은 도시로의 인구 이동을 촉진했고, 이는 도시의 성장과 함께 새로운 경제 활동의 활성화로 이어졌다. 남아 있는 사람들은 삶과 죽음에 대한 새로운 시각을 갖게 되었으며, 개인의 자유와 현세의 가치에 더욱 주목하게 되었다. 교회의 권위 또한 전염병을 막지 못했다는 이유로 크게 흔들렸다. 결국, 흑사병은 단순한 질병이 아니라, 인류에게 큰 상처를 남기면서도 [   ] 계기가 되었다.

① 농민들의 삶을 더욱 궁핍하게 만들고 영주의 권력을 강화하는
② 기존 봉건 질서를 해체하고 새로운 사회 질서의 기반을 마련하는
③ 유럽 인구의 회복을 지연시키고 경제 성장을 완전히 멈추게 하는
④ 교회의 절대적 권위를 재확인시키고 종교적 통합을 더욱 공고히 하는

20. 다음 대화의 빈칸에 들어갈 말로 가장 적절한 것은?

갑 : A구역이나 B구역에서 탑승하는 비행편을 예매하려고 합니다.
을 : [   ]
병 : 면세점을 이용하기 위해서는, B구역에서 탑승하지 않아야만 합니다.
정 : 여러분의 의견대로 하자면, 면세점을 이용할 수 없겠군요.

① A구역에서 탑승하지 않아야 합니다.
② A구역에서 탑승해야 합니다.
③ A구역에서 타거나, 면세점을 이용해야 합니다.
④ 두 구역을 모두 이용하는 것은 불가능합니다.

2026 국가직·지방직 공무원 시험 대비

실전동형 봉투모의고사
Vol. 1

국 어

❚ 제1회 ~ 제12회 ❚

정답 및 해설

9급 국가공무원 공개경쟁채용시험 필기시험 답안지

컴퓨터용 흑색사인펜만 사용

책 형

㉮	㉯

[필적감정용 기재]

*아래 예시문을 옮겨 적으시오

본인은 ○○○(응시자성명)임을 확인함

기 재 란

성 명	본인 성명 기재
자필성명	
응시직렬	
응시지역	
시험장소	

자필코드

응시번호

전화번호

※ 시험감독관 서명
(성명을 정자로 기재할 것)

적색 볼펜만 사용

제 회

문번	①	②	③	④
1	①	②	③	④
2	①	②	③	④
3	①	②	③	④
4	①	②	③	④
5	①	②	③	④
6	①	②	③	④
7	①	②	③	④
8	①	②	③	④
9	①	②	③	④
10	①	②	③	④
11	①	②	③	④
12	①	②	③	④
13	①	②	③	④
14	①	②	③	④
15	①	②	③	④
16	①	②	③	④
17	①	②	③	④
18	①	②	③	④
19	①	②	③	④
20	①	②	③	④

9급 국가공무원 공개경쟁채용시험 필기시험 답안지

컴퓨터용 흑색사인펜만 사용

책		
형	가	나

[필적감정용 기재]

*아래 예시문을 옮겨 적으시오

본인은 ○○○(응시지역명)임을 확인함

기 재 란

성 명	
자필성명	본인 성명 기재
응시직렬	
응시지역	
시험장소	

직렬코드

응시번호

전화번호

※ 시험감독관 서명
(성명을 정자로 기재할 것)

적색 볼펜만 사용

컴퓨터용 흑색사인펜만 사용

문번	제 회			
1	①	②	③	④
2	①	②	③	④
3	①	②	③	④
4	①	②	③	④
5	①	②	③	④
6	①	②	③	④
7	①	②	③	④
8	①	②	③	④
9	①	②	③	④
10	①	②	③	④
11	①	②	③	④
12	①	②	③	④
13	①	②	③	④
14	①	②	③	④
15	①	②	③	④
16	①	②	③	④
17	①	②	③	④
18	①	②	③	④
19	①	②	③	④
20	①	②	③	④

(동일한 답란표가 6개 반복됨: 각 '제 회' 블록, 문번 1~20, 보기 ①②③④)

9급 국가공무원 공개경쟁채용시험 필기시험 답안지

컴퓨터용 흑색사인펜만 사용

[필적감정용 기재]
*아래 예시문을 옮겨 적으시오
본인은 OOO(응시자성명)임을 확인함

기 재 란

책 형	㉮	㉯

성 명	자필성명	본인 성명 기재
	응시직렬	
	응시지역	
	시험장소	

직렬코드

응시번호

전화번호

※ 시험감독관 서명
(성명을 정자로 기재할 것)
적색 볼펜만 사용

문번	제 회
1	① ② ③ ④
2	① ② ③ ④
3	① ② ③ ④
4	① ② ③ ④
5	① ② ③ ④
6	① ② ③ ④
7	① ② ③ ④
8	① ② ③ ④
9	① ② ③ ④
10	① ② ③ ④
11	① ② ③ ④
12	① ② ③ ④
13	① ② ③ ④
14	① ② ③ ④
15	① ② ③ ④
16	① ② ③ ④
17	① ② ③ ④
18	① ② ③ ④
19	① ② ③ ④
20	① ② ③ ④

2026 공무원 시험 대비 봉투모의고사
국어 정답 및 해설
▎ 제1회~12회 ▎

응시자 주의사항

1. **시험시작 전 시험문제를 열람하는 행위나 시험종료 후 답안을 작성하는 행위를 한 사람은** 「공무원임용시험령」 제51조에 의거 **부정행위자로** 처리됩니다.
2. **답안지 책형 표기는 시험시작 전 감독관의 지시에 따라 문제책 앞면에 인쇄된 문제책형을 확인**한 후, **답안지 책형란에 해당 책형(1개)을 '●'로 표기**하여야 합니다.
3. **답안은 문제책 표지의 과목 순서에 따라 답안지에 인쇄된 순서(제1·2·3·4·5과목)에 맞추어 표기**해야 하며, 과목 순서를 바꾸어 표기한 경우에도 **문제책 표지의 과목 순서대로 채점**되므로 유의하시기 바랍니다.
4. 시험이 시작되면 문제를 주의 깊게 읽은 후, **문항의 취지에 가장 적합한 하나의 정답만을 고르며,** 문제내용에 관한 질문은 할 수 없습니다.
5. 답안지의 모든 기재 및 표기 사항은 **컴퓨터용 흑색 싸인펜을 사용**하며, 반드시 <보기>의 **올바른 표기 방식**으로 답안을 작성해야 합니다.

        <보기>   올바른 표기: ●   잘못된 표기: ⊘ ⊗ ◑ ⊙ ⑪ ◔ ③

6. **답안을 잘못 표기하였을 경우에는 답안지를 교체하여 작성하거나 수정할 수 있으며, 표기한 답안을** 수정할 때는 응시자 본인이 가져온 수정테이프만을 사용하여 해당 부분을 완전히 지우고 부착된 수정테이프가 떨어지지 않도록 손으로 눌러주어야 합니다. **(수정액 또는 수정스티커 등은 사용 불가)**
   ■ 불량한 수정테이프의 사용과 불완전한 수정처리로 발생하는 모든 문제는 응시자 본인에게 책임이 있습니다.
7. 법령, 고시, 판례 등에 관한 문제는 **2025년 1월 31일 현재 유효한 법령, 고시, 판례 등을 기준**으로 정답을 구해야 합니다. 다만, 개별 과목 또는 문항에서 별도의 기준을 적용하도록 명시한 경우에는 그 기준을 적용하여 정답을 구해야 합니다.
8. **시험시간 관리의 책임은 응시자 본인에게 있습니다.**
   ※ 문제책은 시험종료 후 가지고 갈 수 있습니다.

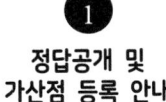
정답공개 및 가산점 등록 안내

1. 정답공개: 정답가안 4.4.(토) 13:30 / 최종정답 4.13.(월) 18:00 / 사이버국가고시센터
2. 이의제기: 4.4.(토) 18:00 ~ 4.7.(화) 18:00 / 사이버국가고시센터
   ■ 구체적인 이의제기 방법은 정답가안 공개 시 공지 예정
3. 가산점 등록기간: 4.4.(토) 13:30 ~ 4.6.(월) 21:00
4. 가산점 등록방법: 사이버국가고시센터 ➜ [원서접수 → 가산점 등록/확인]

국어 정답 및 해설

★★★★★ 이 글을 꼭 읽어주세요!!! ★★★★★

안녕하세요~^^
여러분들의 단기 합격을 책임지는,
박문각에서 국어를 가르치는 박혜선입니다.

우선 첫 번째 동형 강의를 시작하기에 앞서 역공이 여러분께 말씀 드릴 것이 있습니다.

이 교재는 역공이 여러분께서도 보시면 아시겠지만 <u>"독학"</u>에도 특화된 교재입니다.
정말 자세한 서술에, 논리 문제의 경우에는
많은 사랑을 받고 있는 <u>"천기누설 혜선팍 논리"</u>의 교재처럼
<u>논리추론 시각화도 모두 되어 있어서 "독학"에 더할 나위 없이 좋습니다.</u>

하지만 그럼에도 저는 역공이 여러분께 강의를 꼭꼭 참고하길 강력히 권해 드립니다.
간혹 틀린 부분만 발췌하시거나 해설지만 보고 공부하여
아쉬운 점수를 받아 오시는 분들이 있습니다.

독학을 했음에도 아쉬운 점수를 받는 이유는
강의를 듣지 않다 보면 자기도 모르게 "무의식적인 나쁜 습관"에 빠진 채로
모든 문제를 풀고 채점하게 되기 때문입니다.

강의를 들으면 **혜선쌤의 전매 특허인 "모든 문제 유형마다의 야매 꼼수와 전략"을 배**
우고 문제 유형마다의 시간 밸런스를 맞추는 방식을 1~20번까지 터득할 수 있습니다.
하지만 혼자 문제 풀이와 오답을 하시게 되면 본인이 편한 방식으로만 훈련을 하게
되어 점수가 오르기가 매우 힘듭니다.

따라서 저는 어쩌면 시간이 많이 들어 보이는 이 방법이
사실은 가장 빠르게 합격할 수 있는 길이라고 말씀 드립니다.
절대 후회하지 않으실 거예요!

자신이 편한 방식대로 공부하시지 마시고,
꼭 강의에서 혜선 쌤이 알려 드리는 야매꼼수와 전략으로 점수를 올리시길 바랍니다.

---

01 [독해(작문) - 공문서 문장 고쳐 쓰기]   ▶ ①

<공공언어 바로 쓰기 원칙>의 '문장 성분의 호응 관계를 명확히 할 것.'에 따라 ㉠을 살펴보면, 원문의 주어 '식약처는'에 대한 서술어로 '실시합니다'가 이미 올바르게 호응하고 있다. 식약처가 주체적으로 「2025년 재난 대응 안전한국훈련」을 실시하는 것이 맞기 때문이다. 선지 ①은 이를 '실시됩니다'라는 피동형으로 바꾸어 오히려 주어 '식약처는'과의 호응을 부적절하게 만들었다. '식약처'가 주체적으로 실시하는 것이므로 능동형 '실시합니다'가 적절하다.

오답풀이 ② <공공언어 바로 쓰기 원칙>의 '불필요한 사동·피동 표현을 지양할 것.'에 따라 ㉡의 '진행시킵니다'는 불필요한 사동 표현(시키다)이 사용되었으므로 '진행합니다'로 고치는 것이 적절하다. 식약처에서 집행을 직접 하는 것이기 때문이다.
③ <공공언어 바로 쓰기 원칙>의 '지나친 명사 나열을 피하고 적절한 조사와 어미를 활용하여 문장을 구성할 것.'에 따라 ㉢의 '거짓 정보 확산, 사회 혼란, 유통 질서 위험 대응'은 명사만 나열되어 있으므로, '거짓 정보 확산에 따른 사회 혼란과 유통 질서 위협에 대응하기 위한'으로 고쳐 조사와 어미를 활용하는 것이 적절하다.
④ <공공언어 바로 쓰기 원칙>의 '중복되는 표현을 삼갈 것.'에 따라 ㉣의 '사전에 미리 대응하여'는 '사전에'와 '미리'가 모두 '앞서서, 전에'라는 의미를 가지므로 중복 표현이다. 따라서 '사전에 대응하여' 또는 '미리 대응하여'로 고치는 것이 적절하다.

02 [독해(작문) - 개요 작성]   ▶ ③

"잔반 발생량에 따른 학급별 벌점제 도입"은 본론 Ⅲ의 '학교 급식 음식물 쓰레기 감축을 위한 개선 방안'으로 부적절하다. 이는 본론 Ⅱ에서 분석한 세 가지 원인과 대응되지 않는 방안이다. 식단 구성, 조리량 산정, 배식 방식의 문제를 해결하는 것이 아니라 학생들에게 책임을 전가하는 징벌적 접근으로, 근본적인 원인 해결과는 무관하다.

오답풀이 ① 본론 Ⅱ-1의 "학생 기호도를 반영하지 못한 획일적 식단 구성"에 대응하는 해결방안으로, "학생 음식 기호도 조사·분석을 통한 식단 개선"은 적절하다. 학생 기호도를 반영하지 못했다면 기호도를 조사하고 분석해서 식단을 좋게 만들면 되기 때문이다.
② 본론 Ⅱ-2의 "급식 인원 변동에 대응하지 못하는 조리량 산정 방식"에 대응하는 해결방안으로, "등교 인원 예측 시스템 구축과 적정 조리량 산정"은 적절하다. 급식 인원 변동에 대응하기 위해 등교 인원 예측 시스템을 만들고 조리량도 적절하게 산정하면 되기 때문이다.
④ 본론 Ⅱ-3의 "개인별 식사량 차이를 고려하지 않은 일률적 배식"에 대응하는 해결방안으로, "개인별 식사량 조절이 가능한 자율 배식 방식 도입"은 적절하다. 개인별 식사량 차이를 고려하지 않았다면 개인별 식사량 조절이 가능하도록 자율적으로 급식을 받게 하는 방식을 도입하면 되기 때문이다.

03 [독해(문법) - 통사론 - 문장의 짜임새]   ▶ ②

'철수가 타는 차는 무려 외제차였다.'라는 문장에서 피수식 명사 '차'가 '철수가 (차를) 타다'에서 목적어로 중복되므로 (가)에는 '있으'가 들어가야 한다. 즉, 관형절 내부에 '차'가 중복되므로 관계 관형절이라고 볼 수 있다. 따라서 (나)에는 '관계'가 들어가야 한다. 이는 1문단의 "철수가 먹던 피자를 버렸다"라는 예시를 통해 추론할 수 있다.

04 [독해(비문학) - 내용 추론 긍정 발문]   ▶ ④

2문단에서 '이러한 폐단을 없애기 위해 이원익 등의 건의로 1608년 광해군 즉위년에 경기도에서 대동법이 처음 실시되었다.'와, '이 과정에서 공인이라 불린 상인이 물자 조달을 담당하였다. 공인은 거래 과정에서 상평통보를 사용하여 화폐 유통을 확대하였다. 또한 이는 국가 재정의 효율적 운영에도 크게 기여하였다.'의 진술을 볼 때, 공납 제도의 폐단으로 시작되었던 대동법은 상업의 활성화에 기여했음을 짐작할 수 있으므로 적절한 진술이다.

오답풀이 ① 주체 혼동의 오류이다. 1문단에서 '이 중 전세는 토지 결수에 따라 세금을 거두는 것이었고, 군역은 성인 남자에게 부과된 것으로, 군사 인원을 확보하기 위해 일정 연령의 남자는 정군으로 직접 복무하거나 대신 복무할 보인을 두어 복무하게 하는 것이었다. 공납은 그 지역의 특산물을 현물로 바치게 하는 제도였다.'라고 제시되어 있는 것으로 보아 소유한 토지에 따라 부과하는 조세는 전세임을 알 수 있다.
② 1문단에서 '전세는 토지 결수에 따라 세금을 거두는 것이었고,'라고 제시되어 있고, 2문단에서 '대동법은 공납을 특산물 대신 일정량의 쌀로 납부하게 하고, 토지 결수를 기준으로 납부할 쌀의 양을 부과하는 방식이었다.'라고 제시되어 있는 것으로 보아, 대동법과 전세는 모두 토지 결수를 기준으로 하는 세금이다.
③ 2문단에서 '나라에서는 이 쌀을 활용해 필요한 물품을 구입하였으며, 이 과정에서 공인이라 불린 상인이 물자 조달을 담당하였다.'라고 제시된 것으로 보아, 공인은 받은 쌀로 물자를 유통하는 역할을 했음을 알 수 있으므로 상평통보로 사들였다는 설명은 적절하지 않다.

05 [독해(비문학) - 문장 수정]   ▶ ③

본문에서는 정책의 방향에 따라 중소기업이 중견기업, 나아가 대기업으로 성장할 유인이 줄어들고, 양질의 대기업 일자리를 창출하기 어려워질 수 있음을 이야기하고 있다. 이는 정책이 효과적으로 이루어질 때가 아니라, 잘못 시행될 때의 부작용을 이야기한 것이므로 "정부의 중소기업 지원 정책이 과도하게 이루어지면"으로 수정하는 것이 적절하다.

오답풀이 ① 본문에서는 "대기업의 일자리 부족이 여러 사회적 문제를 초래"한다고 하였다. 따라서 기업의 규모가 커질수록 경제 발전이 지체되는 것이라고 보기는 어려우며, "기업의 규모가 경제 발전에 미치는 영향은 지대하다."라는 기존 표현을 유지하는 것이 옳다.
② 대기업 일자리 부족이 사회 문제의 원인이 된다는 본문의 논지를 고려할 때 중소기업 취업 수요가 증가한다는 서술은 적절하지 않음을 알 수 있다. 따라서 기존 표현을 유지하는 것이 옳다.

④ 본문에서는 기업 규모 확대의 필요성을 설명하고 있으므로 기업 규모 축소가 아니라 확대를 위한 정책을 검토하는 것이 옳다.

06 [독해(비문학) – 순서 배열] ▶ ②
(다)는 이주민 자녀가 원래의 사회계층을 유지하거나 되풀이하는 경향이 강하다는 연구 결과를 소개하며 글의 주제에 대한 첫 번째 관점을 제시하고 있어 도입부로 적합하다. (가)에서는 '~는 것이다'의 문장 구조를 통해 (다)의 내용을 구체화하고 있으므로 (다) 다음에 (가)가 오는 것이 적절하다. 부모의 사회적 지위가 자녀의 미래를 좌우한다는 구체적인 설명을 통해 독자의 이해를 돕고 있다. (라)는 '그런데'라는 접속어로 시작하여 앞에서 제시된 이주민 자녀에 대한 새로운 내용을 제시하고 있다. 이주민 자녀들이 오히려 더 나은 사회이동 성과를 보일 수 있는 가능성을 나타내고 있다. 그리고 (나)에서는 (라)에서 설명한 '왜 이주민 자녀들이 더 나은 사회 이동 성과를 보이는지'에 대한 이유를 제시하므로 (라) 뒤에 (나)가 와야 한다. 따라서 (다) – (가) – (라) – (나)가 적절하다.

07 [독해(비문학) – 중심 내용 추론] ▶ ②
본문의 첫 문단에서 "조선 후기까지도 한문은 교양 있는 지식인이 사용하던 정제된 문어였으며, 품사 개념 또한 중국의 '마씨문통' 등 고전 문법 체계를 따랐다"고 설명한 후, "개화기 이후 근대적 문법 체계가 도입되면서, 한국에서 간행된 한문법 교과서에도 변화가 나타났다"고 밝히고 있다. 이어서 부사 범주의 구체적인 변화 사례를 통해 이러한 전환을 보여주고 있으며, 마지막 문단에서는 "한문 교육의 변화는 단지 내용의 변화가 아니라, 전통적 한문 교육에서 근대적 문법 체계로의 전환 과정을 보여주는 중요한 사례"라고 중심 내용을 종합하고 있다. 따라서 이 선지가 글의 중심 내용을 가장 정확하게 반영하고 있다.

오답풀이 ① 일부 언급의 오류이다. 본문에서 부사의 정의가 "동사나 형용사 앞에 놓여 그 의미를 보좌하거나 수식하는 말"로 제시되었다는 내용은 맞지만, 이것이 글의 중심 내용이라기보다는 부사 범주의 변화를 설명하기 위한 배경 정보에 해당한다. 또한 본문의 핵심은 한문 교육의 전반적인 변화와 인식의 전환이지, 부사 정의의 일관성이 아니다.
③ 본문에서 한문법 교과서들이 "부사의 분류 방식에서 차이를 보인다"는 내용은 언급되었지만, 이것이 "현대 국어 문법의 기초가 되었다"는 직접적인 서술은 없다. 본문은 단지 "현대 국어 문법의 부사 범주와 본질적으로 유사한 특징을 담고 있었다"고만 언급하고 있어, 직접적인 영향 관계를 단정하지는 않았다.
④ 본문에서는 "한문에서 국어로의 전환"이라는 표현은 사용되지 않았으며, "문법 용어와 개념이 어떻게 재구성되었는지"에 대한 직접적인 설명도 없다. 본문은 한문 교육 내에서의 변화와 전통적 한문 교육에서 근대적 문법 체계로의 전환을 다루고 있으므로, 이 선지는 본문의 내용을 부정확하게 해석한 것이다.

08 [어휘 – 문맥적 의미 추론] ▶ ①
㉠의 '따르다'는 '1 「4」 관례, 유행이나 명령, 의견 따위를 그대로 실행하다.'를 의미한다. 이와 가장 유사한 의미의 '따르다'는 ①이다.

오답풀이 ② 1 「2」 앞선 것을 좇아 같은 수준에 이르다.
③ 2 「1」 어떤 일이 다른 일과 더불어 일어나다.
④ 1 「1」 다른 사람이나 동물의 뒤에서, 그가 가는 대로 같이 가다.

09 [독해(비문학) – 일반 강화 약화] ▶ ③
(가) 자유무역론자들은 '자유무역협정 체결로 상품과 서비스의 교류가 활발해지면 기술 혁신과 투자 유입이 촉진되어 장기적 성장이 가능하다'고 주장한다. 멕시코에서 무역 자유화 이후 오히려 기술 혁신이 약화되었다는 사례는 자유무역이 실제로 혁신을 촉진한다는 (가)의 주장을 반증하므로, (가)의 주장을 약화한다.

오답풀이 ① 반대의 오류이다. (가) 자유무역론자들은 '자유무역협정 체결로 상품과 서비스의 교류가 활발해지면 기술 혁신과 투자 유입이 촉진되어 장기적 성장이 가능하다는 것이다.'라고 주장한다. 따라서 싱가포르가 자유무역 이후 투자를 많이 받았다면 (가)의 주장을 뒷받침하므로, (가)를 강화하는 것이지 약화하지 않는다.
② 반대의 오류이다. (나) 공정무역론자들은 '생산자에게 공정한 가격을 보장하고 환경 친화적 방식을 의무화하는 거래 체계를 구축해야 한다'고 주장한다. '공정무역 인증을 받은 생산자 집단의 소득이 일반 시장 거래 집단보다 30% 높게 나타났다'는 분석은 공정무역이 실제로 생산자의 소득을 향상시킨다는 (나)의 주장을 뒷받침하므로, (나)를 강화하는 것이지 약화하지 않는다.
④ 무관의 오류이다. (나) 공정무역론자들은 공정무역 체계의 윤리적 가치와 사회적 기여를 강조한다. '공정무역 제품이 가격 경쟁력 부족으로 시장 점유율을 확대하지 못했다'는 조사 결과는 공정무역의 시장 경쟁력 한계를 보여주는 것으로 이는 무관한 사례이므로 (나)의 주장을 강화하지도 약화하지도 않는다.

10 [독해(비문학) – 지시 대상 추론] ▶ ②
㉠의 '이들'은 '공정무역론자들'을 가리킨다. ㉡의 '그들'은 문맥상 '콜롬비아의 여성 커피 협동 조합'을 의미한다. 지역학교와 보건시설을 운영하는 것이 공정무역론자가 될 수는 없기 때문에 앞에 있는 '콜롬비아의 여성 커피 협동 조합'이 답이 됨을 알 수 있다. ㉢ '이들'은 공정무역의 긍정적 측면을 언급하고 있으므로 '공정무역론자들'을 가리킨다. ㉣의 '그들'은 바로 앞 문장의 '공정무역론자들'을 가리키며, 이들은 공정무역의 효과를 강조하므로 '공정무역론자들'의 입장과 같다. 따라서 ㉡만 '콜롬비아의 여성 커피 협동 조합'을 가리키고, ㉠, ㉢, ㉣은 모두 '공정무역' 관련 내용이므로, ㉡이 문맥상 의미가 나머지와 다르다.

11 [독해(비문학) – 내용 추론 긍정 발문] ▶ ④
2문단에서 '풍력 에너지 역시 바람을 이용하는 친환경적 에너지지만, 바람의 세기와 방향에 따라 효율이 달라지고, 풍력발전기로 인한 소음과 경관 훼손 문제가 발생할 수 있다.'라고 제시되어 있는 것으로 보아, 풍력 발전은 기상 현상(날씨)중 하나인 바람의 세기와 방향이 어떻게 달라지냐에 따라 효율이 달라질 수 있으므로 적절한 진술이다.

오답풀이 ① 반대의 오류이다. 1문단을 통해 재생 에너지는 친환경적임을 알 수 있지만, 태양광, 풍력에너지 등은 전력 생산이 일정하지 않으므로 적절하지 않은 설명이다.
② 비교 미언급의 오류이다. 2문단에서 '태양광 에너지는 발전 시설의 설치가 쉽고, 발전 과정에서 오염물질을 배출하지 않지만, 일사량이 일정하지 않은 지역에서는 발전량이 불안정하다. 풍력 에너지 역시 바람을 이용하는 친환경적 에너지지만, 바람의 세기와 방향에 따라 효율이 달라지고, 풍력발전기로 인한 소음과 경관 훼손 문제가 발생할 수 있다.'라고 제시되어 있는 것으로 보아, 태양광 발전과, 풍력 발전 모두 전력 생산이 안정적이지 않으므로 두 대상을 비교하지는 않았음을 알 수 있다.
③ 비교 미언급의 오류이다. 2문단에서 '수력 발전은 비교적 안정적인 전력 공급이 가능하나, 대규모 댐 건설로 인한 생태계 파괴, 댐 건설 지역의 주민 이주로 사회적 갈등이 생길 수 있다. 지열 에너지는 지하의 열을 이용해 안정적으로 전력을 생산하지만, 설비 설치 비용이 높은 편이고 이용 가능한 지역이 제한되어 있다는 단점이 있다.'라고 제시되어 있는 것으로 보아 두 발전 방식 모두 전력을 안정적으로 생산 가능하므로 무엇이 더 안정적인지 언급되지 않았으므로 적절하지 않은 진술이다.

12 [어휘 – 바꿔 쓸 수 있는 유사한 표현] ▶ ③
'이뤄지다'는 '어떤 대상에 의하여 일정한 상태나 결과가 생기거나 만들어지다.'를 의미한다. 따라서 '둘 이상의 기구나 단체, 나라 따위가 하나로 합쳐지다.'를 의미하는 '병합(倂 아우를 병 合 합할 합)되다'는 ㉢과 바꿔 쓸 수 있는 유사한 표현으로 적절하지 않다. '둘 이상의 일이 한꺼번에 행해지다.'를 의미하는 '병행(竝 나란히 병 行 다닐 행)되다'로 바꿔 쓸 수 있다.

오답풀이 ① ㉠ '줄이다'는 '수나 분량을 본디보다 적게 하거나 무게를 덜 나가게 하다.'를 의미한다. 따라서 '긴장된 상태나 급박한 것을 느슨하게 하다.'를 의미하는 '완화(緩 느릴 완 和 화할 화)하다'로 바꿔 쓸 수 있다.
② ㉡ '마주하다'는 '마주 대하다.'를 의미한다. 따라서 '어떠한 일이나 사물을 직접 당하거나 접하다.'를 의미하는 '직면(直 곧을 직 面 낯 면)하다'로 바꿔 쓸 수 있다.
④ ㉣ '받치다'는 '어떤 일을 잘 할 수 있도록 뒷받침해 주다.'를 의미한다. 따라서 '오래 버티거나 배겨 내다.'를 의미하는 '지탱(支 지탱할 지 撑 버틸 탱)하다'로 바꿔 쓸 수 있다.

13 [독해(문법) – 음운론 – 음운의 변동] ▶ ②
본문에서 "㉠ 순행동화는 앞 음운이 뒤 음운에 영향을 주어 뒤 음운이 앞 음운과 비슷하게 바뀌는 현상이다"라고 설명하고 있다. '감문'을 [감문]으로 발음하는 것은 뒤의 비음 'ㅁ'이 앞의 'ㅂ'에 영향을 주어 'ㅂ'이 비음 'ㅁ'으로 바뀌는 역행동화 현상이다. 앞에서 뒤로 영향을 주는 순행동화와는 반대 방향이므로 ②번은 순행동화가 아닌 역행동화에 해당한다.

오답풀이 ① 본문에서 "순행동화는 앞 음운이 뒤 음운에 영향을 주어 뒤 음운이 앞 음운과 비슷하게 바뀌는 현상"이라고 설명하고 있다. '종로'를 [종노]로 발음하는 것은 앞의 'ㅇ'이 뒤의 'ㄹ'에 영향을 주어 'ㄹ'이 'ㄴ'으로 바뀌는 순행동화에 해당한다.
③ 본문에서 "순행동화는 앞 음운이 뒤 음운에 영향을 주어 뒤 음운이 앞 음운과 비슷하게 바뀌는 현상"이라고 설명하고 있다. '말년'을 [말련]으로 발음하는 것은 앞의 'ㄹ'이 뒤의 'ㄴ'에 영향을 주어 'ㄴ'이 'ㄹ'로 바뀌는 순행동화에 해당한다.
④ 본문에서 "순행동화는 앞 음운이 뒤 음운에 영향을 주어 뒤 음운이 앞 음운과 비슷하게 바뀌는 현상"이라고 설명하고 있다. '칼날'을 [칼랄]로 발음하는 것은 앞의 'ㄹ'이 뒤의 'ㄴ'에 영향을 주어 'ㄴ'이 'ㄹ'로 바뀌는 순행동화에 해당한다.

14 [독해(문법) – 형태론 – 단어의 형성] ▶ ④

제시문에서 "단어를 둘로 쪼갰을 때 둘 다 어근이면 합성어"라고 하였다. '작은 아버지'는 형용사 '작다'의 관형사형 '작은'과 명사 '아버지'가 결합한 통사적 합성어이다. '작은'은 용언의 활용형이지만, '작은 + 아버지'라는 통사적 구성이 하나의 단어로 굳어진(어휘화된) 합성어이다. 따라서 '작은아버지'는 파생어가 아니라 합성어이다.

오답풀이 ① 제시문에서 "둘 중 하나가 파생 접사이면 파생어"라고 하였으므로, '톱질'은 명사 어근 '톱'에 파생 접사 '-질'이 결합한 파생어임을 알 수 있다.
② 제시문의 원리를 적용하면, '어른스럽다'는 명사 어근 '어른'에 형용사 파생 접사 '-스럽-'과 어미 '-다'가 결합한 것이다. 제시문에서 "어미는 단어 구분에 고려하지 않는다"고 하였으므로 '어른스럽다'는 파생어임을 알 수 있다.
③ 제시문에서 "둘 다 어근이면 합성어"라고 하였다. '새해'는 관형사 '새'와 명사 '해'가 결합한 형태로, 파생 접사가 없으므로 합성어이다. 따라서 '새해'는 합성어임을 알 수 있다.

15 [논리 – 반드시 참인 명제] ▶ ④

첫 번째 명제에 의해 '피아노 → 그림'이고 세 번째 명제에 의해 '그림 → 요리'이며 두 번째 명제에 의해 '요리 → ~춤'이므로 세 명제를 차례대로 연결하면 '피아노 → ~춤'이 도출된다. 따라서 피아노를 치는 사람은 춤을 추지 않는 사람이다.

오답풀이 ① 세 번째 명제의 대우명제에 의해 '~요리 → ~그림'이고 첫 번째 명제의 대우명제에 의해 '~그림 → ~피아노'이므로 두 명제를 연결하면 '~요리 → ~피아노'가 도출된다. 따라서 요리를 하지 않는 사람은 피아노를 치지 않는 사람이다.
② '그림 → 피아노'로 첫 번째 명제 '피아노 → 그림'의 역명제이다. 따라서 항상 참이라고 할 수 없다.
③ 두 번째 명제의 대우명제에 의해 '춤 → ~요리'이고 세 번째 명제의 대우명제에 의해 '~요리 → ~그림'이므로 두 명제를 연결하면 '춤 → ~그림'으로 춤을 추는 사람은 그림을 그리지 않는 사람이다.

16 [논리 – 빈칸에 들어갈 결론] ▶ ④

(가) 음악 ∧ 미술
(나) ~독서 → ~음악 ≡ 음악 → 독서
(다) 독서 → ~영화 감상 ≡ 영화 감상 → ~독서

(가)에 의해 음악과 미술에 동시에 관심이 있는 사람이 존재하고 (나)의 대우명제에 의해 음악에 관심이 있는 모든 사람은 독서에 관심이 있으므로 미술에 관심이 있는 사람 중 독서에 관심이 있는 사람이 존재한다. 따라서 미술에 관심이 있는 어떤 사람은 독서에도 관심이 있다.

오답풀이 ① '음악 ∧ ~미술'이다. (가)에 의해 '음악 ∧ 미술'이긴 하나 이를 통해 '음악 ∧ ~미술'을 도출하는 것은 불가능하다. 반드시 거짓이라고 할 수는 없지만 반드시 참이라고 할 수도 없기 때문에 전제들을 통해 도출할 수 있는 결론으로 부적절하다.
② '영화감상 → 음악'이다. (다)의 대우명제에 의해 '영화감상 → ~독서'이고 (나)에 의해 '~독서 → ~음악'이므로 두 개의 명제를 연결하면 '영화감상 → ~음악'이 도출된다. 따라서 영화감상에 관심이 있는 모든 사람은 음악에 관심이 없다.
③ (나)의 대우명제에 의해 '음악 → 독서'이므로 음악에 관심이 있는 모든 사람은 독서에도 관심이 있다. 따라서 음악에 관심이 있는 사람이 독서에 관심이 없는 것은 불가능하다. 이 선지는 (나)에 대한 반례이다.

17 [논리 – 생략된 전제 추론] ▶ ①

전제 1 : 작곡가 → 악보
전제 2 : 음정 → ~리듬
전제 3 : [   ] 음정 ∧ 악보
─────────────────────────────
결론 : 악보 ∧ ~리듬

답은 '음정 ∧ 악보'이다. 좋은 악보를 선호하면서 높은 음정을 선호하는 사람이 존재하고 전제 2에 의해 높은 음정을 선호하는 모든 사람은 느린 리듬을 선호하지 않으므로 좋은 악보를 선호하면서 느린 리듬을 선호하지 않는 사람이 존재한다. 즉, '악보 ∧ ~리듬'으로 결론이 도출된다.

오답풀이 ②은 '~음정 → ~작곡가'이다. 이 명제의 대우명제는 '작곡가 → 음정'으로, 이 명제에 의하면 모든 작곡가는 높은 음정을 선호하고 전제 1에 의해 모든 작곡가는 좋은 악보를 선호하므로 모든 작곡가는 높은 음정과 좋은 악보를 선호한다는 것을 알 수 있다. 하지만 이를 통해 '악보 ∧ ~리듬'을 도출하는 것은 불가능하다.
③은 '리듬 ∧ ~작곡가'이다. 이 전제를 추가하여 '악보 ∧ ~리듬'을 도출하는 것

(우측 단)

은 불가능하다.
④은 '작곡가 → 리듬'이다. 전제 1에 의해 '작곡가 → 악보'이므로 모든 작곡가는 느린 리듬을 선호하는 동시에 좋은 악보를 선호한다. 즉, 이를 통해 '악보 ∧ 리듬'을 도출하는 것은 가능하나 '악보 ∧ ~리듬'을 도출하는 것은 불가능하다.

18 [독해(비문학) – 초점 강화 약화] ▶ ④

글의 논지의 핵심은 제시문의 "가계부채의 해결책은 단순한 대출 억제가 아니라, 금융 자본이 혁신적이고 생산적인 방향으로 흐를 수 있도록 대출 기준과 평가 시스템을 전면적으로 전환하는 데 있어야 한다"와 "기술력이나 사업성을 기준으로 대출을 집행하는 비중은 미미하다"이다. 즉, 대출 기준을 기술력과 사업성 중심으로 전환하여 혁신적이고 생산적인 부문으로 자본을 유도해야 한다는 것이다. 이를 잘 충족한 선지가 '독일 은행들이 기술 평가 기반 대출 시스템을 도입한 후 중소기업 혁신 투자가 30% 증가하고 금융업 수익성도 개선되었다'이다. 기술 평가 기반 대출 시스템 도입이 혁신 투자 증가와 금융업 경쟁력 강화로 이어졌다는 것은 대출 기준 전환의 효과를 보여주므로 글의 논지를 강화한다.

오답풀이 ① 무관의 오류이다. 가계부채의 총량과 증가율은 현재 상황의 심각성을 보여주지만, 대출 기준 전환을 통한 자본의 생산적 활용이라는 해결 방안의 타당성과는 직접적 관련이 없다. 이는 글의 핵심 논지와 무관한 내용이다.
② 반대의 오류이다. 제시문에서는 '단순한 대출 억제가 아니라' 대출 기준 전환이 해결책이라고 주장하는데, 이 선지는 강력한 대출 규제 정책이 효과를 거두었다고 하고 있다. 이는 단순한 대출 억제의 효과를 보여주는 내용으로 글의 논지에 반하는 약화하는 사례이다.
③ 무관의 오류이다. 부동산 담보 대출 비중이 높다는 것은 현재의 문제 상황을 보여주지만, 대출 기준 전환을 통한 혁신적이고 생산적인 자본 활용의 필요성이나 효과와는 직접적 관련이 없다. 이는 글의 핵심 논지와 무관한 내용이다.

19 [독해(문학) – 고전, 현대 산문의 이해] ▶ ③

2문단에서 「동백꽃」은 "반면 김유정의 「동백꽃」은 농촌 청춘 남녀의 일상적 연애를 해학적으로 그려낸다.", "따라서 이 작품의 사랑은 제도적 질서보다 평등한 인간관계에 초점을 두며, 웃음과 해학으로 청춘의 활력을 형상화하고 있다."라고 제시되어 있으므로 이 선지는 적절한 진술이다.

오답풀이 ① 1문단에 따르면, "즉, 고전 소설의 사랑은 사회 제도의 긴장 속에서 그 의미가 규정되며, '질서 회복'이라는 대전제와 긴밀히 연결되어 있다."고 제시되어 있으므로 「춘향전」의 결말은 당시의 사회 질서를 다시 회복한 것이므로 새로운 질서를 수립했다는 것은 적절하지 않은 진술이다.
② 주체 혼동의 오류이다. 1문단에서는 「춘향전」이 '유교적 도덕성과 사회적 의리를 지켜내는 행위'로 사랑을 의미화한다고 했고, 2문단에서는 「동백꽃」이 '신분이나 의무와 무관하게, 서로의 감정을 솔직히 드러내고 주고받는 과정'을 통해 사랑을 형상화한다고 제시되어 있으므로 둘의 설명이 바뀐 것이므로 이 선지는 적절하지 않은 진술이다.
④ 2문단에서 동백꽃은 농촌 청춘 남녀의 일상적 연애를 해학적으로 그려내고 있으며, 평등한 인간관계에 초점을 맞춘다고 제시되어 있으므로, 이를 통해 정절의 가치를 드러낸다는 것은 적절하지 않은 진술이다.

20 [독해(논리) – 〈보기〉 추론] ▶ ③

ㄱ. 본문에서 "실제로 네트워크의 가치는 사용자 수가 아니라 사용자 간 연결의 수에 비례하여 증가한다"고 했고, "사용자 수가 늘더라도 연결이 실질적으로 늘지 않으면 네트워크 효과는 기대할 수 없다"고 했다. 이는 사용자 수가 증가하더라도 연결이 늘지 않으면 네트워크 가치가 증가하지 않을 수 있음을 의미하므로 적절한 추론이다.
ㄷ. 제시문에서는 사용자 수가 줄면 그에 따른 연결이 사라지면서 네트워크의 가치가 급격히 감소한다고 했다 이는 '사용자 수 감소 → 네트워크 가치 감소'라는 명제를 의미하며, 그 대우는 '네트워크 가치 증가 → 사용자 수 증가'가 된다. 따라서 네트워크 효과의 가치가 증가하기 위해서는 사용자 수가 증가해야 하므로, 사용자 수 증가는 네트워크 효과 가치 증가의 필요조건으로 볼 수 있다.

오답풀이 ㄴ. 본문에서 네트워크 효과가 "사용자 수의 제곱에 비례하여 기하급수적으로 증가한다고 알려져 있다"고 했으나, 바로 이어서 "이는 이론적인 최대치를 가정한 것이다"라고 했다. 따라서 실제로는 사용자 수의 제곱에 비례하여 증가하는 것은 아님을 보여주므로 적절하지 않은 추론이다.

수고하셨습니다.
당신의 합격을 응원합니다.

국어 정답 및 해설

☑ 제2회 모의고사

01 ①	02 ②	03 ③	04 ④	05 ④
06 ①	07 ②	08 ③	09 ④	10 ②
11 ①	12 ②	13 ①	14 ②	15 ③
16 ④	17 ④	18 ④	19 ②	20 ②

01 [독해(작문) – 공문서 문장 고쳐 쓰기] ▶ ①

<공공언어 바로 쓰기 원칙>의 '대등한 것끼리 접속할 때는 구조가 같은 표현을 사용할 것.'에 따라 ㉠을 살펴보면, 원문의 "재정 지원과 규제 유예를 받게 됩니다"는 이미 옳은 표현이었다. 재정 지원을 받고 규제 유예를 받는다는 것의 호응이 대등하게 잘 이뤄지고 있기 때문이다. 하지만 이를 '선정된 대학들은 재정지원과 규제 유예를 지원받게 됩니다.'으로 고치게 되면 '재정지원을 지원받게 됩니다'처럼 중복되는 표현이 생겨 문제가 발생하게 되므로 적절하지 않다. 또 규제 유예를 지원받는다는 표현도 어색하므로 원래의 표현을 그대로 유지하는 것이 적절했다.

오답풀이 ② <공공언어 바로 쓰기 원칙>의 '필요한 문장성분의 생략을 지양할 것.'에 따라 서술어 '육성하다'에 필요한 성분인 목적어 '거점 대학'을 추가하는 것은 적절하다.
③ <공공언어 바로 쓰기 원칙>의 '불필요한 사동·피동 표현을 지양할 것.'에 따라 ㉢의 '지역 산업과 연계시킨'은 불필요한 사동 표현인 '시키'의 남용이므로 '연계한'으로 고치는 것이 적절하다.
④ <공공언어 바로 쓰기 원칙>의 '주어와 서술어의 호응을 명확히 할 것.'에 따라 ㉣의 '대학은 총 27개 모델, 39개 대학을 포함합니다'는 사람이 아닌 주어인 '대학은'과 서술어 '포함합니다'가 호응이 되지 않는다. 따라서 이를 '총 27개 모델, 39개 대학으로 구성됩니다.'로 고치는 것이 적절하다.

02 [독해(작문) – 내용 고쳐 쓰기] ▶ ②

㉡의 경우, '문화가 서로 연결된 네트워크 속에서 발전했다기보다는, 독립적으로 전파된 것'이라는 서술은 확산론의 관점과 반대된다. 본문에서 확산론은 '교역, 이주, 전쟁 등을 통해 주변으로 확산된다'고 설명하며, '고대 이집트의 문화가 지중해 지역에 영향을 미친 사례'를 예시로 든다. 따라서 '문화가 독립적으로 발전했다기보다는, 서로 연결된 네트워크 속에서 전파된 결과라고'로 수정하는 것이 적절하다.

오답풀이 ① ㉠ 뒤에서 '기술, 관습, 종교 등 문화적 요소가 특정 중심지에서 발생한 뒤' 전파된다고 설명하므로, 기존 서술이 적절하다.
③ ㉢ 뒤에서 진화론이 '단순한 형태에서 복잡한 형태로 발전한다'고 설명하므로, 기존 서술이 적절하다. 인간의 의도적 설계와 계획과 관련된다는 근거는 본문에 등장하지 않는다.
④ ㉣ 뒤에서 '사회가 보편적으로 사냥과 채집 단계에서 농업, 산업 사회로 발전하는 과정'을 예시로 들고 있으므로, 모든 사회가 동일한 발전 단계를 거친다는 기존 서술이 적절하다.

03 [독해(문법) – 음운론 – 음운의 변동] ▶ ③

본문에서 "㉠ 모음탈락은 두 모음을 연이어 발음할 때의 불편함을 해소하기 위해 모음 중 하나가 완전히 사라지는 현상"이라고 설명하고 있다. '쓰-+-어서'에서 '써서'가 되는 것은 'ㅡ+ㅓ'에서 'ㅡ'가 탈락하는 ㅡ탈락 현상으로, 모음탈락에 해당한다.

오답풀이 ① '기어'를 [기여]로 발음하는 것은 모음이 사라지는 것이 아니라 'ㅣ+ㅓ' 사이에 반모음 /j/가 첨가되어 발음되는 반모음첨가 현상이다.
② '아니오'를 [아니요]로 발음하는 것은 모음이 사라지는 것이 아니라 'ㅣ+ㅗ' 사이에 반모음 /j/가 첨가되어 발음되는 반모음첨가 현상이다.
④ '오시오'를 [오시요]로 발음하는 것은 모음이 사라지는 것이 아니라 'ㅣ+ㅗ' 사이에 반모음 /j/가 첨가되어 발음되는 반모음첨가 현상이다.

04 [독해(작문) – 개요 작성] ▶ ④

"AI 채용 비용 절감을 통한 인사 부서 축소와 예산 절약"은 4장 결론의 '기대 효과'로 부적절하다. 개요의 제목과 전체 내용은 'AI 채용의 공정성 확보'에 초점을 맞추고 있는데, 비용 절감과 인사 부서 축소는 공정성과 무관한 경제적 효율성에 관한 내용이다. 또한 본론에서 제시한 '인간 최종 결정권 보장'과 상충되며, 공정성 문제 해결이라는 개요의 목적과 맞지 않는다.

오답풀이 ① "절차적 공정성고·투명성 확보를 통한 신뢰도 제고 필요성"은 서론의 두 번째 항목으로 적절하다. 지침에서 서론은 '보고서 작성의 배경과 필요성을 포함'하도록 되어 있으므로, AI 채용의 공정성 확보 필요성을 제시하는 것은 적절하다.
② "AI 시스템 작동 원리 불투명성과 책임 소재 불명확"은 2장의 두 번째 항목으로 적절하다. AI 채용 시스템의 구체적인 공정성 문제를 지적하며, 3장의 두 번째 항목인 "채용 과정 설명 의무화와 인간 최종 결정권 보장"과 대응된다.
③ "채용 과정 설명 의무화와 인간 최종 결정권 보장"은 3장의 두 번째 항목으로 적절하다. 2장의 두 번째 항목에서 제기한 불투명성과 책임 소재 문제에 대응하는 구체적인 해결방안이 다.

05 [독해(비문학) – 내용 추론 긍정 발문] ▶ ④

2문단에서 '먼저 전문어는 전문 분야에서 그 일을 효율적으로 수행하기 위해 사용하는 말로,~ 전문어는 의미를 명확하게 전달해야 하기 때문에, 문맥에 따라 다의적으로 해석되는 경우가 드물고, 한자어나 외국어가 많다는 특징이 있다.'라고 제시되어 있는 것을 보아, 전문어가 다의성을 띨 경우, 상황이나 사람에 따라 해석이 달라져서 의사소통을 할 때 의미가 명확하게 전달되지 않을 수 있다. 이런 점으로 미루어 보아 적절한 진술이다.

오답풀이 ① 2문단의 내용으로 볼 때, 집단 내 의사소통의 효율성을 위해 사용되는 언어는 전문어이다. 은어는 집단 내의 비밀 유지를 위해 사용되는 말이고, 금기어는 사회적으로 불쾌감이나 두려움을 떠올리게 하는 말이다. 한자어나 외국어가 많은 것은 '전문어'이므로 적절하지 않다.
② 주체 혼동의 오류이다. 2문단의 '은어는 특정 집단에 속한 사람들이 다른 사람은 알아듣지 못하도록 자기네 구성원들끼리 쓰는 말로, 심마니들이 산삼을 발견했을 때 '심봤다.'라고 하는 것이 그 예이다. 은어는 집단 내 비밀을 유지하기 위해 쓰기 때문에, 집단 바깥으로 의미가 알려지면 은어의 기능을 상실하게 된다.'를 볼 때 집단 내부의 비밀 유지를 위해 사용되는 언어는 은어이다.
③ 반대의 오류이다. 3문단에서 '금기어는 사회적으로 두려움이나 불쾌감을 떠올리게 하는 말들로, 배설, 죽음, 병과 관련된 단어들을 말한다. 완곡어는 이러한 금기어를 완곡하게 바꾸어 표현한 말로, 부정적이거나 불쾌하게 느껴지는 단어를 피함으로써 듣는 이의 심리적 부담을 줄일 수 있다.'라고 제시되어 있는 것을 볼 때 완곡어는 주제를 완곡하게 바꾸어 표현하는 말이므로 적절하지 않은 진술이다.

06 [논리 – 반드시 참인 결론] ▶ ①

- ~A → ~D ≡ D → A
- ~B → C ≡ ~C → B
- B → ~A ≡ A → ~B
- ~C

네 번째 진술에 의해 '~C'이고 두 번째 진술의 대우명제에 의해 '~C → B'이므로 B는 범인이다. 세 번째 진술에 의해 'B → ~A'이므로 A는 범인이 아니고, 첫 번째 진술에 의해 '~A → ~D'이므로 D도 범인이 아니다. 따라서 용의자 A~D 중 범인은 B, 1명밖에 없다.

07 [독해(비문학) – 내용 추론 부정 발문] ▶ ②

2문단에서 '현재 '한센병'으로 불리는 '문둥병'은 피부가 문드러지는 병증의 외형적 특징을 바탕으로 병명을 붙여, 환자에 대한 두려움과 혐오를 드러낸 표현이었다. 이후 질병이 치료와 관리의 대상이라는 인식이 확산되면서, 질병을 발견한 의사 한센(Gerhard Hansen)의 이름을 따 '한센병'이라는 명칭이 사용되기 시작했다.'와 같이 제시된 것으로 보아, 한센병은 '문둥병'이라는 이름에 내포된 낙인을 고착화하는 것이 아닌, 환자들에 대한 편견이 사라지거나 완화되는 과정으로 볼 수 있다.

오답풀이 ① 1문단에서 '언어는 단순한 의사소통의 도구가 아니라, 사회가 무엇을 가치 있게 여기고 어떤 집단을 주변화하는지를 보여주는 지표이다. 공공언어는 그중에서도 사회의 인식 변화를 가장 직접적으로 반영하며, 이를 통해 사회적 인식의 변화를 살펴볼 수 있다.'라고 제시된 것과, 환자에 대한 두려움과 혐오를 반영한 '문둥병'을 질병에 대한 인식 변화가 이루어진 후에 '한센병'이라는 명칭으로 바뀌는 예를 통해서 사회의 가치관과 인식의 변화에 따라 공공언어의 양상도 달라질 수 있음을 알 수 있다.
③ 3문단의 '그러나 사회적 약자가 정당한 복지를 받아야 할 시민이라는 인식이 확산되면서, '취약계층'이라는 표현이 사용되기 시작했다.'라고 제시되어 있는

것을 볼 때 '불우이웃'은 연민과 시혜의 대상으로 대상을 바라보는 인식이 반영되었지만, '취약계층'에는 약자를 권리 주체로 보는 인식이 들어있음을 알 수 있다.

④ 3문단에서 '또한 개인의 상황을 나타내는 언어도 바뀌었다. 과거의 '결손가정'이나 '미혼모'와 같은 말은 개인의 결핍을 강조하며 특정 계층에 대한 편견을 드러내는 표현이었다. 그러나 이후 다양한 가족 형태를 인정하는 사회적 흐름이 확산되면서 이제는 '한부모가정', '비혼가정'과 같은 포용적 표현이 쓰이고 있다.'라고 제시된 것으로 보아, '한부모 가정'은 다양한 가족 형태를 인정하는 사회적 흐름이 확산되면서 나타난 것으로 볼 수 있다.

08 [어휘 – 문맥적 의미 추론] ▶③

㉠의 '부르다'는 '3 무엇이라고 가리켜 말하거나 이름을 붙이다.'를 의미한다. 이와 가장 유사한 의미의 '부르다'는 ③이다.

오답풀이 ① 1 「1」 말이나 행동 따위로 다른 사람의 주의를 끌거나 오라고 하다.
② 1 「2」 이름이나 명단을 소리 내어 읽으며 대상을 확인하다.
④ 1 「8」 어떤 행동이나 말이 관련된 다른 일이나 상황을 초래하다.

09 [독해(문학) – 현대 산문의 이해] ▶④

2문단과 3문단의 내용을 참고해 보면 「소나기」에 드러나는 열린 결말은 소녀의 유언과 더불어 소년과 소녀의 순수한 사랑을 부각하는 기능을 하고, 가장 운수가 좋은 날 비극적인 사건이 일어난다는 「운수 좋은 날」의 반전은, 일제 강점기 하층민의 비참한 삶의 현실을 드러내는 장치이므로 적절하다고 볼 수 있다.

오답풀이 ① 미언급의 오류이다. 2문단의 「소나기」는 한적한 시골 마을을 배경으로, 소년과 소녀의 짧고 순수한 사랑을 섬세하게 그린다.'를 참고해 볼 때, 「소나기」는 청춘 남녀의 짧고 순수한 사랑을 그릴 뿐, 이를 통해 농촌의 비극적 현실을 드러내고 있지 않다.
② 반대의 오류이다. 3문단의 '운수 좋은 날'이라던 하루는 가장 불행한 날이 되고 만다. 이 비극적 반전은 개인의 노력으로는 벗어날 수 없는 사회의 모순과 빈곤의 악순환을 드러내며, 독자로 하여금 김 첨지에게 연민을 느끼는 동시에 현실의 냉혹함을 자각하게 한다.'를 통해 볼 때 김 첨지가 많은 돈을 번 행운의 날에, 아내가 죽은 비극적 사건을 통해, 당시 하층민의 빈곤이 개인의 노력으로는 벗어날 수 없는 것이므로, 당시 사회적 모순을 드러내는 장치로 볼 수 있다.
③ 비교 혼동의 오류이다. 2, 3문단의 내용을 참고할 때 '소나기'와 '운수 좋은 날'은 모두 비극적 결말을 드러내고 있는 것은 맞지만 '소나기'는 소녀의 죽음이라는 비극적 사건을 통해 청춘 남녀의 순수한 사랑을 드러내고 있으므로 적절하지 않은 진술이다.

10 [논리 – 생략된 전제 추론] ▶②

```
갑 : 강당 ∨ 체육관
을 : [                              ] ~음향장비
병 : 체육관 → 음향장비 ≡ ~음향장비 → ~체육관
------------------------------------------------
정 : 강당
```

'~음향장비'이므로 병의 진술의 대우명제 '~음향장비 → ~체육관'에 의해 '~체육관'이 도출된다. 갑의 진술에 의해 '강당 ∨ 체육관'이므로 '강당'이 도출된다.

오답풀이 ① '음향장비'이다. 병의 진술의 후건에 '음향장비'가 있으므로 병의 진술과 연결 지어 새로운 결론을 도출할 수 없다.
③ '강당 → ~음향장비'이다. 병의 진술의 대우명제 '~음향장비 → ~체육관'과 연결 지어 '강당 → ~체육관'을 도출할 수는 있으나, 이 경우 갑의 진술과 연결 지어 결론인 '강당'을 도출하는 것은 불가능하다.
④ '~(강당 ∧ 체육관) ≡ ~강당 ∨ ~체육관 ≡ 강당 → ~체육관'이다. 이는 ③에서 도출된 명제와 일치하고, 같은 이유로 결론인 '강당'을 도출하는 것은 불가능하다.

11 [독해(비문학) – 일반 강화 약화] ▶①

(가) 결과주의적 소비윤리론자들은 '소비자가 윤리적 기준에 따라 구매 결정을 내릴 때 사회 전체의 복지 수준이 높아진다'고 주장한다. '윤리적 소비가 실제로 환경 개선 효과를 가져왔다'는 연구 결과는 사회적 혜택 창출을 강조하는 (가)의 주장을 직접 뒷받침하므로, (가)를 강화한다.

오답풀이 ② 반대의 오류이다. '이에 대해 의도를 강조하는 연구자들은 결과만으로는 진정한 변화를 이끌 수 없다고 본다.'라고 (나) 주장하지만 이 선지에서는 사회적 인정 욕구 때문에 나왔던 결과 덕분에 사회에 긍정적인 영향, 즉 탄소 배출 감소를 가능하게 했으므로 이는 (나)를 약화하는 것이지, 강화하는 것이 아니다.

③ 무관의 오류이다. (가)는 소비자의 동기가 아니라 '행동의 사회적 결과'를 중시한다. 동기가 불순하더라도 사회적 혜택이 발생한다면 (가)의 입장에서는 여전히 윤리적이므로, (가)를 약화하지 않는다.
④ 반대의 오류이다. '단기적으로 효과가 큰 캠페인이 지속되지 못하고 사라진다'고 (나)는 주장하고 있지만 이 사례를 플라스틱 프리 챌린지가 오히려 소비자들의 인식 변화라는 장기적인 효과를 내고 있으므로 이는 (나)의 주장을 약화하는 것이지 강화하는 것이 아니다.

12 [독해(비문학) – 지시 대상 추론] ▶②

㉠의 '그들'은 '결과주의적 소비윤리론자들'을 가리킨다. ㉡의 '이들'은 2문단에서 "의무론적 소비윤리론자들은 ~비판한다"는 문맥을 이어받아 '의무론적 소비윤리론자들'을 가리킨다. ㉢의 '일부 학자들'은 "행동의 효율성과 내면의 진정성이 함께 뒷받침되어야 한다"고 하므로 절충론자들을 가리킨다. ㉣의 '이들'은 2문단에서 "결과를 중시하는 학자들은 강조한다"는 문맥을 이어받아 '결과주의적 소비윤리론자들'을 가리킨다. 따라서 ㉠과 ㉣은 모두 '결과주의적 소비윤리론자들'을 지칭한다.

13 [독해(비문학) – 순서 배열] ▶①

(가)는 도시 교통의 틈새를 채우기 위한 실험으로서 호출형 교통 서비스의 개념과 의미를 소개하고 있어 글의 도입부로 적합하다. 새로운 교통 서비스가 등장함을 보여주고 있다. (다)는 '그렇다고'라는 접속어로 시작하여 '이 서비스'로 (가)에서 소개된 새로운 교통 서비스를 지칭하고 있으므로 (가) 다음에는 (다)가 오는 것이 적절하다. (다)에서는 서비스의 효율성에 대한 고려가 필요하다는 내용을 이야기하고 (나)에서는 효율적인 시스템을 위한 구체적인 방법을 제시하고 있으므로 (다) 다음에는 (나)가 오는 것이 적절하다. (라)에서는 (나)에서 제시된 전략들에 대해 이는 수요를 채우는 것뿐만 아니라 운영 지속성까지 보는 것이라며 부연 설명을 하고 있다. 따라서 적절한 배열은 (가) – (다) – (나) – (라)이다.

14 [독해(문법) – 의미론 – 반의어의 종류] ▶②

'쓰기'는 부사어 '제대로'의 수식을 받고 있다. 제시문에 "용언의 활용형은 여전히 용언의 성질을 가지고 있기 때문에, 주어나 목적어를 가질 수 있으며 부사어의 수식을 받을 수 있다"는 부분을 통해 볼 때, 이는 명사형 전성 어미 '-기'를 연결한 동사이다.

오답풀이 ① '먹음'은 '꼬박꼬박'이라는 부사어의 수식을 받고 있다. 제시문에 "용언의 활용형은 여전히 용언의 성질을 가지고 있기 때문에, 주어나 목적어를 가질 수 있으며 부사어의 수식을 받을 수 있다"는 부분을 통해 볼 때, 이는 명사형 전성 어미 '-ㅁ(음)'을 연결한 동사이다.
③ '받아쓰기'는 '첫'이라는 관형사의 수식을 받고 있다. 제시문에 "파생 접미사가 붙어 단어가 된 경우에는 용언의 성질을 가지지 못하기 때문에 관형어의 수식을 받는다."라는 부분을 통해 볼 때, 이는 명사 파생 접미사 '-기'를 결합한 명사임을 알 수 있다.
④ '함'은 '잘'이라는 부사어의 수식을 받고 있다. 제시문에 "용언의 활용형은 여전히 용언의 성질을 가지고 있기 때문에, 주어나 목적어를 가질 수 있으며 부사어의 수식을 받을 수 있다"는 부분을 통해 볼 때, 이는 명사형 전성 어미 '-ㅁ(음)'을 연결한 동사이다.

15 [논리 – 생략된 전제 추론] ▶③

```
전제 1 : ~서진 → ~민지 ≡ 민지 → 서진
전제 2 : (민지 ∧ ~지민) ∨ (~민지 ∧ 지민)
전제 3 : 세희 → ~지민 ≡ 지민 → ~세희
전제 4 : [                        ] 세희
------------------------------------------------
결론 : 서진
```

결론인 '서진'을 도출하기 위해서는 전제 1의 대우명제의 전건인 '민지'가 필요하다. '세희'가 추가되면 전제 3에 의해 '~지민'이 도출되고 전제 2에 의해 '민지'가 도출된다. 따라서 전제 1의 대우명제에 의해 '서진'을 도출할 수 있다.

오답풀이 ① '~세희'가 추가되면 이를 비롯해 전제 1, 2, 3 모두 활용할 수 없다.
② '~민지'가 추가되면 전제 2에 의해 '지민'이 도출되고 전제 3에 의해 '~세희'가 도출된다. 하지만 이를 통해 '서진'을 도출하는 것은 불가능하다.
④ '지민'이 추가되면 전제 2에 의해 '~민지'가 도출되고, 전제 3에 의해 '~세희'가 도출된다. 하지만 이를 통해 '서진'을 도출하는 것은 불가능하다.

16 [독해(화법) – 의견의 대립 양상] ▶ ④

ㄴ. ㄷ. 병은 정치적 의사 결정 과정에서는 국민의 직접 참여와 전문가들의 역할이 모두 중요하며 사안에 따라 조화롭게 결합해야 한다고 주장하면서 갑과 을의 주장을 절충한다. 따라서 병은 갑과 을의 주장을 절충하고 있으므로 을의 주장과 대립하지 않는다.

오답풀이 ㄱ. 갑은 민주주의의 근본적 요소가 국민의 참여라고 주장하며 국민들에게 더 많은 직접 참여의 기회가 주어져야 한다고 주장한다. 반면 을은 국민이 직접 모든 정치적 결정을 내리는 것보다는 전문가들이 정치적 결정을 내리는 것이 좋다고 하며 국민의 참여에 회의적인 입장을 보인다. 따라서 갑과 을의 주장은 서로 대립한다.

17 [독해(비문학) – 내용 추론 부정 발문] ▶ ④

3문단에 '우리나라는 1990년대 이전까지 협찬 제도만을 허용했는데, 이는 프로그램 제작자가 협찬 업체로부터 경비나 물품을 제공받고 프로그램 종료 후 협찬 고지를 하는 방식이었다. 협찬 제도에서는 출연자가 방송 중 상품명이나 상호를 노출하는 것은 금지된다.'라고 제시된 것을 볼 때, 협찬 제도에는 방송 중에 상품과 상호를 노출하는 것이 금지되어 있음을 알 수 있다.

오답풀이 ① 1문단에 '직접 광고는 프로그램 사이에 배치되어 시청자가 광고를 회피할 수 있지만,'라고 제시된 것으로 볼 때 직접 광고는 프로그램 사이에 나오는 광고이기 때문에 시청자들이 보고 싶지 않은 광고는 채널을 돌려 회피할 수 있으므로 적절한 선택이다.
② 2문단에 '주변적 배치는 장면의 맥락이나 화면을 통해 자연스럽게 상품을 노출하는 것이다. 일반적으로 주류적 배치의 광고 효과가 더 크며'를 보면, 일반적으로 주류적 배치의 광고 효과가 더 큰데, 이는 주류적 배치의 경우 상품을 직접 사용하거나 언급하기 때문으로 볼 수 있다.
③ 2문단의 '하지만 상품이 과도하게 노출되거나 맥락에 맞지 않으면 오히려 소비자에게 거부감을 줄 수 있다.'를 참고할 때, 상품이 과도하게 노출되면 장면에 맞지 않는 상품이 등장하여 프로그램의 맥락을 깰 수 있고, 또한 맥락에 맞지 않는 상황으로 활용되면 광고 효과가 떨어질 수 있다.

18 [독해(비문학) – 복수 빈칸 추론] ▶ ④

지문의 맥락을 통해 볼 때 (가)에는 뒤에 오는 '정보로 가득 차 있어 수용자가 해석이나 상상력을 동원하지 않아도 내용을 이해할 수 있다.'를 통해 볼 때 필요한 정보를 꼼꼼하게 채워 제공하는 정보임을 알 수 있으므로 '밀도가 높고 상세하게 완성된'이 오는 것이 적절하다.
(나)의 객관적 근거는 '해상도가 낮아 정보가 부분적으로만 제시된다. 따라서 수용자는 맥락을 스스로 해석하고 빈 부분을 상상으로 보완하며 의미를 구성해야 한다.'이다. 이를 통해 볼 때, 쿨 미디어가 제공하는 정보는 정보가 꽉 차 있는 것이 아닌 부분적으로 제시되는 정보라는 것을 알 수 있다. 또한 뒤에 제시되는 '단편적 정보 위에 자신의 경험과 사고를 동원해'와 '채움으로써 메시지를 완성한다'를 볼 때, 이는 정보에서 채워야 할 부분이 있다는 것으로 수용자가 채워야 하는 정보는 미디어가 제시하지 않은 정보일 것이므로 '미디어가 제시하지 않은 정보의 빈칸(間隙)을 채움'이 적절하다.

오답풀이 (가): 수용자의 높은 참여도를 요구하는 매체
→ 이 설명은 쿨 미디어의 특성이다. 하지만 (가)는 핫 미디어의 특성을 설명해야 하므로 적절하지 않다.
(나): 정보를 능동적으로 해석하도록 수용자의 참여도를 높게 함
→ (나) 자리에 이러한 내용이 들어가야 할 만한 직접적인 근거가 제시되고 있지 않으므로 적절하지 않다.

19 [논리 – 반드시 참인 명제] ▶ ②

• (시약병 ∨ 증류수) → ~pH측정기 ≡ pH측정기 → (~시약병 ∧ ~증류수)
• pH측정기 ∨ ~삼각플라스크
• 시약병 ∨ 알코올램프
• 삼각플라스크

네 번째 조건에 의해 '삼각플라스크'이고, 두 번째 조건에 의해 'pH측정기 ∨ ~삼각플라스크'이므로 'pH측정기'가 도출된다. 첫 번째 조건의 대우명제에 의해 'pH측정기 → (~시약병 ∧ ~증류수)'이므로 '~시약병 ∧ ~증류수'이고, 이에 따라 '~시약병'이다. 세 번째 조건에 의해 '시약병 ∨ 알코올램프'이므로 '알코올램프'가 도출된다.

20 [독해(비문학) – 〈보기〉 강화 약화] ▶ ②

ㄱ. 공공 체육시설 운영을 민간에 위탁하면서 국가가 품질 기준과 이용료 상한을 설정한 결과 시설 이용 만족도가 높아지고 저소득층의 접근성도 유지된 것은 ㉠이 주장하는 "구체적 서비스 제공은 민간에 맡기되, 국가가 규제와 감독을 통해 형평성을 확보"하는 방식이 실제로 효과를 발휘했음을 입증하는 사례이다. 민관 협력을 통해 스포츠 복지의 지속가능성을 확보할 수 있다는 ㉠의 핵심 주장을 뒷받침하므로, "㉠을 강화한다"는 평가는 적절하다.
ㄷ. 민간 스포츠클럽에 운영을 위탁했으나 국가의 감독이 미흡하여 이용료가 급등하고 취약계층 참여율이 낮아진 것은 ㉠이 전제하는 "국가의 규제와 감독을 통한 형평성 확보"가 제대로 이루어지지 않을 경우 민관 협력 구조가 국민의 기본권 보장에 실패할 수 있음을 보여주는 사례이다. ㉠이 제시하는 방식의 한계를 드러내는 반증 사례이므로, "㉠을 약화한다"는 평가는 적절하다.

오답풀이 ㄴ. 무관의 오류이다. 국가가 직접 체육시설을 건립하고 운영하여 지역 간 격차가 줄고 생활체육 참여율이 높아진 것은 복지국가 관점의 효과를 보여주는 내용일 뿐, ㉠이 강조하는 "민간 위탁과 국가의 규제·감독 역할 분리"와는 직접적 관련이 없다. 국가 직접 운영 방식이 성과를 거둔다고 해서 민관 협력을 강조하는 ㉠이 강화되는 것은 아니므로, "㉠을 강화한다"는 평가는 부적절하다.

수고하셨습니다.
당신의 합격을 응원합니다.

국어 정답 및 해설

01 [독해(작문) – 공문서 문장 고쳐 쓰기]   ▶ ③

<공공언어 바로 쓰기 원칙>의 '중의적인 문장 사용을 삼갈 것.'에 따라 ⓒ을 살펴보면, 원문의 '다양한 배경의 동료 참가자들을 만나'는 이미 명확한 의미로 쓰인 문장이다. 이를 '다양한 배경의 동료 참가자들과'로 고치면 정보 습득에 대해 '다양한 배경의 동료 참가자들과' 실제 업무에 대한' 것인지, '실제 업무에 대한' 것인지 의미가 중의적이게 되므로 오히려 잘못 고친 문장이 된다.

오답풀이 ① <공공언어 바로 쓰기 원칙>의 '불필요한 사동·피동 표현을 지양할 것.'에 따라 ⑦의 '모집되고 있습니다'는 피동 표현이지만, 주어가 '국립외교원은'이므로 능동형이 적절하다. '국립외교원'이 주체적으로 모집하는 것이므로 '모집하고 있습니다'로 고치는 것이 적절하다.

② <공공언어 바로 쓰기 원칙>의 '쉬운 우리말로 순화하여 표현할 것.'에 따라 ⓛ의 '컴포즈(compose)'는 외래어이므로 우리말인 '구성되어'로 순화하는 것이 적절하다.

④ <공공언어 바로 쓰기 원칙>의 '고압적, 권위적 표현을 삼갈 것.'에 따라 ⓔ의 '신청할 것을 명하는 바입니다'는 지나치게 권위적이고 명령조의 표현이므로 '신청하시기 바랍니다'로 고쳐 부드럽게 표현하는 것이 적절하다.

02 [독해(작문) – 개요 작성]   ▶ ④

"부동산 중개수수료 인하를 통한 거래 활성화"는 본론 Ⅲ의 '대학가 원룸 주거 환경 개선을 위한 방안'으로 부적절하다. 이는 본론 Ⅱ에서 제시한 세 가지 원인과 대응되지 않는 방안이다. 중개수수료 인하는 거래 비용을 줄이는 효과는 있지만, 수급 불균형, 시설 관리 소홀, 제도적 감독 미비라는 주거 환경 악화의 근본 원인을 해결하지 못한다. 거래가 활성화되더라도 주거 환경 자체가 개선되는 것은 아니다.

오답풀이 ① 본론 Ⅱ-1의 "수요 대비 공급 부족으로 인한 임대료 상승 압박"에 대응하는 해결방안으로, "대학 기숙사 확충과 공공 임대주택 공급 확대"는 적절하다. 주거 공급을 늘려 수급 불균형을 해소하는 직접적인 방안이다.

② 본론 Ⅱ-2의 "건물주의 시설 개선 투자 기피와 관리 소홀"에 대응하는 해결방안으로, "원룸 시설 기준 강화와 정기 점검을 통한 주거 환경 개선"은 적절하다. 제도적 기준을 통해 건물주가 시설을 개선하도록 유도하는 방안이다.

③ 본론 Ⅱ-3의 "대학가 원룸에 대한 제도적 관리·감독 체계 미비"에 대응하는 해결방안으로, "대학가 원룸 임대료 상한제 도입과 관리 감독 강화"는 적절하다. 미비했던 제도적 관리 체계를 구축하여 주거 환경을 개선하는 방안이다.

03 [독해(문법) – 형태론 – 대명사]   ▶ ①

제시문에서 "미지칭 대명사는 어떤 범위 안에서 누군가 또는 무엇인가에 대해 이름이나 신분을 알지 못할 때 사용하는 대명사"라고 하였고, "주로 의문문에서 사용되며, 가리키는 대상이 누구인지 무엇인지를 설명하도록 요구하는 설명 의문문의 형태를 띤다"고 하였다. "어제 무엇을 먹었어?"에서 '무엇'은 화자가 모르는 특정 음식을 가리키며, 가리키는 대상이 무엇인지를 설명하도록 요구하는 설명 의문문이다. 따라서 '무엇'은 미지칭 대명사이지 부정칭 대명사가 아니다.

오답풀이 ② 제시문에서 "부정칭 대명사는 '아무(나)'로 대체가 가능한지를 확인하면 쉽게 구분할 수 있다"고 하였다. "누구든 와도 이 일은 해결하지 못한다."는 "아무나 와도 이 일은 해결하지 못한다."로 대체가 가능하므로, '누구'는 부정칭 대명사임을 알 수 있다.

③ 제시문에서 "부정칭 대명사는 특정한 범위가 정해지지 않은 상태에서 아무나를 두루 표현할 때 사용하는 대명사"라고 하였다. "아무나 나를 좋아해줬으면 좋겠어."에서 '아무'는 특정한 대상이 정해지지 않은 상태에서 사용되었으므로 부정칭 대명사임을 알 수 있다.

④ 제시문에서 "부정칭 대명사는 특정한 범위가 정해지지 않은 상태에서 아무나를 두루 표현한다"고 하였다. "누구든 집으로 오세요."에서 '누구'는 일정한 범위 없이 아무나를 가리키므로 부정칭 대명사임을 알 수 있다.

04 [독해(작문) – 내용 고쳐 쓰기]   ▶ ③

본문에서는 정책의 방향에 따라 중소기업이 중견기업으로 성장할 유인이 줄어들고, 양질의 대기업 일자리를 창출하기 어려워질 수 있음을 이야기하고 있다. 이는 정책이 효과적으로 이루어질 때가 아니라, 잘못 시행될 때의 부작용을 이야기한 것이므로 "정부의 중소기업 지원 정책이 과도하게 이루어지면"으로 수정하는 것이 적절하다.

오답풀이 ① 본문에서는 "대기업의 일자리 부족이 여러 사회적 문제를 초래"한다고 하였다. 따라서 기업의 규모가 커질수록 경제 발전이 지체되는 것이라고 보기는 어려우며, "기업의 규모가 경제 발전에 미치는 영향은 지대하다."라는 기존 표현을 유지하는 것이 옳다.

② 대기업 일자리 부족이 사회 문제의 원인이 된다는 본문의 논지를 고려할 때 중소기업 취업 수요가 증가한다는 서술은 적절하지 않음을 알 수 있다. 따라서 기존 표현을 유지하는 것이 옳다.

④ 본문에서는 기업 규모 확대의 필요성을 설명하고 있으므로 기업 규모 축소가 아니라 확대를 위한 정책을 검토하는 것이 옳다.

05 [독해(비문학) – 복수 빈칸 추론]]   ▶ ④

(가)의 객관적인 근거는 '비슷한 소비 패턴을 가진 고객들을 몇 개의 그룹으로 묶어 세분화.'이다. 이 내용들을 고려해 볼 때, 비지도 학습은 데이터를 유사한 특성들끼리 묶어 그룹으로 형성하는 것으로 볼 수 있으므로 '유사한 특성을 가진 데이터끼리 군집화'가 들어가는 것이 적절하다.

(나)의 객관적인 근거는, '이를 통해 모델은 입력과 출력 사이의 규칙을 학습하고, 새로운 데이터가 주어졌을 때 그 출력값을 예측하는 것을 목표로 한다.'이다. 이 내용을 통해 볼 때, 지도학습은 데이터의 정보가 주어진 상태에서 예측하는 것이기 때문에 결과의 검증은 그 정답을 바탕으로 하는 것이고, 비지도 학습은 정답이 없기 때문에 데이터의 예측에 더한 신뢰성의 검증을 할 수 있는 장치가 없다고 추론할 수 있으므로, (나)에는 '정답 레이블이 없어 객관적인 검증이 어려운'이 들어가는 것이 적절하다.

06 [독해(비문학) – 순서 배열]   ▶ ③

(나)에서는 재생 에너지의 중요성과 그 채택이 증가하고 있다는 사실을 언급하고 있다. 이는 전반적인 주제를 소개하는 부분이므로 가장 앞에 오는 것이 적절하다. (라)에서는 앞에서 언급한 '태양광, 풍력, 수력 등 재생 에너지'를 '이러한 다양한 에너지'로 받고 있으므로 (나) 다음에는 (라)가 오는 것이 적절하다. (가)는 '또한'이라는 접속사를 통해 앞 문장과 유사한 내용이 전개될 것임을 암시하고 있다. (가)는 재생 에너지 채택으로 인한 긍정적인 효과, 특히 환경 보호 측면을 구체적으로 설명하고 있으므로 먼저 긍정적인 효과를 설명한 (라) 뒤에 오기에 적절하다. (다)는 역접의 접속사 '그러나'로 시작하여 재생 에너지의 확산을 가로막는 장애물을 논하고 있으며 (마)에서는 그 극복 방안에 대해 논의하고 있으므로, 논리적인 흐름에 따라 (나) – (라) – (가) – (다) – (마)의 순서가 가장 자연스럽다.

07 [독해(비문학) – 중심 내용 추론]   ▶ ①

본문은 위험에 대한 인식이 객관적 수치보다 주관적 인식과 언론 보도, 사회적 논의를 통해 형성된다는 점을 설명하고 있다. 첫 문단에서 "객관적인 수치보다 주관적인 인식이 위험 평가에 더 큰 영향을 미치는 경우가 많다"라고 언급하고, "위험이 단순히 물리적 현실이 아니라, 언론 보도와 사회적 논의 속에서 구성된다"라고 명시하고 있다. 또한 마지막 문단에서 "기술이나 재난 관련 정책을 수립할 때에는 과학적 근거뿐 아니라 사회 구성원의 인식과 감정 구조까지 고려하는 접근이 요구된다"라고 직접적으로 제시하고 있다. 따라서 이 선지가 글의 중심 내용을 가장 정확하게 반영하고 있다.

오답풀이 ② 본문에서 대학생들이 안전불감증을 가장 위험한 요소로 평가했다는 내용은 언급되었지만, 이를 "미디어가 만들어낸 왜곡된 위험 인식의 대표적 사례"라고 평가하거나 "정확한 정보 전달의 중요성"을 강조하는 내용은 없다. 오히려 본문은 이러한 인식이 사회문화적 맥락 안에서 형성된다는 점을 중립적으로 설명하고 있다.

③ 본문에서 "기사 보도량이 많은 항목일수록 위험 수준, 두려움 정도, 인식된 지식 수준이 모두 높게 평가되었다"는 내용은 언급되었지만, "언론은 사회적 영향력을 고려한 책임 있는 보도가 필요하다"는 주장은 제시되지 않았다. 이는 본문의 내용을 확대 해석한 것이다.

④ 본문에서 "개인이 경험하지 않은 사건이라도 반복적 미디어 노출을 통해 구체적인 이미지와 감정으로 체화된다"는 내용은 언급되었지만, "실제 위험과 인식

된 위험 사이의 격차를 줄이는 교육이 중요하다"는 주장은 본문에 없다. 본문은 위험 인식의 형성 과정을 설명하고 정책 수립에 이를 고려해야 한다는 제안을 하고 있지, 교육의 중요성을 강조하고 있지 않다.

08 [어휘 – 문맥적 의미 추론]　　　　　　　▶ ④
㉠의 '미치다'는 '「2」 영향이나 작용 따위가 대상에 가하여지다. 또는 그것을 가하다.'를 의미한다. 이와 가장 유사한 의미의 '미치다'는 ④이다.
오답풀이 ①, ②, ③ 「1」 공간적 거리나 수준 따위가 일정한 선에 닿다.

09 [독해(비문학) – 일반 강화 약화]　　　　　▶ ④
반대의 오류이다. (나) 비판적 문화정치론자들은 '민감한 주제가 의도적으로 배제된다'고 주장한다. '역사·사회 갈등 주제가 누락되었다'는 평가는 이러한 선택적 재현이 실제로 이루어졌음을 확인시켜주므로, (나)의 주장을 강화한다는 것은 적절하다.
오답풀이 ① 무관의 오류이다. (가) 문화외교 옹호론자들은 '시민 간의 정서적 유대와 문화적 공감대 확대'를 주장한다. 관광 수입 증가는 경제적 효과이지 '상호 이해와 신뢰 형성'이라는 (가)의 핵심 주장과 직접적인 관련이 없다.
② 반대의 오류이다. (가) 문화외교 옹호론자들은 '문화 교류가 상호 이해와 신뢰 형성에 기여한다'고 본다. '재팬하우스 전시가 외국 관람객들의 일본에 대한 긍정적 인식을 높였다'는 연구는 문화 교류가 실제로 국가 간 이해 증진에 영향을 주었다는 실증이므로, (가)의 주장을 강화한다.
③ 무관의 오류이다. (나) 비판적 문화정치론자들은 '문화외교가 정치적 전략의 포장 수단으로 활용된다'고 주장한다. 하지만 외교적 마찰이 줄었다는 것은 문화외교가 정치적 전략의 포장 수단으로 활용되고 있음을 직접적으로 뒷받침하지는 않으므로 무관한 사례로 봐야 한다. 따라서 (나)를 강화하지도 약화하지도 않는다.

10 [독해(비문학) – 지시 대상 추론]　　　　　▶ ④
㉠의 '이들'은 '문화외교 옹호론자들'을 가리키는 것으로 문화 외교에 대해 긍정적인 입장을 보인다. ㉡의 '외국 관람객들'은 재팬하우스를 통해 일본 사회의 다층적 이미지를 새롭게 인식한 사람들로 문화 외교에 대해 긍정적인 입장을 보인다. ㉢의 '청년층'은 해외에서 일본어 학습 수요가 높아졌음을 보여주므로 문화 외교에 대해 긍정적인 입장을 보인다. ㉣의 '학자들'은 문화외교의 정치적 이용을 비판하므로 ㉠, ㉡, ㉢과는 입장이 다르다. 따라서 의미가 다른 하나는 ㉣이다.

11 [독해(문학) – 고전 산문의 이해]　　　　　▶ ③
1문단에서 전기소설은 "현실 세계에서 일어난 사건에 초자연적 요소를 결합해, 인간 존재의 고독과 내면의 갈등을 섬세하게 묘사한다"고 명시되어 있고, "내면의 성찰과 인식의 전환을 통해 성장하는 인물"로 형상화된다고 했으므로 적절하다.
오답풀이 ① 반대의 오류이다. 1문단에서 전기소설의 주인공은 "외면의 영웅적 행위보다는 내면의 성찰과 인식의 전환을 통해 성장하는 인물"이라고 명시되어 있으므로 외면의 영웅적 행위를 통해 추구한다는 것은 반대로 서술된 오류이다.
② 반대의 오류이다. 2문단에서 몽유록을 쓴 지식인들은 "현실의 불만과 고뇌를 직접 표현하기 어려웠던" 상황이었고, 따라서 "꿈을 서사의 장치로 삼아" 간접적으로 비판했다고 명시되어 있으므로 직접적으로 표현했다는 것은 반대로 서술된 오류이다.
④ 극단의 오류이다. 마지막 부분에서 전기소설은 "초자연적 사건을 통해 인간의 내면을 탐색"했고, 몽유록은 "꿈이라는 장치를 통해 현실의 부조리와 사회적 불평등을 비판"했다고 구분하여 설명했으므로, '모두' 집단적 현실 인식에 초점을 맞추었다는 것은 적절하지 않다.

12 [독해(비문학) – 지시 대상 추론]　　　　　▶ ②
(가)는 조선 전기 한문 소설의 비현실적인 장치를 의미한다. 하지만 '㉡ 내면의 성찰과 인식의 전환'은 주인공의 내면을 보여주는 것일 뿐 비현실적인 장치의 의미와는 관련이 없다.
오답풀이 ① ㉠은 초자연적 요소, 즉 자연의 이치를 넘어서 이론적으로 설명할 수 없는 신비적인 것을 의미하므로 (가)의 의미에 해당한다.
③ ㉢은 꿈속에서 신선이나 유학자들을 만나는데, 신선이라는 인물은 비현실적인 인물이므로 그러한 신선이 나오는 '꿈'은 (가)의 의미에 해당한다.
④ ㉣은 현실에 존재하지 않는 이상사회를 의미하므로 (가)의 의미에 해당한다.

13 [독해(문법) – 통사론 – 문장의 구조와 짜임]　　▶ ②
'나는 그녀가 좋은 사람이라는 생각을 했다'라는 문장은 '나는 생각을 했다.', '그녀는 좋은 사람이다'가 결합한 문장이고, 수식을 받는 체언인 '생각'의 내용이 '그녀가 좋은 사람이다'와 같은 내용이고, 생략된 문장 성분이 없으므로 ②는 동격 관형절이다.
오답풀이 ① '나는 어제 영화를 보았다.', '영화가 참 재미있었다'가 결합한 문장으로 주어인 안긴문장의 목적어인 '영화를'과 안은문장의 주어인 '영화가'가 동일한 성분을 지시하는 성분이므로 생략이 되었으므로 관계 관형절이다.
③ '장미가 빨갛다.', '장미가 피었다'가 결합된 문장으로, 두 문장에서 동일한 문장 성분인 '장미가'가 생략되어 결합된 관계 관형절이다.
④ '영수가 경희에게 말을 걸었다.'와 ' 경희가 버스에 탔다.'가 결합된 문장으로 안은문장의 부사어인 '경희에게'와 안긴문장의 주어인 '경희가'가 같은 대상을 지칭하는 말이기 때문에 생략된 후 결합된 관계 관형절이다.

14 [독해(문법) – 음운론 – 음운의 변동]　　　　▶ ③
제시문에서 "축약은 두 음운이 합쳐져 하나의 새로운 음운이 되는 현상"이라고 하였다. '밖과'가 [박꽈]로 발음되는 과정을 살펴보면, 먼저 된소리되기에 의해 'ㄱ'이 'ㄲ'으로 교체된다[박꽈]. 그 다음 음절의 끝소리 규칙에 의해 'ㄲ'이 'ㄱ'으로 교체되고[밖 → 박] 이 과정에서 축약은 일어나지 않으며, 교체만 두 번 일어난다. 제시문에서 "교체는 음운이 바뀌기만 하므로 음운의 개수가 변하지 않는다"고 하였으므로, '밖과'는 음운의 개수가 변하지 않는다. 따라서 ③은 적절하지 않다.
오답풀이 ① 제시문에서 "탈락은 있던 음운이 사라지는 현상"이고 "교체는 한 음운이 다른 음운으로 바뀌는 현상"이라고 하였다. '끓는'이 [끌른]으로 발음되는 과정에서 자음군 단순화로 'ㅎ'이 탈락하고[끓 → 끌], 유음화로 'ㄴ'이 'ㄹ'로 교체된다[끌는 → 끌른]. 따라서 ①은 적절하다.
② 제시문에서 "탈락은 음운이 사라지므로 음운의 개수가 줄어든다"고 하였다. '값진'이 [갑찐]으로 발음되는 과정에서 자음군 단순화로 'ㅅ'이 탈락하고(값 → 갑), 된소리되기로 'ㅈ'이 'ㅉ'으로 교체된다[갑진 → 갑찐]. 탈락이 일어났으므로 음운의 개수가 줄어든다. 따라서 ②는 적절하다.
④ 제시문에서 설명한 대로, '삯일'이 [상닐]로 발음되는 과정에서 'ㄴ' 첨가가 일어나고[삯일 → 삯닐], 자음군 단순화로 'ㄱ'이 탈락하고(삯 → 삭), , 비음화로 'ㄱ'이 'ㅇ'으로 교체된다[삭닐 → 상닐]. 따라서 ④는 적절하다.

15 [논리 – 반드시 참인 명제]　　　　　　　▶ ②
㉠ 실험실 ∨ 관찰실
㉡ 실험복 → (실험실 ∨ ~기록) ≡ (~실험실 ∧ 기록) → ~실험복
㉢ (관찰실 ∧ 기록) → ~장갑 ≡ 장갑 → (~관찰실 ∨ ~기록)
㉣ 실험실 ∨ 관찰실, 기록

전건에서 '장갑'을 가정하므로 ㉢의 대우명제를 적용하면 '~관찰실 ∨ ~기록'인데, ㉣에서 '기록'이므로 '~관찰실'이 도출된다. 그러면 ㉠에 의해 '실험실'이 도출된다.
오답풀이 ① 추가적인 전제 없이 ㉠~㉣만으로 새로운 결론을 도출할 수 없다.
③ 전건에서 '실험복'을 가정하므로 ㉡에 의해 '실험실 ∨ ~기록'이 도출된다. ㉣에서 '기록'이므로 '실험실'이 도출된다. 따라서 실험실에 있지 않는다는 반대의 오류이다.
④ 전건에서 '~장갑'을 가정하는데, '~장갑'은 ㉢의 후건에 있으므로 이 조건을 이용할 수 없다. 따라서 ㉠~㉣을 통해 새로운 결론을 도출할 수 없다.

16 [논리 – 충분조건, 필요조건]　　　　　　▶ ①
(1) 올바른 식단으로 식사를 한다고 해서 건강한 다이어트를 보장할 수 있는 것은 아니다.
＝ ~(올바른 식단 → 건강한 다이어트)
＝ 건강한 다이어트는 올바른 식단의 필요조건이 아니다.
＝ 올바른 식단은 건강한 다이어트의 충분조건이 아니다.
(2) 이는 건강한 다이어트를 위해서는 올바른 식단뿐만 아니라 적절한 운동이 병행되어야 한다는 것을 시사한다.
＝ 건강한 다이어트 → (올바른 식단 ∧ 적절한 운동)
＝ 올바른 식단과 적절한 운동은 건강한 다이어트의 필요조건이다.
＝ 건강한 다이어트는 올바른 식단과 적절한 운동의 충분조건이다.

(2)에 의해 건강한 다이어트는 올바른 식단과 적절한 운동의 충분조건이다.
오답풀이 ② (1)에 의해 건강한 다이어트는 올바른 식단의 필요조건이 아니다.
③ (1), (2)에 의해 올바른 식단은 적절한 운동의 필요조건도, 충분조건도 아니다.
④ (2)에 의해 올바른 식단과 적절한 운동은 건강한 다이어트의 필요조건이다.

17 [논리 – 숨겨진 전제 추론]　　　　　　　　　　　　　▶ ③

각 문장을 기호로 나타내어 해석한다.

```
전제 1 : 프로젝트 성공 → 두 번째 계획안
       ≡ ~두 번째 계획안 → ~프로젝트 성공
전제 2 : ~(첫 번째 계획안 ∧ 두 번째 계획안)
       ≡ ~첫 번째 계획안 ∨ ~두 번째 계획안
전제 3 : 기존 데이터분석 → 첫 번째 계획안
       ≡ ~첫 번째 계획안 → ~기존 데이터분석
전제 4 : [                    ] 프로젝트 성공
─────────────────────────────────────────
결론 : ~기존 데이터분석
```

'프로젝트 성공'이다. 이 전제가 추가된다면 전제 1에 의해 두 번째 계획안은 옳다. 그러면 전제 2에 의해 첫 번째 계획안은 옳지 않다. 따라서 전제 3의 대우명제에 의해 기존 데이터 분석에 오류가 있다는 결론을 내릴 수 있다. 따라서 이 전제를 추가하여 밑줄 친 결론을 도출할 수 있다.

오답풀이 ① '첫 번째 계획안'이다. 이 전제가 추가된다면 전제 2에 의해 두 번째 계획안은 옳지 않다. 그러면 전제 1의 대우명제에 의해 이 도시 개발 프로젝트는 성공하지 못한다. 하지만 이 전제들과 도출된 결론을 가지고 기존 데이터 분석에 오류가 있다는 결론을 도출하는 것은 불가능하다.

② '~두 번째 계획안'이다. 이 전제가 추가된다면 전제 1에 의해 프로젝트는 성공하지 못한다. 하지만 이 전제만으로 '~기존 데이터분석'을 도출하는 것도 불가능하므로 이 전제를 추가하여 밑줄 친 결론을 도출하는 것은 불가능하다.

④ '기존 데이터분석 → ~두 번째 계획안 ≡ 두 번째 계획안 → ~기존 데이터분석'이다. 이 전제를 추가하면 전제 1을 연결하여 '기존 데이터분석 → ~프로젝트 성공'이라는 결론을 내릴 수는 있으나 밑줄 친 결론을 도출하는 것은 불가능하다.

18 [독해(화법) – 의견의 대립 양상]　　　　　　　　　　▶ ①

갑과 을은 국민들의 사회적 불평등을 줄이고 약자들이 안정적인 삶을 누릴 수 있게 한다는 점을 들어 복지 정책의 강화와 확대에 대해 긍정적인 입장을 취한다. 반면 병은 복지 국가의 확대는 막대한 재정 지출 때문에 결국 경제적 부담을 준다는 점을 강조하며 복지 정책의 강화에 대해 부정적인 입장을 취한다.

ㄱ. 갑과 을의 주장은 서로 대립하지 않는다.

오답풀이 ㄴ. 을과 병의 주장은 서로 대립한다.

ㄷ. 병과 갑의 주장은 서로 대립한다.

19 [논리 – 반드시 참인 명제 응용]　　　　　　　　　　▶ ②

```
㉠ 직원 ∧ 휴가
㉡ 직원 ∧ 연장근무
㉢ 연장근무 → 휴가 ≡ ~휴가 → ~연장근무
㉣ ~연장근무 → ~휴가 ≡ 휴가 → 연장근무
```

가. ㉠에 의해 직원 중 내일 휴가를 가는 사람이 존재하고 ㉣의 대우명제에 의해 내일 휴가를 가는 직원은 모두 오늘 연장근무를 한다. 따라서 오늘 연장근무를 하는 직원은 반드시 존재해야 하므로 ㉡은 반드시 참이다.

나. ㉡에 의해 직원 중 오늘 연장근무를 하는 사람이 존재하고 ㉢에 의해 오늘 연장근무를 하는 모든 직원은 내일 휴가를 간다. 따라서 내일 휴가를 가는 직원은 반드시 존재해야 하므로 ㉠은 반드시 참이다.

오답풀이 다. ㉢과 ㉣이 참이면 오늘 연장근무를 하는 사람은 모두 내일 휴가를 가고, 동시에 내일 휴가를 가는 사람은 모두 오늘 연장근무를 하므로 연장근무를 하는 직원과 휴가를 가는 직원은 동일한 집합이다. 즉, 연장근무와 휴가는 필요충분조건이다. 하지만 ㉢과 ㉣을 통해 연장근무를 하는 직원이 존재하거나, 휴가를 가는 직원이 존재한다는 것을 보장할 수 없으므로 ㉠, ㉡이 반드시 참이라고 할 수는 없다.

20 [독해(논리) – 〈보기〉 추론]　　　　　　　　　　　　▶ ②

ㄴ. 본문에서 "온실가스가 이 적외선을 흡수하면, 열이 우주로 빠져나가지 못하고 지구에 머물게 된다"고 했고, "열이 지구에 머물게 되면 지구의 온도가 상승한다"고 했다. 이 두 문장을 연결하면 '온실가스가 적외선을 흡수 → 열이 지구에 머묾 → 온도 상승'이라는 인과 관계가 성립한다. 따라서 적절한 추론이다.

오답풀이 ㄱ. 본문에서 "정상적인 양의 온실가스가 일으키는 온실효과는 지구의 안정적인 온도에 필수적이다."라고 했다. 이는 '지구의 안정적 온도 → 정상적인 양의 온실가스'이므로 만약 온실 가스가 없으면 지구의 안정적인 온도는 유지되지 않을 알 수 있다. 이를 논리기호로 표현하면 '~정상적인 양의 온실가스 → ~지구의 안정적 온도'로 대우 관계를 쓰게 되면 '지구의 안정적인 온도 → 정상적인 양의 온실가스'이다. 이를 통해 볼 때 정상적인 온실가스가 필수 조건이므로 온실가스가 없으면 지구의 온도가 일정하게 유지되지 않을 것임을 알 수 있다.

ㄷ. 필요조건이란 어떤 결과가 성립하기 위해 반드시 충족되어야 하는 조건이다. 그러나 본문에서 "화석 연료의 연소만이 온실가스를 증가시키는 것은 아니다"라고 했다. 이를 논리 기호로 표현하면 '~(화석 연료의 연소 → 온실가스 증가)'이므로 화석 연료의 연소가 온실가스를 증가시키기 위한 충분조건이 아님을 알 수 있다. 하지만 이를 통해 화석 연료의 연소가 온실가스를 증가시키기 위한 필요조건인지는 이끌어 낼 수 없다. 본문에서 "축산업에서 발생하는 메테인도 온실가스 증가의 원인이 될 수 있다"고 했기 때문이다.

수고하셨습니다.
당신의 합격을 응원합니다.

국어 정답 및 해설

☑ 제4회 모의고사

01 ④	02 ③	03 ③	04 ③	05 ①
06 ①	07 ③	08 ①	09 ③	10 ①
11 ②	12 ④	13 ④	14 ②	15 ③
16 ④	17 ③	18 ②	19 ②	20 ④

01 [문법(작문) – 공문서 문장 고쳐 쓰기] ▶ ④

'보여지다(보이어지다)'는 피동의 뜻을 나타내는 '-이-'와 '-어지다'를 이중으로 쓴 이중 피동 표현이므로 부적절하다. 애초에 "신종 플루 감염으로 보입니다."는 올바른 표현이므로 '㉣ 불필요한 이중 피동 표현을 지양할 것.'을 적용할 필요가 없다. 따라서 ㉣에 따라 수정해야 한다는 것은 적절하지 않다. 오히려 '보여집니다'로 수정하게 되면 이중 피동 표현이 되므로 틀린 표현이 된다. 피동 표현은 한 번만 써야 하므로 '보입니다' 또는 '보아집니다'로 써야 한다.

오답풀이 ① <공공언어 바로 쓰기 원칙>의 '㉠ 대등하게 같은 구조로 접속할 것.'에 따라 보면 "다양한 지식과 정보 제공을 위하여"는 병렬 관계로 보았을 때 자연스럽지 않다. '지식'과 '정보 제공'이 대등하게 연결되어야 하는데, '정보 제공'은 행위를 나타내는 말이므로 구조가 맞지 않는다. 따라서 '하다'를 붙여 "다양한 지식과 정보를 제공하고자"로 고치는 것은 적절하다.

② <공공언어 바로 쓰기 원칙>의 '㉡ 앞뒤 문장의 의미 관계를 고려하여 접속어를 사용할 것.'에 따라 보면 '참여가 저조하였다'는 부정적 상황이고 '홍보를 강화한다'는 이에 대한 대응이므로 역접 관계가 아니라 인과 관계이다. '그러나'는 앞뒤 내용이 상반될 때 쓰는 말이므로 부적절하며, '이에 따라'로 고치는 것이 적절하다.

③ <공공언어 바로 쓰기 원칙>의 '㉢ 우리말답지 않은 번역투 표현을 사용하지 않을 것.'에 따라 보면 "주의가 요구됩니다"는 영어 번역투(be required to)이므로 사용을 지양하는 것이 좋다. 따라서 우리말 표현인 "주의해야 합니다"로 고치는 것은 적절하다.

02 [독해(논리) – 내용 추론 부정 발문] ▶ ③

본문에서 맥루언은 뜨거운 미디어와 차가운 미디어를 데이터 밀도와 수용자의 능동적 해석의 가능성에 따라 구분했을 뿐, 데이터 밀도가 낮으면 메시지 전달력이 약하다고 주장하지 않았다. 차가운 미디어는 데이터 밀도가 적어서 수용자가 적은 데이터를 통해 더 능동적으로 미디어의 내용을 해석해야 하지만 뜨거운 미디어는 데이터 밀도가 커서 많은 데이터 수용자가 능동적으로 해석할 필요가 없어지는 것이다.

오답풀이 ① 본문에서 "미디어에 담긴 내용보다 미디어를 이루는 형식이 삶과 세계를 인식하는 데 더 큰 영향을 미친다"고 했고, "같은 사건이라 하더라도 신문으로 읽는 경우와 텔레비전으로 보는 경우 그 메시지가 달라진다"고 했다. 신문과 텔레비전은 형식이 다른 미디어이므로, 같은 내용이라도 다른 메시지를 전달할 수 있다는 추론은 적절하다.

② 본문에서 "미디어에 담긴 내용보다 미디어를 이루는 형식이 삶과 세계를 인식하는 데 더 큰 영향을 미친다"고 했다. 형식이 내용보다 인식에 더 큰 영향을 미친다면, 내용을 개선하는 것보다 형식을 바꾸는 것이 인식 변화에 더 효과적이라는 추론은 적절하다.

④ 본문에서 "그는 미디어의 사회적 역할에 대해서는 무관심했다는 비판을 받았다"고 했다. 이는 맥루언 이론의 한계로 지적된 내용이므로 적절한 추론이다.

03 [독해(문법) – 음운론 – 음운의 변동] ▶ ③

본문에서 "㉠자음축약은 두 개의 자음이 만나서 하나의 새로운 자음으로 줄어드는 현상이다"라고 설명하고 있다. '닿은'을 [다은]으로 발음하는 것은 받침 'ㅎ'이 모음 'ㅡ' 앞에서 완전히 사라지는 자음탈락 현상으로, 두 자음이 합쳐져서 새로운 자음을 만드는 축약이 아니라 한 자음이 없어지는 탈락이다. 따라서 ③번은 자음축약이 아닌 자음탈락에 해당한다.

오답풀이 ① 본문에서 "자음축약은 두 개의 자음이 만나서 하나의 새로운 자음으로 줄어드는 현상"이라고 설명하고 있다. '넣다'를 [너타]로 발음하는 것은 'ㅎ+ㄷ'이 만나 거센소리 'ㅌ'으로 축약되는 자음축약에 해당한다.

② 본문에서 "자음축약은 두 개의 자음이 만나서 하나의 새로운 자음으로 줄어드는 현상"이라고 설명하고 있다. '앓다'를 [알타]로 발음하는 것은 'ㅎ+ㄷ'이 만나 거센소리 'ㅌ'으로 축약되는 자음축약에 해당한다.

④ 본문에서 "자음축약은 두 개의 자음이 만나서 하나의 새로운 자음으로 줄어드는 현상"이라고 설명하고 있다. '낳고'를 [나코]로 발음하는 것은 'ㅎ+ㄱ'이 만나 거센소리 'ㅋ'으로 축약되는 자음축약에 해당한다.

04 [독해(작문) – 개요 작성] ▶ ③

"부모와의 동거 장려를 통한 1인 가구 축소"는 Ⅲ장의 두 번째 항목으로 부적절하다. 지침에 따르면 각 장의 하위 항목끼리 대응되도록 작성해야 하는데, Ⅱ-2의 "경제적 부담으로 인한 사회적 고립 심화"에 대응하는 해결방안이 되어야 한다. 부모와의 동거 장려는 사회적 고립 문제를 해결하는 직접적 방안이 아니며, 오히려 청년 독립을 포기시키는 방향이므로 적절한 대응이 아니다.

오답풀이 ① "높은 주거비로 인한 청년 세대의 생활 위기"는 서론의 문제 제기로 적절하다. 지침에서 서론은 '개념 정의와 문제 제기'를 포함하도록 되어 있으므로 적절하다.

② "소득 대비 과도한 주거비 부담"은 Ⅱ장의 첫 번째 문제점으로 적절하며, Ⅲ-1의 "보증금 대출 확대와 월세 지원 정책"과 잘 대응된다.

④ "주거 안정과 사회적 연결 회복을 통한 삶의 질 향상"은 결론의 기대 효과로 적절하다. 본론에서 제시한 지원 방안들이 실현되었을 때 기대할 수 있는 효과이다.

05 [독해(작문) – 내용 고쳐 쓰기] ▶ ①

㉠의 '혼란스럽고 예측하기 어려운 과정'이라는 서술은 단계이론의 특성과 맞지 않다. 본문에서 단계이론은 '단계마다 고유한 특징과 과제가 있으며', '발달 과정을 명확히 구분하고 이해하는 데 유용하다'고 설명한다. 따라서 '일정한 단계에 따라 순차적으로 이루어진다'로 수정하는 것이 적절하다.

오답풀이 ② ㉡ 앞의 '발달 과정을 명확히 구분하고 이해하는 데 유용하다'는 설명으로 볼 때, 개인차를 충분히 반영하지 못한다는 한계 지적은 적절하므로 기존 서술을 유지하는 것이 옳다.

③ ㉢ 뒤에 '개인의 경험과 환경적 요인에 따라 유동적으로 진행된다'는 설명이 나오므로, 점진적이고 연속적인 발달이라는 서술이 적절하다. 또한 발달은 '환경적 요인에 따라 유동적으로 진행된다'는 서술로 보아 환경적 요인과 무관하다고 볼 수 없다.

④ ㉣ 앞에 서술된 '작은 변화들이 축적되면서 이루어지며'라는 연속이론의 특성을 고려할 때, 개인의 속도와 상황에 따른 차이를 인정하는 기존 서술이 적절하다.

06 [독해(비문학) – 순서 배열] ▶ ①

처음에는 '장애에게 답하다'라는 작품을 언급하며 이어질 내용의 주제를 제시하고 있다. 지팡이라는 구체적인 비유를 통해 고전의 기능을 명확히 드러내고 있다. (나)는 '그 사람'이라는 표현으로 첫 문단에서 언급된 눈이 뜨인 사람의 이야기를 이어받고 있다. '한번 뜨인 눈을 다시 감을 수는 없다'는 문장은 첫 문단에서 제시된 상황에 대한 구체적인 설명으로, 지팡이의 필요성을 다시 강조하고 있어 첫 문단 다음에 자연스럽게 연결된다. (가)는 '그 사람에게 눈을 도로 감으라는 것은'으로 시작하여 (나)에서 논의된 내용을 발전시키고 있다. 특히 강물을 건너는 비유를 통해 주체적 판단의 중요성을 강조하며, (나)에서 다룬 지팡이의 역할에 대한 해석을 확장하고 있다. (다)는 '이처럼'이라는 환언의 접속어를 통해 '지금 당장 별 문제가 없어도'라고 시작하여 앞선 논의를 일상적 삶의 맥락으로 확장하며, 고전이 우리 삶에서 지속적으로 필요한 이유를 정리하고 있다. '고전의 힘은 눈먼 사람의 지팡이보다 더 큰 위력을 발휘한다'라는 표현은 앞서 제시된 비유를 종합하며 글을 마무리하고 있다. 글의 흐름상 '지팡이로서의 고전' → '눈 뜬 사람의 상황' → '지팡이의 진정한 의미' → '일상에서 그전의 지속적 필요성'으로 자연스럽게 전개되므로 (나) – (가) – (다)의 순서가 가장 적절하다.

07 [독해(문학) − 고전산문의 이해] ▶③

2문단에서 판소리계 소설은 "효와 정절 같은 전통적 덕목을 소재로 삼으면서도, 신분제의 모순이나 경제적 불평등 같은 현실 문제를 사실적으로 드러냈다"고 명시되어 있으므로 적절하다.

오답풀이 ① 주체 혼동의 오류이다. 1문단에서 가문소설은 "주로 사대부 부녀자층이 주요 독자였으며"라고 명시되어 있으므로 적절하지 않다. 이 선지의 설명은 가문 소설이 아니라 판소리계 소설에 대한 설명이다.

② 반대의 오류이다. 2문단에서 판소리계 소설은 "구어체와 서민적 유머가 결합되어 생동감 있는 문체를 보인다"고 명시되어 있으므로, 문어체 중심의 엄격한 문체라는 것은 반대로 서술된 오류이다.

④ 반대의 오류이다. 1문단에서 가문소설은 "가족 간의 오해가 충·효·열의 실천을 통해 해결되는 경우가 많다"고 했고, "가문의 번영을 이상적으로 묘사하였다"고 명시되어 있으므로 비극적 결말이라는 것은 반대로 서술된 오류이다.

08 [어휘 − 문맥적 의미 추론] ▶①

㉠의 '잇다'는 '2 「1」 끊어지지 않게 계속하다.'를 의미한다. 이와 가장 유사한 의미의 '잇다'는 ①이다.

오답풀이 ② 1 (('…과'가 나타나지 않을 때는 여럿임을 뜻하는 말이 목적어로 온다)) 두 끝을 맞대어 붙이다.

③ 3 ((주로 '이어'나 '이어서' 꼴로 쓰여)) 뒤를 잇따르다.

④ 2 「2」 많은 사람이나 물체가 줄을 이루어 서다.

09 [독해(문학) − 현대 운문의 의해] ▶③

1문단에서 "얇은 사 하이얀 고깔'로 묘사된 여승의 모습에는 인간적 아름다움과 감정의 흔적이 배어 있으며, 그 아름다움은 동시에 억눌린 정념의 표현이기도 하다.'라고 제시하고 있으므로 적절한 진술이다.

오답풀이 ① 반대의 오류이다. 1문단의 내용으로 볼 때 '여승의 '승무'는 단순한 의식의 동작이 아니라, 세속의 감정과 종교적 이상이 교차하는 순간의 떨림을 담아내는 것이다.'라고 하고 있으므로, 세속의 미련을 완전히 떠난 상태는 아님을 알 수 있다.

② 미언급의 오류이다. 2문단에서 '북소리와 발디딤의 리듬은 이제 속세의 욕망을 비워내는 의식의 울림이 된다. 화자는 그 움직임을 통해 여승이 세속의 미련을 완전히 떠나 무아의 경지로 나아가는 순간을 바라본다.'라고 제시되어 있는 것으로 볼 때, 발디딤이 속세의 욕망을 비워내는 것은 맞지만, 자발적임은 드러나지 않았다.

④ 반대의 오류이다. 2문단에서 '<승무>는 인간이 욕망을 억누르기보다, 그 긴장 속에서 자신을 정화하며 초월에 이르는 과정을 그린 시로,'라고 제시되어 있는 것으로 보아 인간의 정념을 억누르고 배제하는 것이 아니라 이를 정화하여 초월에 이르는 과정으로 볼 수 있으므로 적절하지 않은 진술이다.

10 [어휘 − 바꿔 쓸 수 있는 유사한 표현] ▶①

'마주치다'는 '서로 똑바로 부딪치다.'를 의미한다. 따라서 '아주 단단히 달라붙다.'를 의미하는 '교착(膠 아교 교 着 붙을 착)하다'는 ㉠과 바꿔 쓸 수 있는 유사한 표현으로 적절하지 않다. '서로 엇갈리거나 마주치다.'를 의미하는 '교차(交 사귈 교 叉 갈래 차)하다'로 바꿔 쓸 수 있다.

오답풀이 ② ㉡ '함께 존재하다'는 '함께 현실에 실재하다.'를 의미한다. 따라서 '두 가지 이상이 함께 존재하다.'를 의미하는 '병존(竝 나란히 병 存 있을 존)하다'로 바꿔 쓸 수 있다.

③ ㉢ '알아차리다'는 '알고 정신을 차려 깨닫다.'를 의미한다. 따라서 '어떤 기회나 정세를 알아차리다.'를 의미하는 '포착(捕 잡을 포 捉 잡을 착)하다'로 바꿔 쓸 수 있다.

④ ㉣ '이르다'는 '어떤 정도나 범위에 미치다.'를 의미한다. 따라서 '어떤 결말이나 결과에 이르다.'를 의미하는 '귀결(歸 돌아갈 귀 結 맺을 결)하다'로 바꿔 쓸 수 있다.

11 [독해(문학) − 현대 운문의 이해] ▶②

3문단의 '공주처럼 지쳐서' 돌아온 나비는, 1930년대 현실을 직시하지 못한 채 행동하다가 좌절한 지식인의 모습을 상징적으로 드러낸다.'를 통해 적절한 진술임을 알 수 있다.

오답풀이 ① 2문단의 '이상에게 예술은 세계의 질서를 복원하는 도구가 아니라, 불안한 존재의 균열을 드러내는 방식이었다.'라고 제시된 것으로 보아, 이상은 혼란스러운 시대 상황에서 불안한 존재의 균열을 드러내고 있음을 알 수 있다. 또한 2문단의 '이상에게 예술은 혼돈 속에서 위안을 찾는 일이 아니라, 불안을 바라보고 해부하는 지적 실험이었다. 이상이 혼돈 속에서 분열된 자아를 그렸다면, 김기림은 그 혼돈을 바라보며 스스로를 성찰하는 길을 제시한다.'를 볼 때 김기림 역시도 이성적 질서를 복원하기보다는 성찰하려는 모습을 드러낸다

고 볼 수 있다.

③ 2문단의 "13인의 아해가 도로로 질주하오'라는 구절과 '무섭다고 그러오'의 반복은 공포가 개인의 내면을 넘어 집단적 불안으로 확산되는 과정을 드러낸다. 이때 시적 언어는 현실을 재현하는 수단이 아니라, 붕괴된 의식을 직접 체험하게 하는 장치로 작동한다.'의 내용으로 볼 때 도로로 질주하는 13인의 아해는 붕괴된 현대인의 의식을 드러내는 역할을 함을 알 수 있다.

④ 주체 혼동의 오류이다. 전체 글의 내용으로 미루어 볼 때 '나비'는 지식인의 불안한 내면을 상징하는 소재로 이상이 아닌 김기림이 사용한 소재이고, 존재의 균열과 실험적 언어를 통해 현실을 응시하려고 했던 시인은 이상이므로 적절하지 않은 진술이다.

12 [독해(비문학) − 지시 대상 추론] ▶④

(가)는 혼돈인데 이에 해당하지 않은 의미는 '㉣ 나비'이다. '나비'는 혼돈 속에서 좌절한 지식인을 의미하기 때문이다.

오답풀이 ① 본문의 맨 마지막 문장에서 '이상이 혼돈 속에서 분열된 자아를 그렸다면,'이라는 부분을 통해 볼 때 '㉠ 근대 문명'은 혼돈에 해당됨을 알 수 있다.

② '㉡ 예술'은 세계의 질서를 복원하는 도구가 아니라, 불안한 존재의 균열을 드러내는 방식이라고 했으므로 혼돈임을 알 수 있다.

③ '㉢ 바다'는 본문에 언급된 '불안한 현실'이므로 혼돈에 해당됨을 알 수 있다.

13 [독해(비문학) − 내용 추론 부정 발문] ▶④

1, 2문단의 내용으로 볼 때 유토피아는 인간의 이상이 실현된 이상적 사회를 드러내고 있으나, 디스토피아는 이상적 모습이 달라질 때 일어나는 통제와 억압 즉 부정적 속성을 드러내고 있는 개념이므로 적절하지 않은 진술이다.

오답풀이 ① 1문단에서 '그는 작품 속에서 사회적 불평등과 부패가 없는 완전한 공동체를 상상함으로써, 현실 사회의 모순을 비판하고 이상적 사회의 방향을 제시하고자 했다.'라고 제시된 것을 볼 때 '사회적 불평등과 부패가 없는 완전한 공동체'는 그가 설정한 이상적 상황이자, 그가 가장 바람직하게 생각하는 사회 발전의 방향임을 알 수 있다. 또한 역설적으로 이를 통해 '사회적 불평등과 부패가 없는 이상적 사회'라는 이상적 세계의 모습은 현실의 세계가 사회적 불평등과 이상이 있다는 것을 함의하는 것이므로 당대 사회의 문제점을 드러내는 장치로 사용되었다고 볼 수 있다.

② 2문단에서 '반면 '디스토피아'는 유토피아가 변질된 형태로, 인간이 만든 이상적 사회의 여러 장치들이 오히려 통제와 억압의 수단으로 변해 버린 세계를 말한다.'라고 제시된 것으로 볼 때 '디스토피아'의 통제와 억압은, 유토피아라는 이상적 사회의 장치들이 변질된 형태임을 알 수 있다.

③ 3문단에서 '결국 두 세계관은 서로 다른 방식으로 현실을 비추어, 인간 사회가 이상을 추구하는 과정에서 어떤 위험과 가능성이 공존하는지를 성찰하게 한다.'라고 제시되어 있는 것으로 볼 때 '유토피아'는 현실의 모순이 사라진 이상적인 현실을 설정하여 현실의 부조리함을 보여주고, 또한 '디스토피아'는 이상적인 세계의 장치들이 오히려 사람들에게 어떤 위협으로 다가오는지 보여주는 장치로 볼 수 있으므로, 적절한 진술이라고 볼 수 있다.

14 [논리 − 빈칸에 들어갈 결론 응용] ▶②

㉡

전제 1	특허 → 법적 보호 ≡ ~법적 보호 → ~특허
전제 2	~법적 보호 ∧ 유용
결론	~특허 ∧ 유용

전제 1의 대우명제에 의해 '~법적 보호 → ~특허'이고 전제 2에 의해 '~법적 보호 ∧ 유용'이므로 '~법적 보호'를 매개항으로 하여 '~특허 ∧ 유용'을 도출하는 것이 가능하다.

따라서, 전제가 참일 때 결론이 반드시 참인 명제는 ㉡이다.

오답풀이 ㉠

전제 1	인공지능 → 빅데이터 ≡ ~빅데이터 → ~인공지능
전제 2	~(동물 → 빅데이터) ≡ ~(~동물 ∨ 빅데이터) ≡ 동물 ∧ ~빅데이터
결론	동물 → ~인공지능

전제 1의 대우명제에 의해 '~빅데이터 → ~인공지능'이고 전제 2에 의해 '동물 ∧ ~빅데이터'이므로 '~빅데이터'를 매개항으로 하여 '동물 ∧ ~인공지능'을 도출할 수 있다. 하지만 이를 통해 '동물 → ~인공지능'을 도출하는 것은 불가능하다.

㉢

전제 1	~(예술 작품 → 독창성) ≡ ~(~예술 작품 ∨ 독창성) ≡ 예술 작품 ∧ ~독창성
전제 2	~독창성 ∧ 유명
결론	예술 작품 ∧ 유명

전제 1에 의해 '예술 작품 ∧ ~독창성'이고 전제 2에 의해 '~독창성 ∧ 유명'이므로 '~독창성'이라는 공통항이 존재한다. 하지만 이를 통해 '예술 작품 ∧ 유명'을 도출하는 것은 불가능하다. '~독창성'과 '예술 작품'의 교집합이 존재하고 '~독창성'과 '유명'의 교집합이 존재한다고 해서 반드시 '예술 작품'과 '유명'의 교집합이 존재하는 것은 아니기 때문이다.

15 [독해(문법) - 통사론 - 시제] ▶②

'나는 반드시 미국에 가겠다.'에 사용된 '-겠-'은 화자의 의지를 드러내는 의미로 사용되었고, '잠시 비켜 주시겠습니까?'에 사용된 '-겠-'은 비켜달라는 화자의 의도를 완곡하게 표현하는 사례이므로 적절한 선지이다.

오답풀이 ① '그곳엔 지금 비가 많이 내리겠구나'에 사용된 '-겠-'은 '미래의 일이나 추측을 나타내는 어미.'로 쓰였으므로 (가)에 적절하지 않다. '이걸 어떻게 다 먹겠니'에 사용된 '-겠-'은 '가능성이나 능력을 나타내는 어미.'로 사용되었으므로 (나)에 적절하지 않다.
③ '이제 그만 돌아가 주시겠어요?'에서 사용된 '-겠-'은 돌아가달라는 의도를 완곡하게 전하는 (나)의 사례이므로 (가)에 적절하지 않다. '내일은 절대로 지각하지 않겠습니다.'에 사용된 '-겠-'은 화자의 의지를 드러내는 의미로 사용되었으므로 (나)에 적절하지 않다.
④ '잘 하면 합격할 수 있겠다.'에서 사용된 '-겠-'은 가능성이나 능력을 나타내는 어미.'로 사용되었으므로 (가)에 적절하지 않다. '그 사람은 대통령이 되었겠지?'에 사용된 '-겠-'은 '미래의 일이나 추측을 나타내는 어미.'로 쓰였다.

16 [독해(화법) - 의견의 대립 양상] ▶④

ㄴ. 을은 역사는 순환적으로 반복되는 경향이 있으며 진보나 발전은 일시적이라고 주장한다. 이에 반해 병은 역사는 무작위적으로 진행되며 특별한 방향성이나 목적성이 없고, 진보나 순환의 관점으로 이해하는 것은 오류라고 하였다. 따라서 두 관점은 각각 순환적 패턴, 무작위적 진행을 주장하고 있으므로 대립함을 알 수 있다.
ㄷ. 병은 역사가 무작위적으로 진행되며 특별한 방향성이나 목적성이 없다고 본다. 이에 반해 갑은 역사는 명확한 방향성을 가지고 있다고 본다. 따라서 병의 주장과 갑의 주장은 대립한다.

오답풀이 ㄱ. 갑은 역사적 진보의 과정을 통해 인류의 상태가 점점 개선되어 왔고, 역사는 명확한 방향성을 가지고 있다고 본다. 을은 이와 다르게 진보나 발전은 일시적일 뿐, 결국 시대의 몰락으로 이어진다고 보고 있다. 따라서 갑은 지속적 진보를 주장하는 입장, 을은 시대의 몰락으로 이어진다는 입장이므로 상호 대립함을 알 수 있다.

17 [독해(비문학) - 〈보기〉 강화 약화] ▶③

ㄴ. 대중이 스스로 선택한 콘텐츠로 정보 요구를 충족시키는 경향이 두드러진다면, 이는 대중이 미디어의 영향을 수동적으로 받는 것이 아니라, 능동적으로 정보를 선택함을 보여주는 것이다. 따라서 의제 설정 이론을 약화할 수 있다.
ㄷ. 미디어의 영향 없이 특정 이슈에 대한 관심이 형성되는 것은 대중이 스스로의 필요와 욕구에 따라 정보를 선택하고 소비한다는 이용과 충족 이론의 주장을 강화하는 사례라고 볼 수 있다.

오답풀이 ㄱ. 미디어 보도와 무관하게 사람들의 의견이 형성된다는 것은 미디어가 사람들의 인식을 형성하는 역할을 약화하는 근거라고 볼 수 있다. 따라서 의제 설정 이론을 강화하는 것이 아니라 약화하는 근거가 되어야 한다.

18 [논리 - 생략된 전제 추론] ▶②

전제 1 : (~부스 ∧ ~예산) → ~박람회 ≡ 박람회 → (부스 ∨ 예산)
전제 2 : ~프레젠테이션 → ~예산 ≡ 예산 → 프레젠테이션
전제 3 : [   ]

결론 : 박람회 → 프레젠테이션 ≡ ~프레젠테이션 → ~박람회

결론의 전건인 '박람회', 결론의 후건인 '프레젠테이션'을 연결 지을 수 있는 전제, 또는 결론의 대우명제의 전건인 '~프레젠테이션'과 후건인 '~박람회'를 연결 지을 수 있는 전제가 필요하다. 전제 2에 의해 '~프레젠테이션 → ~예산'이므로 '~프레젠테이션 → ~부스'가 추가된다면 '~프레젠테이션 → (~예산 ∧ ~부스)'가 도출되고, 이를 전제 1 '(~부스 ∧ ~예산) → ~박람회'와 연결하면 가언삼단논법에 의해 '~프레젠테이션 → ~박람회 ≡ 박람회 → 프레젠테이션'이 도출된다. 따라서 추가해야 할 전제로 적절한 것은 '~프레젠테이션 → ~부스 ≡ 부스 → 프레젠테이션 ≡ ~부스 ∨ 프레젠테이션 ≡ ~(부스 ∧ ~프레젠테이션)'이다.

오답풀이 ① '~부스 → 프레젠테이션'으로 이 명제를 전제 1 또는 2와 연결 지어 주어진 결론을 도출하는 것은 불가능하다.

③ '~프레젠테이션 → 부스'이다. 이 명제를 전제 2와 연결지어 '~프레젠테이션 → (부스 ∧ ~예산)'을 도출하는 것은 가능하나 이를 통해 주어진 결론을 도출하는 것은 불가능하다.
④ '예산 → ~프레젠테이션'으로 이 명제는 전제 2의 부정이다.

19 [논리 - 반드시 참인 명제 응용] ▶②

(1) 드론 실습 ∨ 과학 영화
(2) (~기초 이론 ∨ ~안전 교육) → ~드론 실습
≡ 드론 실습 → (기초 이론 ∧ 안전 교육)
≡ (기초 이론 ∧ 안전 교육) ∨ ~드론 실습

재윤 : (1)에 의해 '드론 실습 ∨ 과학 영화'이므로 '~과학 영화'이면 '드론 실습'이 도출된다. (2)의 대우명제에 의해 '드론 실습 → (기초 이론 ∧ 안전 교육)'이므로 '기초 이론 ∧ 안전 교육'이 도출된다. 따라서 오늘 과학 영화를 관람하지 않는다면, 기초 이론 강의와 실험실 안전 교육을 모두 듣는다.
서윤 : (2)에 의해 '(~기초 이론 ∨ ~안전 교육) → ~드론 실습'이므로 '~안전 교육'이면 '~기초 이론 ∨ ~안전 교육'이 참이 되어 '~드론 실습'이 도출된다. (1)에 의해 '드론 실습 ∨ 과학 영화'이므로 '~드론 실습'이면 '과학 영화'가 도출된다. 따라서 오늘 안전 교육을 듣지 않는다면 과학 영화를 관람한다.
따라서, 올바르게 판단한 사람은 "재윤, 서윤"이다.

오답풀이 하진 : (2)에 의해 기초 이론 강의를 듣는다고 했을 때에 안전 교육은 듣는지 듣지 않는지 알 수 없으므로 드론 실습을 할지 안할지도 판단할 수 없으므로 적절하지 않다.

20 [독해(화법) - 의견의 대립 양상] ▶④

"AI와 인간의 사고가 본질적으로 다르다고 단정할 수 없어"라는 을의 발화에서 을은 둘이 본질적으로 유사할 수 있다고 봄을 알 수 있다. 반면 "AI는 아무리 정교해도 패턴을 학습한 알고리즘을 실행할 뿐"이며 "인간은 맥락 이해와 상식 추론을 하는데 AI는 이런 능력이 없어"라는 병의 발화에서 병은 인간과 AI의 사고가 본질적으로 다르다고 봄을 알 수 있다. 따라서 을과 병이 동의한다는 것은 적절하지 않다.

오답풀이 ① "AI는 데이터를 학습해서 패턴을 찾을 뿐, 자신이 바둑을 둔다는 걸 이해하지 못해"라는 갑의 발화와 "AI는 아무리 정교해도 알고리즘을 실행할 뿐"이라는 병의 발화에서 두 사람 모두 AI가 진정한 이해 없이 패턴만 처리한다고 봄을 알 수 있다.
② "의식이나 자각 없이는 진정한 지능이라 할 수 없어"라는 갑의 발화에서 갑은 의식을 지능 판단의 기준으로 삼아야 한다고 봄을 알 수 있다. "의식의 유무는 검증할 수도 없고, 행동으로 판단해야 해"라는 을의 발화에서 을은 의식으로 지능을 판단하는 것에 반대함을 알 수 있다.
③ "충분히 발전하면 의식도 생겨날 수 있다고 봐"라는 을의 발화에서 을은 AI 의식의 가능성을 열어둠을 알 수 있다. "의식의 발생은 추측일 뿐"이라는 병의 발화에서 병은 이를 부정함을 알 수 있다.

수고하셨습니다.
당신의 합격을 응원합니다.

국어 정답 및 해설

✅ 제5회 모의고사

01 ③	02 ④	03 ①	04 ②	05 ③
06 ③	07 ④	08 ③	09 ④	10 ②
11 ②	12 ②	13 ④	14 ③	15 ②
16 ④	17 ①	18 ①	19 ③	20 ①

01 [독해(작문) – 공문서 문장 고쳐 쓰기] ▶ ③

'상정(上 윗 상 程 규정 정)은 '의안을 회의에 내어 놓음'을 의미한다. 이 문맥을 보면 안건이 여러 건 회의에 내어 놓아짐을 의미하는 것이므로 '상정'이라는 단어를 유지했어야 했다. 'ⓒ 문맥에 적절한 어휘를 사용할 것'에 따라 '의결'로 고치는 것은 적절하지 않다. '의결(議決: 議 의논할 의 決 결단할 결)'은 '의논하여 결정함.'으로 이미 결정이 되었음을 의미하므로 의결된 후 심의(= 심사하고 논의함)한다는 것은 문맥상 적절하지 않다. 이미 끝난 결정이기 때문이다.

오답풀이 ① <공공언어 바로 쓰기 원칙>의 'ⓐ 대등 접속 시 구조가 같은 표현을 사용할 것.'에 따라 보면 "지역 인재 유출 방지"는 뒤의 공유되는 서술어인 '더하는'과 호응되지 않는다. 또 앞의 "지역 인재 유출 방지"는 명사구의 나열이나 뒤의 '향토기업으로서 지역 발전에 의미를 더하는'은 풀어 쓰고 있으므로 병렬 관계가 자연스럽지 않다. 따라서 앞의 부분을 뒤의 부분처럼 풀어서 "지역 인재 유출을 방지하고로" 고치는 것이 적절하다.

② <공공언어 바로 쓰기 원칙>의 'ⓑ 상투적이고 권위적인 표현을 사용하지 않을 것.'에 따라 "철저를 기하여"는 상투적이고 권위적인 표현이므로 "소홀함이 없도록 해"로 고쳐 자연스럽게 표현하는 것이 적절하다.

④ <공공언어 바로 쓰기 원칙>의 'ⓓ 의미가 중복되는 표현을 삼갈 것.'에 따라 "이미 예고된"은 '예고'가 이미 '미리 알림'이라는 의미를 포함하고 있으므로 '이미'와 의미가 중복된다. 따라서 "예고된 일" 또는 "이미 알려진 일"로 고치는 것이 적절하다.

02 [독해(문법) – 형태론 – 용언] ▶ ④

'있어라'는 명령형 어미 '-어라'가 결합되어 있으므로 형용사가 아니라 동사로 봐야 한다. 제시문에서도 "명령형 어미 '-어라'나 청유형 어미 '-자'와 결합할 수 있지만, 형용사는 이러한 어미들과 결합할 수 없다."라고 나오므로 '있어라'의 '있다'는 동사로 봐야 했다.

오답풀이 ① 제시문에서 "의미는 단어가 나타내는 형식적 의미를 기준으로 한 것으로, 사물의 이름을 나타내는 명사"라고 하였고, "기능은 단어가 문장에서 어떤 역할을 하는지를 기준으로 한 것으로, 주어 기능을 하는 체언"이라고 하였으며, "형태는 단어가 형태적으로 변할 수 있는지를 기준으로 한 것으로, 변할 수 없는 불변어"라고 하였다. 명사는 이 세 가지 기준에 모두 부합함을 알 수 있다.

② 제시문에서 "용언에 속하는 동사와 형용사는 모두 가변어이지만 의미적으로 구분된다. 동사는 주어의 동작이나 작용을 나타내고, 형용사는 주어의 성질이나 상태를 나타낸다"고 하였으므로 적절하다.

③ 제시문에서 "'크다', '밝다', '있다' 등 일부 단어는 문맥에 따라 동사와 형용사로 모두 쓰일 수 있다"고 하였다. "앞으로 사흘만 있으면 추석이다"에서 '있다'는 시간의 경과라는 과정을 나타내므로, 제시문의 "시간의 경과를 나타내는 과정의 의미가 있으므로 동사이다."는 설명에 부합하는 동사임을 알 수 있다.

03 [독해(문법) – 통사론 – 문장의 짜임새] ▶ ①

'민아가 갑자기 나의 손을 잡았다.'는 주어와 서술어의 관계가 1번만 오는 홑문장이다.

오답풀이 ② '봄이 어서 오기'에서 명사형 전성 어미 '-기'가 결합하고 있음을 알 수 있다. 명사절을 안은 문장이다.

③ '내가 태어나던'이 뒤에 오는 2001년을 수식하고 있고, 또한 앞 절에 관형사형 전성어미 '-던'이 오고 있으므로 관형절을 안은 문장이다.

④ '마음씨가 참 착하다'의 문장이 주어인 '하영이'를 설명해 주는 서술어의 역할을 하는 서술절을 안은 문장이다.

04 [독해(비문학) – 내용 추론 긍정 발문] ▶ ②

1문단에서 '이 형질세포는 특정 항원에 대응하는 항체를 대량으로 생산한다. 항체는 혈액이나 림프액과 같은 체액에 퍼져 항원을 직접 중화하거나, 다른 면역세포가 항원을 처리하도록 신호를 보낸다.'라고 제시된 것으로 볼 때, 형질세포가 생산하는 항체는 항원을 직접 중화하거나, 다른 면역세포에게 항원을 처리할 수 있는 신호를 보내는 두 가지 역할을 하는 것으로 볼 수 있으므로 적절한 설명이다.

오답풀이 ① 주체 혼동의 오류이다. 1, 2문단의 내용으로 볼 때 체액성 면역은 B세포가, 세포성 면역은 T세포가 중심이 되어 일어나는 면역 반응이므로 적절하지 않은 설명이다.

③ 미언급의 오류이다. '세포성 면역은 T세포가 중심이 되어 일어난다. 병원체가 세포 내부로 침입하면, 항원 제시 세포가 그 병원체의 항원을 분해하여 T세포에 전달한다.'라고 제시되어 있지만 선지의 내용은 언급이 되어 있지 않다.

④ 2문단에서 '세포독성 T세포는 감염된 세포를 직접 찾아 파괴함으로써, 세포 안에서 증식하는 바이러스나 일부 세균, 그리고 비정상적으로 변형된 암세포를 제거한다.'라고 제시되어 있는 것으로 보아, 감염된 세포를 직접 파괴하는 것은 세포독성 T세포임을 알 수 있다.

05 [독해(작문) – 내용 고쳐 쓰기] ▶ ③

본문은 "법적으로 명확한 기준과 절차가 마련되지 않은 상태에서 존엄사를 시행하는 것은 위험할 수 있다"는 점을 강조하고 있다. 따라서 제도의 안전성과 신뢰성을 강화하는 접근이 필요함을 시사한 것으로 볼 수 있으며, "존엄사에 대한 법적 규제를 강화하고, 신중한 논의를 통해 제도를 정비하려는 노력"으로 수정하는 것이 적절하다.

오답풀이 ① 본문에 따르면 환자들은 존엄사를 통해 생의 마지막 순간을 의미 있게 보낼 수 있다고 하였다. 이것은 사회적 지위보다는 환자의 자율성과 선택권을 존중하는 것이라고 보는 것이 적절하므로 기존 표현을 유지하는 것이 옳다.

② "존엄사가 말기 환자의 고통을 완전히 제거할 수 있음을 강조"라는 표현은 본문에서 다루고 있는 바와 다르다. 본문은 존엄사가 말기 환자의 고통을 줄이는 데 의미가 있다고 언급하고 있으며, 완전한 제거가 아닌 경감의 개념을 중시하고 있다. 따라서 기존의 표현을 유지하는 것이 옳다.

④ 존엄사는 고통 차단보다는 삶의 존중이라는 가치에 중점을 두고 있기에 기존 표현을 유지하는 것이 옳다.

06 [독해(비문학) – 순서 배열] ▶ ③

(라)는 현대 사회에서 정신 건강 문제가 증가하고 있으며, 그 중요성이 부각되고 있다는 내용을 담고 있다. 이는 주제의 도입부로 적절하다. (다)는 이러한 정신 건강 문제에 대한 사회적 낙인과 편견이 문제를 더욱 악화시키고 있다는 점을 지적하고 있으므로 (라) 뒤에 오는 것이 옳다. (가)에서는 앞의 내용을 '이러한 사회적 분위기'로 받으면서 어떤 부정적인 영향을 미치는지 구체적으로 서술하고 있으므로 (다) 뒤에 (가)가 올 수 있다. (나)는 이러한 문제점을 '이를 해결하기 위해'로 받으며 해결 방안을 제시하고 있다. (마)는 (가)에서 제시한 해결방안 이외의 또 다른 해결방안을 대등하게 나열할 때 쓰는 '또한'이라는 접속어를 통해 제시하므로 (나) 뒤에는 (마)가 오는 것이 적절하다. 따라서 논리적인 흐름에 따라 (라) – (다) – (가) – (나) – (마)의 순서가 가장 자연스럽다.

07 [독해(비문학) - 중심 내용 추론] ▶④

본문은 지적재조사사업에서 기존 방식의 한계를 지적하고, 최근 제안되는 수치계산 알고리즘의 장점과 효과에 대해 설명하고 있다. 본문에서 "조정 기준의 수치화는 이해관계자 간 신뢰를 확보하는 데 중요한 역할을 한다"와 "면적 조정에 있어 수치적 근거를 제시함으로써 공정성과 객관성을 확보할 수 있다"고 언급하며, 마지막에는 "이러한 기술의 발전은 지적재조사사업의 사회적 수용성과 지속 가능성을 높이는 데 이바지할 수 있다"고 종합하고 있다. 따라서 이 선지가 글의 중심 내용을 가장 정확하게 반영하고 있다.

오답풀이 ① 본문에서 기존 방식의 문제점으로 "경계선의 이동으로 인해 필지 면적이 지나치게 변화하는 경우가 있어, 이해관계인의 갈등을 유발할 수 있다"와 "필지 간 면적 조정이 수작업으로 이루어져 시간과 인력이 많이 소요되었다"는 내용이 언급되었지만, 이는 글의 중심 내용이 아닌 새로운 방식의 필요성을 설명하기 위한 배경 정보에 해당한다.
② 본문에서 "토지의 실제 이용 현황과 지적도상의 경계가 불일치하는 문제를 해결하기 위해 시행된다"고 지적재조사사업의 목적을 언급하고, 기존 방식이 "이해관계인의 갈등을 유발할 수 있다"고 서술하고 있지만, 글의 중심은 이러한 문제를 해결하기 위한 새로운 방식(수치계산 알고리즘)의 장점과 효과에 있다. 따라서 '신중한 접근이 필요하다'는 주장은 본문의 중심 내용과 거리가 있다.
③ 본문에서 "광역의 연속도면을 자동으로 작성하여 조정계산의 효율성을 높이는 시스템도 함께 개발되고 있다"는 내용이 언급되었지만, 이는 수치계산 알고리즘과 함께 개발되는 보조적인 기술로 소개되고 있으며, 글의 중심 내용은 아니다. 본문은 수치계산 알고리즘의 장점과 그것이 가져올 사회적 효과에 더 초점을 맞추고 있다.

08 [어휘 - 바꿔 쓸 수 있는 유사한 표현] ▶③

'만들다'는 '노력이나 기술 따위를 들여 목적하는 사물을 이루다.'를 의미한다. 따라서 '슬기나 재능, 사상 따위가 일깨워지다.'를 의미하는 '계발(啓 열 계 發 필 발)되다'는 ⓒ과 바꿔 쓸 수 있는 유사한 표현으로 적절하지 않다. '새로운 물건이 만들어지거나 새로운 생각이 나오다.'를 의미하는 '개발(開 열 개 發 필 발)되다'로 바꿔 쓸 수 있다.

오답풀이 ① ㉠ '일어나다'는 '어떤 일이 생기다.'를 의미한다. 따라서 '어떤 것이 다른 일을 일어나게 하다.'를 의미하는 '유발(誘 꾈 유 發 필 발)하다'로 바꿔 쓸 수 있다.
② ㉡ '쓰이다'는 '어떤 일을 하는 데 시간이나 돈이 들게 되다.'를 의미한다. 따라서 '필요로 되거나 요구되다.'를 의미하는 '소요(所 바 소 要 요긴할 요)되다'로 바꿔 쓸 수 있다.
④ ㉣ '이바지하다'는 '도움이 되게 하다.'를 의미한다. 따라서 '도움이 되도록 이바지하다.'를 의미하는 '기여(寄 부칠 기 與 더불 여)하다'로 바꿔 쓸 수 있다.

09 [독해(비문학) - 일반 강화 약화] ▶④

상황 다양성론자들은 '개인적 특성과 상황적 맥락을 함께 고려해야 한다'고 주장한다. '대화 방식이 문화적 배경뿐 아니라 개인 성향에도 영향을 받는다'는 연구는 개인차의 중요성을 보여주므로, 상황 다양성론을 강화한다.

오답풀이 ① 반대의 오류이다. 맥락 중심론자들은 '의사소통 방식이 문화마다 다르다'고 주장한다. '문화마다 표현 방식의 차이가 뚜렷하다'는 실험 결과는 문화 간 의사소통 방식의 차이가 실재한다는 맥락 중심론의 주장을 직접적으로 뒷받침하므로, 이 주장을 강화한다.
② 반대의 오류이다. 상황 다양성론자들은 '같은 문화 안에서도 세대, 직업, 상황에 따라 표현 방식이 달라진다'고 주장한다. '세대 간 언어 사용 차이가 크다'는 연구는 문화 내 다양성을 입증하므로, 상황 다양성론을 강화하는 것이지 약화하지 않는다.
③ 무관의 오류이다. 맥락 중심론자들은 '맥락 의존도'의 문화적 차이를 주장한다. '비언어적 신호보다 언어적 표현을 더 중시한다'는 것은 의사소통 채널의 선호도 문제이지, 맥락 의존도와는 직접적인 관련이 없다.

10 [독해(비문학) - 지시 대상 추론] ▶②

㉠의 '그들'은 '맥락 중심론자들'을 가리킨다. ㉡은 앞에 언급된 '사람들'을 가리킨다. ㉢의 '이들'은 앞에 언급된 '젊은 세대'를 가리킨다. ㉣의 '이들'은 2문단에서 "맥락 의존도를 강조하는 학자들"을 지칭하므로 '맥락 중심론자들'을 가리킨다. ㉤은 앞의 '상황적 요인을 중시하는 연구자들'을 가리킨다. 따라서 ㉠과 ㉣은 모두 '맥락 중심론자들'을 지칭한다.

11 [독해(비문학) - 내용 추론 긍정 발문] ▶②

2문단에서 '그의 「금강전도」는 웅장하면서도 세밀한 산세를 사실적으로 그려내어 조선 자연의 아름다움을 생생히 전달하였다. 이는 조선의 산수에 대한 자부심과, 조선의 자연에 대한 새로운 인식을 화폭에 그려낸 것이다.'라고 제시되어 있는 것을 볼 때 정선이 그린 「금강전도」는 진경산수화의 대표적 작품임을 알 수 있으며, 금강산의 웅장하면서 세밀한 산세를 사실적으로 그려내어 경관을 사실적으로 표현하였고, 또한 이러한 방식을 통해 조선 자연에 대한 새로운 인식과 자부심을 드러낸 것으로 볼 수 있다.

오답풀이 ① 반대의 오류이다. 1문단에서 '진경산수화는 이전의 이상적·관념적 산수화와 달리 실제 조선의 산천을 사실적으로 묘사하려는 시도에서 비롯되었다.'라고 제시되어 있는 것을 보아, 이전의 산수화는 이상적 관념적인 자연을 묘사하는 데 그쳤다면, 진경산수화는 '실제' 자연을 사실적으로 묘사한 것으로 볼 수 있다. '이상적 자연의 사실적 묘사'는 진경산수화의 특징이 아니므로 적절하지 않은 설명이다.
③ 객체 혼동의 오류이다. 2문단에서 '풍속화는 서민의 생활과 일상의 장면을 사실적으로 표현함으로써, 회화의 주제가 일반 백성으로까지 확장되었음을 보여주는 것이었다. 김홍도의 「씨름」이나 「서당」은 당시 농민과 아동의 삶을 해학적이면서도 따뜻하게 묘사하였고,'라고 제시되어 있는 것으로 보아, 풍속화는 서민의 생활과 일상을 사실적으로 표현한 그림임을 알 수 있다.
④ 주체 혼동의 오류이다. 일상의 장면을 사실적으로 표현하려고 한 것은 풍속화, 자연의 사실적 아름다움을 재현하는데 주목한 그림은 진경산수화이다.

12 [어휘 - 문맥적 의미 추론] ▶②

㉠의 '벗어나다'는 「9」 ((‘…에서’ 대신에 ‘…에’가 쓰이기도 한다)) 규범이나 이치, 체계 따위에 어긋나다.'를 의미한다. 이와 가장 유사한 의미의 '벗어나다'는 ②이다.
[오답 해설]
① 「1」 공간적 범위나 경계 밖으로 빠져나오다.
③ 「4」 어려운 일이나 처지에서 헤어나다.
④ 「5」 맡은 일에서 놓여나다.

13 [독해(문법) - 통사론 - 높임 표현] ▶④

인용절 '어머니께서 빵을 맛있게 잡수신다'에서 높임의 대상인 '어머니'를 조사인 '께서'와 높임의 특수 어휘인 '잡수시다'를 통해 실현하고 있다. 이 문장에서 어머니는 빵을 직접 드시고 계시므로 이 문장은 주체의 직접적인 행위를 높이는 직접 높임이 드러난 문장이다.

오답풀이 ① 할아버지의 '귀'를 높이고 있으므로 간접 높임이 드러난 문장이다.
② 회장님의 '말씀'을 높이고 있으므로 간접 높임이 드러난 문장이다.
③ 형님의 '고민'을 높이고 있으므로 간접 높임이 드러난 문장이다.

14 [독해(작문)-개요 작성] ▶③

<지침>에 따르면 2장과 3장은 서로 대응되어야 하는데, ㉢은 '지방의 문화, 복지 등 생활 인프라의 절대적 부족'에 대한 해결 방안으로 여러 문화 복지 시설을 확충하거나 예산을 확보하는 등의 해결책이 와야 한다. '청년층의 임대 보증금 지원을 위한 중, 장기적 예산 확보 계획 마련'은 이와는 관련이 없는 주거 안정을 위한 해결책이므로 적절하지 않다.

오답풀이 ① <지침>에 따르면 서론 ㉠ 부분에는 보고서 작성의 필요성을 포함해야 한다. '지방 경제 활력 회복 및 국가 균형 발전 달성을 위한 정책 마련의 시급성 증대'는 필요성에 대한 내용이므로 적절하다.
② <지침>에 따르면 2장과 3장은 서로 대응되어야 하는데, 'Ⅲ-1'의 해결책 '지역 산업과 연계한 맞춤형 일자리 및 청년 임대주택 확대 공급'에 따른 원인으로 '양질의 일자리 부족과 불안정한 주거 여건으로 인한 청년층 유출 가속화'는 지침에 맞게 연결된 내용이므로 적절하다.
④ <지침>에 따르면 결론은 기대 효과와 향후 과제가 제시되어야 하는데, ㉣은 기대 효과에 해당하는 내용이 제시되어야 하는 자리로, '청년 인구 유입을 통한 지역 경제 활력 증진 및 국가 균형 발전 기여 성과 창출'은 청년 유입 정책 강화가 성공했을 경우 미래에 나타날 기대효과로 적절하다. 청년 인구 유입이 되면 지역경제도 회복되며 지방이 발전되어 국가 균형 발전에도 바람직한 결과가 나올 수 있기 때문이다.

15 [독해(비문학) - 초점 강화 약화] ▶②

글의 논지의 핵심은 제시문의 "AI 기술을 안전하고 신뢰할 수 있는 방향으로 활용하려면, 단순히 개인의 선택에 맡기는 것이 아니라, 사회적 규범과 제도적 장치가 함께 마련되어야 한다"와 "보안 강화와 정보 사용의 투명성 확보는 AI의 잠재력을 제대로 누리기 위한 필수 조건이다"이다. 즉, 개인의 선택이 아닌 사회적·제도적 차원의 규범과 투명성 확보가 필요하다는 것이다. 이를 잘 충족한 선지가 '개인정보 보호 규정을 강화한 EU에서 AI 기업들의 투명성 보고서 공개 의무화 이후 사용자 신뢰도가 40% 상승했다'이다. 제도적 규정 강화와 투명성 확보가 사용자 신뢰도 향상으로 이어졌다는 것은 사회적 규범과 제도적 장치의 필요성을 보여주므로 글의 논지를 강화한다.

오답풀이 ① AI 기술의 정확도 향상과 사용자 만족도는 AI의 기술적 장점을 보여주지만, 개인정보 보호를 위한 사회적 규범과 제도적 장치의 필요성과는 직접적 관련이 없다. 이는 글의 핵심 논지와 무관한 내용이다.
③ 사용자들이 개인정보 수집 방식을 모르고 우려한다는 것은 현재의 문제 상황을 보여주지만, 이 글의 논지인 사회적 규범과 제도적 장치를 통한 해결 방안의 효과성과는 직접적 관련이 없다.
④ 제시문에서는 '단순히 개인의 선택에 맡기는 것이 아니라' 사회적·제도적 장치가 필요하다고 주장했는데, 이 선지는 AI 기업들의 자체적인 자율 규제가 실시되고 있다고 하고 있다. 이는 개별 기업의 자율적 선택에 의존하는 접근으로 글의 논지에 반하는 사례이다.

16 [논리 - 생략된 전제 추론] ▶④

> 갑: 구민 ∨ 학교
> 을: [   ] 학교 → 신청
> 병: ~신청 → ~구민 ≡ 구민 → 신청
> --
> 정: 신청

'학교 → 신청'으로 양도 논법에 따라 '학교 → 신청', '구민 → 신청'이므로 구민이나 학교 둘 중 하나는 참이므로 '신청'을 도출하는 것이 가능하다.

오답풀이 ① '학교'이므로 갑의 진술 '구민 ∨ 학교'에 의해 '구민'과 '~구민'이 모두 가능하다. 따라서 이를 통해 병의 진술과 연결하여 '신청'을 도출할 수 없다.
② '~구민'이므로 갑의 진술 '구민 ∨ 학교'에 의해 '학교'가 도출된다. 하지만 이를 통해 병의 진술과 연결하여 '신청'을 도출할 수 없다.
③ '학교 → 구민'이므로 이는 병의 진술에 의해 '학교 → 구민 → 신청'에 따라 '학교 → 신청'이라는 결론은 도출할 수 있으나 '신청'을 도출할 수는 없으므로 적절하지 않다.

17 [논리 - 반드시 참인 명제] ▶①

> • ~화이트
> • (샤프 ∨ 지우개) → ~볼펜 ≡ 볼펜 → (~샤프 ∧ ~지우개)
> • ~볼펜 → (화이트 ∧ 지우개) ≡ (~화이트 ∨ ~지우개) → 볼펜

첫 번째 조건에 의해 '~화이트'이므로 세 번째 조건의 대우명제 '(~화이트 ∨ ~지우개) → 볼펜'의 전건 '~화이트 ∨ ~지우개'가 만족되어 '볼펜'이 도출된다. 두 번째 조건에 의해 '볼펜 → (~샤프 ∧ ~지우개)'이므로 '~샤프 ∧ ~지우개'가 도출된다. 따라서 구매할 품목은 볼펜 1종류이다.

18 [논리 - 빈칸에 들어갈 결론] ▶①

> ㉠ 환자 ∧ 백신
> ㉡ ~(백신 ∧ ~항체) ≡ ~백신 ∨ 항체 ≡ 백신 → 항체 ≡ ~항체 → ~백신
> ㉢ ~(~백신 ∧ 항체) ≡ 백신 ∨ ~항체 ≡ ~백신 → ~항체 ≡ 항체 → 백신
> ㉣ 환자 ∧ ~항체

㉮ ㉠에 의해 '환자 ∧ 백신'이고 ㉡에 의해 '백신 → 항체'이므로 '백신'을 매개항으로 하여 '환자 ∧ 항체'를 도출할 수 있다. 이 결론은 '환자 ∧ ~항체'와 모순되지 않으므로 ㉠과 ㉡이 참일 경우 ㉣이 반드시 참이라고는 할 수 없으나, ㉣이 참일 수는 있다.

오답풀이 ㉯ ㉣에 의해 '환자 ∧ ~항체'이고 ㉡의 대우명제에 의해 '~항체 → ~백신'이므로 '~항체'를 매개항으로 하여 '환자 ∧ ~백신'을 도출할 수 있다. 하지만 이를 통해 '환자 ∧ 백신'을 도출하는 것은 불가능하므로 ㉡과 ㉣이 참일 경우 ㉠이 반드시 참이라고는 할 수 없다.
㉰ ㉢과 ㉣의 경우 매개항인 '~항체'가 ㉢의 대우명제의 후건에 있으므로 연결하여 새로운 결론을 도출하는 것이 불가능하다. 따라서 이를 통해 ㉠이 거짓인지 판단할 수 없으므로 ㉠이 거짓이라고 단정할 수 없다.

19 [독해(비문학) - 내용 추론 부정 발문] ▶③

비교 미언급의 오류이다. 1문단에서는 '감시 자본주의'를 2문단에서는 '동의에 의한 감시'에 대해 설명하고는 있으나 어떤 것이 더 인간 본성에 위협이 되는지는 언급되지 않으므로 적절하지 않다.

오답풀이 ① 본문에서 "이용자는 기업에 맞춤형 광고를 제공하는 데 필요한 데이터를 만들어내는 존재로 축소된다"고 했다. 이는 감시 자본주의에서 이용자가 데이터를 생산하는 존재로 기능한다는 의미이므로 적절한 추론이다.
② 본문에서 "이용자를 끌어모으기 위해 무료 검색 서비스나 소셜네트워크서비스 등이 유인책으로 제공되고, 개인정보와 사생활은 이러한 서비스를 얻기 위한 대가가 된다"고 했다. 무료 서비스가 이용자를 끌어모으는 유인책이고, 그 대가로 개인정보를 얻는다는 것은 데이터 수집이 목적임을 의미하므로 적절한 추론이다.
④ 본문에서 "산업 자본주의가 자연을 훼손했듯, 감시 자본주의는 자유로운 결정을 내릴 인간 본성에 위협이 된다"고 했다. 이는 감시 자본주의가 인간의 자유로운 결정 능력을 위협할 수 있음을 직접적으로 서술한 것이므로 적절한 추론이다.

20 [독해(화법) - 의견의 대립 양상] ▶①

의견의 대립 양상을 물어보는 유형이다. 유진의 "거리가 멀다고 해서 도덕적 책임이 달라지는 건 아니잖아"와 "눈앞의 아이를 외면하는 것과 똑같다고 봐"라는 발화에서 유진은 둘에 대한 도덕적 책임이 동일하다고 봄을 알 수 있다. 반면 하은의 "거리와 관계가 도덕적 의무의 범위를 결정한다고 봐"라는 발화에서 하은은 둘에 대한 도덕적 책임이 다르다고 봄을 알 수 있다. 따라서 유진과 하은이 눈앞의 아이와 멀리 있는 아이에 대한 도덕적 책임을 동일하다고 본다는 것은 적절하지 않다.

오답풀이 ② 유진의 "거리가 멀다고 해서 도덕적 책임이 달라지는 건 아니잖아"라는 발화에서 유진은 거리가 도덕적 의무에 영향을 미치지 않는다고 봄을 알 수 있다. 하은의 "거리와 관계가 도덕적 의무의 범위를 결정한다고 봐"라는 발화에서 하은은 거리가 도덕적 의무에 영향을 미친다고 봄을 알 수 있다.
③ 유진의 "우리가 정말 필요하지 않은 사치품을 포기하면 생명을 구할 수 있는데 그렇게 하지 않는 것은 도덕적으로 잘못이야"라는 발화에서 유진은 사치품 포기를 통한 생명 구조를 도덕적 의무로 봄을 알 수 있다. 재현의 "모든 사람을 다 도울 책임까지는 없다고 생각해"라는 발화로 미루어 볼 때 재현은 이를 도덕적 의무로 보지 않을 것임을 추측할 수 있다.
④ 재현의 "모든 사람을 다 도울 책임까지는 없다고 생각해"와 하은의 "도덕적 의무에는 한계가 있어야 해"라는 발화를 통해 재현과 하은 모두 도덕적 책임의 범위에 한계가 있다고 봄을 알 수 있다.

수고하셨습니다.
당신의 합격을 응원합니다.

국어 정답 및 해설

01 [독해(작문) – 공문서 문장 고쳐 쓰기] ▶ ①

<공공언어 바로 쓰기 원칙>의 '문맥에 적절한 어휘를 사용할 것'에 따라 ㉠의 '위촉'을 그대로 유지하는 것이 옳았다. '위촉(委 맡길 위 囑 부탁할 촉)'이란 '일을 맡겨 부탁함.'을 의미하는 것으로 중기부가 인터넷전문은행 3개사 관계자를 금융지원위원회 위원으로 일을 맡겼음을 의미하기 때문이다. '양도(讓 사양할 양 渡 건널 도)'란 '권리·재산 및 법률상의 지위 등을 타인에게 넘겨줌.'을 의미하므로 오히려 문맥에 적절한 어휘라고 볼 수 없다.

오답풀이 ② <공공언어 바로 쓰기 원칙>의 '수식 관계를 명확히 할 것.'에 따라 ㉡의 '정책금융기관 은행 협력 강화'는 명사만 나열되어 수식 관계가 불명확하므로, '정책금융기관과 은행 간 협력 강화를'로 고쳐 조사를 추가하여 관계를 명확히 하는 것이 적절하다.
③ <공공언어 바로 쓰기 원칙>의 '대등한 것끼리 접속할 때는 구조가 같은 표현을 사용할 것.'에 따라 ㉢의 '정책금융 이용 편의성 제고와 우수 중소기업 간 상호 협력을 지원할'은 서술어 '지원하다'가 '편의성 제고'와 호응이 되지 않으므로 대등한 것끼리 접속되는 것에 오류가 있음을 알 수 있다. 따라서 앞의 명사만 나열('정책금융 이용 편의성 제고')된 것을 풀어서 '정책금융 이용의 편의성을 제고하고'로 고치는 것이 적절하다.
④ <공공언어 바로 쓰기 원칙>의 '외래어는 쉬운 우리말로 순화하여 표현할 것.'에 따라 ㉣을 살펴보면, 원문의 '엠오유(MOU)'는 외래어 약어이므로 우리말인 '업무협약'으로 순화하는 것이 적절하다.

02 [독해(비문학) – 순서 배열] ▶ ④

(나)는 신고전파 경제학의 "태초에 시장이 있었다"는 주장을 소개하고 이에 대한 비판적 시각을 제시하여 글의 핵심 쟁점을 설정하는 도입부로 적합하다. (다)는 "태초에 시장은 없었다"라는 문장으로 시작하여 (나)의 주장을 직접 반박하고 있다. 폴라니의 연구를 통해 영국의 사례를 들어 시장 발생에 정부의 역할이 중요했음을 강조하므로 (나) 다음에 오는 것이 자연스럽다. (가)는 "미국에서도"라는 표현으로 시작하여 (다)에서 언급된 영국의 사례에 이어 미국의 사례를 통해 정부 개입의 중요성을 뒷받침하므로 (다) 다음에 위치하는 것이 적절하다. (라)는 공산주의에서 자본주의로 전환한 국가들의 예를 들어 시장과 정부 역할의 관계에 대한 논의를 현대적 맥락으로 확장하며 글의 결론을 제시하고 있다. 따라서 정답은 (나) – (다) – (가) – (라)이다.

03 [독해(문법) – 형태론 – 관형사] ▶ ①

제시문에서 '또한 '이, 그'는 담화상에서 이미 언급된 대상을 다시 가리킬 때도 사용되어, 문맥 속에서 명사를 명확하게 구분할 수 있도록 돕는다.'라고 언급되어 있는 경우임을 알 수 있다. 따라서 여기에서 '그 사실'은 이미 언급된 대상을 다시 가리킨 것임을 알 수 있으므로 적절하다.

오답풀이 ② '저 사람'이라고 한 것은 화자와 청자 모두에게서 멀리 있는 대상을 가리키는 '저'의 사례이므로 대상이 청자보다 화자에게 멀리 있는지는 알 수 없다.
③ '이 연필'이라고 한 것은 청자보다 화자에게 가까운 연필을 가리키는 것이므로 화자보다 청자에게 가깝다고 하는 것은 적절하지 않다.
④ '그 영수증'이라고 한 것은 영수증이 화자보다 청자에게 가까움을 알 수 있는 것이므로 적절하지 않다.

04 [독해(문학) – 고전 산문의 이해] ▶ ④

2문단에서 세태소설은 "구체적인 인물과 사건을 통해 사회의 문제를 현실적으로 재현한다는 점에서 우화소설의 상징적 비유보다 직설적 비판에 가깝다"고 명시되어 있으므로 적절하다.

오답풀이 ① 반대의 오류이다. 1문단에서 우화소설은 "인간의 허위, 탐욕, 위선을 간접적으로 드러내며" "복잡한 사회 문제를 직접적으로 드러내지 않으면서도"라고 명시되어 있으므로, 직접적이고 사실적으로 묘사했다는 것은 반대로 서술된 오류이다.

② 주체 혼동의 오류이다. 1문단에서 "동물이나 사물을 의인화"하는 것은 우화소설의 특징이고, 세태소설은 "인간 사회의 욕망과 모순을 사실적으로 그린 작품"이므로 주체를 혼동한 오류이다.
③ 극단의 오류이다. 본문에서 우화소설은 "비유와 상징을 통해", 세태소설은 "사실적 묘사를 통해" 비판한다고 구분하여 설명했으므로, '모두' 상징과 비유를 사용했다는 극단적 표현은 적절하지 않다.

05 [독해(작문) – 내용 고쳐 쓰기] ▶ ③

㉢ 뒤에서 발견학습은 '새로운 개념을 발견하는 과정에서 창의성과 호기심을 발달'시킨다고 설명하며, '과학 실험을 통해 자연 법칙을 스스로 이해하는 과정'을 예시로 들고 있다. 따라서 '학습자가 스스로 정보를 탐구하고 문제를 해결하는 과정을 통해'로 수정하는 것이 적절하다.

오답풀이 ① ㉠ 뒤에서 '명확한 사실과 정보를 암기하도록 하여, 학습자가 시험이나 평가에서 정확한 답변을 제공할 수 있도록 돕는다'고 설명하므로, 기존 서술을 유지하는 것이 옳다.
② ㉡ 앞에 '빠른 지식 습득과 정보 정리를 가능하게 하지만'이라는 한계 설명이 제시되므로, 비판적 사고력을 발달시키기 어렵다는 기존 서술이 적절하다.
④ ㉣ 앞에서 '학습자의 자율성과 문제 해결 능력을 강화하지만'이라는 역접의 맥락이 나오므로, 구체적 지식 습득에 시간이 오래 걸린다는 기존 서술이 적절하다. 학습 과정이 지나치게 효율적인 것은 암기학습의 특징에 가깝다.

06 [독해(비문학) – 내용 추론 긍정 발문] ▶ ①

본문의 마지막 문단에서 '정부는 농민 교육과 보조금 지원을 확대하고, 국제기구는 기술 이전을 위한 협력 체계를 구축해야 한다'고 명시하였으며, '모든 농민이 기술의 혜택을 받을 수 있는 환경을 조성할 때, 인공지능은 식량 안보의 해결책이 될 수 있다'고 직접적으로 언급하여 선지의 내용과 일치한다.

오답풀이 ② 미언급의 오류이다. 본문에서는 농산물 폐기율 감소를 인공지능 도입의 한 가지 성과 사례로 제시했을 뿐, 이것이 '가장 핵심적인 목표'라는 평가는 언급되지 않았다.
③ 극단의 오류이다. 본문에서는 교육과 보조금 지원이 필요하다고 했지만, 보조금 '만으로도' 장벽을 '모두' 해결할 수 있다는 극단적 표현은 없다. 오히려 교육, 기술 이전 등 다양한 지원이 필요하다고 강조했다.
④ 비교 미언급의 오류이다. 본문에서는 인공지능이 생산 단계와 수확 후 관리 모두에 활용된다고 설명했을 뿐, 두 단계 간의 효과성을 비교하지 않았다. 어느 쪽이 '더 효과적'이라는 우열관계를 임의로 설정한 것이다.

07 [독해(논리) – <보기> 추론] ▶ ②

ㄱ. 본문에서 "현상의 세계는 감각으로 지각되는 불완전한 세계로 이데아의 그림자에 불과하다"고 했고, 동굴 안의 죄수들은 "그림자들이 이 세상의 전부라고 믿는다"고 했다. 이로부터 감각에만 의존하는 사람은 그림자를 실재로 착각하는 죄수들처럼 참된 인식에 이르기 어렵다고 추론할 수 있다.
ㄷ. 본문에서 "반면 이데아의 세계는 이성에 의해서만 인식될 수 있는 완전하고 불변하는 세계이다."라고 했다. 이를 논리기호로 표현하면 '이성'이 필요조건("이성에 의해서만")이 되므로 '완전하고 불변하는 이데아의 세계 → 이성'이 된다. 따라서 이 논리 기호의 대우 명제인 "~이성 → ~완전하고 불변하는 이데아의 세계"는 참이다.

오답풀이 ㄴ. 본문에서 "이데아의 세계는 이성에 의해서만 인식될 수 있는" 세계라고 했다. 또한 현상의 세계는 "이데아의 그림자에 불과"하다고 했으므로, 감각을 통해 현상을 파악하는 것만으로는 이데아의 세계를 인식할 수 없다.

08 [독해(작문) – 개요 작성] ▶ ③

"폐배터리 매립 확대를 통한 단기적 처리 비용 절감"은 Ⅲ장의 '미생물 활용 기술 방안'으로 부적절하다. 폐배터리 매립은 환경 오염을 일으키는 방법으로, 미생물을 활용한 친환경 기술과는 정반대되는 접근이다. 또한 Ⅱ-2의 "대량 처리를 위한 실용화 기술과 인프라 부족"에 대응하는 해결방안이 되어야 하는데, 매립 확대는 기술적 해결이 아닌 문제 회피에 가깝다. 개요의 제목이 '미생물 활용 기술 방안'인데 매립은 이와 전혀 관계없는 방법이다.

오답풀이 ① "전기차 폐배터리 급증으로 인한 환경 오염 심화"는 서론의 문제 제기로 적절하다. 지침에서 서론은 '개념 정의와 문제 제기'를 포함하도록 되어 있으므로 적절하다.

② "화학적 처리 과정에서 발생하는 오염물질과 에너지 소비"는 Ⅱ장의 첫 번째 문제점으로 적절하며, Ⅲ-1의 "미생물을 통한 금속 추출로 오염물질 배출 최소화"와 잘 대응된다.
④ "자원순환과 환경보호를 동시에 실현하는 지속가능한 재활용 체계 구축"은 결론의 기대 효과로 적절하다. 미생물 활용 기술이 성공적으로 도입되었을 때 기대할 수 있는 효과이다.

09 [독해(문학) – 현대, 고전 산문의 이해] ▶②

2, 3문단의 내용으로 볼 때, '청산별곡'은 이상향을 소망하지만 현실에 부딪혀 체념하는 민중의 비애를, '풀'은 현실을 극복하고 맞서려는 의지를 드러내고 있다고 제시되어 있으므로 적절한 진술이다.

오답풀이 ① 비교 혼동의 오류이다. 2, 3 문단의 내용을 참고해 볼 때 '강술'은 현실의 고뇌를 잠시 잊기 위한 수단으로 현실을 체념하는 수단은 맞지만, '풀'은 동풍에 쓰러져 울고 있지만 다시 일어나는 모습을 통해 현실에 적극적으로 대응하는 모습을 보이므로 적절하지 않은 진술이다.
③ 반대의 오류이다. 2문단에 '청산별곡의 화자는 삶의 고통과 비애를 느끼며 '청산'으로 도피하고자 한다. 그러나 그곳은 '올 사람도 갈 사람도 없는' 외로운 곳으로, 고뇌를 피하고 싶지만 운명을 상징하는 '돌'에 맞아 괴로움이 지속된다.'를 참고해 볼때 '청산'은 고통을 극복하려고 도피하지만 결국 고뇌가 지속되는 공간임을 알 수 있다. 반면에 '동풍'은 '풀'을 울게 하는 것으로 민중이 처한 현실의 시련을 상징한다.
④ 주체 혼동의 오류이다. 3문단의 '이 작품은 '풀'의 쓰러짐과 일어섬의 반복을 통해 고난을 직시하고 극복하려는 현실 참여적이고 투쟁적인 태도를 보여준다.'라고 제시된 것으로 볼 때, 풀의 쓰러짐과 일어섬은 현실 극복의 의지를 보여주는 것으로 볼 수 있다. 이상향을 소망하지만 현실에 좌절할 수 밖에 없는 민중의 비애를 드러낸 것은 청산별곡이다.

10 [독해(비문학) – 지시 대상 추론] ▶④

'ⓔ 풀'은 억압적인 시대 상황(바람) 속에서도 쓰러지지 않는 강인한 민중의 생명력을 상징하므로 부정적인 현실을 의미하는 ㉠, ㉡, ㉢의 의미와는 다르다.

오답풀이 ① ㉠ '청산' : 도피처이지만 '올 사람도 갈 사람도 없는' 외로운 곳이었으므로 부정적 현실을 의미한다.
② ㉡ '바다' : 청산을 대신할 도피처이지만 그곳에서도 고난은 계속되므로 부정적 현실을 의미한다.
③ ㉢ '동풍' : 동풍에 쓰러져 풀이 울고 있으므로 시련의 상황을 의미하므로 부정적 현실을 의미한다.

11 [독해(비문학) – 내용 추론 부정 발문] ▶③

비극과 희극 모두 인간의 고통을 다룬 것은 옳다. 희극은 공감 속에서 삶의 부조리를 극복하려고 하였다. 하지만 비극은 고통과 부조리를 극복하기보다는 그것을 직시하고 받아들이며 의미를 탐구하는 장르이므로, 비극과 희극이 모두 삶의 부조리를 극복하려는 의지를 보인다고 한 선지 ③은 제시문의 취지에 맞지 않는다.

오답풀이 ① 1문단에서 '비극은 인간의 한계와 운명을 주제로 삼아, 불가피한 고통 속에서도 존엄과 의미를 찾으려는 태도를 드러낸다.'와 '오이디푸스, 햄릿'의 경우를 참고해 볼 때 비극에 등장하는 인물들은 인간의 한계를 인식하고 그 결과를 받아들이며 존엄과 의미를 찾으려는 것이 비극의 특성임을 추론할 수 있다.
② 1문단에서 '희극은 인간의 결함이나 사회의 모순을 웃음으로 드러내어, 현실의 불합리를 인식하게 하고 이를 공감 속에서 극복하도록 한다.'의 구절과 2문단의 내용을 참고해 볼 때, 희극은 사회의 위선이나 권위를 희화하여 웃음 속에서 긴장을 내려 놓고 또한 웃음을 통해 현실의 고통과 부조리를 드러내고 공감하게 하면서 현실을 새롭게 바라보게 하는 갈래임을 알 수 있다.
④ 제시문에서는 비극에 등장하는 인물들이 비극적 상황 속에서 자신의 한계를 인식하면서도 책임을 회피하지 않고, 그 선택의 결과를 받아들이는 과정을 통해 인간의 내면을 드러낸다고 설명하고 있다. 따라서 비극의 인물들이 자신의 선택에 대한 책임을 회피하지 않는다는 진술은 제시문의 내용을 그대로 반영한 것으로 적절하다.

12 [어휘 – 문맥적 의미 추론] ▶②

㉠의 '다루다'는 「2」「3」 어떤 것을 소재나 대상으로 삼다.'를 의미한다. 이와 가장 유사한 의미의 '다루다'는 ②이다.

오답풀이 ① 1 「2」 어떤 물건을 사고파는 일을 하다.
③ 1 「1」 일거리를 처리하다.
④ 2 「1」 어떤 물건이나 일거리 따위를 어떤 성격을 가진 대상 혹은 어떤 방법으로 취급하다.

13 [독해(비문학) – 내용 추론 긍정 발문] ▶③

2문단에서 쿤은 과학 발전이 '정상과학 → 위기 → 혁명 → 새로운 정상과학'의 단계를 거친다고 설명했다. 특히 혁명 단계에서는 기존 패러다임의 한계를 드러내며 새로운 이론이 등장해 과학의 기본 틀이 바뀐다고 했으므로, 특수 상대성 이론이 뉴턴 역학을 반증하는 것에 성공하여 새로운 패러다임으로 정립되었다면, 이는 과학혁명을 뒷받침한다고 볼 수 있다.

오답풀이 ① 반대의 오류이다. 글 첫 문단에서 쿤은 기존의 '누적적 발전' 개념을 부정하고, 과학이 일정 시점마다 새로운 틀로 바뀌는 전환의 과정을 거친다고 제시했다.
② 단계 혼동의 오류이다. 정상과학은 새로운 패러다임이 등장하는 시기가 아니라, 기존 패러다임 안에서 문제를 해결하는 시기이다.
④ 사실 왜곡의 오류이다. 글에서는 뉴턴 역학이 고대의 운동 이론을 '대체'했다고 명시되어 있으며, 공존이 아니라 새로운 정상과학의 시작으로 제시되었다.

14 [독해(비문학) – 지시 대상 추론] ▶④

㉢은 기존 체계를 대체한 새로운 패러다임이므로 이것의 예시인 ㉣ 뉴턴역학은 ㉢과 문맥상 의미가 유사하다.

오답풀이 ㉠은 과학 혁명이라는 현상 자체를 의미한다.
㉡은 패러다임이 안정적으로 있는 정상과학 단계 현상 자체를 의미한다.
㉤은 기존의 패러다임의 예시이며 ㉥도 기존의 인식 틀이므로 문맥상 의미가 유사하다.
따라서, 유사한 것끼리 묶으면 '㉢, ㉣' 그리고 '㉤, ㉥'인데 선지에는 '㉢, ㉣'만 있으므로 ④가 정답으로 적절하다.

15 [독해(비문학) – 단수 빈칸 추론] ▶②

빈칸 앞의 내용을 통해 플레밍이 우연히 페니실린을 발견했지만 항균력이 기대에 미치지 못하고 지속시간도 짧아서 연구를 중단했고, 이후 플로리와 체인이 그 연구에 관심을 가지고 새로운 방법으로 재검토하여 동물실험과 임상시험을 통해 페니실린의 진정한 가치를 입증했음을 알 수 있다. 이는 우연한 발견이라도 그 잠재적 가치를 알아보고 지속적으로 발전시키려는 노력이 있어야 비로소 실질적인 성과로 연결될 수 있음을 보여준다. 따라서 우연한 발견과 지속적 발전 노력의 중요성이 이 사례의 핵심 교훈이다.

오답풀이 ① 페니실린 발견은 플레밍의 우연한 관찰에서 시작되었으므로, 항상 치밀한 계획이 필요하다는 내용은 적절하지 않다.
③ 페니실린의 성공은 플레밍의 개인적 발견과 플로리-체인 팀의 집단 연구가 결합된 결과이므로 적절하지 않다.
④ 페니실린의 핵심 연구와 개발은 전쟁 이전에 이루어졌고, 전쟁은 실용화를 앞당긴 계기일 뿐이므로 적절하지 않다.

16 [논리 – 빈칸에 들어갈 결론] ▶②

(가) ~교육용 → 사교육비 ≡ 교육용 ∨ 사교육비
(나) 교육용 → (맞춤형 ∧ 학원) ≡ (~맞춤형 ∨ ~학원) → ~ 교육용
(다) (~학원 ∨ 공교육) → ~사교육비 ≡ 사교육비 → (학원 ∧ ~공교육)

Case 1) 교육용 인공지능 서비스가 보편화되고 사교육비가 증가하지 않는 경우
    (교육용 ∧ ~사교육비)
'교육용'이므로 (나)에 의해 '맞춤형 ∧ 학원'가 도출된다. '~사교육비'는 (다)의 후건에 있으므로 (다)의 전건에 있는 '공교육'은 판단 불가이다. 판단 불가란 참일 수도, 거짓일 수도 있다는 것이므로 이 경우 도출되는 결론은 ('맞춤형', '학원'), ('맞춤형', '학원', '공교육')이다.

Case 2) 교육용 인공지능 서비스가 보편화되지 않고 사교육비가 증가하는 경우
    (~교육용 ∧ 사교육비)
'사교육비'이므로 (다)의 대우명제에 의해 '학원 ∧ ~공교육'이 도출된다. '~교육용'은 (나)의 후건에 있으므로 (나)의 전건에 있는 '맞춤형'은 판단 불가이다. 판단 불가란 참일 수도, 거짓일 수도 있다는 것이므로 이 경우 도출되는 결론은 ('학원'), ('학원', '맞춤형')이다.

Case 3) 교육용 인공지능 서비스가 보편화되고 사교육비가 증가하는 경우
    (교육용 ∧ 사교육비)
'교육용'이므로 (나)에 의해 '맞춤형 ∧ 학원'가 도출된다. '사교육비'이므로 (다)의 대우명제에 의해 '학원 ∧ ~공교육'이 도출된다. 따라서 이 경우 도출되는 결론은 ('맞춤형', '학원')이다.

빈칸에 들어갈 결론은 반례가 없는 항상 참인 결론이어야 하므로 Case 1), 2), 3)에서 공통적으로 참인 결론이 나와야 한다. 따라서 공통 결론인 '학원'이 빈칸에 들어갈 결론으로 적절하다.

오답풀이 ① '맞춤형'은 Case 1), 3)에는 해당되지만 Case 2)에서는 판단 불가이므로 빈칸에 들어갈 결론으로 적절하지 않다.
③ '~공교육'은 Case 2), 3)에는 해당되지만 Case 1)에서는 판단할 수 없으므로 빈칸에 들어갈 결론으로 적절하지 않다.
④ '~사교육비'는 Case 2), 3)에서 얻을 수 있는 결론이 아니다.

17 [독해(화법) – 의견의 대립 양상] ▶③

ㄴ. 을은 공유 경제의 부정적인 측면, 즉 노동자 권리 침해와 소비자 보호 문제를 강조하면서 엄격한 규제를 주장하고 있다. 병은 공유 경제의 장점과 단점을 모두 인정하면서도, 부작용을 최소화하기 위한 제도적 장치의 필요성을 강조하고 있다. 병의 주장은 을의 비판을 수용하면서도 공유 경제의 긍정적 효과도 유지하려 하는 입장에 해당하므로 대립하지 않는다.
ㄷ. 갑은 공유 경제의 효율성과 사회적 이익을 강조하면서 활성화를 지지하는 입장이다. 병 또한 공유 경제의 장점을 인정하고 있으며, 부작용을 최소화하기 위한 방안도 제시하고 있다. 이러한 두 입장은 모두 공유 경제의 긍정적 측면을 인정하고 있으므로 대립하지 않는다.

오답풀이 ㄱ. 갑은 공유 경제 활성화를 위한 제도적 지원을 주장하는 반면, 을은 공유 경제가 기존 산업을 파괴하고 노동자 권리를 침해한다고 비판하고 있다. 이러한 두 입장은 공유 경제에 대한 긍정적 시각과 부정적 시각을 대변하며 상반된 입장을 취하고 있으므로 대립한다고 보는 것이 적절하다.

18 [논리 – 반드시 참인 결론 응용] ▶④

```
(1) 로봇 시연 ∨ 강연
(2) (~체험 ∨ ~전시) → ~로봇 시연
   ≡ 로봇 시연 → (체험 ∧ 전시)
   ≡ (체험 ∧ 전시) ∨ ~로봇 시연
```

민재 : (1)에 의해 '로봇 시연 ∨ 강연'이므로 '~강연'이면 '로봇 시연'이 도출된다. (2)의 대우명제에 의해 '로봇 시연 → (체험 ∧ 전시)'이므로 '체험 ∧ 전시'가 도출된다. 따라서 오늘 유명 연사가 강연하지 않는다면 체험 부스가 운영되고 신제품 전시회가 열린다.
하윤 : (2)의 대우명제에 의해 '로봇 시연 → (체험 ∧ 전시)'이므로 '로봇 시연'이면 '체험 ∧ 전시'가 도출된다. 이 경우 체험 부스와 신제품 전시회가 모두 열리므로 체험 부스와 신제품 전시회 중 하나는 반드시 열린다고 할 수 있다.
지후 : (2)에 의해 '(~체험 ∨ ~전시) → ~로봇 시연'이므로 '~로봇 시연'임을 알 수 있다. '~로봇 시연'이므로 (1)에 의해 '강연'이 도출되므로 체험 부스가 운영되지 않으면, 오늘 유명 연사가 강연하겠다고 추론할 수 있다.
따라서, 올바르게 판단한 사람은 "민재, 하윤, 지후"이다.

19 [독해(비문학) – 〈보기〉 강화 약화] ▶③

㉠ (푸코의 주장)은 권력이 단순히 억압하는 것이 아니라 통제와 규율을 위한 지식 자체를 생산하며, 생산된 지식은 다시 권력의 효과를 증폭시키는 상호 순환적 관계를 말한다. 따라서 권력을 이용해 통제하는 과정에서 지식이 발전되거나, 또는 지식의 발전이 대중을 통제하는 수단으로 사용되는 사례가 ㉠을 강화한다고 볼 수 있다.
ㄱ. 19세기 프랑스 정부(권력)가 빈민 통제라는 목적을 달성하기 위해 주거 환경 법규를 제정하였고, 이 과정에서 공중 위생학(지식)이라는 새로운 지식 체계가 발전했다. 이는 권력의 작동이 새로운 지식을 생산한다는 ㉠의 주장을 강화하는 사례이다.
ㄷ. 아동 심리학 지식이 '정상 발달 단계'라는 평가 기준을 만들어내고, 이 기준이 학교에서 학생들의 행동을 규격화하고 통제하는 기술(Power)로 사용되었다. 이는 지식이 권력의 효과를 증폭시키는 ㉠의 상호 순환 관계를 보여주는 사례이므로, ㉠을 강화하는 내용이라고 할 수 있다.

오답풀이 ㄴ. 정치인의 비자금 조성 및 축출은 권력의 사적 남용과 윤리적/법적 심판에 관한 사례로 ㉠이 말하는 생산적 기능이나 지식 체계 구축과는 전혀 무관하므로, ㉠을 강화하는 사례가 될 수 없다.

20 [논리 – 생략된 전제 추론] ▶②

```
갑 : 해양 ∨ 등산 ≡ ~해양 → 등산
을 : [                        ] ~보험
병 : ~해양 ∨ 보험 ≡ 해양 → 보험 ≡ ~보험 → ~해양
---------------------------------------------
정 : 등산
```

'~보험'이므로 병의 진술의 대우명제 '~보험 → ~해양'에 의해 '~해양'이 도출된다. 갑의 진술에 의해 '해양 ∨ 등산'이므로 '등산'이 도출된다.

오답풀이 ① '등산 → 보험'으로 이를 갑의 진술과 연결하여 '~해양 → 등산 → 보험'으로 '~해양 → 보험'이라는 결론을 도출할 수는 있으나, '등산'을 도출하는 것은 불가능하다.
③ '보험'이므로 병의 진술 '~해양 ∨ 보험'에 의해 '해양'과 '~해양'이 모두 가능하다. 따라서 이를 통해 결론인 '등산'을 도출할 수는 없다.
④ '해양'이므로 병의 진술 '해양 → 보험'과 연결지어 '보험'을 도출할 수 있다. 하지만 이를 갑의 진술 '해양 ∨ 등산'과 연결지어 '등산'을 도출하는 것은 불가능하다.

수고하셨습니다.
당신의 합격을 응원합니다.

국어 정답 및 해설

01 [독해(작문) – 공문서 문장 고쳐 쓰기] ▶③

ⓒ의 '중의적인 문장'이란 문장이 2가지 이상의 뜻으로 해석되는 문장을 의미한다. 애초에 "관계자는 청년과 고령자의 주거 안정에 관하여 논의하였다."는 올바른 문장이므로 'ⓒ 중의적인 문장을 사용하지 않을 것'을 적용할 필요가 없으므로 ⓒ에 따라 수정해야 한다는 것은 적절하지 않다. 오히려 "관계자는 청년과 고령자와 주거 안정에 관하여 논의하였다."로 수정하게 되면 '1) 관계자는 청년, 고령자와 함께 주거 안정에 관하여 논의하였다. 2) 관계자는 청년과 고령자와 주거 안정이라는 세 가지 주제에 관하여 논의하였다.'라는 중의성을 띠게 되므로 오히려 틀린 표현이 된다.

오답풀이 ① <공공언어 바로 쓰기 원칙>의 'ⓐ 어려운 한자어는 쉬운 우리말로 순화하여 표현할 것'에 따라 '금번(今番)'은 어려운 한자어이므로 쉬운 우리말인 '이번'으로 순화하는 것이 적절하다.

② <공공언어 바로 쓰기 원칙>의 'ⓑ 부사어에 호응하는 서술어를 적절히 사용할 것'에 따라 "이번 일은 절대로 성공해야 한다."는 부적절하다. '절대로'는 부정의 서술어와 호응하는 부사어이므로 긍정의 서술어 '성공해야 한다'와 호응하지 않는다. 따라서 '반드시'로 고치는 것이 적절하다.

④ <공공언어 바로 쓰기 원칙>의 'ⓓ 의미가 중복되는 표현을 삼갈 것'에 따라 "사전에 미리"는 '사전(事前)'과 '미리'가 모두 '앞서서, 전에'라는 의미를 가지므로 중복 표현이다. 따라서 '사전에' 또는 '미리' 중 하나만 쓰는 것이 적절하다.

02 [독해(작문) – 개요 작성] ▶④

"교통사고 발생 시 고령 운전자에 대한 형사 처벌 강화"는 결론의 기대 효과로 부적절하다. 기대 효과는 본론에서 제시한 대책들이 성공적으로 시행되었을 때의 긍정적 결과를 나타내야 하는데, 형사 처벌 강화는 사후 처벌에 관한 내용으로 예방적 안전 대책의 효과가 아니다. 이는 오히려 향후 과제와 더 관련이 있으므로 적절하지 않다.

오답풀이 ① "초고령사회 진입에 따른 노인 운전 안전 대책의 시급성"은 서론의 문제 제기로 적절하다. 지침에서 서론은 '개념 정의와 문제 제기'를 포함하도록 되어 있으므로 적절하다.

② "농촌 지역 대중교통 부족으로 인한 운전 불가피성"은 Ⅱ장의 두 번째 문제점으로 적절하며, Ⅲ-2의 "'고령 운전자 운전중지 권고'와 연계된 이동 지원"과 잘 대응된다. 고령 운전자 입장에서 대중 교통이 부족하면 운전을 할 수밖에 없는 문제가 있으므로 그들에게 운전 중지를 권고하고 대신 이동을 지원하는 방안을 제시하면 해결이 될 수 있다.

③ "인지·신체기능 평가 강화와 정기적 운전 적성 검사"는 Ⅲ장의 첫 번째 대책 방안으로 적절하며, Ⅱ-1의 "신체적 기능 저하로 인한 운전 능력 감소"에 대응하는 해결책이다.

03 [독해(문법) – 형태론 – 용언] ▶②

'푸르-'에 모음 어미 '어'가 결합되면 '어'가 '러'로 교체된다. 이는 어미가 바뀌는 불규칙 활용이다. 따라서 모음 어미 '-어' 앞에서 '—'가 탈락하고 'ㄹ'이 새롭게 들어가는 불규칙 활용을 보인다는 것은 적절하지 않다. 이는 3문단의 '노르다'의 예시를 통해 유추할 수 있다.

오답풀이 ① 2문단의 규칙 활용 예시인 '담그다'를 통해 유추할 수 있다.

'치르다' : 규칙 용언

☞ 모음 어미 앞에서 어간 '—'가 탈락됨 (치르고, 치르지, 치러, 치러서)

③ 3문단의 어간만 바뀌는 '묻다'를 통해 유추할 수 있다.

'묻다' : 'ㄷ' 불규칙 용언

☞ 모음 어미 앞에서 'ㄷ'이 'ㄹ'로 교체됨 (묻고, 묻지, 물어, 물으니)

④ 4문단의 어간과 어미가 모두 바뀌는 '파랗다'를 통해 유추할 수 있다.

'노랗다' : 'ㅎ' 불규칙 용언

☞ 모음 어미 앞에서 어간과 어미가 모두 바뀜. (노랗고, 노래, 노래서)

04 [논리 – 생략된 전제 추론] ▶②

전제 1: 로켓 → (연료 ∨ 계산) ≡ (~연료 ∧ ~계산) → ~로켓
전제 2: ~시뮬레이션 → ~계산 ≡ 계산 → 시뮬레이션
전제 3: [　　　　　　　　　] 연료 → 시뮬레이션

결론: 로켓 → 시뮬레이션 ≡ ~시뮬레이션 → ~로켓

결론의 전건인 '로켓', 결론의 후건인 '시뮬레이션'을 연결 지을 수 있는 전제, 또는 결론의 대우명제의 전건인 '~시뮬레이션'과 후건인 '~로켓'을 연결 지을 수 있는 전제가 필요하다. 전제 2에 의해 '~시뮬레이션 → ~계산'이므로 '~시뮬레이션 → ~연료'가 추가된다면 '~시뮬레이션 → (~연료 ∧ ~계산)'이 도출되고, 이를 전제 1의 대우명제 '(~연료 ∧ ~계산) → ~로켓'과 연결하면 가언삼단논법에 의해 '~시뮬레이션 → ~로켓 ≡ 로켓 → 시뮬레이션'이 도출된다. 따라서 추가해야 할 전제로 적절한 것은 '~시뮬레이션 → ~연료 ≡ 연료 → 시뮬레이션'이다.

오답풀이 ① '연료 → ~시뮬레이션'로 이 명제를 전제 2와 연결 지어 가언삼단논법으로 '연료 → ~계산'을 도출하는 것은 가능하나, 이를 통해 주어진 결론을 도출하는 것은 불가능하다.

③ '~계산 → 시뮬레이션'을 전제 1 또는 2와 연결 지어 주어진 결론을 도출하는 것은 불가능하다.

④ '~시뮬레이션 → 연료'이다. 이 명제는 어디에도 연결지을 수 없으므로 결론인 '로켓 → 시뮬레이션'을 도출하는 것은 불가능하다.

05 [독해(비문학) – 내용 추론 긍정 발문] ▶①

본문에서 '처음에는 단순히 불편한 현상이나 일시적 사고 정도로 여겨졌다'가 '사회는 공해를 국가적 재난으로 인식하기 시작했다'고 했으며, '환경 문제를 더 이상 개인이나 지역의 문제가 아닌 사회 전체의 문제로 바라보게 만드는 계기가 되었다'고 설명했다. 또한 '오늘날 환경 위기를 해결할 때에도 1970년대의 경험은 중요한 교훈을 준다'고 명시하여 선지와 일치한다.

오답풀이 ② 반대의 오류이다. 본문에서는 '초기에는 체계적 기준이 없어 갈등이 잦았다'고 명시했다. 체계적 보상 기준에 따라 충분한 배상을 받았다는 것은 본문 내용과 정반대이다.

③ 반대의 오류이다. 본문에서는 '정부는 산업화 속도를 늦추지 않으면서도 규제와 보상책을 마련하려 했다'고 설명했다. 환경 보호를 최우선 과제로 설정했다는 것은 본문과 반대이다.

④ 극단의 오류이다. 본문에서 '처음에는' 일시적 사고로 여겨졌다가 점차 인식이 바뀌었다고 설명했다. '모든 지역에서 초기부터' 국가적 재난으로 인식했다는 극단적 일반화는 본문 내용과 다르다.

06 [논리 – 빈칸에 들어갈 결론] ▶②

㉠ ~(강 → 깊음) ≡ ~(~강 ∨ 깊음) ≡ 강 ∧ ~깊음
㉡ 깊음 ∧ 괴물
㉢ ~바다 → ~강 ≡ 강 → 바다
㉣ 바다 ∧ 깊음

다. ㉠에 의해 '강 ∧ ~깊음'이고 ㉢에 의해 '강 → 바다'이므로 '강'을 매개항으로 하여 '바다 ∧ ~깊음'을 도출할 수 있다.

오답풀이 가. ㉡에 의해 '깊음 ∧ 괴물'이고 ㉣에 의해 '바다 ∧ 깊음'이지만 이를 통해 '바다 ∧ 괴물'을 도출하는 것은 불가능하다. '깊음'과 '괴물'의 교집합이 존재하고, '깊음'과 '바다'의 교집합이 존재한다고 해서 '괴물'과 '바다'의 교집합이 반드시 존재한다고 보장할 수 없기 때문이다.

나. ㉠에 의해 '강 ∧ ~깊음'이지만 이를 통해 '강 ∧ 깊음'을 도출하는 것은 불가능하다.

07 [독해(비문학) – 순서 배열] ▶③

(라)는 지배와 심리적 동의의 관계를 설명하고 부르디외가 지적한 대표자의 역할을 소개하며 권력의 정당성 개념을 제시하고 있어 글의 도입부로 적합하다. (다)는 '상징적 권력'이라는 개념을 도입하여 (라)에서 언급된 대표자와 권력의 관계를 심화시키고 있다. 특히 대표자들의 신비와 권력도용 은폐에 대한 설명은 (라)에서 제시된 심리적 동의와 신비화의 과정을 구체화하므로 (라) 다음에 오는 것이 자연스럽다. (가)는 (다)에서 소개된 베버의 권력 개념을 '이러한 권력 개념'이라는 지시어로 받으면서 이를 부르디외가 어떻게 문화적으로 연결했는지 구체적으로 설명하며,

'유용효과'라는 새로운 개념을 제시하고 있으므로 (다) 다음에 위치하는 것이 적절하다. (나)는 (가)에서 소개된 '유용효과'의 두 가지 측면을 구체적으로 분석하며 '허위의 동일시 효과'와 '정치적 물신숭배' 개념으로 논의를 종합하고 있어 글을 마무리하는 문단으로 적합하다. 따라서 정답은 (라) – (다) – (가) – (나)이다.

08 [독해(비문학) – 중심 내용 추론] ▶ ①

본문은 개별화교육계획의 법적 성격과 중요성을 설명하고, 미국과 한국의 제도를 비교하면서 한국의 제도적 한계와 개선 필요성을 강조하고 있다. 첫 문단에서 "개별화교육계획은 ~ 학생의 권리를 보장하기 위한 법적 문서로서의 성격을 지닌다"고 명시하고 있으며, 후반부에서는 한국의 경우 "구성요소에 대한 법적 기준이 미비하고, 행정 시스템과 학교 현장의 양식이 분리되어 있어 계획의 연속성과 활용도에 한계가 있다"고 지적하고 있다. 또한 "장애학생의 권리 보장을 위한 실질적인 제도 개선 논의가 제기되고 있다"고 언급하며 개선 필요성을 강조하고 있다. 따라서 이 선지가 글의 중심 내용을 가장 정확하게 반영하고 있다.

오답풀이 ② 본문에서 미국의 제도가 법적 근거와 표준화된 양식을 통해 운영된다는 내용은 맞지만, 한국에서 "학부모와 학생의 참여가 제한적"이라는 내용은 직접적으로 언급되지 않았다. 본문은 한국 제도의 문제점으로 법적 기준 미비와 양식의 불일치를 지적하고 있으며, 참여자 구성의 문제를 중심으로 다루고 있지 않다.
③ 본문은 미국과 한국의 사례만을 비교하고 있으며, "국가별로 다양한 형태로 발전해왔다"거나 "각 국가의 교육 철학과 법체계에 따라 그 성격이 달라진다"는 일반화된 내용은 언급하지 않고 있다. 이는 본문의 내용을 지나치게 확대 해석한 것이다.
④ 본문에서 "교사의 전문성 향상"이나 "행정적 지원 체계 강화"에 대한 직접적인 언급은 없다. 제도적 개선의 필요성은 언급되었지만, 그 방향이 교사의 전문성과 행정 지원에 초점을 맞추어야 한다는 내용은 본문에 제시되지 않았다. 이는 본문에서 다루지 않은 새로운 내용을 추가한 것이다.

09 [독해(비문학) – 단수 빈칸 추론] ▶ ④

빈칸 앞의 내용을 통해 제멜바이스가 손씻기를 통해 산모 사망률을 98.4명에서 12.7명으로 현저히 낮추는 혁신적 성과를 거두었음에도 불구하고 동료들의 인정을 받지 못했고, 오히려 기존 관념에 도전했다는 이유로 미친 사람 취급을 받아 결국 비극적 최후를 맞았음을 알 수 있다. 이는 아무리 혁신적이고 효과적인 아이디어라도 기존의 고정관념이나 통념에 도전할 때는 당대 사회로부터 강한 저항과 거부에 부딪힐 수 있음을 보여준다. 따라서 혁신적 아이디어와 기존 관념 간의 갈등이 이 사례의 핵심 교훈이다.

오답풀이 ① 제멜바이스의 발견은 동시대 승인을 받지 못했지만 실제로는 올바른 과학적 발견이었고 후에 재조명되었으므로 적절하지 않다.
② 제멜바이스의 성격이나 소통 방식보다는 당시 의학계의 세균에 대한 무지와 고정관념이 더 근본적인 문제였으므로 적절하지 않다.
③ 제멜바이스는 체계적 연구나 대규모 임상시험이 아니더라도 단순한 관찰과 가설 검증을 통해 중요한 의학적 발견을 했으므로 적절하지 않다.

10 [독해(작문) – 내용 고쳐 쓰기] ▶ ④

㉣에서 "생성형 인공지능의 결과물 수준이 일정하게 유지되고 있지만"이라는 표현은 본문에서 기술 발전과 함께 인공지능의 성능이 개선되고 있는 맥락과 어긋난다. 생성형 인공지능이 점진적으로 발전하고 있으며 오류 발생 가능성이 여전히 존재한다는 점에서, "예측력이 빠르게 개선되고 있지만"이라는 표현으로 수정하는 것이 적절하다.

오답풀이 ① ㉠에서 "인간의 독창적인 사고와 상상력을 넘어선"이라는 표현은 생성형 인공지능이 인간이 상상하지 못한 결과물을 만들어내는 혁신성을 설명하며, 예술 작품이나 소설 줄거리 생성에 있어 인간의 독창적 사고를 넘는 결과물을 창출할 수 있음을 시사한다. 따라서 "인간의 논리적 사고 능력을 완벽히 대체하는"이라는 표현으로 수정하는 것은 부적절하다.
② ㉡의 "편향된 정보를 포함할 위험이 있다"는 표현은 생성형 인공지능이 무작위 데이터를 학습함으로써 발생할 수 있는 편향 문제를 지적한 것으로, 생성형 인공지능이 특정 데이터를 포함함으로써 편향성을 배제할 수 없다는 본문 내용과 일치한다. "모든 데이터를 동등하게 반영하므로 편향의 위험이 없다"는 표현으로 수정하는 것은 생성형 인공지능에 대한 우려를 반영하지 못하므로 부적절하다.
③ ㉢에서 "그 결과물의 해석과 책임에 대한 논란이 여전히 존재한다"는 표현은 생성형 인공지능의 결과물이 어떤 해석과 책임을 수반하는지에 대해 논란이 계속되고 있음을 반영한다. 따라서 "공정성과 중립성에 대한 논란"으로 수정하는 것은 본문의 의도와 맞지 않는다.

11 [독해(논리) – 〈보기〉 추론] ▶ ①

ㄱ. 본문에서 "인간은 사물과 달리 본질이 규정되지 않은 채 세상에 던져진 존재"이며, "선택을 통해 끝없이 가능성을 만들어가는 존재"라고 했다. 이로부터 인간에게는 태어날 때부터 정해진 목적이 없고, 자신이 어떤 존재가 될지는 스스로의 선택에 달려 있다고 추론할 수 있다.
ㄴ. 본문에서 "비록 실존은 자유롭지만 실존적인 삶에는 선택과 책임에 따르는 불안이 동반된다"고 했다. 이로부터 자유로운 선택에는 그에 따른 책임의 부담이 수반된다고 추론할 수 있다.

오답풀이 ㄷ. 본문에서 "인간은 주어진 본질에 의해 결정되는 존재가 아니라, 선택을 통해 끝없이 가능성을 만들어가는 존재"라고 했다. 이를 통해 인간의 본질은 주어진 환경이나 사회적 조건에 의해 결정되지 않으며 개인의 선택을 통해 본질을 만들어 감을 알 수 있으므로 이 선지는 적절하지 않다.

12 [어휘 – 바꿔 쓸 수 있는 유사한 표현] ▶ ④

'따르다'는 '어떤 일이 다른 일과 더불어 일어나다.'를 의미한다. 따라서 '재산이나 영토, 권리 따위가 특정 주체에 붙거나 딸리게 되다.'를 의미하는 '귀속(歸 돌아갈 귀 屬 무리 속)되다'는 ㉣과 바꿔 쓸 수 있는 유사한 표현으로 적절하지 않다. '어떤 일과 더불어 생기다.'를 의미하는 '수반(隨 따를 수 伴 짝 반)되다'로 바꿔 쓸 수 있다.

오답풀이 ① ㉠ '그려지다'는 '생각, 현상 따위를 말이나 글, 음악 등으로 나타내다.'를 의미한다. 따라서 '일에 대하여 그 일의 내용이나 규모, 실현 방법 따위를 어떻게 정할 것인지 이리저리 생각하다.'를 의미하므로 '구상(構 얽을 구 想 생각 상)되다'로 바꿔 쓸 수 있음을 알 수 있다.
② ㉡ '만들어지다'는 '노력이나 기술 따위를 들여 목적하는 사물을 이뤄내다'를 의미한다. 따라서 '재료를 가지고 기능과 내용을 가진 새로운 물건이나 예술 작품이 만들어지다.'를 의미하므로 '제작(製 지을 제 作 지을 작)되다'로 바꿔 쓸 수 있음을 알 수 있다.
③ ㉢ '만들다'는 '새로운 상태를 이루어 내다.'를 의미한다. 따라서 '어떤 형상을 이루다.'를 의미하므로 '형성(形 모양 형 成 이룰 성)하다'로 바꿔 쓸 수 있음을 알 수 있다.

13 [독해(비문학) – 내용 추론 긍정 발문] ▶ ③

본문에서 '사람들이 어떤 상황에서 선택을 바꾸는지, 어떤 표현이 행동을 촉진하는지 등을 연구해 제도 설계에 반영하는 것'이라고 했으며, '서류를 내야 하는 절차를 간단히 하고, 안내 문구를 이해하기 쉽게 바꾸거나, 작은 보상이나 칭찬을 제공하는 것만으로도 참여율이 크게 높아질 수 있다'고 명시했다. 또한 '사람들의 심리와 행동 패턴을 고려하면 법과 규제만으로는 얻기 어려운 효과를 낼 수 있다'고 직접 언급하여 선지의 내용과 일치한다.

오답풀이 ① 극단의 오류이다. 본문에서는 '과학적 분석과 함께 심리학적 접근을 결합하는 노력이 중요하다'고 했을 뿐, 심리학적 접근이 법적 규제를 '대체'할 수 있거나 '모든' 정책에 우선적으로 도입되어야 한다는 극단적 주장은 없다.
② 반대의 오류이다. 본문에서는 '서류를 내야 하는 절차를 간단히 하고, 안내 문구를 이해하기 쉽게 바꾸는 것'이 참여율을 높인다고 설명했다. 복잡한 절차와 어려운 안내 문구를 유지하는 것이 효과적이라는 것은 본문 내용과 정반대이다.
④ 미언급의 오류이다. 본문에서는 쓰레기 줄이기와 교통 안전을 심리학적 접근을 활용할 수 있는 정책의 예시로 언급했을 뿐, 이것들이 '가장 핵심적인 성공 사례'라는 평가는 언급되지 않았다.

14 [어휘 – 문맥적 의미 추론] ▶ ②

㉠의 '알리다'는 '1 「1」 사물이나 상황에 대한 정보나 지식을 알게 하다.'를 의미한다. 이와 가장 유사한 의미의 '알리다'는 ②이다.

오답풀이 ① 1 「2」 다른 사람에게 어떤 것을 소개하여 알게 하다.
③, ④ 2 어떠한 사실이나 현상을 나타내거나 표시하다.

15 [독해(문법) – 형태론 – 용언] ▶ ④

제시문에서 "보조 용언은 본용언 뒤에 결합하여 문법적 의미를 더해 주는 용언"이라고 하였고, "시도를 의미하는 '-아/어 보다'는 어떤 행동을 시도한다는 의미를 나타낸다"고 하였다. "밥을 먹어 보았다."에서 '보다'는 실제로 눈으로 본다는 단어적 의미가 아니라 시도한다는 문법적 의미를 더해 주는 보조 용언이다. 따라서 '보다'를 단어적 의미를 가진 본용언으로 설명한 ④는 적절하지 않다.

오답풀이 ① 제시문에서 "진행을 의미하는 '-아/어 가다'는 어떤 행동이 진행 중임을 나타낸다"고 하였다. "날이 밝아 온다"에서 '온다'는 실제로 어떤 장소로 오는 것이 아니라 상태 변화가 진행되고 있다는 문법적 의미를 더해 주므로 보조 용언임을 알 수 있다.

② 제시문에서 "완료를 의미하는 '-아/어 버리다'는 어떤 행동이 완료되었음을 나타낸다"고 하였다. "과자를 먹어 버렸다"에서 '버렸다'는 필요 없는 것을 내놓는다는 단어적 의미가 아니라 행동이 완료되었다는 문법적 의미를 더해 주므로 보조 용언임을 알 수 있다.

③ 제시문에서 "수혜를 의미하는 '-아/어 주다'는 다른 사람을 위해 어떤 행동을 해 준다는 의미를 나타낸다"고 하였다. "편지를 부쳐 주었다"에서 '주었다'는 다른 사람에게 물건을 건넨다는 단어적 의미가 아니라 다른 사람을 위해 행동을 해 준다는 문법적 의미를 더해 주므로 보조 용언임을 알 수 있다.

16 [독해(비문학) - 초점 강화 약화]　　▶ ④

글의 논지의 핵심은 제시문의 "저소득층 주거안정이나 청년층 투자 참여 확대와 같은 명분 아래 금융 규제를 완화하면, 시장의 건전성과 리스크 관리 원칙이 훼손된다"와 "단기적 인기보다 중장기적 위험에 대비하는 원칙 있는 정책만이 금융 위기를 막을 수 있다"이다. 즉, 정치적 명분을 내세운 금융 규제 완화는 시장 건전성을 훼손하고 위험을 증가시킨다는 것이다. 이를 약화하는 선지는 '정치적 명분의 금융 정책이 긍정적 결과를 가져온 사례'가 적절하다. '브라질과 인도에서는 서민층 금융 접근성 확대 정책이 경제 성장률을 높이고 금융 시장의 안정성도 개선시켰다'는 것은 정치적 명분의 금융 정책이 시장 건전성을 훼손하지 않고 오히려 긍정적 효과를 거둘 수 있음을 보여주므로 글의 논지를 약화한다.

오답풀이 ① 반대의 오류이다. 제시문에서는 '정치적 명분의 금융 정책이 위험하다'고 주장했는데, 이 선지는 청년층 지원 명목의 금융 규제 완화가 시장 리스크를 증가시킨다고 하고 있다. 이는 정치적 명분의 금융 정책이 위험하다는 글의 논지를 뒷받침하는 강화하는 사례이다.

② 반대의 오류이다. 2008년 이후 각국이 신중한 금융 정책을 유지한다는 것은 정치적 명분을 내세운 금융 정책의 위험성 자체를 설명하는 것이므로 이는 이 글의 논지를 뒷받침하는 강화 사례이다.

③ 반대의 오류이다. 제시문에서는 '정치적 명분의 금융 정책이 위험하다'고 주장했는데, 이 선지는 미국 닌자 대출이 정치적 명분을 앞세운 금융 규제 완화의 위험성을 보여주는 교훈이라고 하고 있다. 이는 글의 논지를 뒷받침하는 강화하는 사례이다.

17 [독해(문학) - 고전 산문의 이해]　　▶ ③

3문단에서 "헐버트는 한글본 소설이 남성 지식인뿐 아니라 중·하류층, 여성까지 아우르는 보편적 독서물이라 보았고"라고 명시되어 있으므로 적절하다.

오답풀이 ① 반대의 오류이다. 2문단에서 19세기 말 유럽 동양학자들은 한글 소설을 "저급한 독서물로 인식했다"고 명시되어 있으므로, 국민문학으로 높이 평가했다는 것은 반대로 서술된 오류이다.

② 주체 혼동의 오류이다. 3문단에서 20세기 초 선교사들은 한글 소설을 "'국민문학'으로 보았다"고 했는데, 한글을 속자로 본 것은 19세기 말 유럽 동양학자들이므로 주체를 혼동한 오류이다.

④ 반대의 오류이다. 2문단에서 프랑스와 영국의 학자들은 고소설을 "상류층의 서가에서 찾을 수 없는, 길거리 가판대나 소상점에서 판매되는 저급한 독서물로 인식했다"고 명시되어 있으므로 반대로 서술된 오류이다.

18 [독해(비문학) - 지시 대상 추론]　　▶ ③

㉠은 앞 문장에서 먼저 언급된 '한문본 소설'이다.
㉡은 앞 문장에서 이후에 언급된 '한글본 소설'이다
㉢은 '한글로 쓰인 소설'이라고 했으므로 '한글본 소설'이다.
㉣은 '저급한 독서물'이라고 했으므로 앞에 언급된 한글로 쓰인 소설, 즉 '한글본 소설'이다.
㉤은 '속된 글자, 언문'이므로 '한글'이다.
따라서 같은 지시대상을 묶으면 '㉡, ㉢, ㉣'이다.

19 [논리 - 반드시 참인 명제 응용]　　▶ ③

> ㉠ 등산 → ~캠핑 ≡ 캠핑 → ~등산
> ㉡ 영화 감상 → 독서 ≡ ~독서 → ~영화 감상
> ㉢ 등산 ∨ 영화 감상

㉢에 따라 경우의 수를 나누고 ㉠과 ㉡을 이용하여 결론을 도출한다.
Case 1) 등산을 하고 영화 감상을 하지 않는 경우
　　　(등산 ∧ ~영화 감상)
'등산'이고 ㉠에 의해 '등산 → ~캠핑'이므로 '~캠핑'이 도출된다. '~영화 감상'은 ㉡의 대우명제의 후건에 있기 때문에 ㉡과 연결할 수 없어 독서의 여부를 결정할 수 없다. 따라서 이 경우 선택할 여가 활동은 (등산, 독서) 또는 (등산)이다.

Case 2) 등산을 하지 않고 영화 감상을 하는 경우
　　　(~등산 ∧ 영화 감상)
'영화 감상'이고 ㉡에 의해 '영화 감상 → 독서'이므로 '독서'가 도출된다. '~등산'은 ㉠의 대우명제의 후건에 있기 때문에 ㉠과 연결할 수 없어 캠핑의 여부를 결정할 수 없다. 따라서 이 경우 선택할 여가 활동은 (독서, 영화 감상, 캠핑) 또는 (독서, 영화 감상)이다.

Case 3) 등산과 영화 감상을 모두 하는 경우
　　　(등산 ∧ 영화 감상)
'등산'이고 ㉠에 의해 '등산 → ~캠핑'이므로 '~캠핑'이 도출된다. '영화 감상'이고 ㉡에 의해 '영화 감상 → 독서'이므로 '독서'가 도출된다. 따라서 이 경우 선택할 여가 활동은 (등산, 독서, 영화 감상)이다.

Case 1)을 보면 '등산'만 하는 경우도 있기 때문에 1개의 활동만 하는 경우가 있음을 알 수 있다. 따라서 1개의 활동만 하는 경우는 없다는 것은 적절하지 않다.

오답풀이 ① 캠핑을 하는 경우는 Case 2)에서 (독서, 영화 감상, 캠핑) 밖에 없으므로 캠핑을 하면 독서와 영화 감상을 모두 한다.

② Case 1)에서 (등산)만 하는 것이 가능하므로 등산을 할 때 독서를 하지 않을 수도 있다.

④ Case 2)에서 (독서, 영화 감상, 캠핑), Case 3)에서 (등산, 독서, 영화 감상)을 하는 것이 가능하므로 3개 이상의 활동을 할 수도 있다.

20 [독해(논리) + 말하기 방식]　　▶ ②

"예술의 가치는 작품 자체가 주는 감동과 미적 경험에서 나오는 거야"와 "인간이 만들었든 AI가 만들었든 예술적 가치는 동일해"라는 민서의 발화에서 민서는 AI 창작물도 예술이 될 수 있다고 봄을 알 수 있다. 반면 "AI는 수많은 데이터를 학습해서 패턴을 재조합할 뿐이지, 진정한 의미의 창조 행위를 하는 게 아니야"라는 수진의 발화에서 수진은 AI 창작물이 진정한 예술이 될 수 없다고 봄을 알 수 있다. 따라서 민서와 수진이 모두 AI 창작물이 진정한 예술 작품이 될 수 없다고 본다는 것은 적절하지 않다.

오답풀이 ① "예술의 가치는 작품 자체가 주는 감동과 미적 경험에서 나오는 거야"라는 민서의 발화에서 민서는 작품 자체의 미적 가치를 중시함을 알 수 있다. "예술은 단순히 결과물만이 아니라 창작자의 의도와 감정이 담겨야 해"라는 태현의 발화에서 태현은 창작자의 의도와 감정을 필수 요소로 봄을 알 수 있다.

③ "AI는 진정한 창의성이나 감정을 가질 수 없어"라는 태현의 발화와 "AI는 패턴을 재조합할 뿐이지, 진정한 의미의 창조 행위를 하는 게 아니야"라는 수진의 발화에서 두 사람 모두 AI가 진정한 창의성을 가질 수 없다고 봄을 알 수 있다.

④ "중요한 건 도구가 아니라 그 결과물이 가진 미적 가치야"라는 민서의 발화에서 민서는 결과물의 가치를 중시함을 알 수 있다. "사진가는 구도와 순간을 선택하는 창의적 결정을 하지만, AI는 그런 주체적 선택을 할 수 없잖아"라는 지호의 발화에서 지호는 창작 주체의 선택 능력을 중시함을 알 수 있다.

수고하셨습니다.
당신의 합격을 응원합니다.

2026 공무원 시험 대비 실전 동형 모의고사 제8회
국어 정답 및 해설

01 [문법(작문) – 공문서 문장 고쳐 쓰기] ▶ ②

<공공언어 바로 쓰기 원칙>의 '대등하게 접속하도록 구조가 같은 표현을 사용할 것.'이라는 조건이 있음에도 '표준적인 언어생활을 확립하고 일상적인 국어 생활의 향상을 위해'로 고치는 것은 옳지 않다. "표준적인 언어생활을 확립하고"는 풀어썼지만 "일상적인 국어 생활의 향상"은 명사구의 나열이므로 대등한 구조라고 보기 어렵다. 따라서 '표준적인 언어생활의 확립과 일상적인 국어 생활의 향상을 위해' 또는 '표준적인 언어생활을 확립하고 일상적인 국어 생활을 향상하기 위해'로 고쳐야 한다.

오답풀이 ① <공공언어 바로 쓰기 원칙>의 'ㄱ 필요한 문장 성분을 생략하지 않을 것.'에 따라 "새로운 아이디어와 구체적인 실천 계획을 세운다"는 부적절하다. '새로운 아이디어'를 '세우는' 것은 자연스럽지 않으므로 '새로운 아이디어를'에 호응할 수 있는 서술어 '발굴하고'를 추가하는 것이 적절하다.
③ <공공언어 바로 쓰기 원칙>의 'ㄷ 우리말답지 않은 번역투 표현을 사용하지 않을 것.'에 따라 "교육의 질 향상이 요구됩니다"는 영어 번역투(be required)이므로 사용을 지양하는 것이 좋다. 따라서 우리말 표현인 "교육의 질을 향상해야 합니다"로 고치는 것이 적절하다.
④ <공공언어 바로 쓰기 원칙>의 'ㄹ 주어와 서술어의 호응을 잘 지킬 것.'에 따라 보면 "본원은 오전 회의가 개최될 예정입니다."은 주어와 서술어의 호응에 따라 보았을 때에 '회의를 개최하다'로 고치는 것이 적절하다. 본원이 직접 회의를 개최하는 것이기 때문이다.

02 [독해(문학) – 현대 운문의 이해] ▶ ①

1문단에 '즉, 대상에게 붙이는 '이름'은 단순한 명칭이 아니라, 존재의 본질을 규정하고 주체와의 관계를 맺는 매개이자 인식의 수단이 되는 것이다.'라고 제시된 것으로 보아 적절한 진술이다.

오답풀이 ② 미언급의 오류이다. '이름부르기'는 존재의 본질을 규정하고 관계를 맺는 수단이며 의미를 부여하는 행위지만, 대상을 왜곡하는 행위는 아니다.
③ 반대의 오류이다. 2문단에 '「꽃」은 존재의 의미 부여가 일방적인 것이 아니라 타자와의 상호 관계를 통한 인식으로 완성됨을 보여주며, 언어를 통한 관계 맺음의 과정을 철학적으로 탐구한 수작이라 할 수 있다.'을 통해 볼 때 '꽃'이라는 시는 타자에게 의미 있는 존재, 즉 상호간의 의미 부여를 통한 관계 맺음을 소망하고 있는 것으로 볼 수 있다.
④ 미언급의 오류이다. 1문단의 '이름을 부르기' 즉, 명명행위이다. 이름을 부르기 전 '의미 없는 몸짓'에 지나지 않았던 '너'는 '내'가 이름을 부르는 순간 '꽃'이라는 의미 있는 존재가 된다. 존재의 본질을 인식하고 이름을 부를 때, 존재의 참모습은 드러나고 '꽃'이라는 의미 있는 존재로 나와 관계를 맺게 되는 것이다.'를 볼 때 '몸짓'은 관계를 맺기 전 의미 없는 존재임을 의미하는 시어이다.

03 [논리 – 생략된 전제 추론] ▶ ①

전제 1 :	~소프트웨어 → ~CAD ≡ CAD → 소프트웨어
전제 2 :	엔지니어링 → (모델링 ∨ CAD)
	≡ (~모델링 ∧ ~CAD) → ~엔지니어링
전제 3 :	[ ] ~(~소프트웨어 ∧ 모델링)
결론 :	~소프트웨어 → ~엔지니어링 ≡ 엔지니어링 → 소프트웨어

결론의 전건 '~소프트웨어'와 후건 '~엔지니어링'을 연결할 수 있는 전제, 또는 결론의 대우명제의 전건 '엔지니어링', 후건 '소프트웨어'를 연결 지을 수 있는 전제가 필요하다. 전제 1에 의해 '~소프트웨어 → ~CAD'이므로 '~소프트웨어 → ~모델링'이 추가된다면 '~소프트웨어 → (~모델링 ∧ ~CAD)'가 도출된다. 이를 전제 2의 대우명제 '(~모델링 ∧ ~CAD) → ~엔지니어링'과 연결하면 가언삼단논법에 의해 '~소프트웨어 → ~엔지니어링 ≡ 엔지니어링 → 소프트웨어'가 도출된다. 따라서 추가해야 할 전제로 적절한 것은 '~소프트웨어 → ~모델링 ≡ 소프트

웨어 ∨ ~모델링 ≡ ~(~소프트웨어 ∧ 모델링)'이다.

오답풀이 ② '소프트웨어 → 모델링'으로 이 명제를 추가하면 전제 1과 연결되어 'CAD → 소프트웨어 → 모델링'으로 'CAD → 모델링'만 도출될 뿐 아래의 결론을 도출할 수는 없다.
③ '~((모델링 ∨ CAD) ∧ ~소프트웨어)'라는 명제를 전제 1 또는 2와 연결 지어 주어진 결론을 도출하는 것은 불가능하다.
④ 'CAD → 엔지니어링'으로 이를 전제 1 또는 2와 연결 지어 주어진 결론을 도출하는 것은 불가능하다.

04 [독해(작문) – 개요 작성] ▶ ④

결론 Ⅳ은 <지침>에 따르면 결론에는 향후 과제를 개인과 정부 측면으로 제시해야 한다. 따라서 1번인 ㄹ 항목에서는 향후 과제를 개인 측면에서 제시했어야 했다. (2번은 정부 측면이 제시되었기 때문이다) 하지만 ④번의 '환경 재원 확보 및 재정 투자 확대'는 개인 측면이 아니라 정부 측면이므로 적절하지 않다. ㄹ에는 '도시 생태계 보전 의식 확산을 위한 교육·홍보 참여'가 오는 것이 적절하다.

오답풀이 ① <지침>에 따르면 서론에는 배경과 필요성을 포함해야 하는데, '도시 녹지 확충의 사회적·환경적 필요성'은 녹지 확충이 필요한 이유를 사회적, 환경적으로 제시하는 내용이므로 적절하다.
② <지침>에 따르면 2장과 3장은 서로 대응되어야 하는데, Ⅲ의 해결 방안이 '도시 개발 단계별 녹지 확보 기준 마련 및 관련 법·제도 강화'이므로, 법적으로 제도가 미흡하거나, 관련 법규가 미비한 것 같은 법적인 문제점이 연결되어야 하므로 적절하다.
③ <지침>에 따르면 2장과 3장은 서로 대응되어야 하는데, Ⅱ-2의 원인이 시민의 인식 부족이므로, 시민의 인식 부족을 제고하기 위한 방안이 필요하므로 적절하다.

05 [독해(비문학) – 내용 고쳐 쓰기] ▶ ③

'서로 단절되어 있다'라는 표현은 변형 문법 이론의 개념과 맞지 않는 표현이다. 심층 구조와 표층 구조는 변형 규칙을 통해 연결되어 있으며, 이를 통해 문장의 다양한 표현이 가능해지기 때문에 '연결되어 있다.'로 수정하는 것이 적절하다.

오답풀이 ① 문장의 표면적인 형태를 분석하는 데 중점을 두는 것은 심층 구조가 아니라 표층 구조에 대한 설명이다.
② 문장의 추상적인 의미를 설명하는 데 중점을 두는 것은 심층 구조에 대한 설명이다.
④ 표층 구조는 의미를 구체화하는 과정에서 생성되는 것이므로 기존의 표현을 유지하는 것이 적절하다.

06 [독해(비문학) – 순서 배열] ▶ ②

(다)는 전기자동차의 친환경적 장점과 시장 확대 현황을 설명하고 있으므로 도입부로 보는 것이 적절하다. (가)는 전기자동차의 보급에 따른 난관과 문제점을 제시하고 있다. 이는 (다)에 나온 긍정적 측면과는 대비되는 내용이므로 (다) 뒤에 이어지는 것이 적절하다. (라)에는 전기자동차 보급에 따른 또다른 난관을 대등 접속어 '또한'으로 제시하고 있으므로 (가) 뒤에 (라)가 오는 것이 적절하다. (나)는 이러한 문제들을 해결하기 위한 정부와 기업의 노력과 대응 방안을 설명하고 있으므로 (가)에서 제기된 문제에 대한 해결책을 제공하는 부분으로 볼 수 있다. 따라서 (다) – (가) – (라) – (나)의 순서가 가장 자연스럽다.

07 [독해(비문학) – 내용 추론 부정 발문] ▶ ①

인과의 오류이다. 1문단에 '인플레이션은 화폐의 가치가 하락하면서 물가가 전반적으로 오르는 상태를 말한다.'라고 제시되어 있는 것으로 볼 때, 화폐의 가치가 하락하는 것이 인플레이션의 원인이므로 '실질 소득의 감소로 인해'는 적절하지 않음을 알 수 있다.

오답풀이 ② 1문단에서 '디플레이션은 화폐 가치가 높아지고 물가가 지속적으로 떨어지는 현상으로, 경기 침체나 소비 위축이 주된 원인이다.'라고 제시되어 있는 것으로 보아, 실업자가 많이 발생해 경기가 침체되면 소비가 위축되기 때문에 수요가 줄어들고, 이에 따라 가격은 하락하게 되므로 물가는 지속적으로 떨어질 수 밖에 없다. 또한 물가가 떨어지면 화폐의 구매력 즉 화폐 가치는 높아질 수 밖에 없으므로 적절한 진술이다.

③ 3문단에서 '이처럼 인플레이션과 디플레이션은 방향은 다르지만, 시장의 균형에 변화를 가져오는 현상이다.'라고 제시된 것으로 볼 때, 인플레이션은 화폐 가치가 하락하면서 물가가 올라가서 균형이 깨지는 현상이고, 디플레이션은 화폐 가치가 올라가면서 물가가 떨어지는 현상이므로, 물가와, 화폐 가치의 방향이 대조적인(=상반되는) 방향으로 진행되며 지나칠 경우 시장의 불균형을 초래할 수 있다.

④ 2문단에서 '적당한 수준의 인플레이션은 소비와 투자를 자극해 경제 성장에 긍정적으로 작용한다. 그러나 물가 상승이 지나치면 실질 소득이 줄어들고, 생활비 부담이 커져 서민 경제가 흔들릴 수 있다.'라고 제시되어 있는걸 볼 때 인플레이션이 장기화되면 물가 상승으로 인해 화폐의 구매력이 하락하고, 이는 결과적으로 실질 소득이 감소하여 생활비 부담이 늘어 날 수 있음을 알 수 있다.

08 [독해(비문학) – 단수 빈칸 추론] ▶ ④

빈칸 앞의 내용을 통해 99% 이상의 정답률을 보이는 매우 간단하고 명백한 과제에서도 집단 압력이 있을 때 36.8%의 오답률을 보였고, 76.4%의 피험자가 적어도 한 번은 명백히 틀린 답을 했음을 알 수 있다. 이는 객관적으로 명확한 사실에 대해서도 집단의 압력이 개인의 올바른 판단을 심각하게 왜곡시킬 수 있음을 보여준다. 따라서 명백한 사실에 대해서도 집단 압력이 개인의 판단을 크게 왜곡시킬 수 있다는 것이 이 실험의 핵심 결론이다.

오답풀이 ① 실험 결과는 오히려 집단 규모가 3명 정도일 때 동조 효과가 최대가 되어 독립적 사고가 감소함을 보여주므로 적절하지 않다.
② 실험은 매우 간단하고 명확한 상황에서도 동조가 일어남을 보여주므로, 복잡하고 애매한 상황에서만 동조가 일어난다는 내용은 적절하지 않다.
③ 실험에서는 개인의 지적 능력과 집단 압력 저항력의 관계에 대한 내용이 제시되지 않았으므로 적절하지 않다.

09 [독해(비문학) – 내용 추론 긍정 발문] ▶ ④

3문단에서 "강화 학습은 보상과 처벌의 원리를 적용해 시행착오를 거듭하며 최적의 행동을 찾아내는 방식이다… 로봇 제어, 자율주행 등 환경 변화에 따라 실시간 판단이 필요한 분야에 활용된다."라고 제시되어 있으므로 적절한 진술이다.

오답풀이 ① 반대의 오류이다. 지도 학습은 정답이 포함된 데이터를 이용하는 방식이며, 정답이 없는 데이터를 다루는 것은 비지도 학습이다.
② 반대의 오류이다. 비지도 학습은 오히려 새로운 관계나 패턴을 발견하는 데 활용된다고 글에 제시되어 있다.
③ 시점 혼동의 오류이다. 과거의 인공지능은 사람이 규칙을 직접 입력했으며, 데이터를 통해 규칙을 스스로 찾아내는 방식은 오늘날의 인공지능의 특징이다.

10 [어휘 – 문맥적 의미 추론] ▶ ①

㉠의 '쓰이다'는 '1「1」 어떤 일을 하는 데에 재료나 도구, 수단이 이용되다.'를 의미한다. 이와 가장 유사한 의미의 '쓰이다'는 ②이다.

오답풀이 ② 1「1」 사람이 일정한 돈을 받고 어떤 일을 하도록 부려지다.
③ 2「1」 어떤 일에 마음이나 관심이 기울여지다.
④ 2「3」 어떤 말이나 언어가 사용되다.

11 [독해(비문학) – 일반 강화 약화] ▶ ④

'법적 규제 이후 부모의 SNS 게시 행위가 크게 감소했다'는 연구 결과는 법적 규제로 인해 표현의 자유가 침해되는 사례를 보여주고 있으므로 (나)의 주장을 강화하는 것이지 약화하지 않는다.

오답풀이 ① 반대의 오류이다. (가) 아동인격권보호론자들은 'SNS에 노출된 아동의 사진이 사적 정보 유출, 사이버 괴롭힘, 신원 도용 등으로 이어질 수 있으며, 이는 자녀의 인격 발달과 자율성을 침해한다'고 주장한다. 따라서 'SNS에 게시된 아동 사진이 사이버 괴롭힘으로 이어진 사례'는 법적 규제의 필요성을 직접 입증하므로, (가)의 주장을 강화하는 것이지 약화하는 것이 아니다.
② 반대의 오류이다. '가족 일상을 과도하게 공유하는 SNS 게시물이 아동의 정서 발달에 긍정적 영향을 주었다'는 분석은 아동 인격권 보호를 강조하는 (가)의 주장을 약화한다. (가)는 SNS에 아동이 노출되면 인격 발달을 침해한다고 했으나 이 사례는 긍정적 영향을 준다고 하여 반증하는 사례를 보여주고 있기 때문이다.
③ 반대의 오류이다. '법적 규제가 부모의 양육권을 과도하게 제한했다'는 사례는 과도한 국가 개입을 우려하는 (나)의 주장을 강화하는 것이지 약화하지 않는다.

12 [독해(비문학) – 지시 대상 추론] ▶ ③

㉠의 '그들'은 '아동인격권보호론자들'을 가리킨다.
㉡의 '그들'은 '아동들'을 가리킨다.
㉢의 '이들'은 '표현의 자유 존중론자들'을 가리킨다.
㉣의 '이들'은 2문단에서 "아동인격권을 지키려는 학자들은~본다"는 문맥을 이어받아 '아동인격권보호론자들'을 가리킨다.
㉤의 '이들'은 '아동들'을 가리킨다.
㉥의 '그들'은 '균형적 접근을 제시하는 연구자들', 즉 절충론자들을 가리킨다.
따라서 ㉠과 ㉣은 모두 '아동인격권보호론자들'을 지칭한다. 또한 ㉡과 ㉤은 모두 '아동들'을 지칭한다. 선지에는 ㉡과 ㉤만 제시되어 있으므로 정답은 ㉡, ㉤이다.

13 [독해(비문학) – 내용 추론 긍정 발문] ▶ ②

본문에서 '인공지능은 시민들의 의견을 모으는 데도 쓰일 수 있다. 온라인 설문이나 민원 자료를 분석해 사람들이 어떤 정책을 원하는지, 어떤 점에서 불편을 느끼는지 파악할 수 있기 때문이다'라고 했으며, '이를 통해 정책 결정 과정이 더 투명해지고, 실제 생활과 맞닿은 정책을 만들 가능성이 높아진다'고 명시하여 선지의 내용과 일치한다.

오답풀이 ① 극단의 오류이다. 본문에서는 인공지능이 '과거에는 수많은 공무원이 오랜 시간을 들여야 가능했던' 일을 신속하게 처리한다고 했을 뿐, 공무원의 업무가 불필요해진다는 단정적 주장은 없다.
③ 반대의 오류이다. 본문에서는 '데이터가 한쪽으로 치우쳐 있으면 결과도 왜곡될 수 있고'라고 하여 데이터 편향이 여전히 문제가 될 수 있음을 지적했다. 또한 '인공지능이 정책 의사결정에 쓰일 때는 사람의 책임과 감독이 함께 이루어져야 한다'고 강조했다. 편향 문제가 해결되어 공정성이 보장된다는 것은 본문 내용과 반대이다.
④ 미언급의 오류이다. 본문에서는 '인공지능을 이용하면 훨씬 신속하고 세밀한 판단이 가능해진다'고 설명했다. 하지만 시민들이 기계보다 사람이 더 신속하다고 인식한다는 내용은 언급하고 있지 않다.

14 [어휘 – 바꿔 쓸 수 있는 유사한 표현] ▶ ②

'모으다'는 '한 데 합치다.'를 의미한다. 따라서 '의견이나 사상 따위가 여럿으로 나뉘어 있는 것을 하나로 모아 정리하다.'를 의미하는 '수렴(收 거둘 수 斂 거둘 렴(염))하다'는 ㉡과 바꿔 쓸 수 있는 유사한 표현으로 적절하지 않다. '취미나 연구를 위하여 여러 가지 물건이나 재료를 찾아 모으다.'를 의미하는 '수집(蒐 모을 수 集 모을 집)하다'로 바꿔 쓸 수 있다.

오답풀이 ① ㉠ '나누다'는 '몫을 분배하다.'를 의미한다. 따라서 '몫몫이 별러 나누다.'를 의미하는 '배분(配 짝 배 分 나눌 분)하다'로 바꿔 쓸 수 있다.
③ ㉢ '맞닿다'는 '마주 닿다.'를 의미한다. 따라서 '아주 가깝게 맞닿아 있다.'를 의미하는 '밀접(密 빽빽할 밀 接 이을 접)하다'로 바꿔 쓸 수 있다.
④ ㉣ '치우치다'는 '균형을 잃고 한쪽으로 쏠리다.'를 의미한다. 따라서 '한쪽으로 치우치게 되다.'를 의미하는 '편향(偏 치우칠 편 向 향할 향)되다'로 바꿔 쓸 수 있다.

15 [논리 – 빈칸에 들어갈 결론] ▶ ③

㉠ 직원 ∧ 사내 교육
㉡ ~교육 수료증 → ~사내 교육 ≡ 사내 교육 → 교육 수료증
㉢ ~사내 교육 → ~교육 수료증 ≡ 교육 수료증 → 사내 교육
㉣ 직원 ∧ 교육 수료증

㉮ ㉠에 의해 '직원 ∧ 사내 교육'이고, ㉡의 대우명제에 의해 '사내 교육 → 교육 수료증'이므로 '사내 교육'을 매개항으로 하여 '직원 ∧ 교육 수료증'을 도출할 수 있다. 따라서 ㉠과 ㉡이 참일 경우 ㉣은 반드시 참이다.
㉯ ㉣에 의해 '직원 ∧ 교육 수료증'이고, ㉢의 대우명제에 의해 '교육 수료증 → 사내 교육'이므로 '교육 수료증'을 매개항으로 하여 '직원 ∧ 사내 교육'을 도출할 수 있다. 따라서 ㉢과 ㉣이 참일 경우 ㉠은 반드시 참이다.

오답풀이 ㉰ ㉠과 ㉢의 경우 매개항 '사내교육'이 ㉢의 대우명제의 후건에 있으므로 연결하여 새로운 결론을 도출하는 것이 불가능하다.

16 [독해(비문학) – 중심 내용 추론] ▶ ②

이 글은 생명체가 환경 변화에 대응하는 방식을 2가지로 설명하고 있다. 항상성은 내부 환경을 안정적으로 유지하여 생존을 하기 위한 방식이고, 적응은 생물 개체군이 오랜 시간에 걸쳐 진화하는 방식이다. 마지막 문단에 '이 두 가지 기작은 생명 유지라는 궁극적 목표를 공유하지만 작동하는 원리가 근본적으로 다르다고 할 수 있다. 이를 통해 우리는 생명 시스템이 환경 변화에 어떻게 대응하는지 이해할 수 있다.'라고 제시된 내용을 통해 볼 때, 생명체는 장기적, 단기적으로 이 두 방식을 사용하여 환경 변화에 대응하고 있다는 것을 알 수 있다. 따라서 이 글의 결론은

생명체의 환경 적응을 위한 두 가지 방식으로 볼 수 있으므로 '생명체는 내부 환경을 안정적으로 유지함과 동시에, 환경에 유리한 방향으로 진화를 통해 변화화는 환경에 대응한다.'라고 제시된 ②번이 가장 적절하다.

오답풀이 ① 극단의 오류이다. 유전적 변이와 자연선택을 통해 외부 환경 변화에 대응하는 방식은 적응이고, 항상성에 대한 설명은 아니다.

③ 일부 언급의 오류이다. 개체의 내부 환경 조절 능력을 발휘하여 생존하는 방식으로 현재의 생존에 초점에 맞추는 방식은 항상성에 대한 설명이므로 전체를 포괄하는 내용이라고 볼 수 없다.

④ 주체 혼동의 오류이다. 집단 수준의 변화를 통해 환경 변화에 대응하는 방식은 적응, 단기적이고 능동적인 변화를 통해 환경 변화에 대응하는 방식은 항상성이다.

17 [독해(논리) - 충분조건, 필요조건] ▶ ④

> (1) 어떤 도시공학자가 교통 체증 문제를 해결하기 위해 독창적인 아이디어를 제시했다고 하자. 그러나 이 엔지니어는 구체적인 실행 계획 단계로 넘어가지 않고 아이디어의 개념 제시 수준에서 멈추었다. 그러면 과연 이 엔지니어는 교통 체증 문제를 해결했다고 할 수 있을까? 그렇지 않다.
>   ≡ ~(아이디어 제시 → 문제 해결)
>   ≡ 아이디어 제시는 문제 해결의 충분조건이 아니다.
>   ≡ 문제 해결은 아이디어 제시의 필요조건이 아니다.
> (2) 물론 아이디어 없이는 구체적인 실행 방안이 나올 수 없다.
>   ≡ ~아이디어 제시 → ~구체적 실행방안
>   ≡ 구체적 실행 방안 → 아이디어 제시
>   ≡ 구체적 실행 방안은 아이디어 제시의 충분조건이다.
>   ≡ 아이디어 제시는 구체적 실행 방안의 필요조건이다.
> (3) 하지만 실질적 문제 해결을 위해서는 구체적인 실행 방안이 필수적이다.
>   ≡ 문제 해결 → 구체적 실행 방안
>   ≡ 문제 해결은 구체적 실행 방안의 충분조건이다.
>   ≡ 구체적 실행 방안은 문제 해결의 필요조건이다.
> (4) (2)와 (3)을 연결하면, '문제 해결 → 아이디어 제시'를 도출할 수 있다.
>   ≡ 문제 해결은 아이디어 제시의 충분조건이다.
>   ≡ 아이디어 제시는 문제 해결의 필요조건이다.

(3)에 의해 구체적 실행 방안은 문제 해결의 필요조건이다.

오답풀이 ① (4)에 의해 아이디어 제시는 문제 해결의 필요조건이다.

② (2)에 의해 구체적 실행 방안은 아이디어 제시의 충분조건이다.

③ (1)에 의해 문제 해결은 아이디어 제시의 필요조건이 아니다.

18 [독해(비문학) - 〈보기〉 강화 약화] ▶ ③

이 글은 즉 '서서히 진행되는 위기에 둔감하고 안주하면 반드시 파국을 맞이한다'는 삶은 개구리 증후군을 설명하고 있다. 제시된 내용으로 볼 때 서서히 진행되는 환경 변화나 위기의 징후를 대수롭지 않게 여기며 안주하다가 파국을 맞는 것은 ㉠을 강화하고 변화에 빠르게 적응하였거나, 변화에 적응하지 않았지만 파국을 맞지 않는 사례는 ㉠을 약화한다.

ㄱ. PC 검색 엔진 회사가 PC에서의 성공에 안주하려는 경향을 의식적으로 거부하고, 모바일 환경이라는 새로운 변화에 선제적으로 대응하여, 변화하는 환경에 최적화하여 성공한 사례로 볼 수 있다. 따라서 ㉠의 경우와 반대되는 사례이므로 ㉠을 약화하는 사례이다.

ㄷ. 폴라로이드 카메라 회사는 스마트폰 카메라의 발달로 기존 제품을 그대로 생산하여 변화에 적응하지 않았지만 SNS 아날로그 유행이라는 예상치 못한 외부 요인(운) 덕분에 파국을 피하고 매출이 상승했으므로 시장 변화에 적응하지 못했지만 부정적인 결과로 이어지지 않았으므로 ㉠을 약화하는 사례이다.

오답풀이 ㄴ. 무관의 오류이다. 제시문의 핵심은 서서히 진행되는 환경 변화의 위험을 인식하지 못하고 안주하다가 파국에 이르는 현상이다. 반면 선지는 경쟁사의 신제품 출시라는 가시적 위협에 즉각 대응하여 단기 성과를 거둔 사례로, 점진적 변화에 대한 둔감이나 안주라는 ㉠의 핵심 내용이 드러나지 않는다. 따라서 ㉠의 주장과는 무관하다.

19 [논리 - 반드시 참인 명제] ▶ ②

> • 병 → 정 ≡ ~정 → ~병
> • ~무 → ~기 ≡ 기 → 무
> • 정 → ~무 ≡ 무 → ~정
> • ~갑 → 기 ≡ ~기 → 갑
> • 갑 → ~을 ≡ 을 → ~갑

두 번째 조건에 의해 '~무 → ~기'이고, 네 번째 조건의 대우명제에 의해 '~기 → 갑', 다섯 번째 조건에 의해 '갑 → ~을'이므로 이를 순서대로 연결하면 '~무 → ~을'이 도출된다.

오답풀이 ① 반대의 오류이다. 첫 번째 조건에 의해 '병 → 정', 세 번째 조건에 의해 '정 → ~무'이므로 연결하면 '병 → ~무'가 도출된다.

③ 반대의 오류이다. 네 번째 조건의 대우명제에 의해 '~기 → 갑', 다섯 번째 조건에 의해 '갑 → ~을'이므로 연결하면 '~기 → ~을'이 도출된다.

④ 판단 불가의 오류이다. 세 번째 조건에 의해 '정 → ~무', 두 번째 조건에 의해 '~무 → ~기', 네 번째 조건의 대우명제에 의해 '~기 → 갑'이므로 다섯 번째의 명제에 의해 '갑 → ~을'로 '정 → ~을'이다. 하지만 병은 어떤지 알 수 없다.

20 [독해(문법) - 통사론 - 문장 성분] ▶ ③

'전세(傳貰)'는 한자어이고 '집'은 순우리말이므로 한자어와 한자어의 결합이라고 하는 것은 적절하지 않다. 또 이 경우 사잇소리 현상이 일어나 [전세찝]으로도 발음되므로 사이시옷 표기의 요건을 충족하므로 사이시옷을 표기하여 '전셋집'으로 표기할 수 있다.

오답풀이 ① 본문의 "사잇옷은 순우리말로 된 합성어나 순우리말과 한자어로 이루어진 합성어의 어근 사이에 'ㅅ'을 받치어 적는 표기 방식이다."라는 부분을 통해 '순우리말로 된 합성어'가 사이시옷 표기의 중요한 조건임을 알 수 있다. 또한 "사잇소리 현상이란 복합어에서 뒷말의 첫소리가 된소리로 발음되거나"를 통해 순우리말의 결합인 '선지'와 '국'이 결합되면 [선지꾹]으로 발음됨을 알 수 있다. 이를 통해 '선짓국'으로 사이시옷 표기가 가능함을 알 수 있다.

② '도매(都賣)'와 '금(金)'은 한자어＋한자어의 결합이 맞다. 또한 본문의 "또한 뒤의 명사가 된소리나, 거센소리로 시작하는 경우에도 사이시옷을 표기하지 않는다. 가령, '화(火)'와 '병(病)'이 결합되는 경우 뒷말의 첫소리가 된소리로 발음나서 [화뻥]이 되지만 ㅅ-이시옷이 표기되지 않는다."를 통해 한자어와 한자어의 결합인 '도매금'은 [도매끔]으로 발음이 되더라도 사이시옷을 표기할 수 없음을 알 수 있다.

④ '위'와 '쪽' 모두 순우리말이다. 하지만 뒷말의 첫소리가 'ㅉ'으로 된소리이다. 본문의 "또한 뒷말이 된소릭나, 거센소리로 시작하는 경우에도 사이시옷을 표기하지 않는다."라는 부분을 통해 된소리(ㅉ)가 있는 경우 사이시옷이 표기될 수 없음을 알 수 있다.

수고하셨습니다.
당신의 합격을 응원합니다.

☑ 제9회 모의고사

01 ④	02 ①	03 ①	04 ②	05 ④
06 ④	07 ③	08 ④	09 ④	10 ④
11 ③	12 ②	13 ①	14 ②	15 ②
16 ③	17 ③	18 ②	19 ①	20 ③

01 [독해(작문) – 공문서 문장 고쳐 쓰기] ▶ ④

<공문서 작성 지침>의 '대등한 것끼리 접속하도록 구조가 같은 표현을 사용할 것.'에 따라 기존 표현은 명사구의 나열(행사 전 큐알(QR) 코드 활용)과 명사구(행사 당일 사전 등록)의 나열이 대등하게 연결되므로 이미 옳은 표현이었다. 앞 부분을 '행사 전 큐알(QR) 코드를 활용하고'라고 풀어쓰면 뒤에도 '행사 당일에 사전 등록을 하여'로 풀면 옳았다. 하지만 뒤는 풀어 쓰지 않고 기존의 표현을 유지했으므로 오히려 대등하지 않은 구조가 되었기 때문에 적절하지 않다.

오답풀이 ① <공문서 작성 지침>의 '주어와 서술어의 호응을 고려할 것.'에 따라 주어인 '○○부'가 행사를 개최하는 것이므로 '개최합니다.'형태로 서술하는 것이 적절하다.
② <공문서 작성 지침>의 '필요한 문장 성분의 생략을 삼갈 것'에 따라 주어가 생략되어 있으므로 '수산부산물 창업기업'이라는 주어가 들어가는 것이 옳다.
③ <공문서 작성 지침>의 '외국어 번역투를 삼갈 것.'에 따라 'through(~을 통해)'를 번역한 '~를 통하여'를 '간담회를 열어'로 고치는 것은 적절하다.

02 [독해(작문) – 개요 작성] ▶ ①

지침에서 서론 2는 '문제 제기'를 포함하도록 되어 있으므로 적절하다. 이 개요의 주제는 '캠퍼스 탄소배출 문제와 친환경 건축 전환 방안'인데 '학생 안전 확보를 위한 밀폐형 건축 구조의 문제점'은 주제와 관련이 없는 문제제기이다. 친환경에 대한 주제가 나와야 하나 밀폐형 건축 구조는 꽉 막힌 건축 구조를 말하는 것으로 친환경에 대한 주제와는 관련이 없으므로 서론의 문제제기로 적절하지 않다.

오답풀이 ② "불투수 포장으로 인한 물순환 체계 악화"는 Ⅱ장의 두 번째 문제점으로 적절하며, Ⅲ-2의 "투수성 포장재와 재활용 자재를 통한 물순환 체계 구축"과 잘 대응된다. "불투수 포장으로 인한 물순환 체계 악화"에서 문제가 생긴 거라면 투수성 포장재와 친환경적인 재활용 자재를 통해 물순환 체계를 제대로 구축하면 되기 때문이다.
③ "에너지의 경제성을 높이는 건축 기술 도입과 재생에너지 시스템 구축"은 Ⅲ장의 첫 번째 전환 방안으로 적절하며, Ⅱ-1의 "노후 건물의 에너지 과다 소비와 온실가스 배출"에 대응하는 해결책이다. 왜냐하면 노후 건물의 에너지가 과다 소비된다는 것은 에너지를 써도 효율적으로 운영이 되지 않고 있어 과다 소비된다는 것이므로 에너지의 경제성(뜻: 투입 대비 성과를 올림)을 높이면 해결이 된다. 또 온실가스 배출을 막기 위해 재생에너지를 사용하면 온실가스 배출이 줄어들 수 있으므로 적절한 해결방안이다.
④ "건강하고 쾌적한 학습 환경 조성"은 결론에 '기대효과'가 들어갈 내용으로 적절하다. 왜냐하면 친환경 건축으로 바뀌게 되면 학습환경이 건강하고 쾌적하게 바뀔 수 있음을 추론할 수 있기 때문이다.

03 [논리 – 빈칸에 들어갈 결론] ▶ ①

㉠ 탐험가 ∧ 영리
㉡ ~탐험가 ∧ 용감
㉢ ~계획 → 용감 ≡ ~용감 → 계획
㉣ ~(탐험가 ∧ 계획) ≡ ~탐험가 ∨ ~계획
　　　　≡ 탐험가 → ~계획 ≡ 계획 → ~탐험가

나. ㉠에 의해 '탐험가 ∧ 영리'이고 ㉣에 의해 '탐험가 → ~계획'이므로 '탐험가'를 매개항으로 하여 '영리 ∧ ~계획'을 도출할 수 있다.

오답풀이 가. ㉡에 의해 '~탐험가 ∧ 용감'이고 ㉢에 의해 '~계획 → 용감'이긴 하지만 공통항인 '용감'이 ㉢의 후건에 존재하므로 두 명제를 연결 지어 '~탐험가 ∧ ~계획'을 도출하는 것은 불가능하다.
다. ㉣에 의해 '탐험가 → ~계획'이고 ㉢에 의해 '~계획 → 용감'이므로 '탐험가 → 용감'이 도출된다. 이는 모든 탐험가는 용감하다는 뜻이다. 따라서 '다. 어떤 탐험가는 용감하지 않다'는 적절하지 않다.

04 [독해(비문학) – 내용 추론 긍정 발문] ▶ ②

1문단에서, '집중식 개발은 도시의 핵심 기능을 특정 중심 지역에 밀집시키는 형태로 개발하는 방식을 말한다. 이 방식은 고밀도 개발을 통해 토지 이용의 효율성이 극대화되고, 상하수도, 통신 등 기반 시설 투자 비용을 절감할 수 있어 경제성이 높다. ~그러나 집중식 개발은 도시 중심부에 시설이 집중되어 있어, 주택 가격이 상승하고, 교통이 혼잡해 질 수 있다.'라고 제시된 것으로 볼 때, 집중심 개발은 도시 중심에 개발이 집중되는 형태기 때문에, 집약된 곳에서 개발을 진행할 수 있어 상대적으로 투자되는 비용이 절감되고, 기반 시설이나 투자 비용을 효율적으로 사용할 수 있기 때문에 경제적이지만, 개발이 집중된 중심 지역은 시설 접근의 편의성이 높기 때문에 주택 가격이 상대적으로 높을 수 있다.

오답풀이 ① 반대의 오류이다. 2문단에서 '거주민이 일상 시설을 가까운 곳에서 이용할 수 있도록 하여 직주 근접의 이점을 제공함으로써 삶의 질을 향상시킬 수 있다'라고 제시되어 있고, 또한 '도시가 무질서하게 확산되는 스프롤(Sprawl) 현상을 초래하여 향후 도시 개발이나 정비에 어려움을 겪을 수 있다.'라고 제시되어 있는 것을 볼 때, 분산식 개발은 삶의 질을 향상시킬 수 있으나, 무분별한 도시 확산이 될 수 있으므로 적절하지 않은 진술이다.
③ 주체 혼동의 오류이다. 2문단의 '반면, 분산식 개발은 도시 기능을 여러 곳의 거점 지역으로 나누어 배치하는 방식이다. 이 방식은 도시 중심부로 집중되는 기능을 분산시켜, 중심부의 밀집과 과부하를 해소할 수 있으며,'로 볼 때, 도시 기능을 분산시키는 것은 분산식 개발임을 알 수 있다.
④ 1문단에서 '이 방식은 고밀도 개발을 통해 토지 이용의 효율성이 극대화되고, 상하수도, 통신 등 기반 시설 투자 비용을 절감할 수 있어 경제성이 높다. 또한, 중심 지역 접근성이 높아져 대중교통 운영이 효율적이라는 장점도 있다. 그러나 집중식 개발은 도시 중심부에 시설이 집중되어 있어, 주택 가격이 상승하고, 교통이 혼잡해 질 수 있다.또한 개발로 인한 녹지 부족으로 인한 열섬 현상 심화와 같은 환경 문제가 생길 수 있다.'라고 제시되어 있는 것을 볼 때 경제성이 높고 대중 교통을 효율적으로 운영할 수 있는 것은 집중식 개발임을 알 수 있다.

05 [독해(작문) – 내용 고쳐 쓰기] ▶ ④

㉣ 앞에는 "많은 사람들이 여전히 인터넷에서 접하는 정보를 무비판적으로 수용하고 있으며"라는 표현이 제시되어 있다. 이와 관련 있는 표현은 선지에 제시된 "비판적인 수용보다는 정보를 그대로 받아들이는 것이 빠르고 효과적이라는"이다. 따라서 수정하는 것이 적절하다.

오답풀이 ① 본문에서는 정보의 접근성이 향상되고 공유가 촉진되었다는 설명이 제시되어 있다. 따라서 정보를 제한적으로 얻게 된 것이 아니라, 손쉽게 얻을 수 있게 되었다고 서술하는 것이 옳다.
② "정보를 신속하게 소비하는 능력"은 본문에서 강조하는 비판적 사고와는 관련이 없다. 또한 정보의 선별과 분석 능력에 중점을 두는 본문 흐름과도 맞지 않으므로 기존 표현을 유지하는 것이 적절하다.
③ "신뢰할 수 있는 출처에만 의존하려는"이라는 표현은 정보 신뢰성이 중요하다는 의미이기는 하나, '정보의 신뢰성'에 대한 논의에서 보다 적극적인 노력을 강조하기 위한 표현이 제시되는 것이 더욱 자연스럽다. 따라서 "정보의 신뢰성을 보장하기 위한"이라는 기존 표현을 유지하는 것이 옳다.

06 [독해(비문학) – 순서 배열] ▶ ④

첫 문단에는 최근 교육 분야에서 가상 현실(VR)과 증강 현실(AR) 기술이 큰 관심을 받고 있다는 내용이 나온다. (다)는 첫 문단을 구체화하여 가상 현실(VR)과 증강 현실(AR)의 발전이 가속화됨을 언급하므로 (다)가 먼저 와야 한다. (가)는 '이러한 기술'이 학생들의 학습 참여도를 높이는 동시에 다양한 긍정적 효과가 있음을 이야기하고 있으므로, (다)의 가상현실과 증강현실 기술의 구체적 장점을 소개했다고 보는 것이 옳다. (나)는 기술 활용에 따른 과제와 해결 방안을 제시하고 있으므로 (다) – (가) – (나)의 순서가 가장 자연스럽다.

07 [독해(비문학) – 내용 추론 긍정 발문] ▶ ③

본문에서 '사람의 뇌는 나이가 들어도 어느 정도까지는 변하고 새로 배우는 것에 적응할 수 있는 능력을 가지고 있다'고 했으며, '뇌의 가소성 덕분에 성인도 꾸준한 연습과 환경이 주어지면 충분히 언어 능력을 향상시킬 수 있다'고 명시하여 선지의 내용과 일치한다.

오답풀이 ① 반대의 오류이다. 본문에서는 '새로운 언어를 배우면 기억력·집중력 같은 다른 인지 기능도 함께 발달한다'고 명시했다. 기억력은 향상되지만 집중력과 무관하다는 것은 본문 내용과 일치하지 않는다.

② 미언급의 오류이다. 본문에서는 성인도 '꾸준한 연습과 환경이 주어지면' 언어 능력을 향상시킬 수 있다고 했을 뿐, 어린이보다 '더 많은' 연습이 필요하다거나 가소성'만으로는' 한계가 있다는 비교와 제한은 언급되지 않았다.
④ 미언급의 오류이다. 본문에서는 다양한 언어를 접하면 '서로 다른 문화와 가치관을 이해하고 공감하는 힘을 기를 수 있다'고 했을 뿐, 이것이 '가장 핵심적인 학습 성과'라는 평가는 언급되지 않았다.

08 [어휘 – 문맥적 의미 추론] ▶ ④

㉠의 '생기다'는 '1 『3』 어떤 일이 일어나다.'를 의미한다. 이와 가장 유사한 의미의 '생기다'는 ④이다.

오답풀이 ① 1 『2』 자기의 소유가 아니던 것이 자기의 소유가 되다.
② 「보조 동사」 ((동사 뒤에서 '-게 생기다' 구성으로 쓰여)) ((과거 완료상으로 쓰여)) 일의 상태가 부정적인 어떤 지경에 이르게 됨을 나타내는 말.
③ 1 『1』 없던 것이 새로 있게 되다.

09 [논리 – 반드시 참인 명제] ▶ ④

> ㉠ 파스타 → ~뇨끼 ≡ 뇨끼 → ~파스타
> ㉡ ~스테이크 → 피자 ≡ ~피자 → 스테이크
> ㉢ 파스타 ∨ ~피자

㉢에 따라 경우의 수를 나누고 ㉠과 ㉡을 이용하여 결론을 도출한다.

Case 1) 파스타와 피자를 모두 주문하는 경우(파스타 ∧ 피자)
'파스타'이고 ㉠에 의해 '파스타 → ~뇨끼'이므로 '~뇨끼'가 도출된다. '피자'는 ㉡의 후건에 있기 때문에 ㉡과 연결할 수 없어 스테이크의 주문 여부는 결정할 수 없다. 따라서 이 경우 주문할 음식은 (파스타, 피자, 스테이크) 또는 (파스타, 피자)이다.

Case 2) 파스타와 피자를 모두 주문하지 않는 경우(~파스타 ∧ ~피자)
'~피자'이고 ㉡의 대우명제에 의해 '~피자 → 스테이크'이므로 '스테이크'가 도출된다. '~파스타'는 ㉠의 대우명제의 후건에 있기 때문에 ㉠과 연결할 수 없어 뇨끼의 주문 여부는 결정할 수 없다. 따라서 이 경우 주문할 음식은 (뇨끼, 스테이크) 또는 (스테이크)이다.

Case 3) 파스타를 주문하고 피자를 주문하지 않는 경우(파스타 ∧ ~피자)
'파스타'이고 ㉠에 의해 '파스타 → ~뇨끼'이므로 '~뇨끼'가 도출된다. '~피자'이고 ㉡의 대우명제에 의해 '~피자 → 스테이크'이므로 '스테이크'가 도출된다. 따라서 이 경우 주문할 음식은 (파스타, 스테이크)이다.

Case 2)에서 스테이크만 주문하는 경우의 수가 있으므로 항상 적어도 두 종류의 음식을 주문하는 것은 아니다.

오답풀이 ① 뇨끼를 주문하는 경우는 Case 2)에서 (뇨끼, 스테이크)밖에 없으므로 뇨끼를 주문하면 스테이크도 주문한다.
② 피자를 주문하는 경우는 Case 1)에서 (파스타, 피자, 스테이크) 또는 (파스타, 피자)가 전부인데, 모두 뇨끼를 주문하지 않는다.
③ Case 1)~Case 3)에서 발생하는 모든 경우의 수 중 네 종류의 음식을 모두 주문하는 경우는 없다.

10 [독해(비문학) – 일반 강화 약화] ▶ ④

(나) 사회전환론자들은 '기술이 아무리 발달해도 일회용 소비 문화와 불투명한 자원 거래 구조가 지속되는 한, 재활용률은 근본적으로 한계가 있다는 것이다'고 주장한다. 즉 소비자의 행동 변화를 재활용률에 중요한 요소로 작용한다고 하고 있다. 하지만 '소비자 행동 변화 없이 기술만으로도 폐기물 발생량이 크게 감소하였다는 연구는 소비자의 행동 변화가 그리 중요한 요인이 아님을 주장하는 것이므로, (나)의 주장을 약화한다.

오답풀이 ① 반대의 오류이다. 화학적 재활용 기술이 상용화되어 효율이 개선되었다는 연구는 '첨단 재활용 기술이 문제 해결의 핵심'이라는 (가)의 주장을 직접 뒷받침하므로, (가)를 강화하는 것이지, 약화하는 것이 아니다.
② 무관의 오류이다. '최근 기업에서 첨단 재활용 기술에 대한 관심이 많아져 관련 분야의 투자율이 좋아지고 있다'는 것은 그래서 문제를 해결했는지 하지 않았는지에 대한 가치 판단 없이 현상적인 이야기만 한 것일 뿐이므로 (가)를 강화하지도 약화하지도 않는다.
'첨단 재활용 기술이 문제 해결의 핵심'이라는 (가)의 주장을
③ 반대의 오류이다. '재활용률이 높은 국가일수록 생산자책임재활용제도가 강력하다'는 분석은 제도의 중요성을 입증하는 것이므로, (나)의 주장을 강화하는 것이지 약화하지 않는다.

11 [독해(비문학) – 지시 대상 추론] ▶ ③

㉠의 '그들'은 '기술혁신론자들'을 가리킨다.
㉣의 '이들'은 2문단에서 "기술적 효율성을 강조하는 학자들은 주장한다"는 문맥을 이어받아 '기술혁신론자들'을 가리킨다. 따라서 ㉠과 ㉣은 모두 '기술혁신론자들'을 지칭한다.

오답풀이 ㉡의 '이들'은 1문단에서 "사회전환론자들은 주장한다"는 문맥을 이어받아 '사회전환론자들'을 가리킨다. ㉢의 '일부 분석가들'은 "기술과 제도의 병행 추진이 가장 높은 성과를 냈다"고 하므로 절충론자들을 가리킨다.

12 [독해(비문학) – 내용 추론 긍정 발문] ▶ ②

1문단에서 '조선 초기에는 중앙 집권 체제의 확립과 재정 확보를 위해, 조세와 군역의 의무가 있는 양인의 확보에 주력하였다.'라고 제시된 것을 보아, 양인은 조세의 의무가 있으므로 양인의 수가 많아지면 국가의 조세 수입이 늘어나 재정이 튼튼해질 수 있다.

오답풀이 ① 1문단에서 '전자는 군역과 요역의 의무를 지며 관직에 진출할 권리가 있었으나, 후자는 군역에서 배제되고 관직 진출의 길도 막혀 있었다. 드물게 노비가 국가에 큰 공을 세워 관직을 받는 경우가 있었지만, 반드시 종량(從良) 절차를 거쳐 양인으로 신분을 바꾼 뒤에야 가능하였다. 또한 천인인 노비는 재산처럼 취급되어 사고 팔 수 있고 상속·양도의 대상이 되었으며, 거주지를 자유롭게 옮길 권리도 제한되었다.'라고 제시되어 있는 것을 볼 때 천인은 거주 이전의 자유가 없었으나 군역은 배제되었으므로 적절하지 않은 진술이다.
③ 반대의 오류이다. 1문단에서 '드물게 노비가 국가에 큰 공을 세워 관직을 받는 경우가 있었지만, 이때에는 반드시 종량(從良) 절차를 거쳐 양인으로 신분을 바꾼 뒤에야 가능하였다.'라고 제시된 것으로 볼 때 노비가 벼슬을 받으려면 양인으로 신분을 바꾼 뒤에야 가능함을 알 수 있다.
④ 2문단에 '그러나 실제 사회 통념 속의 신분 구분은 법적 구분과 달랐다. 사회적인 신분의 구분은 정치·경제·사회적 특권과 명예를 독점한 양반, 의관·역관 등 기술직을 담당한 중인, 농업에 종사하며 조세와 군역을 부담하던 평민, 그리고 노비·백정·기생 등이 속한 천민으로 나뉘었다. 이 가운데 양반은 사회적 특권을 누리며 다른 신분과는 격을 달리하였는데, 이를 반상제라 하였다. 여기서 '반(班)'은 양반만을, '상(常)'은 평민에서 천민까지를 지칭한다'라고 제시되어 있는 것을 볼 때, 중인은 상(常) 계층에 포함되지 않았음을 알 수 있다.

13 [독해(비문학) – 지시 대상 추론] ▶ ①

'(가) 양인'은 '법적으로 양반과 천민의 중간 신분'이라고 했다.
'㉠ 전자'는 양인을 의미하므로 (가)의 범주에 포함된다.
'㉣ 평민'은 농업에 종사하며 조세와 군역을 부담하였다고 나와 있는데 제시문의 첫 번째 문장에서 '조세와 군역의 의무를 담당할 수 있는 양인'이라는 단서를 통해 '평민'은 (가)에 포함됨을 알 수 있다.
따라서 (가)의 범주에 포함될 사람은 '㉠, ㉣'임을 알 수 있다.

오답풀이 '㉡ 후자'는 천인을 의미하므로 양반과 천민의 중간 신분인 양인의 범주에 포함될 수 없으므로 (가)에 포함되지 않는다.
'㉢ 이들'은 양인으로 신분을 바꿔야 관직을 받을 수 있다는 단서를 통해 천인을 가리킴을 알 수 있다. 따라서 (가)에 포함되지 않는다.
'㉤ 천민'은 양반과 천민의 중간 신분인 양인의 범주에 포함될 수 없으므로 (가)에 포함되지 않는다.
'㉥ 상(常)'은 평민에서 천민까지를 지칭하는 것으로 천민이 포함되어 있으므로 (가)에 포함되지 않는다.

14 [독해(문법) – 음운론 – 음운의 변동] ▶ ②

제시문에서 "된소리되기와 사잇소리 현상"은 "표현 효과의 원리"에 해당한다고 하였다. '봄비'가 [봄삐]로 발음될 때 사잇소리의 된소리 현상이 일어나므로, 이는 표현 효과의 원리에 해당한다. 따라서 ㉠에 해당하는 사례로 ①은 적절하지 않다.

오답풀이 ① 진리[질리]는 제시문에 언급된 신라[실라]의 예시처럼 유음화이므로 '㉠ 경제성의 원리'라고 볼 수 있다.
③ 제시문에서 '축약'은 경제성의 원리에 해당한다고 하였다. '굳히다'가 [구치다]로 발음될 때 축약(거센소리되기)과 구개음화가 일어난다. 구개음화는 'ㄷ'이 'ㅈ'으로, 'ㅌ'이 'ㅊ'으로 바뀌는 교체 현상이 일어나므로 여전히 '㉠ 경제성의 원리'라고 볼 수 있다.
④ 제시문에서 '㉠ 경제성의 원리'는 "발음을 좀 더 쉽게 하려는 목적에서 음운 변동이 일어나는 것"이며 "음절의 끝소리 규칙, 동화, 축약, 탈락 등이 이에 해당한다"고 하였다. ④의 '맏누이'가 [만누이]로 발음될 때, 받침 'ㄷ'이 비음 'ㄴ' 앞에서 'ㄴ'으로 바뀌는 비음화(동화)가 일어난다. 이는 발음을 편하게 하기 위한 경제성의 원리에 해당한다.

15 [독해(비문학) - 단수 빈칸 추론] ▶ ②

빈칸 앞의 내용을 통해 84년간의 방대한 추적 연구에서 의지할 만한 사람이 있는 경우 신체적, 정신적 건강이 모두 우수했고, 경제적 안정은 일정 수준 이후로는 행복에 기여하지 못했으며, 친구의 수보다는 관계의 질이 중요했다는 것을 알 수 있다. 이는 재산이나 명예 같은 외적 조건보다 질 높은 인간관계가 건강하고 행복한 삶에 더 중요한 역할을 한다는 것을 보여준다. 따라서 질 높은 인간관계가 재산이나 명예보다 건강하고 행복한 삶에 더 중요하다는 것이 이 연구의 핵심 결론이다.

오답풀이 ① 연구 결과는 오히려 일정 수준 이상에서는 경제적 성공이 행복에 기여하지 못한다는 것을 보여주므로 적절하지 않다.
③ 연구는 개인의 성격이나 유전적 요인보다는 인간관계라는 환경적 요인의 중요성을 강조하고 있으므로 적절하지 않다.
④ 연구에서는 청년기의 학습 능력이나 인지적 성취와 노년기 삶의 질의 관계에 대한 내용이 제시되지 않았으므로 적절하지 않다.

16 [독해(비문학) - 초점 강화 약화] ▶ ③

글의 논지의 핵심은 제시문의 "AI 시대의 경쟁력은 단순히 기술에 있지 않다. 오히려 AI가 사회 속에서 실질적으로 활용될 수 있도록 만드는 'AI 거버넌스'가 관건이다"와 "새로운 데이터 활용 체계를 갖출 때 비로소 진정한 국가 경쟁력이 확보된다"이다. 즉, AI 경쟁력은 기술력보다 데이터 거버넌스가 핵심이라는 것이다. 이를 약화하는 선지는 'AI 거버넌스보다 기술력이나 다른 요소가 더 중요함을 보여주는 사례'가 적절하다. '미국과 중국의 AI 실용화 성공이 데이터 거버넌스보다는 기술을 위한 막대한 투자와 인재 확보에 기인한다는 분석이 제기되고 있다'는 것은 AI 경쟁력의 핵심이 거버넌스가 아니라 기술력에 있음을 시사하므로 글의 논지를 약화한다.

오답풀이 ① 반대의 오류이다. 제시문에서는 '기술력보다 데이터 거버넌스가 중요하다'고 주장했는데, 이 선지는 뛰어난 기술력을 가진 기업들도 데이터 분산으로 인해 AI 개발에 어려움을 겪는다고 하고 있다. 이는 기술력보다 데이터 거버넌스가 중요하다는 글의 논지를 뒷받침하는 강화하는 사례이다.
② 무관의 오류이다. AI 특허 증가와 기술 혁신 가속화는 기술력 향상을 보여주지만, 이것이 AI 경쟁력에서 기술력과 데이터 거버넌스 중 어느 쪽이 더 핵심인가를 직접적으로 판단해주는 근거는 되지 않는다. 따라서 글의 핵심 주장과는 직접적인 관련이 없는 내용이다.
④ 반대의 오류이다. 제시문에서는 '데이터 활용 체계가 중요하다'고 주장했는데, 이 선지는 개인정보보호법 강화로 데이터 접근이 제한되어 AI 산업 발전이 정체된다고 하고 있다. 이는 데이터 활용 체계의 중요성을 보여주어 글의 논지를 뒷받침하는 강화하는 사례이다.

17 [독해(문법) - 통사론 - 사동] ▶ ③

선배들이 후배들을 집합하게 만든 것이므로 '-시키다'의 사동 접미사를 연결하여 만든 '집합시켰다'는 옳은 표현이다. 이것 말고도 '항복시키다. 화해시키다, 합격시키다' 등은 문맥에 따라 옳은 표현이 될 수 있다.

오답풀이 ① 검찰에서 범인을 드디어 직접 구속하는 것이므로 '구속시켰다'는 적절하지 않다. '구속했다'로 고쳐야 한다.
② 정부가 직접 불법 마약 거래 행위를 금지하는 것이므로 '금지시켰다'는 적절하지 않다. '금지했다'로 고쳐야 한다.
④ 영호가 직접 입금을 해야 하는 것이므로 '입금시켰다.'는 적절하지 않다. '입금했다'로 고쳐야 한다.

18 [독해(비문학) - 중심 내용 추론] ▶ ②

본문은 위험에 대한 인식이 객관적 수치보다 주관적 인식과 언론 보도, 사회적 논의를 통해 형성된다는 점을 설명하고 있다. 첫 문단에서 "객관적인 수치보다 주관적인 인식이 위험 평가에 더 큰 영향을 미치는 경우가 많다"라고 언급하고, "위험이 단순히 물리적 현실이 아니라, 언론 보도와 사회적 논의 속에서 구성된다"라고 명시하고 있다. 또한 마지막 문단에서 "기술이나 재난 관련 정책을 수립할 때에는 과학적 근거뿐 아니라 사회 구성원의 인식과 감정 구조까지 고려하는 접근이 요구된다"라고 직접적으로 제시하고 있다. 따라서 이 선지가 글의 중심 내용을 가장 정확하게 반영하고 있다.

오답풀이 ① 본문에서 대학생들이 안전불감증을 가장 위험한 요소로 평가했다는 내용은 언급되었지만, 이를 "미디어가 만들어낸 왜곡된 위험 인식의 대표적 사례"라고 평가하거나 "정확한 정보 전달의 중요성"을 강조하는 내용은 없다. 오히려 본문은 이러한 인식이 사회문화적 맥락 안에서 형성된다는 점을 중립적으로 설명하고 있다.
③ 본문에서 "기사 보도량이 많은 항목일수록 위험 수준, 두려움 정도, 인식된 지식 수준이 모두 높게 평가되었다"는 내용은 언급되었지만, "언론은 사회적 영향력을 고려한 책임 있는 보도가 필요하다"는 주장은 제시되지 않았다. 이는 본문의 내용을 확대 해석한 것이다.

④ 본문에서 "개인이 경험하지 않은 사건이라도 반복적 미디어 노출을 통해 구체적인 이미지와 감정으로 체화된다"는 내용은 언급되었지만, "실제 위험과 인식된 위험 사이의 격차를 줄이는 교육이 중요하다"는 주장은 본문에 없다. 본문은 위험 인식의 형성 과정을 설명하고 정책 수립에 이를 고려해야 한다는 제안을 하고 있지, 교육의 중요성을 강조하고 있지 않다.

19 [논리 - 반드시 참인 명제] ▶ ①

- ~민지
- 민희 → 민율 ≡ ~민율 → ~민희
- (민율 ∨ 민수) → 민지 ≡ ~민지 → (~민율 ∧ ~민수)

첫 번째 조건에 의해 '~민지'이고 세 번째 조건의 대우명제에 의해 '~민지 → (~민율 ∧ ~민수)'이므로 '~민율 ∧ ~민수'가 도출된다. 그러면 '~민율'이므로 두 번째 조건의 대우명제 '~민율 → ~민희'에 의해 '~민희'가 도출된다. 따라서 휴가를 가게 될 사람은 아무도 없다.

20 [독해(화법) - 말하기 방식] ▶ ③

"환경 오염을 일으킨 주체가 그 비용을 부담하는 건 당연한 일"이며 "미래 세대의 생존권이 더 중요하지 않을까?"라는 정우의 발화에서 정우는 탄소세를 지지하며 환경 보호를 우선시함을 알 수 있다. 반면 "소득 대비 에너지 비용 지출 비중이 높은 저소득층이 더 큰 피해를 보게 돼"라는 민준의 발화에서 민준은 탄소세가 저소득층에게 미치는 부정적 영향을 우려함을 알 수 있다. 따라서 정우와 민준이 모두 탄소세가 저소득층에게 미치는 부정적 영향을 우려한다는 것은 적절하지 않다.

오답풀이 ① "부자들은 감당할 수 있지만 가난한 사람들에게는 큰 타격이야"라는 서영의 발화와 "소득 대비 에너지 비용 지출 비중이 높은 저소득층이 더 큰 피해를 보게 돼"라는 민준의 발화에서 두 사람 모두 탄소세가 저소득층에게 더 큰 부담이 된다고 봄을 알 수 있다.
② "기업들이 세금 부담을 제품 가격에 전가하면, 서민들의 생활비 부담만 늘어나게 돼"라는 서영의 발화에서 서영은 소비자 가격 인상을 우려함을 알 수 있다. "당장의 경제적 부담보다 미래 세대의 생존권이 더 중요하지 않을까?"라는 정우의 발화에서 정우는 미러 세대의 생존권을 더 중시함을 알 수 있다.
④ "나는 민준이 의견처럼 정책의 부작용을 최소화할 방법을 먼저 마련해야 한다고 생각해. 저소득층 보호 장치 없이 탄소세만 도입하면 불평등이 심화될 거야"라는 현주의 발화에서 현주는 민준이 제기한 저소득층 보호의 필요성에 동의함을 알 수 있다.

수고하셨습니다.
당신의 합격을 응원합니다.

2026 공무원 시험 대비 실전 동형 모의고사 제10회
국어 정답 및 해설

✅ 제10회 모의고사

01 ④	02 ②	03 ③	04 ②	05 ④
06 ③	07 ④	08 ④	09 ④	10 ①
11 ①	12 ①	13 ④	14 ②	15 ③
16 ③	17 ①	18 ②	19 ③	20 ③

01 [독해(작문) – 공문서 문장 고쳐 쓰기]   ▶④

<공공언어 바로 쓰기 원칙>의 '㉣ 문맥에 맞는 올바른 조사를 사용할 것.'에 따라 ㉣을 살펴보면, 원문의 "학생으로서"는 이미 올바른 조사 사용이다. '로서'는 신분이나 자격을 나타내는 조사이고, '로써'는 도구나 수단을 나타내는 조사이다. 이 경우 '학생'이라는 신분/자격을 나타내므로 '로서'를 써야 한다. 그러나 선지 ④는 이를 '로써'로 바꾸었는데, 이는 오히려 잘못된 조사 사용이 된다. 따라서 이는 부적절한 수정이다.

오답이 ① <공공언어 바로 쓰기 원칙>의 '㉠ 주어와 서술어가 호응하도록 할 것.'에 따라 "국회의원 300명을 선출되었다"는 목적어 '을'과 피동 서술어 '선출되었다'가 호응하지 않는다. 피동 표현에서는 주어가 필요하므로 "국회의원 300명이 선출되었다"로 고치는 것이 적절하다.

② <공공언어 바로 쓰기 원칙>의 '㉡ 수식어와 피수식어의 관계를 분명하게 표현함.'에 따라 "안전 교육을 하면서"가 시민을 수식할 수도 있지만 안전 교육을 하는 주체가 담당자가 될 수 있으므로 중의성이 있는 문장이 된다. 따라서 쉼표를 중간에 "담당자는 안전 교육을 하면서, 서류를 제출하는 시민을 지도하였다."라고 찍으면 안전 교육을 하는 주체가 담당자인 것으로 명확해지므로 적절하다.

③ <공공언어 바로 쓰기 원칙>의 '대등한 것끼리 나열될 때에는 구조가 같은 표현을 사용하기'에 따라 "업무 효율성 제고와 통계 서비스를 개선시킬 수 있는 방안"은 '업무 효율성 제고'와 공유되는 서술어 '개선시키다'가 호응이 되지 않으므로 대등한 연결이라고 보기 힘들다. 또 앞은 명사구 나열(업무 효율성 제고)이나 뒤는 풀어 쓴 표현(통계 서비스를 개선시킬 수 있는)이므로 대등한 연결이라고 보기 힘들다. 따라서 앞의 명사구를 '업무 효율성을 제고하고'로 풀어 쓰면 적절해짐을 알 수 있다. 다만, 여기에서는 '개선시키다'를 '개선하다'로 슬쩍 바꿨는데, 이는 '시키'의 남용 표현까지 고친 것이라 적절하다. ('시키'의 남용 너무 중요해서 넣었다!)

02 [논리 – 빈칸에 들어갈 결론]   ▶②

> (가) 농업기술 ∨ ~이상기후지속
> (나) (~농촌인력감소 ∨ ~작물생산성증가) → ~농업기술
>   ≡ 농업기술 → (농촌인력감소 ∧ 작물생산성증가)
> (다) (~농촌인력감소 ∨ 식량가격불안) → 이상기후지속
>   ≡ ~이상기후지속 → (농촌인력감소 ∧ ~식량가격불안)

이제 (가)를 바탕으로 경우의 수를 나눈다.
Case 1) 새로운 농업 기술이 도입되고 이상 기후 현상이 지속되는 경우
  (농업기술 ∧ 이상기후지속)
'농업기술'이므로 (나)의 대우명제에 의해 '농촌인력감소 ∧ 작물생산성증가'가 도출된다. '이상기후지속'은 (다)의 후건에 있어 전건에 있는 '식량가격불안'은 참일 수도 있고 거짓일 수도 있다. 따라서 이 경우 도출되는 결론은 ('농촌인력감소', '작물생산성증가', '식량가격불안'), ('농촌인력감소', '작물생산성증가')이다.

Case 2) 새로운 농업 기술이 도입되지 않고 이상 기후 현상이 지속되지 않는 경우
  (~농업기술 ∧ ~이상기후지속)
'~이상기후지속'이므로 (다)의 대우명제에 의해 '농촌인력감소 ∧ ~식량가격불안'이 도출된다. '~농업기술'은 (나)의 후건에 있어 전건에 있는 '작물생산성증가'는 참일 수도 있고 거짓일 수도 있다. 따라서 이 경우 도출되는 결론은 ('농촌인력감소', '작물생산성증가')와 ('농촌인력감소')이다.

Case 3) 새로운 농업 기술이 도입되고 이상 기후 현상이 지속되지 않는 경우
  (농업 기술 ∧ ~이상기후지속)
'농업기술'이므로 (나)의 대우명제에 의해 '농촌인력감소 ∧ 작물생산성증가'가 도출된다. '~이상기후지속'이므로 (다)의 대우명제에 의해 '농촌인력감소 ∧ ~식량가격불안'이 도출된다. 따라서 이 경우 도출되는 결론은 ('농촌인력감소', '작물생산성증가')이다.

빈칸에 들어갈 결론은 반례가 없는 항상 참인 결론이어야 하므로 Case 1), 2), 3)에서 공통적으로 참인 결론이 ㄴ와야 한다. 따라서 공통 결론인 '농촌인력감소'가 빈칸에 들어갈 결론으로 적절하다.

오답풀이 ① '~농촌인력감소'는 Case 1)~3) 어느 경우에서도 얻을 수 있는 결론이 아니다.

③ '~식량가격불안'은 Case 2), 3)에는 해당되지만 Case 1)에서는 판단할 수 없으므로 빈칸에 들어갈 결론으로 적절하지 않다.

④ '작물생산성증가'는 Case 1), 3)에는 해당되지만 Case 2)에서는 판단할 수 없으므로 빈칸에 들어갈 결론으로 적절하지 않다.

03 [독해(문법) – 통사론 – 높임 표현]   ▶③

'문의사항이 있으시면 언제든 연락 주세요.'에서 높임의 선어말어미 '-(으)시-'를 사용하여 높인 주체는 '문의사항'인데 이는 높이려는 대상인 고객의 생각과 관련된 것이므로 간접 높임을 사용해야 하므로 문법적으로 맞는 표현이다.

오답풀이 ① 주체인 주례 선생님의 '말씀'을 높이는 간접 높임 문장인데, 특수 어휘 '계시다'를 사용하였으므로 과도한 높임 표현에 해당한다. 제시문에서도 "간접 높임은 어말 어미 '-(으)시-'를 통해 실현되며 '계시다, 편찮으시다'와 같은 특수 어휘를 사용하지 않는다."라고 언급되어 '계시다'는 간접 높임에 쓰이면 안 된다고 하고 있으므로 이는 ㉠의 예시임을 알 수 있다.

② '커피'는 높임의 대상이 아닌데, 사물인 '커피'를 높였으므로 높이지 말아야 할 대상을 높이는 경우로 볼 수 있다.

④ 주체인 할머니의 '귀'를 높이는 간접 높임 문장인데, 특수 어휘 '편찮으시다'를 사용하였으므로 과도한 높임 표현에 해당한다. 제시문에서도 "간접 높임은 어말 어미 '-(으)시-'를 통해 실현되며 '계시다, 편찮으시다'와 같은 특수 어휘를 사용하지 않는다."라고 언급되어 '편찮으시다'는 간접 높임에 쓰이면 안 된다고 하고 있으므로 이는 ㉠의 예시임을 알 수 있다.

04 [독해(작문) – 개요 작성]   ▶②

<지침>에 따르면 2장과 3장은 서로 대응되어야 하는데 3-1의 해결책인 '재원 조달 다각화 및 장기적 예산 관리 체계 구축'의 내용을 고려해 볼 때, '노후화된 시설물 정보 시스템으로 보안 문제 발생'은 대응되지 않으므로 적절하지 않다. 보안 문제는 이 주제와는 관련이 없기 때문이다. 올바른 내용이 들어가려면 '시설물 관리 및 유지보수에 필요한 중장기 재원의 부족'이 들어갔어야 했다.

오답풀이 ① <지침>에 따르면 서론 부분에는 보고서 작성의 배경과 필요성을 포함해야 한다. '노후 공공시설의 안전 확보를 위한 체계적 대응의 시급성 제기'는 공공시설 노후화에 대한 필요성에 해당하는 진술이므로 적절하다.

③ <지침>에 따르면 2장과 3장은 서로 대응되어야 하는데, '전담 인력 확충 및 첨단 장비를 활용한 정밀 진단 체계 구축'은 2-2의 문제점인 '전담 인력 부족과 점검·유지관리 체계 부실'에 대응하는 해결책이므로 적절하다.

④ <지침>에 따르면 결론에는 향후 과제가 제시되어야 한다. ④에 '노후 시설물에 대한 실태 조사 및 안전 기준 강화 방안 마련' 문제에 대한 향후 과제에 대한 내용이므로 적절하다.

05 [독해(작문) – 내용 고쳐 쓰기]   ▶④

㉣ 뒤에는 '문화유산의 본래 의미와 역사적 맥락을 보존하는 것이 우선되어야 한다는 점은 간과되어서는 안 된다'라는 내용이 나온다. 이는 문화유산을 현대적 용도로 재창조하는 것과는 다른 맥락의 이야기이다. 따라서 '사회적 가치를 극대화하는 것이 중요하다'로 수정하는 것이 적절하다.

오답풀이 ① ㉠ 뒤에 '실제로 도시 개발 과정에서 많은 문화유산이 파괴되거나 훼손되었다'라는 내용이 이어지므로, 도시화와 산업화가 문화유산 보존에 부정적 영향을 미쳤다는 기존 서술을 유지하는 것이 옳다.

② ㉡ 뒤에서 '역사적 유적지와 전통 마을은 관광 자원으로 활용되며 지역 경제에 긍정적인 영향을 미치고 있다'는 예시가 제시되어 있다. 따라서 현대 사회에서의 활용 가능성에 대한 논의가 활발히 이루어지고 있다는 기존 서술을 유지하는 것이 적절하다.

③ ㉢ 앞에서 '무분별한 상업화는 문화유산의 본래 가치를 훼손할 위험이 있다'고 언급했으므로, 문화유산의 가치를 존중하고 보존하려는 노력이 병행되어야 한다는 기존 서술을 유지하는 것이 옳다.

06 [독해(비문학) – 순서배열] ▶③

로마의 판테온과 파리의 판테온에 대한 설명으로 글이 시작되고 있다. 시간 상으로 가장 앞서는 (라)를 가장 앞에 놓고 이후 역사인 (마)를 배치한다. 이후 수플레의 판테온 건축을 설명하는 (나)를 배치하고 그의 사후 혁명 정부의 판테온 용도 변경인 (다), 판테온의 개장을 제시하는 (가)를 배치하면 된다.

07 [독해(비문학) – 내용 추론 부정 발문] ▶④

2문단에 '4G는 낮은 주파수 대역을 사용해 넓은 지역에서도 안정적인 서비스가 가능한 방식이다. 반면에 5G는 고주파 대역을 이용하여 더 많은 데이터를 빠르게 주고 받을 수 있다.'라고 제시되어 있는 것을 볼 때 낮은 주파수 대역을 사용하여 넓은 지역을 안정적으로 연결할 수 있는 것은 4G이다. 비교 혼동의 오류이다.

오답풀이 ① 2문단에 '4G는 낮은 주파수 대역을 사용해 넓은 지역에서도 안정적인 서비스가 가능했다. 반면 5G는 고주파 대역을 이용하여 더 많은 데이터를 빠르게 주고받는다. 대신 고주파는 직진성이 강해 장애물에 신호가 차단되기 쉬우므로, 이를 보완하기 위해 기지국을 촘촘히 설치해야 하는 한계가 있다.'라고 제시된 것을 볼 때, 5G는 촘촘한 설치를 해야 하기 때문에 필요한 기지국 수가 4G 대비 많다고 볼 수 있다.
② 2문단에 '대신 고주파는 직진성이 강해 장애물에 신호가 차단되기 쉬우므로, 이를 보완하기 위해 기지국을 촘촘히 설치해야 하는 한계가 있다.'라고 제시된 것을 볼 때, 장애물이 있으면 신호가 차단되어 데이터 전송이 느려질 수 있다고 볼 수 있다.
③ 2문단에 '또한 5G는 '네트워크 슬라이싱' 기술을 도입해, 하나의 물리적 네트워크를 여러 가상 네트워크로 나누어 다양한 서비스 요구에 맞게 운용할 수 있다.'를 볼 때 네트워크 슬라이싱은 하나의 물리망을 용도별 가상망으로 나눠 환경·서비스 요구에 맞춘 유연한 구성이 가능한 시스템으로 볼 수 있다.

08 [독해(비문학) – 단수 빈칸 추론] ▶④

"줄기의 경우 옥신이 많이 모인 아래쪽 세포가 더 길게 자라 식물 전체가 위로 굽고, 뿌리의 경우 옥신이 많이 모인 아래쪽 세포가 덜 자라 식물 전체가 아래로 굽는 원리이다."라는 본문의 내용을 보면. 줄기 세포에서는 옥신이 세포를 더 길게 자라게 하고 있으므로 줄기 세포의 신장(길이 생장)을 촉진함을 알 수 있다. 반면 뿌리의 경우에는 옥신이 오히려 세포를 덜 자라게 하고 있으므로 뿌리 세포의 신장은 오히려 억제하고 있음을 알 수 있다. 따라서 빈칸으로 적절한 것은 '옥신은 줄기 세포의 신장(길이 생장)을 촉진하지만, 뿌리 세포의 신장은 오히려 억제하는 상반된'이다.

오답풀이 ①, ② 옥신은 줄기 세포와 뿌리 세포에서 상반된 작용을 하므로 일관된 작용을 한다는 것은 적절하지 않다.
③ 옥신은 줄기 세포의 신장(길이 생장)을 억제하기보다 "촉진"하며 뿌리세포의 신장은 촉진하기보다 "억제"하므로 적절하지 않다.

09 [독해 – 논리 추론] ▶④

각 문장을 기호로 나타내어 해석한다.

```
전제 1 : ~첫 번째 설계 → ~신기술 상용화
        ≡ 신기술 상용화 → 첫 번째 설계
전제 2 : ~(첫 번째 설계 ∧ 두 번째 설계)
        ≡ ~첫 번째 설계 ∨ ~두 번째 설계
        ≡ 첫 번째 설계 → ~두 번째 설계
        ≡ 두 번째 설계 → ~첫 번째 설계
전제 3 : ~두 번째 설계 → 기존 연구 보고서
        ≡ ~기존 연구 보고서 → 두 번째 설계
전제 4 : [_____]  두 번째 설계
---------------------------------------------
결론 : ~신기술 상용화
```

'두 번째 설계'이다. 이 전제가 추가된다면 전제 2에 의해 첫 번째 기술 설계가 옳지 않다. 그러면 전제 1에 의해 신기술 상용화가 불가능하다는 결론이 도출되므로, 이 전제는 밑줄 친 결론을 이끌어 내기 위해 추가해야 할 전제로 옳다.

오답풀이 ① '신기술 상용화 → 첫 번째 설계'로 전제 1의 대우명제이다. 따라서 전제 1과 동치이므로 추가해야 할 전제로 옳지 않다.
② '기존 연구 보고서'이다. 이 전제가 추가되어도 전제 1~3과 연결하여 새로운 결론을 도출할 수는 없다.
③ '첫 번째 설계'이다. 이 전제가 추가된다면 전제 2에 의해 두 번째 기술 설계가 옳지 않다. 그러면 전제 3에 의해 기존 연구 보고서가 오류가 없다는 결론을 도출할 수 있다. 하지만 이를 통해 신기술이 상용화될 수 없을 것이라는 결론을 도출하는 것은 불가능하다.

10 [독해(문학) – 현대 산문의 이해] ▶①

1문단에 '이청준의 「병신과 머저리」는 전쟁을 체험한 세대인 '형'과 전후 세대인 '나'의 이야기를 통해 정체성을 잃고 방황하는 1960년대 지식인을 형상화한 소설이다. '라고 제시된 것으로 보아 전쟁을 체험한 세대인 형과, 전후세대인 '나'의 이야기를 통해 1960년대의 지식인의 방황과 고뇌를 드러내고 있다는 진술은 적절하다.

오답풀이 ② 주체 혼동의 오류이다. '제목인 '병신과 머저리'는 이러한 형과 동생의 관계를 상징한다. 자신의 상처의 근원을 알고 직시하는 형이 '병신'이라면, 고통의 근원을 깨닫지 못한 채 살아가는 동생은 '머저리'이다.'를 통해 고통의 근원을 알지 못하는 동생은 '머저리', 근원을 직시하는 형은 '병신'임을 알 수 있다.
③ 미언급의 오류이다. 희화화란 '우스꽝스러움'을 의미한다. 하지만 2문단에 '제목인 '병신과 머저리'는 이러한 형과 동생의 관계를 상징한다. 자신의 상처의 근원을 알고 직시하는 형이 '병신'이라면, 고통의 근원을 깨닫지 못한 채 살아가는 동생은 '머저리'이다.'을 통해 볼 때 제목은 두 사람의 상징적으로 드러낼 뿐, 신체적 불구와 정신적 결함을 희화화하고 있지는 않음을 알 수 있다.
④ 2문단의 '형은 자신의 상처가 전쟁의 비극에서 비롯됨을 분명히 인식하고, 글쓰기를 통해 이를 극복하려 한다.'를 통해 알 수 있듯이 형의 소설쓰기는 현실을 극복하려는 행위로 볼 수 있다. 하지만 동생은 고통의 근원을 모르므로 '상처를 성찰'한다고 보기 어렵다.

11 [독해(화법) – 의견의 대립 양상] ▶①

ㄱ. 갑의 주장은 과학 이론이 객관적 진리를 반영하며, 과학은 자연의 실재를 이해하는 데 필수적이라는 것이다. 을의 주장은 이와 다르게 과학 이론은 유용한 도구일 뿐이며 진리를 반영하는지는 중요하지 않다는 것이다. 이러한 두 주장은 과학 이론의 본질에 대해 상반된 입장을 취하고 있으므로 대립한다고 볼 수 있다.

오답풀이 ㄴ. 을은 과학 이론의 실용성에, 병은 과학적 지식의 사회적 구성에 초점을 맞추고 있다. 두 주장은 모두 과학 이론의 객관적 진리 반영 여부보다는 다른 측면에 중점을 두고 있는 것으로 보는 것이 적절하며 대립하는 관계라고 보기에는 한계가 있다.
ㄷ. 병의 주장은 과학 지식이 사회적, 문화적 맥락에서 구성된다고 보며 과학 이론이 절대적인 진리를 제공하지 않는다고 보는 입장이다. 반면에 갑의 주장은 과학 이론이 객관적인 진리를 반영할 뿐만 아니라 과학은 자연의 실재를 이해하는 데 필수적이라고 보고 있다. 따라서 두 입장이 대립하지 않는다고 보기는 어렵다.

12 [독해(비문학) – 일반 강화 약화] ▶①

(가) 경제효율 중심 지역개편론자들은 '지역 통합이 자원 배분과 행정 운영의 효율성을 높이고, 거대 지역이 유럽 차원의 사업 참여에서 경쟁력을 높인다'고 주장한다. '거대 광역권이 EU 사업 참여에서 경쟁력을 높였다'는 분석이 "비판" 받고 있다고 하고 있으므로 이는 광역화에 대해 부정적인 입장을 보여주는 것이므로 (가)의 주장을 약화한다.

오답풀이 ② 무관의 오류이다. (가)는 행정 효율성과 국가 경쟁력 강화를 강조하고 있지만 선지에 언급된 '문화, 역사적 연속성'은 이와 무관하다. 따라서 (가)를 강화하지도 약화하지도 않는다.
③ 반대의 오류이다. '지역 통합 이후 행정 비용이 감소했다'는 연구 결과는 경제 효율성을 강조하는 (가)의 주장을 뒷받침하는 것이지, 지역 균형발전을 강조하는 (나)의 주장을 강화하지 않는다.
④ 반대의 오류이다. '이에 대해 지역 자치를 중시하는 연구자들은 행정 효율만으로는 지역 주민의 실질적 삶의 질을 보장할 수 없다고 본다. 실제로 일부 광역권에서는 ㉣ 지역 통합 이후 주민의 소속감이 낮아지고, 도시 중심의 예산 편중이 심화되었다는 연구 결과가 보고되고 있다.'고 언급되고 있기 때문이다. 지역 자치를 하면 지역 주민의 삶이 향상된다는 것은 그만큼 지역 균형 발전에 긍정적 영향을 미친다는 것을 의미하므로 (나)의 주장을 강화하는 것이지 약화하지 않는다.

13 [독해(비문학) – 지시 대상 추론] ▶④

㉠, ㉡, ㉢은 행정 효율성을 위해 거대 광역권으로 통합한 체제를 의미한다. 하지만 ㉣의 '지역 통합'은 행정 효율과 지역 자치의 균형을 고려하는 절충적 관점의 지역 통합을 가리킨다. 따라서 ㉠, ㉡, ㉢은 순수한 지역 통합이라면 ㉣은 행정 효율과 지역 자치 모두를 포괄하는 지역 통합이므로 지시 대상이 다른 하나는 ㉣이다.

14 [독해(비문학) – 내용 추론 긍정 발문] ▶ ②

본문에서 '연구자들은 "가짜정보를 막으려면 먼저 가짜정보를 잘 모아야 한다"는 점에 주목한다'고 했으며, '일부 연구팀은 AI를 역으로 활용해, 여러 기사에서 사실과 다른 요약문을 자동으로 만들어 데이터셋을 구축하는 실험을 하고 있다'고 명시했다. 또한 '이렇게 하면 다양한 형태의 가짜정보를 미리 모아두고, 이를 바탕으로 진짜와 가짜를 가려내는 AI를 훈련시킬 수 있다'고 설명하여 선지의 내용과 일치한다.

오답풀이 ① 극단의 오류이다. 본문에서는 '기존의 사실 확인 시스템조차도 쉽게 속을 수 있다'고 했을 뿐, '모든' 시스템을 '완전히' 무력화시킨다는 극단적 표현은 사용하지 않았다.
③ 비교의 오류이다. 본문에서는 인터넷과 스마트폰으로 '정보가 더 빨리, 더 넓게 퍼지지만, 사실이 아닌 내용이나 의도적으로 왜곡된 정보도 함께 확산되고 있다'고 설명했을 뿐, 둘 중 어느 쪽이 '더' 기여했는지 비교하지 않았다.
④ 반대의 오류이다. 본문에서는 '사람이 일일이 확인해서 가짜뉴스를 분류하는 일은 매우 힘들고 시간이 오래 걸린다'고 설명했다. 사람의 방식이 AI보다 효율적이라는 것은 본문의 내용과 정반대이다.

15 [어휘 – 바꿔 쓸 수 있는 유사한 표현] ▶ ③

'속다'는 '남의 거짓이나 꾀에 넘어가다.'를 의미한다. 따라서 '구별되지 못하고 뒤섞이어 생각되다.'를 의미하는 '혼동(混 섞을 혼 同 한가지 동)되다'는 ⓒ과 바꿔 쓸 수 있는 유사한 표현으로 적절하지 않다. '속아 넘어가다.'를 의미하는 '기만(欺 속일 기 瞞 속일 만)되다'로 바꿔 쓸 수 있다.

오답풀이 ① ㉠ '널리 퍼지다'는 '어떤 물질이나 현상 따위가 넓은 범위에 널리 미치다.'를 의미한다. 따라서 '널리 일반인에게 퍼지다.'를 의미하는 '보편화(普 넓을 보 遍 두루 편 化 될 화)되다'로 바꿔 쓸 수 있다.
② ㉡ '퍼지다'는 '어떤 물질이나 현상 따위가 넓은 범위에 미치다.'를 의미한다. 따라서 '흩어져 널리 퍼지게 되다.'를 의미하는 '확산(擴 넓힐 확 散 흩을 산)되다'로 바꿔 쓸 수 있다.
④ ㉣ '만들다'는 '글이나 노래를 짓거나 문서 같은 것을 짜다.'를 의미한다. 따라서 '서류, 원고 따위를 만들다.'를 의미하는 '작성(作 지을 작 成 이룰 성)하다'로 바꿔 쓸 수 있다.

16 [독해(문학) – 고전 산문의 이해] ▶ ③

2문단에서 "<사미인곡>은 여성 화자의 외적 세계를 세밀하게 묘사하는 데 초점을 둔다"고 했고, "이러한 장면은 여성의 우아한 자태와 사대부적 품격을 드러낸다"고 명시되어 있으므로 적절하다.

오답풀이 ① 주체 혼동의 오류이다. 3문단에서 "<속미인곡>은 외적 장식 대신 화자의 내면 감정에 집중한다"고 했고 "심리적 동요와 슬픔을 직접적으로 드러낸다"고 명시되어 있으므로, 이는 <사미인곡>이 아닌 <속미인곡>의 특징이므로 주체를 혼동한 오류이다.
② 미언급의 오류이다. 2문단과 3문단에서 범나비는 <사미인곡>의 상징이고, 낙월과 궂은 비는 <속미인곡>의 상징이라고 명시되어 있으므로, 두 작품의 상징을 하나의 작품에 모두 포함시킨 것은 미언급의 오류이다.
④ 주체 혼동의 오류이다. 2문단에서 "매화를 꺾어 임에게 보내고, 오색실로 옷을 지으며, 누각에 올라 달빛을 바라본다"는 것은 <사미인곡> 화자의 행위라고 명시되어 있으므로, <속미인곡> 화자의 행위라고 한 것은 주체를 혼동한 오류이다.

17 [어휘 – 문맥적 의미 추론] ▶ ①

㉠의 '느끼다'는 「2」 마음속으로 어떤 감정 따위를 체험하고 맛보다.'를 의미한다. 이와 가장 유사한 의미의 '느끼다'는 ①이다.

오답풀이 ② 「1」 감각 기관을 통하여 어떤 자극을 깨닫다.
③ 「3」 어떤 사실, 책임, 필요성 따위를 체험하여 깨닫다.
④ 「4」 특정한 대상이나 상황에 대하여 어떠하다고 생각하거나 인식하다.

18 [독해(비문학) – <보기> 강화 약화] ▶ ②

앵커링 효과는 처음에 제시된 정보(앵커)가 판단의 기준점으로 작용하여, 이후의 모든 수치적 평가나 가치 인식을 앵커 주변에 묶어두는 현상을 말한다. 앵커링 효과를 강화하는 사례는 초기에 제공된 정보(앵커)를 기준으로 판단을 하게 하여, 합리적인 판단을 하지 못하게 하는 사례라고 할 수 있다.

ㄱ. 시세보다 높은 초기 가격이 앵커 역할을 하여, 고객이 그 기준에서 크게 벗어나지 않는 약간 저렴한 가격의 집을 바로 선택하도록 유도한 사례이다. 이는 처음에 시세보다 높은 기격이 기준(앵커)이 되어, 이보다 조금 저렴한 집이 상대적으로 싸게 느껴지기 때문이므로, 초기 정보가 최종 결정에 직접적인 영향을 미치는 앵커링 효과를 강화하는 사례로 적절하다고 볼 수 있다.
ㄴ. '설령 이 초기 정보가 논리적으로 전혀 관련이 없거나 임의의 숫자라 할지라도, 최종 판단에 영향을 미치게 된다.'라고 제시된 것을 바탕으로 보면, 배심원들에게 주어진 임의의 숫자가, 피고인의 형량을 결정하는 데 영향을 주었으므로, 초기 정보가 논리성이 없는 경우에도, 그것을 앵커로 삼아 결정을 내리게 하는 ㉠을 강화하는 사례로 볼 수 있다.

오답풀이 ㄷ. 무관의 오류이다. 소비자가 상품 선택의 결정적 기준으로 삼은 것은 판매자가 처음에 제시한 가격이나 정보(초기 정보)가 아니라, '다른 구매자들의 평가(최신 후기, 평점 순위)'인 것으로 볼 때. 이는 초기의 정보가 논리적으로 전혀 관련이 없는 것이 아님을 알 수 있으므로 ㉠과는 관련이 없는 사례로 볼 수 있다. 상품을 선택할 때 다른 구매자들의 평가를 보는 것이 비합리적이거나 비논리적인 것이 아니기 때문이다.

19 [논리 – 반드시 참인 명제] ▶ ③

> ㉠ ~(김치찌개 ∧ 된장-찌개) ≡ ~김치찌개 ∨ ~된장찌개
> ㉡ 불고기 → ~삼겹살 ≡ 삼겹살 → ~불고기
> ㉢ ~불고기 → 비빔밥 ≡ ~비빔밥 → 불고기
> ㉣ ~삼겹살 → 김치찌개 ≡ ~김치찌개 → 삼겹살
> ㉤ 비빔밥 → 된장찌개 ≡ ~된장찌개 → ~비빔밥

먼저 ㉠에 따라 경우의 수를 나눈다.
Case 1) 김치찌개를 판매 하지 않고 된장찌개를 판매하는 경우
'~김치찌개'이고 ㉣의 대우명제에 의해 '~김치찌개 → 삼겹살'이므로 '삼겹살'이 도출된다. ㉡의 대우명제에 의해 '삼겹살 → ~불고기'이므로 '~불고기'가 도출된다. ㉢에 의해 '~불고기 → 비빔밥'이므로 '비빔밥'이 도출된다. 따라서 이 경우 민수가 판매하게 될 메뉴는 (된장찌개, 삼겹살, 비빔밥)이다.

Case 2) 김치찌개를 판매하고 된장찌개를 판매하지 않는 경우
'~된장찌개'이고 ㉤의 대우명제에 의해 '~된장찌개 → ~비빔밥'이므로 '~비빔밥'이 도출된다. ㉢의 대우명제에 의해 '~비빔밥 → 불고기'이므로 '불고기'가 도출된다. ㉡에 의해 '불고기 → ~삼겹살'이므로 '~삼겹살'이 도출된다. 따라서 이 경우 민수가 판매하게 될 메뉴는 (김치찌개, 불고기)인데 이는 3개 이상의 메뉴를 판매한다는 문제의 조건에 위배되므로 기각된다.

Case 3) 김치찌개와 된장찌개를 모두 판매하지 않는 경우
'~김치찌개'이고 ㉣의 대우명제에 의해 '~김치찌개 → 삼겹살'이므로 '삼겹살'이 도출된다. ㉡의 대우명제에 의해 '삼겹살 → ~불고기'이므로 '~불고기'가 도출된다. ㉢에 의해 '~불고기 → 비빔밥'이므로 '비빔밥'이 도출된다. 그런데 '~된장찌개'이고 ㉤의 대우명제에 의해 '~된장찌개 → ~비빔밥'이므로 '~비빔밥'이 도출되어 모순이 발생하므로 이 경우는 기각된다.

따라서 민수가 반드시 판매하게 될 메뉴는 "된장찌개, 삼겹살, 비빔밥"이다.

20 [독해(문법) – 형태론 – 용언의 활용] ▶ ③

제시문에서 "다만, '있다, 없다'의 경우에는 '-는'이 결합되더라도 의미 자체가 성질이나 상태의 의미가 강하다면 형용사로 봐야 한다."라고 하였다. 따라서 '없는'으로 현재 시제 선어말 어미 '-는'이 결합할 수 있어도 성질 상태의 의미가 강하므로 '없다'는 형용사로 봐야 한다.

오답풀이 ① 제시문에서 "현재 시제 선어말 어미 '-는/-ㄴ'이 결합할 수 있으면 동사"라고 하였다. '밝다'는 '날이 밝는다'로 활용되므로 현재 시제 선어말 어미 '-는'이 결합할 수 있는 동사임을 알 수 있다.
② 제시문에서 형용사의 예시를 들면서 "'착하다', '착해라', '착하자'로 활용할 수 없으므로"라고 하였다. 따라서 형용사인 '행복하다'도 '행복하여라'로 활용할 수 없다는 것은 적절하다.
④ 제시문에서 "의도를 뜻하는 '-려'나 목적을 뜻하는 '-러'와 함께 쓰일 수 있으면 동사"라고 하였다. '충만하다'는 '충만하러 나갔다'처럼 목적을 나타내는 '-러'와 결합할 수 없으므로 형용사임을 알 수 있다.

수고하셨습니다.
당신의 합격을 응원합니다.

01 [독해(작문) - 공문서 문장 고쳐 쓰기] ▶ ①

<공공언어 바로 쓰기 원칙>의 '문장 성분 간 호응 관계를 명확히 할 것.'에 따라 ㉠을 살펴보면, 원문의 주어 '국토교통부는'에 대한 서술어로 '확정합니다'가 이미 올바르게 호응하고 있다. '국토교통부'가 주체적으로 노선을 확정하는 것이므로 능동형이 적절하다. 그러나 선지 ①은 이를 '확정되었습니다'라는 피동형으로 바꾸어 오히려 주어 '국토교통부는'과의 호응을 부적절하게 만들었다. 따라서 이는 부적절한 수정이다.

오답풀이 ② <공공언어 바로 쓰기 원칙>의 '올바른 조사를 사용할 것.'에 따라 ㉡의 '노선으로'는 방향을 나타내는 '으로'가 아니라 장소를 나타내는 '에'가 적절하다. 인프라를 구축하는 장소가 '기존 운영 노선'이므로 '기존 운영 노선에'로 고치는 것이 적절하다.
③ <공공언어 바로 쓰기 원칙>의 '중의적인 문장을 피할 것.'에 따라 ㉢의 '신규 개발 수소전기동차와 정비 차량'은 '신규 개발'이 '수소전기동차'만 수식하는지 '정비 차량'까지 수식하는지 불명확하다. 따라서 쉼표를 사용하여 '신규 개발된 수소전기동차와, 정비 차량'으로 고쳐 중의성을 해소하는 것이 적절하다.
④ <공공언어 바로 쓰기 원칙>의 '중복되는 표현을 삼갈 것.'에 따라 ㉣의 '매 1년마다'는 '각각'을 뜻하는 '매'와 '마다'가 의미상 중복되므로 둘 중 하나만 써야 한다. 따라서 '1년마다' 또는 '매년'으로 고치는 것이 적절하다.

02 [독해(작문) - 개요 작성] ▶ ③

"폐의약품 재활용을 통한 신약 개발 지원"은 Ⅲ장의 두 번째 개선 방안으로 부적절하다. 폐의약품은 유효기간이 지났거나 변질된 의약품으로 재활용이 불가능하며, 신약 개발에 사용할 수 없다. 또한 Ⅱ-2의 "약국의 수거 업무 부담과 지자체 회수 지연"에 대응하는 해결방안이 되어야 하는데, 재활용은 이 문제와 전혀 관련이 없다. 정기적인 수거 시스템 구축이나 약국 지원 강화가 더 적절한 방안이다.

오답풀이 ① "폐의약품의 종량제 봉투 배출로 인한 토양·수질 오염 심각성"은 서론의 문제 제기로 적절하다. 폐의약품을 종량제 봉투로 버리면 그것이 토양과 수질에 침투하여 환경오염이 될 수 있기 때문이다. 지침에서 서론은 '개념 정의와 문제 제기'를 포함하도록 되어 있으므로 두 번째 빈칸의 ㉠에 문제제기가 들어가는 것이 적절하다.
② "시민들의 폐의약품 분리 배출 인식 부족"은 Ⅱ장의 첫 번째 문제점으로 적절하며, Ⅲ-1의 "시민 인식 개선을 위한 홍보 강화"과 잘 대응된다. 시민들의 인식이 부족하기 때문에 인식을 개선하기 위해 홍보를 하는 것은 적절하기 때문이다.
④ "폐의약품으로 인한 환경오염 방지와 안전한 의약품 폐기 문화 정착"은 결론의 기대 효과로 적절하다. 본론에서 제시한 개선 방안들이 실현되었을 때 기대할 수 있는 효과이다.

03 [독해(문법) - 통사론 - 높임 표현] ▶ ④

'할머니께서 댁에 가시고 네가 왔다'에는 '가시고'에 주체 높임이 사용은 되었다. 하지만 제시문에서 "또한 주로 '드리다, 모시다, 여쭈다(여쭙다), 뵙다' 등의 특수 어휘를 통해 실현되거나, 부사격 조사 '께'를 통해 객체 높임법이 실현된다."로 언급이 되어 있는 것을 미루어볼 때, 객체 높임은 사용되지 않았으므로 적절하지 않다. '왔다'는 청자를 높이지 않은 것이므로 상대 높임은 사용되지 않았다.

오답풀이 ① 상대 높임 중, 격식체 종결 어미인 '하십시오체'를 사용한 '왔습니다'를 사용하여 상대방에게 예의를 갖추고 있다. 제시문의 "여기에서 '밥을 먹었습니다, 밥을 먹었소, 밥을 먹어요'는 상대 높임이 사용된 것이며"를 통해 유추 가능하다.
② '가신'에서 주체 높임 선어말 어미 '-(으)시'를 통한 높임 표현과, 상대 높임의 종결 어미인 하십시오체의 '-습니다'를 사용해서 높임을 표현하고 있으므로 적절한 설명이다.
③ 주체 높임 조사인 '-께서'와, '오셨습니다'에서 '-(으)시'를 사용하여 주체인 어머니를, '여쭈고'라는 특수 어휘를 사용해서 객체인 '선생님'을, '습니다'를 사용

하여 청자인 할아버지를 높이고 있으므로 적절한 표현이다.

04 [독해(문법) - 형태론 - 단어의 형성] ▶ ②

'㉠ 비통사적 합성어'는 "결합 방식이 우리말의 일반적인 단어 배열법에서 벗어난 합성어"이다. ①의 '어린이'는 용언의 관형사형 '어린'과 명사 '이'가 결합한 것으로 제시문에 언급되어 있듯 '용언의 관형사형＋명사'는 일반적인 문장 구성 방식이므로 통사적 합성어이므로 ①어는 '㉠ 비통사적 합성어'의 사례가 포함되어 있지 않다.

오답풀이 ① '덮밥'은 제시문에서 "'덮은 밥'이라고 해야 하는데 관형사형 어미 '-은'이 생략된 '어간＋명사'의 구성"으로 비통사적 합성어의 예시로 제시되었다. 따라서 '접칼' 또한 관형사형 어미 '-은'이 생략된 '어간＋명사'의 구성이므로 ㉠ '비통사적 합성어'의 예시로 적절하다.
③ '굳세다'는 제시문에서 "'굳고 주리다'라고 해야 하는데 연결 어미 '-고'가 생략된 '어간＋어간'의 구성"으로 비통사적 합성어의 예시로 제시되었다. 따라서 '굳세다' 또한 연결 어미 '-고'가 생략된 '어간＋어간'의 구성이므로 ㉠ '비통사적 합성어'에 해당된다.
④ "'척척박사'는 부사 '척척'이 '박사'를 수식하는 구성"이라는 비통사적 합성어에 대한 설명이 있다. 따라서 부사 어근 '볼록'이 명사 '거울'을 수식하는 이 구성은 ㉠ '비통사적 합성어'에 해당된다.

05 [독해(비문학) - 중심 내용 추론] ▶ ③

본문은 개인적 차원에서 도시적 차원으로의 전환이라는 구조로 이루어져 있다. 첫 문장에서 "에너지를 아끼는 일은 더 이상 가정이나 개인만의 과제가 아니다"라며 관점의 전환을 제시하고, 스마트 시티에서 "건물마다 언제 얼마나 전기를 쓰는지를 파악하고, 가장 알맞은 시간에 전기를 나누어 쓰는" 시스템적 접근을 설명한다. 진천의 사례를 통해 "전기 사용 패턴을 분석해 ~ 효율적으로 분배하는" 구체적 방법을 보여주고, "데이터를 기반으로 한 똑똑한 판단의 연속"이라고 핵심을 정리하고 있다. 이 선지는 데이터 기반 시스템, 지능적 관리, 도시 차원의 운용이라는 본문의 핵심 요소들을 모두 포괄하고 있다.

오답풀이 ① 본문에서 "에너지를 아끼는 일은 더 이상 가정이나 개인만의 과제가 아니다"라고 명시하여 개별 차원을 넘어선 접근을 강조하고 있으므로, "개별 가정과 건물의 에너지 절약 노력"을 핵심으로 보는 이 선지는 본문의 논지와 맞지 않다.
② 본문에서 진천의 제로 에너지 타운을 언급하고 있지만, 이는 스마트 시티 에너지 관리의 구체적 사례로 제시된 것일 뿐이다. 글의 중심은 특정 모델의 성공이 아닌 스마트 시티 전반의 에너지 관리 방식에 있다.
④ 본문에서 "인공지능 기술"과 "주민들이 직접 ~ 참여할 수 있는 시스템"을 언급하고 있지만, 이들은 스마트 시티 에너지 관리의 구성 요소들로, "핵심 경쟁력으로 부상하고 있다"는 미래 전망적 표현은 본문에서 직접적으로 제시되지 않았다.

06 [독해(작문) - 내용 고쳐 쓰기] ▶ ③

본문은 "법적으로 명확한 기준과 절차가 마련되지 않은 상태에서 존엄사를 시행하는 것은 위험할 수 있다"는 점을 강조하고 있다. 따라서 제도의 안전성과 신뢰성을 강화하는 접근이 필요함을 시사한 것으로 볼 수 있으며, "존엄사에 대한 법적 규제를 강화하고, 신중한 노력을 통해 제도를 정비하려는 노력"으로 수정하는 것이 적절하다.

오답풀이 ① 본문에 따르면 환자들은 존엄사를 통해 생의 마지막 순간을 의미 있게 보낼 수 있다고 하였다. 이것은 사회적 지위보다는 환자의 자율성과 선택권을 존중하는 것이라고 보는 것이 적절하므로 기존 표현을 유지하는 것이 적절하다.
② "존엄사가 말기 환자의 고통을 완전히 제거할 수 있음을 강조"라는 표현은 본문에서 다루고 있는 바와 다르다. 본문은 존엄사가 말기 환자의 고통을 줄이는 데 의미가 있다고 언급하고 있으며, 완전한 제거가 아닌 경감의 개념을 중시하고 있다. 따라서 기존의 표현을 유지하는 것이 적절하다.
④ 존엄사는 고통 차단보다는 삶의 존중이라는 가치에 중점을 두고 있기에 기존 표현을 유지하는 것이 적절하다.

07 [논리 − 생략된 전제 추론] ▶ ④

```
갑 : 국내관 ∨ 국제관
을 : ~국내관 → ~추가예산 ≡ 추가예산 → 국내관
병 :                              추가예산
────────────────────────────────
정 : 국제관 ∨ ~국제관
```

'추가예산'이므로 을의 진술의 대우명제 '추가예산 → 국내관'에 의해 '국내관'이 도출된다. '국내관'이면 이미 갑의 진술 '국내관 ∨ 국제관'이 만족되었으므로 '국제관' 또는 '~국제관'이 가능하다. 즉, '국제관 ∨ ~국제관'이다.

오답풀이 ① '~국내관'으로 갑의 진술 '국내관 ∨ 국제관'에 의해 '국제관'이 도출된다. 따라서 이 경우 박람회를 국제관에서 열지 않는 것은 불가능하다.
② '~추가예산'으로 이는 을의 진술의 후건에 존재하므로 을의 진술과 연결 지어 새로운 결론을 도출할 수는 없다.
③ '국제관 → 추가예산'으로 이를 을의 진술의 대우명제 '추가예산 → 국내관'과 연결지어 '국제관 → 국내관'을 도출할 수 있다. 하지만 이를 통해 결론인 '국제관 ∨ ~국제관'을 도출하는 것은 불가능하다.

08 [독해(화법) − 말하기 방식] ▶ ④

"엄격한 과학적 방법론을 따르면 연구자의 주관이나 사회적 맥락과 무관하게 보편적 진리에 도달할 수 있어"라는 갑의 발화에서 갑은 과학적 방법론이 객관성을 추구하는 도구임을 인정함을 알 수 있다. 병 역시 "과학적 방법론은 분명 객관성을 추구하는 도구야"라고 명시적으로 동의하고 있다. 을은 과학적 방법론 자체를 부정하는 것이 아니라 그것만으로는 완전한 객관성을 달성할 수 없다는 입장이므로, 갑과 을이 모두 동의하지 않는다는 것은 적절하지 않다.

오답풀이 ① "과학은 객관적 진리를 탐구하는 활동"이며 "과학적 사실 자체는 객관적이야"라는 갑의 발화에서 갑은 과학의 완전한 객관성을 주장함을 알 수 있다. 반면 을은 "과학도 결국 사회적 산물"이라고 하고, 병은 "과학 활동의 맥락이 연구에 영향을 미치는 것도 사실"이라고 하여 완전한 객관성에는 동의하지 않음을 알 수 있다.
② "연구 주제 선정부터 결과 해석까지 모든 과정이 사회적 영향을 받아"라는 을의 발화에서 을은 사회적 맥락의 영향을 인정함을 알 수 있다. "연구자의 주관이나 사회적 맥락과 무관하게 보편적 진리에 도달할 수 있어"라는 갑의 발화에서 갑은 사회적 맥락의 영향을 부정함을 알 수 있다.
③ "과학 지식도 시대의 패러다임에 따라 변할 수 있어"라는 을의 발화와 "새로운 증거가 나타나면 기존 이론을 수정하는 게 과학의 강점"이라는 병의 발화에서 두 사람 모두 과학적 지식이 시대에 따라 변할 수 있음을 인정함을 알 수 있다.

09 [독해(비문학) − 내용 추론 긍정 발문] ▶ ②

2문단에서 '놀이가 사회의 규칙과 질서를 모방하고, 그 과정에서 새로운 규범과 의미를 창출한다고 보았다. 즉, 놀이의 규칙적 구조 속에서 인간은 현실을 초월한 새로운 세계를 구성한다는 것이다.' 사회적 규칙과 질서를 모방하는 놀이를 통해, 인간은 새로운 규범과 의미를 창출할 수 있고, 이는 새로운 세계를 구성하는 방식이 될 수 있으므로 적절한 설명이다.

오답풀이 ① 미언급의 오류이다. 전통적 관점에서는 이성적 사고와 노동의 결과로 문화가 형성된다고 볼 뿐, 놀이를 여가 시간을 즐기기 위한 활동으로 본다고 언급되지 않았다.
③ 반대의 오류이다. 2문단에서 '놀이는 강제성도 실용적 목적도 없으며, '이익을 위한 행위'가 아닌 '자유를 위한 행위'라는 점에서 그 가치가 있다.'라고 제시된 것으로 볼 때, 놀이는 강제성도, 실용성도 없고, 이익을 위한 행위도 아님을 알 수 있다.
④ 3문단에 '그러나 현대 사회에서 놀이는 점차 경제적 이익과 경쟁의 논리에 종속되고 있다. 스포츠 산업이나 게임 문화는 놀이가 지닌 자발성과 자유를 약화시키며, 이윤과 성과 중심의 활동으로 바뀌어 가고 있다.'라고 제시된 것으로 보아, 현대의 놀이는 자발성과 자유를 바탕으로 하는 것이 아닌 자발성과 자유를 약화시키고, 이익과 경제의 논리에 종속되었음을 알 수 있다.

10 [독해(비문학) − 지시 대상 추론] ▶ ③

'㉠, ㉡, ㉣ 놀이'는 하위징아가 언급한 놀이이다. 하지만 ㉢은 현대사회에서의 '놀이'로 '㉠, ㉡, ㉣ 놀이'와는 다르게 하위징아가 언급한 놀이와는 관련이 없으므로 지시 대상이 다른 하나에 해당된다.

11 [독해(문학) − 고전 산문의 이해] ▶ ②

3문단에서 애정소설은 "단순한 연애담이 아니라 당시 사회의 불평등 구조와 개인의 자유를 문제 삼는 현실 비판의 기능을 지녔다"고 명시되어 있으므로 적절하다.

오답풀이 ① 반대의 오류이다. 2문단에서 영웅소설의 주인공은 "귀한 혈통에서 태어나 어려서부터 남다른 재능을 보이며"라고 명시되어 있으므로, 평범한 출신이라는 것은 반대로 서술된 오류이다.
③ 극단의 오류이다. 2문단에서 영웅소설의 영웅은 "초월적 능력을 지닌 인물인 동시에 유교적 가치, 즉 충·효·의리를 실천하는 도덕적 주체"라고 명시되어 있으므로, 유교적 가치를 '부정'한다는 극단적 표현은 적절하지 않다.
④ 극단의 오류이다. 3문단에서 애정소설의 결말은 "주로 시련을 극복한 사랑의 성취나 화해를 통해 조화로운 세계관을 회복한다"고 명시되어 있으므로, '비극적'이라는 단정적 표현은 적절하지 않다.

12 [어휘 − 문맥적 의미 추론] ▶ ②

㉠의 '그리다'는 「2」 생각, 현상 따위를 말이나 글, 음악 등으로 나타내다.'를 의미한다. 이와 가장 유사한 의미의 '그리다'는 ②이다.

오답풀이 ① 「3」 어떤 모양을 일정하게 나타내거나 어떤 표정을 짓다.
③ 「4」 상상하거나 회상하다.
④ 「1」 연필, 붓 따위로 어떤 사물의 모양을 그와 닮게 선이나 색으로 나타내다.

13 [독해(비문학) − 일반 강화 약화] ▶ ①

(가) 지정학적 지속성론자들은 '소련과 러시아가 모두 세력권 확보라는 공통된 전략 목표를 가지고 있으며, 본질적 동기는 동일하다'고 주장한다. '냉전 종식 이후 러시아의 외교 정책이 소련 시기와 근본적으로 달라졌다'는 연구는 러시아가 세력권 확보를 목표로 하지 않음을 보여주므로, (가)의 주장을 약화한다.

오답풀이 ② 반대의 오류이다. '소련 시기와 현재 러시아의 군사 전략 교리가 본질적으로 동일하다'는 분석은 지속성을 입증하는 것이므로, (가)의 주장을 강화하는 것이지 약화하지 않는다.
③ 반대의 오류이다. '우크라이나 전쟁이 NATO 확장과 무관하게 러시아의 세력권 확보 의도에서 비롯되었다'는 증거는 오히려 '탈냉전기 특유의 안보 딜레마'라는 (나)의 핵심 주장을 약화하는 것이지 강화하지 않는다. 이는 (가)의 세력권 확보론을 뒷받침한다.
④ 무관의 오류이다. '국제 유가 급등과 증시 하락'은 우크라이나 침공의 경제적 여파를 보여주는 내용일 뿐이며, 본문의 핵심 논의인 '전쟁의 전략적 동기나 체제 구조 해석'과는 논리적 관련이 없다. 경제적 파급 효과가 (나)가 주장하는 '규칙 기반 질서를 둘러싼 가치 대립' 또는 '탈냉전기 안보 딜레마'를 강화하거나 약화하는 것은 아니므로 부적절하다.

14 [독해(비문학) − 지시 대상 추론] ▶ ②

㉠의 '그들'은 앞에 언급된 '지정학적 지속성론자들'을 가리킨다.
㉡의 '그들'은 '전쟁 명분'이라는 단서를 통해 앞에 언급된 '소련과 러시아'임을 알 수 있다.
㉢의 '이들'은 앞에 언급된 '전략적 지속성에 주목하는 학자들'을 가리키는 것으로, '세력권 확보라는 핵심 동기는 변하지 않았다'는 단서를 통해 '지정학적 지속성론자들'을 가리킴을 알 수 있다.
㉣의 '일부 학자들'은 "두 전쟁 사이의 지속성을 완전히 부정할 수 없으며, 지정학적 동기와 체제적 변화를 함께 고려해야 한다"고 하므로 (가)의 지정학적 지속성론자들이나 (나)의 구조적 단절론자들 어느 쪽에도 속하지 않는 별개의 학자 집단을 가리킨다.
따라서 문맥상 지시대상이 같은 것은 '지정학적 지속성론자들'을 지칭하는 ㉠, ㉢이다.

15 [독해(문법) − 음운론 − 음운의 변동] ▶ ④

제시문에서 셋째 유형은 "한자어에서 'ㄹ' 받침 뒤에 연결되는 'ㄷ, ㅅ, ㅈ'은 된소리로 발음된다"고 하였다. 하지만 길바닥은 한자어가 아니므로 해당 조건에 해당되지 않는다. '길바닥'은 제시문에 언급된 된소리되기 조건 중 어떤 것에도 해당되지 않으므로 된소리되기 현상이 아님을 알 수 있다. ('길바닥'은 '길＋바닥'처럼 합성어이면서 앞 명사의 끝음이 울림소리일 때 뒤의 소리가 된소리로 발음되는 사잇소리에 해당된다. 사잇소리 현상이므로 어떤 된소리되기 조건에도 속하지 않은 것이다.)

오답풀이 ① 제시문에서 "한자어에서 'ㄹ' 받침 뒤에 연결되는 'ㄷ, ㅅ, ㅈ'은 된소리로 발음된다"고 하였다. '일시'가 [일씨]로 발음되는 것은 한자어에서 'ㄹ' 받침 뒤에서 'ㅅ'이 된소리로 발음된 것이므로 ①은 적절하다.
② 제시문에서 "어간 받침 'ㄴ, ㅁ' 뒤에 결합되는 어미의 첫소리 'ㄱ, ㄷ, ㅅ, ㅈ'은 된소리로 발음된다"고 하였다. '안고'가 [안 : 꼬]로 발음되는 것은 어간 받침 'ㄴ' 뒤에서 어미 '-고'의 'ㄱ'이 된소리로 발음된 것이므로 ②는 적절하다.

③ 제시문에서 "받침 'ㄱ, ㄷ, ㅂ' 뒤에 연결되는 'ㄱ, ㄷ, ㅂ, ㅅ, ㅈ'은 된소리로 발음된다"고 하였다. '먹고'가 [먹꼬]로 발음되는 것은 받침 'ㄱ' 뒤에서 'ㄱ'이 된소리로 발음된 것이므로 ③은 적절하다.

16 [논리 – 빈칸에 들어갈 결론]　▶ ①

> (1) 승리 → 선발 ≡ ～선발 → ～승리
> (2) 선발 → 출전 ≡ ～출전 → ～선발
> (3) ～(승리 → 인터뷰) ≡ ～(～승리 ∨ 인터뷰) ≡ 승리 ∧ ～인터뷰

① (1)에 의해 '승리 → 선발'이고 (3)에 의해 '승리 ∧ ～인터뷰'이므로 '승리'를 매개항으로 하여 '선발 ∧ ～인터뷰'를 도출할 수 있다.

오답풀이 ② (1)의 후건과 (2)의 전건이 '선발'로 일치하므로 '승리 → 선발'과 '선발 → 출전'을 연결하여 '승리 → 출전'을 도출할 수 있다. (3)에 의해 '승리 ∧ ～인터뷰'이므로 '승리'를 매개항으로 하여 '출전 ∧ ～인터뷰'를 도출할 수 있다. 하지만 이를 통해 '출전 ∧ 인터뷰'를 도출하는 것은 불가능하다.
③ ②와 같은 논증 과정에 의해 '출전 ∧ ～인터뷰'를 도출할 수 있다. 하지만 이를 통해 '～출전 ∧ ～인터뷰'를 도출하는 것은 불가능하다.
④ ②와 같은 논증 과정에 의해 '승리 → 출전'을 도출할 수 있다. 이를 부정하면 '～(승리 → 출전) ≡ ～(～승리 ∨ 출전) ≡ 승리 ∧ ～출전'이다. '승리 → 출전'이 참이므로 이를 부정한 '승리 ∧ ～출전'은 거짓이다.

17 [독해(비문학) – 순서 배열]　▶ ③

(나)는 인공지능과 로봇 공학의 발전으로 인한 자동화의 진행과 그로 인한 영향을 설명하며 글을 시작하고 있다. 이는 주제의 배경과 현황을 제시하는 부분으로, 도입부로 적절하다. (라)는 (나)를 지시어 '이'로 받으며 기계가 인간의 노동을 대체한 것의 장점을 드러내고 있으므로 (나) 다음에 (라)가 오는 것이 적절하다. (다)는 이에 따른 인간의 역할 변화를 논의하고 있다. (마)는 인간의 역할 변화가 교육에서도 일어난다는 것을 '교육 분야에서도'로 표현하고 있으므로 (다) 뒤에 (마)가 옴을 알 수 있다. (마)에서 그럼에도 기술의 발전이 인간의 감정과 창의성을 대체할 수 없다고 끝나는데 이 부분에 대한 구체적인 예시가 (가)에서 '예를 들어'를 통해 나오므로 (마) 뒤에는 (가)가 오는 것이 적절하다. 따라서 (나) – (라) – (다) – (마) – (가)의 순서가 가장 자연스럽다.

18 [독해(비문학) – 초점 강화 약화]　▶ ③

글의 논지의 핵심은 제시문의 "한국 반도체 산업은 인력 부족이라는 구조적 한계에 직면하고 있다"와 "체계적이고 집중적인 인재 양성 전략 없이, 한국 반도체 산업은 '글로벌 하청업체'로 전락할 위험에 놓여 있다"이다. 즉, 한국이 반도체 인재 양성에 실패하여 경쟁력을 잃을 위험에 있다는 것이다. 이를 약화하는 선지는 '한국이 실제로는 반도체 인재 양성에 성공하고 있음을 보여주는 사례'가 적절하다. '삼성과 SK하이닉스가 독자적인 인재 양성 프로그램을 통해 매년 수천 명의 고급 반도체 전문가를 성공적으로 배출하고 있다'는 것은 한국이 체계적인 인재 양성에 실패하고 있다는 글의 논지와 반대되는 현실을 보여주므로 글의 논지를 약화한다.

오답풀이 ① 반대의 오류이다. 제시문에서는 '한국의 인재 양성 실패'를 우려했는데, 이 선지는 반도체 전문 고등학교의 지원자 급감과 정원 미달을 제시하고 있다. 이는 인재 양성의 어려움을 뒷받침하는 내용으로 글의 논지를 강화하는 사례이다.
② 반대의 오류이다. 제시문에서는 '인력 부족으로 인한 경쟁력 약화'를 경고했는데, 이 선지는 실제로 반도체 기업들이 인력 부족으로 생산성 저하와 경쟁력 약화를 경험하고 있다고 하고 있다. 이는 글의 우려가 현실화되고 있음을 보여주는 강화하는 사례이다.
④ 반대의 오류이다. 대만의 TSMC가 우리나라보다 크게 반도체 인재 양성을 하고 있다는 것은 우리나라가 인재 양성에 뒤처진다는 뜻이므로 이 글의 핵심 논지를 강화하는 사례이다.

19 [논리 – 반드시 참인 경제 응용]　▶ ①

> • ～우럭 → ～돌돔 ≡ 돌돔 → 우럭
> • 감성돔 → ～광어 ≡ 광어 → ～감성돔
> • (우럭 ∨ ～볼락) → 광어 ≡ 광어 → (～우럭 ∧ 볼락)
> • (감성돔 ∧ ～돌돔) ∨ (～감성돔 ∧ 돌돔)
> • ～우럭 ∨ 볼락 ≡ 우럭 → ～볼락

먼저 네 번째 조건에 따라 경우의 수를 나눈다.

Case 1) 감성돔을 포함하고 돌돔을 포함하지 않는 경우(감성돔 ∧ ～돌돔) '감성돔'이고 두 번째 조건어 의해 '감성돔 → ～광어'이므로 '～광어'가 도출된다. 세 번째 조건의 대우명제에 의해 '～광어 → (～우럭 ∧ 볼락)'이므로 '～우럭 ∧ 볼락'이 도출된다. 따라서 이 경우 모듬회 구성에 포함될 어종은 볼락, 감성돔인데 이는 세 종류 이상의 어종으로 모듬회를 구성한다는 문제의 조건에 위배되므로 기각된다.

Case 2) 감성돔을 포함하지 않고 돌돔을 포함하는 경우(～감성돔 ∧ 돌돔) '돌돔'이고 첫 번째 조건에 의해 '돌돔 → 우럭'이므로 '우럭'이 도출된다. 그러면 세 번째 조건 '(우럭 ∨ ～볼락) → 광어'의 전건 '우럭 ∨ 볼락'의 전건이 만족되므로 '광어'가 도출되고, 다섯 번째 조건 '～우럭 ∨ 볼락'에 의해 '～볼락'이 도출된다. 따라서 이 경우 포함될 어종은 광어, 우럭, 돌돔이다.

따라서 모듬회 구성에 포함될 어종은 '광어, 우럭, 돌돔'이다.

20 [독해(논리) – 내용 추론 긍정 발문]　▶ ④

본문에서 효율적 시장 가설은 "이 가설은 투자자가 공개된 모든 정보를 바탕으로 합리적인 투자 결정을 내린다는 것을 전제한다. 만약 이 가설이 옳다면, 주가가 내재 가치 이상으로 고평가되는 거품 현상은 존재할 수 없다"고 했다. 따라서 투자자가 합리적으로 행동할 경우 거품이 발생하지 않는다는 추론은 적절하다.

오답풀이 ① 본문에서 실러는 공포와 탐욕과 같은 심리적 쏠림이 가격 왜곡을 유발한다고 주장했을 뿐, 심리적 요인을 통제하면 시장이 항상 효율적으로 작동한다고 주장하지 않았다. 따라서 적절하지 않은 추론이다.
② 본문에서 "효율적 시장 가설에 따르면, 위 사례들처럼 자산 가격이 내재 가치에서 크게 벗어나는 현상은 일어나지 않아야 한다"고 했다. 닷컴버블은 효율적 시장 가설로 설명되지 않는 현상이지, 정보를 충분히 반영한 결과가 아니다. 따라서 적절하지 않은 추론이다.
③ 인과의 오류이다. 본문에서 실러는 "투자자는 때로 공포에, 때로 탐욕에 휩싸여 비합리적으로 행동하며, 이러한 심리적 쏠림이 자산 가격의 과대평가와 과소평가를 유발한다"고 했다. 정부 부족이 아니라 투자자의 비합리적 심리가 원인이라는 것이다. 따라서 적절하지 않은 추론이다.

수고하셨습니다.
당신의 합격을 응원합니다.

국어 정답 및 해설

01 [독해(작문) – 공문서 문장 고쳐 쓰기]　▶ ④

<공공언어 바로 쓰기 원칙>의 '㉣ 수식 관계를 명확히 할 것.'에 따라 ④를 살펴보면, '담당자의 문화 예술 전문 역량을 강화하고자'는 이미 옳은 표현이다. 담당자의 문화 예술 전문 역량을 강화하려고 다양한 교육과정을 기획, 운영한다는 것이 의미가 오히려 적절하기 때문이다. 이것을 '"담당자를 위한 문화 예술 전문 역량 강화를 위해'로 고치면 '담당자를 위한'이라는 관형절이 '문화 예술 전문 역량 강화'를 수식하는 것이 의미상 부자연스러워지므로 틀린 문장이 되어 버린다.

오답풀이 ① <공공언어 바로 쓰기 원칙>의 '㉠ 필요한 문장 성분을 생략하지 않을 것.'에 따라 "○○청은 정책의 투명성과 책임성을 제고하기 위해 7년째 시행 중이다"는 서술어 '시행하고 있다'에 호응하는 목적어가 없으므로 무엇을 시행하고 있는지를 추가하는 것이 적절하다. 따라서 '이 제도를 시행하고 있다'로 고치는 것이 적절하다.
② <공공언어 바로 쓰기 원칙>의 '㉡ 의미에 맞는 정확한 단어를 사용함.'에 따라 '대여하다'는 '빌려주는' 것이므로 '빌리는' 상황에서는 '대여받다'로 써야 한다. 따라서 "미술품을 대여받고자"로 고치는 것이 적절하다.
③ <공공언어 바로 쓰기 원칙>의 '㉢ 의미가 중복되는 표현을 삼갈 것.'에 따라 "자리에 착석하다"는 '착석(着席)'이 이미 '자리에 앉음'이라는 의미를 포함하고 있으므로 '자리에'와 중복된다. 따라서 "착석하시기" 또는 "자리에 앉으시기"로 고치는 것이 적절하다.

02 [독해(비문학) – 내용 추론 긍정 발문]　▶ ④

3문단에서 '환곡은 흉년 때 곡식을 빌려주고 다음 해에 갚게 하던 구휼 제도였으나, 관리들이 사적 이익을 위해 부당한 이자를 붙이거나 빌리지 않은 곡식까지 갚게 하면서 고리대 제도로 변질되었다.'라고 제시되어 있으므로 적절한 진술이다.

오답풀이 ① 인과의 오류이다. 1문단에 '임진왜란과 병자호란을 겪은 조선은 전쟁의 영향으로 국가 재정이 악화되고, 중앙의 감찰이 느슨해지면서 지방 행정의 부패와 통제력이 약화되었다.로 인해 여러 사회적 문제가 나타났는데, 그중 대표적인 것이 삼정의 문란이다.'라고 제시되어 있는 것을 보아, 지방 행정의 부패와 통제력이 약화된 것이 원인이 되어, 삼정의 문란이 일어난 것이므로 이 선지는 원인과 결과가 뒤바뀐 것이어서 적절하지 않다.
② 주체 혼동의 오류이다. 3문단에서 '관리들은 죽은 사람의 명의로 군포를 거두는 '백골징포'나 한 사람에게 여러 차례 세금을 부과하는 '황구첨정'을 일삼아 백성의 삶을 더욱 피폐하게 만들었다.'라고 제시된 것으로 볼 때, '백골징포'와 '황구첨정'은 군정의 폐단이다.
③ 반대의 오류이다. 2문단에서 '군정은 군역 의무를 대신해 1년에 면포 두 필을 내던 제도로, 농민이 직접 군역에 동원되는 부담을 줄이려는 취지였다. 그러나 군역을 면제받던 양반의 수가 조선 후기에 크게 늘어나면서, 그 부담이 서민에게 가중되었고,'라고 제시된 것으로 보아 서민들은 군포를 납부하였으나, 양반은 면제받았음을 알 수 있다.

03 [독해(문법) – 통사론 – 사동 표현]　▶ ①

'입혔다'에 사동 접미사 '-히-'가 들어가지만 인형이 옷을 스스로 입을 수 없으므로 이는 옷을 직접 입혔다는 직접적인 의미로만 해석되므로 적절한 예이다.

오답풀이 ② 수지가 철수에게 연필을 직접 잡게 했는지, 잡으라고 지시했는지의 두 가지의 의미로 해석된다.
③ 어머니가 동생에게 직접 안아다 눕혔는지, 침대에 누우라고 지시했는지의 두 가지의 의미로 해석된다.
④ 영희가 수미에게 신발을 직접 신겨 주었는지, 신으라고 지시했는지의 두 가지 의미로 해석된다.

04 [독해(작문) – 개요 작성]　▶ ①

<지침>에 따르면 서론 부분에는 보고서 작성의 배경과 필요성을 포함해야 한다. ①의 '도시 녹지 공간 부족으로 인한 열섬 현상 심화 문제 제기'는 주제와 관련 없는 내용으로 적절하지 않다고 볼 수 있다.

오답풀이 ② <지침>에 따르면 2장과 3장은 서로 대응되어야 하는데, Ⅲ의 2의 해결방안인 'AI와 빅데이터를 활용한 실시간 침수 예측 및 경보 체계 구축'을 고려해 볼 때, '기후변화로 인한 돌발적 집중호우에 대한 실시간 대응 체계 미비'는 해당하는 해결책의 문제점에 해당하므로 지침을 잘 지켰으므로 적절하다.
③ <지침>에 따르면 2장과 3장은 서로 대응되어야 하는데, '노후 배수시설 교체 및 보수와 관리 시스템 현대화 추진'은 2장1의 '도시 배수시설의 노후화와 용량 부족' 문제의 해결책으로 적절하므로 지침을 잘 지켰다고 볼 수 있다.
④ <지침>에 따르면 결론은 기대 효과와 향후 과제를 순서대로 제시해야 하는데, '침수 피해 경감과 기반 시설 안정화를 통한 시민 안전 확보'는 기대 효과에 해당하는 것으로 적절하다.

05 [독해(작문) – 내용 고쳐 쓰기]　▶ ③

㉢ 뒤에는 '이러한 협업은 인간의 창의력과 AI의 기술적 정교함을 결합하여'라는 내용이 나온다. 따라서 앞 문장의 'AI가 독립적으로 예술 작품을 창작하는 방식'이라는 표현은 문맥상 어색하다. 이를 'AI와 인간이 협력하여 예술 작품을 창조하는 방식'으로 수정하는 것이 적절하다.

오답풀이 ① ㉠ 뒤에서 AI 기술이 예술적 표현을 확장한다는 맥락이 이어지고 있으므로, 인간의 한계를 넘어선 영역으로 확장한다는 긍정적 평가를 언급한 기존 서술을 유지하는 것이 옳다.
② ㉡ 뒤에서 'AI가 생성한 그림은 기술적으로 정교할 수 있지만, 인간의 경험에서 우러나온 독창적 감정은 결여되어 있다'는 내용이 나오므로, AI의 창작이 단순히 데이터를 학습하여 패턴을 모방하는 데 불과하다는 기존 서술을 유지하는 것이 옳다.
④ ㉣ 글의 전체적인 맥락상 AI와 인간의 협업을 강조하고 있으며, '인간의 창의성을 대체하기보다는 보완하는 역할에 머물러야 한다는 시각이 여전히 우세하다'는 기존 서술을 유지하는 것이 옳다.

06 [독해(비문학) – 순서 배열]　▶ ③

이 글은 빅 데이터의 소유권에 대한 논의를 소개한 이후 이것이 데이터 이동권에 대한 논의로 발전하였음을 서술하고 있다. 첫 문단에서 '정보 주체'와 '빅 데이터 보유자'에 대한 설명이 나온 후 빅 데이터의 소유권에 관한 논쟁이 이어진다. (나)에는 빅 데이터의 소유권이 누구에게 기속되어야 할 것인지가 문제가 된다고 하였으므로 (나)가 처음에 오는 것이 옳다. 또한 (가)는 '전자'라는 지시어를 사용하여 소유권 주체를 빅 데이터 보유자로 보는 견해를 소개하고 있고, (다)는 '후자'라는 지시어를 사용하여 정보 주체에게도 소유권이 주어져야 한다는 견해를 소개하고 있다. 따라서 (나) – (가) – (다)의 순서가 자연스럽다. 이어서 (라)는 이러한 '빅 데이터 소유권 논의'가 '데이터 이동권' 논의로 발전했다고 하였으므로 가장 마지막에 오는 것이 자연스럽다.

07 [독해(비문학) – 내용 추론 긍정 발문]　▶ ②

2문단에서 '죄수의 딜레마는 이처럼 협력하면 모두 이익을 얻을 수 있음에도 불구하고 상호 불신 때문에 오히려 불리한 결과를 선택하게 되는 상황을 잘 보여준다.'라고 제시되어 있으며, 또한 한쪽이 자백하면 침묵한 쪽은 10년을 선고받고, 양쪽 모두가 끝까지 침묵할 경우는 각 1년씩 총 2년이므로 적절한 진술이다.

오답풀이 ① 반대의 오류이다. "죄수의 딜레마(Prisoner's Dilemma)'는 협력을 통해 서로 이익이 되는 상황을 선택하지 못하고, 오히려 불리한 결과를 택하게 되는 문제를 보여주는 대표적 사례.'라고 하는 것으로 보아, 자신의 이익을 고려한 행동은 사회 전체적으로 최선의 결과가 보장되지 않음을 알 수 있다.
③ 2문단에서 '그러나 상대가 자백해 버리면 자신만 무거운 형을 받을 수 있다는 두려움, 그리고 자신이 먼저 자백하면 더 가벼운 처벌을 받을 수 있다는 계산이 작용한다. 결국 이런 불안과 의심 때문에 두 사람은 모두 자백을 선택하고, 그 결과 둘 다 5년의 형을 받게 된다.'라고 제시되어 있으므로 둘다 자백을 선택하는 것은 서로에 대한 불신 때문이지만, 이때는 각각 5년형을 받게 되므로, 둘 다 침묵했을 때의 형량의 총합인 2년형보다 형량이 크기 때문에 적절하지 않은 진술이다.

④ 1문단에서 "죄수의 딜레마(Prisoner's Dilemma)'는 협력을 통해 서로 이익이 되는 상황을 선택하지 못하고, 오히려 불리한 결과를 택하게 되는 문제를 보여주는 대표적 사례다.'라고 제시되어 있는 것으로 보아, 이 사례는 협력을 통해 이익을 얻을 수 있지만 그러한 선택을 하지 못해 불리하게 되는 상황을 설명한 이론으로 볼 수 있다. 또한 2-3문단에 제시된 사례를 볼 때 서로 협력을 통해 각각 1년형을 받는 상황이 협력하지 않고 각각 5년형을 받는 상황보다 훨씬 이득이지만 결국 서로를 믿지 못하여 5년형을 선택하는 상황이 발생하기 때문에 적절하지 않은 설명이다.

08 [어휘 – 문맥적 의미 추론] ▶ ④

㉠의 '받다'는 '1 「3」 다른 사람이나 대상이 가하는 행동, 심리적인 작용 따위를 당하거나 입다.'를 의미한다. 이와 가장 유사한 의미의 '받다'는 ④이다.

오답풀이 ① 2 「4」 요구, 신청, 질문, 공격, 도전, 신호 따위의 작용을 당하거나 거기에 응하다.
② 2 「1」 공중에서 밑으로 떨어지거나 자기 쪽으로 향해 오는 것을 잡다.
③ 4 「1」 색깔이나 모양이 어떤 것에 어울리다.

09 [논리 – 반드시 참인 명제] ▶ ③

- 정 → 병 ≡ ~병 → ~정
- 갑 → ~을 ≡ 을 → ~갑
- (병 ∨ 정) → 을 ≡ ~을 → (~병 ∧ ~정)

'갑'이면 두 번째 조건 '갑 → ~을'에 의해 '~을'이 도출되고 세 번째 조건의 대우명제 '~을 → (~병 ∧ ~정)'에 의해 '~병 ∧ ~정'이 도출된다. 따라서 '갑'이면 '~을', '~병', '~정'이다.

오답풀이 ① 반대의 오류이다. '병'이면 세 번째 조건의 전건 '병 ∨ 정'이 만족되므로 '을'이 도출되고, 두 번째 조건의 대우명제 '을 → ~갑'에 의해 '~갑'이 도출된다. 따라서 '병 → ~갑'이다.
② 반대의 오류이다. 세 번째 조건의 대우명제에 의해 '~을 → (~병 ∧ ~정)'이므로 '~을'이면 '~병'이 도출된다.
④ 판단 불가의 오류이다. '~갑 → 을'은 두 번째 명제의 이 명제이다. 이 명제는 참일 수도 거짓일 수도 있으므로 적절하지 않다.

10 [독해(비문학) – 중심 내용 추론] ▶ ④

이 글은 언어의 작동 방식을 은유(Metaphor)와 환유(Metonymy)로 구분하고, 두 비유법이 각각 유사성(similarity)과 인접성(contiguity)이라는 근본적으로 상이한 토대를 가지고 있음을 대조 구조를 통해 설명하고 있다. 은유는 세계를 동일성의 등가 관계로 묶는 반면, 환유는 부분과 전체의 관계로 재편하는 기능을 하고 있다고 제시되어 있다. 글은 궁극적으로 이 두 비유가 세계를 인식하는 두 가지 방법임을 밝히고 있다. 또한 마지막에 '결국, 은유와 환유는 언어가 의미를 확장하고 대상을 재현하는 두 축으로서, 언어를 통해 세계의 모습을 인식하는 방법으로 볼 수 있다.'라고 볼 때 이 두 방식은 세계를 인식하는 방법이라고 제시하고 있으므로, 이 글의 중심 내용은 상이한 근거와 기능을 가진 두 비유법이 세상을 인식하는 방법이라는 것을 알 수 있다.

오답풀이 ① 주체 혼동의 오류이다. 등가 관계로 묶고 유사성을 기반으로 하는 것은 은유이며, 대상의 연결 관계(인접성)를 통해 의미를 확장하는 것은 환유의 영역이다.
② 세계를 부분과 전체의 관계로 재편하는 것은 은유가 아니라 환유에 대한 설명이므로 적절하지 않다.
③ 미언급의 오류이다. 고대 수사학에서 은유가 진실을 은폐하거나 환유가 논리적 추론을 강화하는 방식으로 사용되었다는 내용은 지문에서 언급되지 않았다.

11 [어휘 – 바꿔 쓸 수 있는 유사한 표현] ▶ ③

'포착(捕 잡을 포 捉 잡을 착)하다'는 '어떤 기회나 정세를 알아차리다.'를 의미한다. 따라서 '가볍게 쓰다듬어 만지다.'를 의미하는 '어루만지다'는 ㉢과 바꿔 쓸 수 있는 유사한 표현으로 적절하지 않다. '알고 정신을 차려 깨닫다.'를 의미하는 '알아차리다'로 바꿔 쓸 수 있다.

오답풀이 ① ㉠ '구분(區 구분할 구 分 나눌 분)되다'는 '일정한 기준에 따라 전체가 몇 개로 갈리어 나뉘다.'를 의미한다. 따라서 '구분되어 분류하다'를 의미하는 '나뉘다'로 바꿔 쓸 수 있다.
② ㉡ '비유(比 견줄 비 喩 깨우칠 유)하다'는 '어떤 현상이나 사물을 직접 설명하지 아니하고 다른 비슷한 현상이나 사물에 빗대어서 설명하다.'를 의미한다. 따라서 '비교하여 견주다'를 의미하는 '빗대다'로 바꿔 쓸 수 있다.
④ ㉣ '재편(再 두 재 編 엮을 편)하다'는 '다시 편성하다.'를 의미한다. 따라서 '새로운 상태를 다시 이루어 내다.'를 의미하는 '다시 만들다'로 바꿔 쓸 수 있다.

12 [독해(비문학) – 일반 강화 약화] ▶ ④

2문단의 "과거인의 사고와 의도 해석이 역사 인식에 결정적 역할을 한다"와 "후자를 핵심 과제로 위치시키는 것으로 역사 인식의 구조를 구성한 것이다"를 통해 (나)는 의도 해석이 역사 인식의 핵심이라고 주장했음을 알 수 있다. 이런 상황에서 역사 연구에서 과거 행위자의 의도를 재구성하는 과정이 역사적 이해에 필수적이라는 것이 입증된다면, 해석의 중요성을 확인하는 증거가 되어 (나)의 주장을 강화할 것이다.

오답풀이 ① 반대의 오류이다. 엄밀한 사료 검증을 통해 역사적 사건의 객관적 진실이 밝혀진 사례가 축적되는 것은, 1문단의 "증거에 근거한 엄밀한 사료비판을 중시하며"와 "경험적 사실주의와 엄밀한 자료 검증으로 객관성 확보를 시도한다"는 (가)의 주장을 뒷받침하는 사례이다. 실증주의 사학은 엄밀한 검증을 통한 객관적 사실 확보를 강조했는데, 사료 검증으로 객관적 진실이 밝혀졌다는 것은 (가)의 핵심 논거를 직접 지지하는 증거이다. 따라서 이는 (가)의 주장을 약화하는 것이 아니라 오히려 강화하는 내용이다.
② 반대의 오류이다. (가)에서는 역사 인식을 위해 역사가의 주관적 판단을 배제하고, 사료에 근거한 객관적 사실의 확정을 중시한다. 즉 역사적 사건의 의미 역시 사실 서술을 통해 파악될 수 있다고 본다. 그런데 문제의 연구 결과는 사료만으로는 역사적 사건의 의미를 파악할 수 없으며, 이를 위해 역사가의 해석이 필수적이라고 주장한다. 이는 주관적 해석을 배제해야 한다는 실증주의 사학의 전제와 직접적으로 충돌하는 내용이다. 따라서 해당 연구 결과가 발표된다면 근대 역사학의 주장은 강화되는 것이 아니라 오히려 그 타당성이 약화된다고 보아야 한다.
③ 반대의 오류이다. 동일한 역사적 사건에 대해 시대와 사회에 따라 상이한 해석이 제시되었다는 사례는, 2문단의 "과거인의 사고와 의도 해석이 역사 인식에 결정적 역할을 한다"와 "주관성을 인정하는 해석주의 사학"의 주장을 뒷받침하는 사례이다. 해석주의 사학은 역사 해석에 주관성이 개입된다고 보았는데, 시대와 사회에 따라 해석이 달라진다는 것은 역사 인식의 주관적·해석적 성격을 보여주는 증거로 (나)의 핵심 논거를 직접 지지한다. 따라서 이는 (나)의 주장을 약화하는 것이 아니라 오히려 강화하는 내용이다.

13 [독해(비문학) – 지시 대상 추론] ▶ ②

'㉠ 역사철학 연구' 해석주의 사학이 힘을 얻는 배경에 해당되므로 어떤 것과도 묶일 수 없다.
'㉡ 전자'는 앞문장에서 먼저 언급된 '객관적 사실 확보'이다.
'㉢ 후자'는 앞문장에서 먼저 언급된 '과거인의 사고와 의도 해석'이다.
"㉣ '사실 확정'"은 ㉡과 함께 묶이나, ㉡, ㉣이 선지에 없으므로 답이 될 수 없다.
'㉤ 의미해석'은 '의미 해석'이므로 ㉢과 함께 엮인다.
'㉥ 절충안'은 사실과 해석 모두 절충하는 것이므로 다른 것들과 묶일 수 없다. 따라서 지시하는 바가 같은 것끼리 짝 지은 것은 '㉢, ㉤'임을 알 수 있다.

14 [독해(비문학) – 내용 추론 긍정 발문] ▶ ①

본문에서 '주거비·공과금·보험료 등 생활비를 혼자 부담해야 해서 경제적 부담이 더 크다는 점도 지적된다'고 명시적으로 언급하여 선지의 내용과 일치한다. 가족 단위와 달리 1인 가구는 모든 생활비를 혼자 감당해야 하므로 경제적 부담이 가중된다는 내용이다.

오답풀이 ② 반대의 오류이다. 본문에서는 '주말이나 명절처럼 가족 중심의 문화가 강한 시기에는 외로움과 사회적 고립감을 더 크게 느끼는 경우도 있다'고 설명했다. 고립감이 감소했다는 것은 본문 내용과 정반대이다.
③ 극단의 오류이다. 본문에서는 커뮤니티와 돌봄 체계가 '사회적 고립을 줄이는 데 도움이 될 수 있다'고 했고, 기업과 지자체의 맞춤형 서비스도 필요하다고 언급했다. 커뮤니티와 돌봄 체계'만으로도' '모든' 문제를 해결할 수 있다는 극단적 표현은 본문에 없다.
④ 인과의 오류이다. 본문에서는 1인 가구가 '단독주택이나 작은 아파트, 오피스텔 등 다양한 공간에서 생활'한다고 했고, '균형 잡힌 식사를 하기 어렵다'고 했지만, 주거 형태와 식사 문제 해결 사이의 인과관계는 설정하지 않았다.

15 [독해(문법) – 통사론 – 사동, 피동] ▶ ②

"한편 피동사 중에는 목적어를 가질 수 있는 특별한 경우가 있다."라는 제시문에 따라 '도둑이 경찰에게 손을 잡혔다'는 어근 '잡'에 피동 접미사 '-히-'가 결합하여 피동사가 된 것임을 알 수 있으므로 ②는 적절하지 않다. 여기에서 주어 '도둑이'가 잡음을 당하는 의미가 있기 때문이다.

오답풀이 ① '옷을'이라는 목적어가 있으며, 주어가 옷을 입게 하였다는 의미가 있으므로 어근 '입-'에 사동 접미사 '-히-'가 결합하여 사동사가 되었다는 것은 적절하다.
③ '길을'이라는 목적어가 있으며, 주어가 길을 좁게 하였다는 의미가 있으므로 어근 '좁-'에 사동 접미사 '-히-'가 결합하여 사동사가 되었다는 것은 적절하다.

④ 목적어가 없으며 주어 '짐이'가 듦을 당한 의미가 있으므로 어근 '들-'에 피동 접미사 '-리-'가 결합하여 피동사가 되었다는 설명은 적절하다.

16 [논리 – 빈칸에 들어갈 결론] ▶②

ⓒ		
전제 1	~기반 시설 → ~안전 ≡ 안전 → 기반 시설	
전제 2	홍수 → ~기반 시설 ≡ 기반 시설 → ~홍수	
결론	안전 → ~홍수	

전제 1의 대우명제에 의해 '안전 → 기반 시설'이고 전제 2의 대우명제에 의해 '기반 시설 → ~홍수'이므로 두 명제를 연결하여 '안전 → ~홍수'를 도출할 수 있다.

오답풀이

ⓐ		
전제 1	사진작가 → 색채 감각	
전제 2	화가 ∧ 색채 감각	
결론	화가 ∧ 사진작가	

전제 1에 의해 '사진작가 → 색채 감각'이고 전제 2에 의해 '화가 ∧ 색채 감각'이긴 하지만 매개항인 '색채 감각'이 전제 1의 후건에 있기 때문에 전제 1과 전제 2를 연결하여 '화가 ∧ 사진작가'를 도출할 수는 없다.

ⓒ		
전제 1	셰프 → 레시피 ≡ ~레시피 → ~셰프	
전제 2	~레시피 → ~창의력 ≡ 창의력 → 레시피	
결론	셰프 → 창의력	

결론인 '셰프 → 창의력'을 도출하기 위해서는 전제 1인 '셰프 → 레시피'의 후건인 '레시피'가 전제 2의 전건과 일치하고, 전제 2의 결론이 '창의력'이어야 한다(레시피 → 창의력). 하지만 전제 2의 대우명제는 '창의력 → 레시피'로 전제 1과 연결하여 '셰프 → 창의력'을 도출하는 것은 불가능하다.

17 [독해(논리) – 내용 추론 긍정 발문] ▶③

본문에서 "ⓐ까지 고려한다면 자동차가 통계적으로 더 위험하다는 올바른 판단을 내릴 수 있다"고 했고, ⓐ은 "직접 경험할 수 없"고 "통계 자료를 찾아 분석해야만 파악할 수 있다"고 했다. 따라서 직접 경험할 수 없는 정보(ⓐ)까지 고려해야 더 정확한 판단을 내릴 수 있다는 추론은 적절하다.

오답풀이
① 본문에서 ⓐ을 고려하면 올바른 판단을 내릴 수 있다고 했지만, 고려하지 못하면 "실제 위험과 동떨어진 잘못된 의사결정을 내릴 수 있다"고 했다. '내릴 수 있다'는 가능성이지, '정확한 판단을 내릴 수 없다'는 단정이 아니다. 따라서 적절하지 않은 추론이다.
② 본문에서 가용성 휴리스틱은 사람들이 "쉽게 떠올릴 수 있는 사건일수록 실제보다 발생 확률이 높다고 판단"하는 경향이라고 했다. 이는 사람들의 인지적 편향이지, 실제로 자주 보도되는 사건의 발생 확률이 높다는 것이 아니다. 따라서 적절하지 않은 추론이다.
④ 본문에서 "비행기 사고는 대형 참사로 이어지는 경우가 많아 언론에서 집중적으로 보도된다"고 했고, "실제로 자동차 사고로 인한 사망률은 비행기 사고보다 훨씬 높다"고 했다. 비행기 사고가 자주 보도되는 이유는 실제 발생 확률이 높아서가 아니라 대형 참사이기 때문이다. 따라서 적절하지 않은 추론이다.

18 [독해(비문학) – 〈보기〉 강화 약화] ▶②

이 글은 토기의 발명 목적이 음식의 조리 방식을 위한 필요성에서 발견되었다는 조리효율성 가설을 반박하는 주장, 즉 토기의 발명 목적을 '고지방 식품의 안전한 가공과 저장'을 위해 사용되었다는 ⓐ의 가설을 설명하고 있다. 따라서 ⓐ을 약화하려면 조리 효율성 가설의 증거나, 토기가 생각보다 저장에 좋지 않았다는 내용 등이 들어가는 것이 좋다.

ㄱ. 중국 톈뤄산 유적에서 저지방 식물성 식재료의 전분 흔적이 주로 확인되었다는 것은, 토기가 식물성 식재료, 도토리 조와 같은 익혀서 먹어야 하는 단단한 곡물을 조리했다는 근거라고 볼 수 있다. 이 사례는 '조리 효율성 가설'을 지지하는 근거로, ⓐ을 약화하는 사례로 볼 수 있다.
ㄴ. ⓐ 주장은 토기가 고지방 식품의 가공과 장기 저장을 목적으로 먼저 사용되었다는 입장이다. 그러나 신석기 비냐 유적에서 기름진 식재료 잔류물이 확인된 토기 다수가 바닥이 얇아 저장에 부적합한 형태로 제작되었다는 점은, 토기가 지방 비축용으로 설계되었다는 설명과 맞지 않는다. 따라서 이 사례는 토기가 고지방 식품의 저장을 위해 먼저 사용되었다는 ⓐ 주장을 약화한다.

오답풀이 ㄷ. 반대의 오류이다. 아무르 강 유역의 신석기 초기 토기에서 어류·수생 포유류 지방의 지질 잔류물이 다량 검출된 것은 토기가 기름진 수생 생물의 가공·추출(boiling, rendering) 용도로 먼저 쓰였음을 보여주는 것이라고 볼 수 있다. 이는 고지방 식품 가공을 위해 토기가 사용되었다는 것을 보여주는 근거로 ⓐ을 강화하는 근거이다.

19 [독해(비문학) – 단수 빈칸 추론] ▶②

지문의 내용으로 미루어 볼 때, 흑사병으로 인한 인구 급감으로 노동력이 부족해지고, 농민들이 '더 많은 임금과 더 나은 노동환경을 요구'하여 영주들이 이를 수용할 수밖에 없었으며, 영주들은 '부족해진 노동력을 확보하고 농민의 이탈을 막기 위해 농노 해방을 단행하고 지대를 현물 대신 화폐로 받기 시작'했다고 설명하고 있다. 또한 이러한 변화는 도시 인구의 이동을 촉진하고, 새로운 경제활동이 활성화되었으며, 사람들은 삶과 죽음에 대한 새로운 시각과 개인의 자유와 현세의 가치에 더욱 주목하게 되고, 또한 교회의 권위 또한 흔들렸다. 이를 통해 볼 때 흑사병으로 인해 기존의 사회, 경제적 환경, 또한 종교, 신념이 모두 바뀌는 계기가 되었음을 알 수 있으므로 '기존 봉건 질서를 해체하고 새로운 사회 질서의 기반을 마련하는'이 들어가는 것이 적절하다.

오답풀이 ① 지문에서 '살아남은 농민들은 부족해진 노동력 덕분에 더 많은 임금과 더 나은 노동환경을 요구할 수 있었고, 영주로서는 이를 받아들일 수밖에 없었다.'라고 제시된 것으로 볼 때 흑사병으로 많은 사람이 죽자 노동력의 가치가 높아졌고 이로 인해 예전보다 더 나은 대우를 받았으므로 적절하지 않은 설명이다.
③ '이 질병은 당시 유럽 인구의 3분의 1에서 절반에 가까운 사람들의 목숨을 앗아갔다.'라고 제시된 것을 볼 때, 흑사병이 인구 감소를 가져온 것은 맞지만, 이후에 '이는 도시의 성장과 함께 새로운 경제 활동의 활성화로 이어졌다. 남아 있는 사람들은 삶과 죽음에 대한 새로운 시각을 갖게 되었으며, 개인의 자유와 현세의 가치에 더욱 주목하게 되었다.'라고 제시된 것으로 보아, 흑사병은 경제 구조가 재편되고, 새로운 경제 질서로 나아가는 계기가 되었음을 알 수 있다. 경제 성장을 완전히 멈추었다는 것은 적절하지 않은 설명이다.
④ '교회의 권위 또한 전염병을 막지 못했다는 이유로 크게 흔들렸다.'라고 제시된 것으로 보아 흑사병은 이를 막지 못한 교회의 권위를 떨어뜨리는 계기가 되었으므로 오히려 교회의 절대적 권위가 하락하고 교회를 통한 종교적 통합은 더욱 약화되는 계기가 되었다고 볼 수 있다.

20 [논리 – 생략된 전제 추론] ▶①

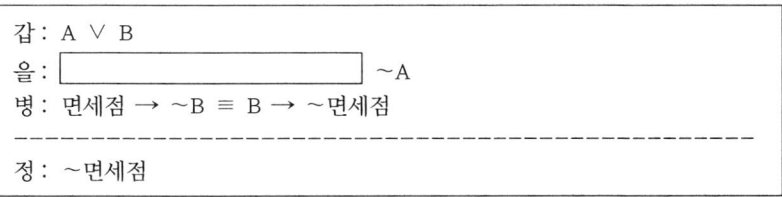

```
갑 : A ∨ B
을 : [                    ] ~A
병 : 면세점 → ~B ≡ B → ~면세점
---------------------------------------------
정 : ~면세점
```

'~A'이므로 갑의 진술 'A ∨ B'에 의해 'B'가 도출된다. 병의 진술의 대우명제 'B → ~면세점'에 의해 '~면세점'이 도출된다.

오답풀이 ② 'A'이므로 갑의 진술 'A ∨ B'에 의해 'B'와 '~B'가 모두 가능하다. 따라서 이를 통해 병의 진술과 연결지어 '~면세점'을 도출할 수 없다.
③ 'A ∨ 면세점 ≡ ~A → 면세점 ≡ ~면세점 → A'로 이를 병의 진술의 대우명제와 연결지어 'B → A'를 도출할 수 있다. 하지만 이를 갑의 진술 'A ∨ B'와 연결지어 새로운 결론을 도출할 수는 없다.
④ '~(A ∧ B) ≡ ~A ∨ ~B ≡ A → ~B'로 이 명제는 갑의 진술과도, 병의 진술과도 연결지어 새로운 결론을 도출할 수 없다.

2026 공무원 시험 대비 실전 동형 모의고사 제1회~제6회
국어 빠른 정답 찾기

제1회

01 ①	02 ③	03 ②	04 ④	05 ③	06 ②	07 ②	08 ①	09 ③	10 ②
11 ④	12 ③	13 ②	14 ②	15 ④	16 ④	17 ①	18 ④	19 ③	20 ③

제2회

01 ①	02 ②	03 ③	04 ④	05 ④	06 ①	07 ②	08 ③	09 ④	10 ②
11 ①	12 ②	13 ①	14 ③	15 ③	16 ④	17 ④	18 ④	19 ②	20 ②

제3회

01 ③	02 ④	03 ①	04 ③	05 ④	06 ③	07 ①	08 ④	09 ④	10 ④
11 ③	12 ②	13 ②	14 ③	15 ②	16 ①	17 ③	18 ①	19 ②	20 ②

제4회

01 ④	02 ③	03 ③	04 ③	05 ①	06 ①	07 ③	08 ①	09 ③	10 ①
11 ②	12 ④	13 ④	14 ②	15 ②	16 ④	17 ③	18 ②	19 ②	20 ④

제5회

01 ③	02 ④	03 ①	04 ②	05 ③	06 ③	07 ④	08 ③	09 ④	10 ②
11 ②	12 ②	13 ④	14 ③	15 ②	16 ④	17 ①	18 ①	19 ③	20 ①

제6회

01 ①	02 ④	03 ①	04 ④	05 ③	06 ①	07 ②	08 ③	09 ②	10 ④
11 ③	12 ②	13 ③	14 ④	15 ②	16 ②	17 ③	18 ④	19 ③	20 ②

2026 공무원 시험 대비 실전 동형 모의고사 제7회~제12회
국어 빠른 정답 찾기

제7회

| 01 ③ | 02 ④ | 03 ② | 04 ② | 05 ① | 06 ② | 07 ③ | 08 ① | 09 ④ | 10 ④ |
| 11 ① | 12 ④ | 13 ③ | 14 ② | 15 ④ | 16 ④ | 17 ③ | 18 ③ | 19 ③ | 20 ② |

제8회

| 01 ② | 02 ① | 03 ① | 04 ④ | 05 ③ | 06 ② | 07 ① | 08 ④ | 09 ④ | 10 ① |
| 11 ④ | 12 ③ | 13 ② | 14 ② | 15 ③ | 16 ② | 17 ④ | 18 ③ | 19 ② | 20 ③ |

제9회

| 01 ④ | 02 ① | 03 ① | 04 ② | 05 ④ | 06 ④ | 07 ③ | 08 ④ | 09 ④ | 10 ④ |
| 11 ③ | 12 ② | 13 ① | 14 ② | 15 ② | 16 ③ | 17 ③ | 18 ② | 19 ① | 20 ③ |

제10회

| 01 ④ | 02 ② | 03 ③ | 04 ② | 05 ④ | 06 ③ | 07 ④ | 08 ④ | 09 ④ | 10 ① |
| 11 ① | 12 ① | 13 ④ | 14 ② | 15 ③ | 16 ③ | 17 ① | 18 ② | 19 ③ | 20 ③ |

제11회

| 01 ① | 02 ③ | 03 ④ | 04 ② | 05 ③ | 06 ③ | 07 ④ | 08 ④ | 09 ② | 10 ③ |
| 11 ② | 12 ② | 13 ① | 14 ② | 15 ④ | 16 ① | 17 ③ | 18 ③ | 19 ① | 20 ④ |

제12회

| 01 ④ | 02 ④ | 03 ① | 04 ① | 05 ③ | 06 ③ | 07 ② | 08 ④ | 09 ③ | 10 ④ |
| 11 ③ | 12 ④ | 13 ② | 14 ① | 15 ② | 16 ② | 17 ③ | 18 ② | 19 ② | 20 ① |

수고하셨습니다.
당신의 합격을 응원합니다.